⊙本书为国家社会科学基金项目"宋代地方政府与民间经营资本关系研究"（19BZS044）阶段性成果

⊙本书获得教育部人文社会科学重点研究基地——河北大学宋史研究中心基地建设经费、河北大学历史学强势特色学科经费、河北大学中国史"双一流"学科建设经费资助出版

王晓龙 著

宋代理学传播与地方治理散论

ON NEW-CONFUCIANISM DISSEMINATION AND LOCAL GOVERNMENT GOVERNANCE IN SONG DYNASTY

河北大学宋史研究中心博导丛书

中国社会科学出版社

图书在版编目（CIP）数据

宋代理学传播与地方治理散论／王晓龙著 .—北京：中国社会科学出版社，2021.3
（河北大学宋史研究中心博导丛书）
ISBN 978－7－5203－7363－0

Ⅰ.①宋… Ⅱ.①王… Ⅲ.①理学—研究—中国—宋代 Ⅳ.①B244.05

中国版本图书馆 CIP 数据核字（2020）第 186969 号

出 版 人	赵剑英
责任编辑	宋燕鹏
责任校对	季　静
责任印制	李寡寡

出　　版	中国社会科学出版社
社　　址	北京鼓楼西大街甲 158 号
邮　　编	100720
网　　址	http://www.csspw.cn
发 行 部	010－84083685
门 市 部	010－84029450
经　　销	新华书店及其他书店
印　　刷	北京明恒达印务有限公司
装　　订	廊坊市广阳区广增装订厂
版　　次	2021 年 3 月第 1 版
印　　次	2021 年 3 月第 1 次印刷
开　　本	710×1000　1/16
印　　张	21
插　　页	2
字　　数	316 千字
定　　价	116.00 元

凡购买中国社会科学出版社图书，如有质量问题请与本社营销中心联系调换
电话：010－84083683
版权所有　侵权必究

序　言

　　学术发展与学术传播密切相关，积极、有效的传播活动可以使学术点点星火终成燎原之势。创立于北宋中期，屡遭打击、压制的程朱理学在南宋时期的兴发，并上升为官方统治思想，在一定程度上即是得益于其学派扎实的、卓有成效的学术传播活动，它促进了理学被官方、学术界接受和认可。理学派对于教育和师道的重视和提倡，其学派所进行的发自民间的教育传播活动在理学兴起中发挥了重要作用，功不可没，理学家开创的一些新的教育传播形式对后世影响深远。他们对于学术事业的执着追求，对于自身学术的坚定信仰和终生全力加以推广、历尽艰难百折不挠的精神，是中国古代学人学术精神的精华，其优良品质值得我们今人认真加以总结和借鉴。

　　两宋统治时期，中国古代学术思想发展到一个新的巅峰，义理之学取代章句之学成为宋学发展的重要特点。在学术思想传播的形式上学派之间的差别亦更加明显。北宋的政治改革家王安石所创立的荆公新学作为其变法改革的理论基础，占据北宋后期官方学术地位六七十年，即是借助皇权力量传播学术的典型例证。邓广铭先生就曾经指出，"在北宋一代，对于儒家学说中有关道德性命的义蕴的阐释和发挥，前乎王安石者实无人能与之相比，由于他曾经一度得君当政，他的学术思想在士大夫间所产生的影响，终北宋一代也同样无人能与之相比。"[①] 王安石变法改

[①] 邓广铭：《王安石在北宋儒家学派中的地位——附说理学家的开山祖问题》，《邓广铭治史丛稿》，北京大学出版社1997年版。

革，利用皇权强制力量推行其学术主张，因而在很短的时间内就征服了社会各阶层，成为思想领域的主导，"故今日靡然而同，无有异者，所谓一正君而国定也"。而同样占据南宋后期官方学术地位并影响中国封建社会后期几百年之久的程朱理学，其发展、兴盛的过程则要艰难、曲折得多。由于长期得不到统治者的赏识，又受到党争的困扰，理学"一禁于崇观，再禁于绍兴，三禁于庆元"，屡屡遭到沉重的打击，但就是在这样坎坷的政治命运中，在不为当政者所欣赏的情况下，理学在南宋孝宗乾道、淳熙之际却获得了巨大的发展，"讲说者被闽、浙，蔽江、湖，士争出山谷、弃家巷，赁馆贷食，庶几闻之。"理学这种政治上处境艰难与学术上兴盛、发展所形成的反差现象很值得我们认真思考与研究。笔者认为，这与南宋理学家重视和充分利用教育讲学、广泛传播其学术思想是分不开的。

理学自创立之初，就十分重视师道和通过教育讲学在民间传道，洛学门人聚集在以二程兄弟为核心的学术宗派周围，倡师道、论道统，从而极大地推动了理学的兴起与发展。南宋时期理学南传，其门人继承了二程兴学传道的思想，努力进行学术传播，学者空间分布日益广泛，学术传播的途径也大大增多，并出现了朱熹、张栻、吕祖谦等理学教育大师，在传播过程中也形成了自己独具特色的教育模式和传播理念，对中国封建社会后期教育和学术传播事业的发展产生重要的影响。两宋时期是理学与新学势力消长，走上官学的关键时期，也是理学教育与学术传播活动最为活跃的时期，两者的发展呈现出同步性的特点。

目前学术界对宋代教育与学术思想的研究已较为深入，形成了一些代表性的学术著作[1]，对宋代理学传播相关问题研究也日益深入，胡昭曦、朱汉民、杨金鑫等先生分别就宋代书院与蜀学、湖湘学、程朱理学

---

[1] 参见袁征：《宋代教育——中国古代教育的历史性转折》，广东高等教育出版社1991年版；侯外庐主编：《宋明理学史》，人民出版社1997年版；邓广铭：《略谈宋学》，载《邓广铭治史丛稿》，北京大学出版社2010年版；漆侠：《宋学的发展和演变》，河北人民出版社2002年版。

的关系进行分析，指出书院与这些学派的兴起或衰落有密切关系①。肖永明先生就宋代《四书》学在书院等地的传播作了精辟的分析，提出一些富有创见的见解②。此外，何成轩先生《儒学南传史》就中国古代儒学南传的趋势，程民生先生《宋代地域文化》、钱锡生《唐宋词传播方式研究》等对宋代文化的传播方式和地域特点进行了精彩的论述③。笔者在多年前曾关注此问题，并对宋代理学教育与学术思想传播的历程、特点、主要信息、传播途径等进行了一定的探索，发表于相关期刊，现一并收录入此书稿中，作为本书的第一部分，以便求教于学界同仁。

本书的第二部分内容关注宋代地方政府与社会治理相关问题。宋代地方社会治理是近些年学界研究的热点，学者们从基层社会、地方精英、国家治理等多个角度对这一问题进行解读。本书稿主要从宋代地方政府与社会治理的角度对此问题进行解读。首先探讨了宋代地方工程建设对生态环境的破坏及政府治理举措问题，研究提出，宋代地方工程建设活动中，存在着对生态环境的损害现象，这种损害在自然经济占主导地位的古代中国已经较为严重。突出表现在各地官署修造、河道治理、围湖造田、矿冶开采等领域，这其中有政府决策失误的原因，也存在因官员个人奢侈享乐的问题。面对这些情况，宋朝政府出台多种举措进行治理，如加强预算管理和审计，减少营造活动，惩治相关责任人，倡导人与自然和谐相处的理念等，从而取得了一定的成效。但是，由于完成上级行政命令的压力和自身利益的诉求，使得部分宋代官员仍然难以抉择，工程建设中保护与损害环境的斗争一直持续。接下来对宋代地方官府公务活动中奢侈、享乐现象和政府治理进行了分析，提出宋代地方官府公务活动中存在较为严重的奢侈享乐现象，这与前代传统和士大夫政治的特

---

① 胡昭曦：《宋代书院与宋代蜀学》，《四川大学学报》2001年第1期；朱汉民：《湖湘学派与岳麓书院》，教育科学出版社1991年版；杨金鑫：《程朱理学与书院》，《哲学与文化》（台湾）1990年第6期。

② 肖永明：《宋代理学〈四书〉学的传播与理学的社会化》，《中国社会历史评论》第4辑，商务印书馆2002年版。

③ 何成轩：《儒学南传史》，北京大学出版社2000年版；程民生：《宋代地域文化》，河南大学出版社1997年版；钱锡生：《唐宋词传播方式研究》，复旦大学出版社2009年版。

性相关。这一现象突出体现在公务宴会、迎送、物品购置及官廨修造等方面。为了节约经费，扭转风气，宋朝历代政府也出台相关举措进行治理，加强审计和预算管理、加强立法和监督以及树立勤政廉洁的典型是其中比较常见的手段。宋仁宗、神宗、孝宗朝相关治理成效较好。由于没能必须形成对权力的有效监督制约，且无法形成长效治理机制，宋代地方公务活动的奢侈享乐现象，难以得到根治。再次，对地方政府在政务处理中的分工与合作进行了探讨，认为宋代统治者为防止唐末五代藩镇割据局面的重现，首次在路这一高层政区设立多个互不统属的机构，如转运司、提刑司、提举常平司等，它们共同掌管一路内的各项事务。在处理地方日常事务时，路级机构间存在一定的职责分工，而在应对各类突发事件时，路级机构间又必须紧密联系，合作共事。宋代路级机构在地方政务中的分工与合作，推动了宋代地方事务处理的专业化，降低了工作强度，同时权力的分散与交叉也有效防范了地方分裂割据，促进国家的统一与稳定。此外，书稿的第二部分还对宋代提点刑狱司在地方社会治理中的特点和作用进行了探讨，并探讨了特殊时期——王安石变法时期的提点刑狱司和特殊地区——开封府界的提点刑狱司与社会治理相关问题。

书稿的第三部分主要对宋代地方政府行政成本相关问题进行了研究。对宋代地方政府"时间成本"损耗及治理进行了分析，政府"时间成本"是现代行政学、管理学中提出的一个概念，主要指"行政管理过程中资源闲置和非必要的时间浪费所蕴含的价值损失"。按照这一概念分析，宋代地方政府公务活动中也蕴含着高昂的"时间成本"，其中既有因制度层面因素如因地方行政机构设置重叠、官员众多出现的政务积滞问题，也包括因官员人为因素而产生的时间成本损耗。宋代政府通过精简机构和人员、减少公文流转、改革制度设计及加强监督和人员选任等方式对地方政府"时间成本"损耗进行治理，并在一定时期内取得成效。但整体上，宋代地方行政体系有强烈的自我扩张能力，常常在治理过后，以各种理由加以恢复，而中央决策、监督者缺乏持续的管控能力，导致宋代地方行政效率低下，时间成本损耗日益严重。接下来，总结和归纳了宋代地方政府行政成本问题的特点及启示，认为宋代虽无行政成本的说法和概念，但其地方政府机构数量之多、官员之众、耗费钱物之广，"三冗"问题之突出，为历代之最。总的来看，宋代地方政府行政成本问题呈现出五方面的特点：一是存在"精简—膨胀"反复循环的怪圈，其原因有合理性成分；二是地方政府行政成本存在明显的地域差异；三是地方政府用于自身运转需求的成本越来越高，用于社会公共服务支出的费用占比日益降低；四是地方政府显性的成本规模有限，而隐性成本消耗日益增高；五是地方政府非合理性解决行政成本的手段日益增多。宋代地方政府行政成本所反映出诸方面的特点对当今地方行政成本调控也具有一定的启示和借鉴作用。再者，对行政成本问题与宋代地方政治制度的关系进行了研究。认为狭义的政府"行政成本"是指政府机构用于自身建立和运转的费用，包括修建政府建筑、购买办公设备和发放人员工资、公务接待、差旅等诸项费用之和。广义的政府"行政成本"即政府机构用于自身组织及运转的费用，以及政府在社会公共管理事务中所支出的费用与因行政行为失当给政府、社会、环境等造成的损失、破坏等隐性成本和无效成本之和。古代政府行政成本研究可以以狭义的"行政成本"为主要研究对象，主要探讨其政府本身公务人员消耗的资金、人工、物料等有形资产。同时可以以广义的政府"行政成本"为参照对象。这一新的研究视角可以促使我们去重新审视和判断以往历史研究中的史料，对其作出新的解读和认识。对拓展宋代传统视角下的宋代"三冗"问题、宋代地方财政问题、宋代地方行政制度问题等都有积极推动作用。此外，此部分还尝试对唐宋地方高层行政区划和监管制度演变及宋代路级区划的性质进行探讨，不当之处还请学界同仁批评指正。

书稿的出版，有赖本书编辑、也是中心优秀校友宋燕鹏兄的策划和督促。燕鹏兄与我同为河北师范大学历史系校友，后又陆续来河北大学宋史研究中心求学。2017 年，已在中国社会科学出版社就职的燕鹏兄向我提出出版一套关于中心学者研究的丛书。后经我们反复思考与协商，定名为《河北大学宋史研究中心博导丛书》，希望集中反映宋史研究中心博士生导师相关学术研究成果，三年来已陆续出版了刘秋根、汪圣铎两位先生的著作，王菱菱老师的著作亦即将问世。我是中心后学晚辈，也希望为此丛书略尽绵薄之力，期待它能够长期坚持下去，成为继《河北大学宋史研究丛书》《河北大学历史学丛书》之外又一个展现宋史研究中心学术成就的窗口。

2000年是我进入宋史研究中心攻读硕士学位的年份，从那时起到现在已经整整二十年时间，还记得当时在小院核桃树下漆侠先生和老师、同学们一起谈论学术、生活的场景。出版此书，也是对我这些年学习和生活的一个纪念。近八年来日益困顿于繁杂琐碎的行政事务，难有整块的时间进行思考和写作。希望不久的将来能够解脱出来，回归教学科研岗位，回归简单而充实的学术生活。

此书的出版，还要感谢黄昌付、吴雯雯、赵爽三位硕士同学在新冠肺炎疫情爆发前后认真校对，同时还要感谢在学术、行政、生活中给予我帮助的各位先生和朋友，愿大家在疫情过后健康平安，工作顺利。

二〇二〇年五月八日于河北大学宋史研究中心

目　录

上编　理学教育与传播

宋代理学教育传播发展历程考论 …………………………（3）
宋代书院教育与宋代理学的传播 …………………………（20）
论宋代理学教育传播的主要信息 …………………………（32）
中国古代学术传播途径探析
　　——以宋代理学传播为中心的探讨 …………………（46）
论南宋理学教育传播的主导者和受众 ……………………（71）
论宋代理学教育传播的特点 ………………………………（86）

中编　地方社会治理

宋代地方工程建设对生态环境的损害及政府治理举措 …（97）
宋代地方公务活动中的奢侈现象及政府治理举措 ………（116）
宋代路级机构在地方政务管理中的分工与合作 …………（138）
论宋代提点刑狱司在地方"三农"事务中的作用 ………（149）
宋代开封府界提刑司考论 …………………………………（170）
王安石变法时期提刑司之研究 ……………………………（179）
宋代河北路弓箭社研究 ……………………………………（193）

下编　地方政府行政成本

宋代地方政府"时间成本"损耗及治理 ………………………（213）
论宋代地方政府行政成本问题的特点及启示 ………………（231）
行政成本问题与宋代地方政治制度研究 ……………………（255）
唐宋地方高层政区变革述论 …………………………………（272）
论唐宋地方高层政区监管体制的变革 ………………………（289）
从提点刑狱司制度看宋代"路"之性质 ………………………（300）

附　录

论述朱熹和宋代理学的精品力作
　　——《〈近思录〉研究》评介 ……………………………（318）
探索中国古代国家政权与宗教关系的力作
　　——《宋代政教关系研究》评介 ………………………（322）

上 编
理学教育与传播

宋代理学教育传播发展历程考论

历史上任何一种学术思想的发展、深化、被社会接受和认可，以至于成为影响这一时期政治、伦理、风俗等方面的主导思想，都离不开学者对其学说的宣讲与传播，离不开行之有效的学术传播活动。在中国古代社会的政治、经济条件下，学术传播通常表现为两种模式：一是通过执政借助皇权力量"自上而下"的一元学术传播；二是通过私人讲学、著述等活动在民间"由点到面"的多元学术传播①。前者具有强制性、广泛性、时效性的特点，后者具有切实性、稳定性、长久性的特点。

理学是宋学的一支，是宋儒适应时代的发展变化，吸收佛道思想对传统儒学进行改造与创新的产物，由北宋程灏、程颐、张载等人创立并确立其基本体系，到南宋朱熹集其大成，成为影响中国封建社会后期几百年之久的主流学术思想。理学在宋代的发展并非一帆风顺，始终受到当政者的赏识，而是"一禁于崇观，再禁于绍兴，三禁于庆元②"，屡屡遭到沉重的打击，但就是在这样坎坷的命运中，在不为当政者所欣赏的情况下，理学在南宋却获得了巨大的发展，"讲说者被闽、浙，蔽江、湖，士争出山谷，弃家巷，赁馆贷食，庶几闻之。"③ 理学这种政治上处境艰难与学术上兴盛、发展所形成的反差现象很值得我们认真研究。笔

---

① 秦志希：《论中国古代文化传播的基本特性》，《现代传播（北京广播学院学报）》1996年第4期，第1—7页。
② （宋）李心传辑；朱军校：《道命录·自序》，上海古籍出版社2016年版，第1页。
③ （宋）叶适：《叶适集》卷13《郭府君墓志铭》，中华书局2013年版，第246页。

者认为，这与两宋时期理学家始终重视和充分利用教育讲学、顽强传播其学术思想是分不开的①，故本文试对宋代理学教育传播活动的发展历史进程进行分析，以便加深我们对这种教育传播活动对宋代理学发展作用的认识，不当之处敬请指正。

一 北宋时期理学的兴起与教育传播活动的展开

北宋中期，儒学复兴，二程、张载等人吸收宋初儒学家治学的经验，打破传注训诂的传统治学方法，创立了以"天理"为中心、富于思辨的理学思想体系。他们以"性"与"天道"为探讨的核心问题，从世界本体论到万物生化论，从人性善恶论到穷理治国论，形成了一套严密的逻辑体系，以不同方式论证了儒家伦理、纲常的合理性，以实现儒家圣人的精神境界为人生的终极目的。二程等人希望以理学来应对来自西方佛学的强烈挑战，重新确立儒家学说在思想界的主流地位，并以此"正人心，固根本"，找到解决当时复杂激化的社会矛盾的出路，求得天下的治平。但由于当时理学士人的倡导与现实需求相差较远，加之古板的作风、强烈的自我标榜和排他性，故而得不到当时统治者的赏识，从一开始就是处于民间的学术宗派，并且遭到当时占主流学术地位的王安石新学的排斥、压制，"诸生一切以王氏经为师"，②理学的生存和延续面临危机和挑战。

如何"能使学者视效而信从"③就成了其学说发展的关键，因而理学自创立之初就十分重视师道，重视通过教育在民间传播学术，如理学宗

---

① 漆侠先生在《宋学的发展和演变》中指出："洛学（二程理学）虽是宋学鼎盛时期最不显眼的一个学派，但在南宋初四十余年即成为显学……尊师道，争道统成为洛学发家的一个重要手段。"河北人民出版社2002年版，第498页。关于政治与学术的关系，笔者认为政治对于学术兴衰确有重大影响，但却不是唯一决定因素，参见拙文：《略论宋代理学教育传播的特点》，《云南社会科学》2004年第2期。

② （宋）李焘：《续资治通鉴长编》卷276，熙宁九年六月己酉，中华书局2004年版，第6751页。

③ （宋）程颐、程颢：《二程集·文集》卷11《祭李端伯文》，中华书局1981年版，第643页。

师程颐就说：

> 圣学不传久矣。吾生百世之后，志将明斯道，兴斯文于既绝，力小任重，而不惧其难者，盖亦有冀矣。以谓：苟能使知之者广，则用力者众，何难之不易也？①

另一位理学大师张载也说："今欲功及天下，故必多栽培学者，则道可传矣。"② 因而他们积极主动地通过教学活动，利用各种官、私教育机构来传播自己的学术思想。理学先驱、二程的老师周敦颐就曾讲学于濂溪书堂及濂山、濂宗等书院③，《湖南通志》中也记载，"宋周敦颐以驾部员外郎摄邵州事，首重学校，属邑皆立书院，训诲后学"④，对于启发学生学习"性理之学"的兴趣做出重要贡献。二程在王安石变法期间因指陈新法之害，被贬官至地方，此后，他们将更多的时间和精力用于学术和教育活动，推动理学在士人中的传播，在嵩山领崇福宫之职期间，二程常到嵩阳书院讲学，各地学者慕名而来，多时有生徒数百人⑤，二程讲学，"使夫天理之微，人伦之著，事务之众，鬼神之幽，莫不洞然毕贯于一，而周、孔、孟氏之传，焕然复明"⑥。此外，他们还接受邀请，到应天书院、伊皋书院讲学，阐发自己的学术思想。另一理学大儒张载也曾在关中百泉书院讲学传道，对于当地理学思想的普及、士风丕变发挥了重要作用。

但是，由于北宋中期新学盛行，给初创的理学留下的发展空间很小，

---

① （宋）程颐、程颢：《二程集·文集》卷11《祭刘质夫文》，中华书局1981年版，第643页。
② （宋）张载：《张载集·经学理窟·义理》，中华书局1983年版，第271页。
③ 叶鸿洒：《论宋代书院制度的产生及其影响》，《宋史研究集》第九辑，（台北）台湾书店1977年版，第429页。
④ （清）卞宝第：《（光绪）湖南通志》卷64《学校志·学官三·宝庆府》，续修四库全书，上海古籍出版社2002年版，第663册，第32页。
⑤ 安国楼：《嵩阳书院与二程理学》，《郑州大学学报》2000年第5期，第125页。
⑥ （清）黄宗羲原著、全祖望补修，陈金生、梁运华点校：《宋元学案》卷13《明道学案上》，中华书局1986年版，第540页。

他们鲜有在官方学校传播学术的机会，其在私学、家塾讲学的时间更长，这些教育机构对理学思想延续、四外传播的作用更大。如《明道先生哀辞》载："程颢以亲老求为闲官，居洛阳殆十年，与其弟伊川先生讲学于家，……士之从学者，不绝于馆。"① 十年定居洛阳，可见二程对私塾讲学的重视。传统的私学办学形式比较简单，各项制度也不完善，其规模较小，不需要太多的资金投入，有更大的适应性，同时也不会因理学家去职卸任而失去学术交流中心的地位，故而在理学初兴之际学术传播中发挥了更大的作用，当时理学派二程著名的门人弟子如杨时、谢良佐、尹焞等均自出私塾，他们成为后来理学发展的中坚力量。

北宋后期，党争激烈，理学家们因对王安石变法及官方新学的反对而受到进一步的打击，徽宗朝蔡京当政时期理学更被视为异端邪说而遭到严厉禁锢，"上至太学，下至州军县学，私学聚学处亦禁讲授"，"非特成人之学可禁，而童子之学亦不可不禁"②。相对于北宋中期，理学更难获得在教育场所传播的机会。但是理学家们仍然在逆境中坚持自己的学术信仰，并极力维持理学学术思想的延续，甚至如理学宗师程颐被流放到涪州时，还在涪州的山洞里给学生讲《程氏易传》，临死前还带病指导尹敦和张绎，其传道精神令人感动③。

总之，北宋中期理学在民间兴起后，开始借助包括私塾、书院内的各种教育场所传播自己学派的学术思想，但由于其对官方新学的挑战而遭到压制、排挤，不能在官学中普遍传播，他们更多的是借助传统的私塾义学来传道授业，扩大理学在士人中的影响。北宋后期，理学遭到当政者严厉的打击、禁锢，理学的教育传播活动更加艰难，但顽强的理学大师程颐还是通过讲学和著书立说，将学术传给了弟子杨时、尹敦、胡安国等人，他们成为维系南宋理学发展的希望。

---

① （宋）程颐、程颢：《二程集·遗书附录》，中华书局1981年版，第333页。
② （清）徐松辑，刘琳、刁忠民等点校：《宋会辑稿》刑法2之43，上海古籍出版社2014年版，第8307页。
③《长编纪事本末》卷121《禁元祐党人上》。

二 南宋初年理学短暂的兴盛与教育传播的延续

南宋时期，王安石被定为祸国殃民、致使北宋覆亡的万世罪人而被彻底否定，其新学在官方的统治地位也逐渐丧失，从而给此前处于民间的蜀学、浙东事功、理学等各家学派以自由发展与被统治者重新认识的机会；而不断发生的战乱，又使得官方教育系统遭到破坏，政府对地方教育的控制放松，给理学家利用各种官私教育机构传播学术思想提供了机遇。

南宋初年理学曾获得短暂的兴盛，他们因主张削夺武将兵权，加强中央集权及攻击王安石变法及其新学导致北宋灭亡，为统治者找到冠冕堂皇地推卸责任的理由而得到宋高宗的赏识，他们借助皇权的力量大力传播理学思想，在士人中有了一定的势力和影响。理学思想曾一度得到统治者的推崇。理学的创始人之一程颐受到追赠、褒扬，理学门人杨时、胡安国、朱震等先后被召至朝，或为讲读官，或任台谏之职，理学势力兴盛一时，正如士大夫韩元吉所说，"建炎龙兴，先生（二程）门弟子相继有闻，《易》《春秋》《语》《孟》之学始行于天下。而赵丞相尝官于洛，素知推敬其书，一时士君子靡然向之"。①

但是实际上这一时期理学的社会基础还很薄弱，并未得到社会的普遍认同，它只是迎合了宋高宗打击王安石新学、推卸亡国罪责的需要，统治者并没有从学术思想层面接受理学。随着政治形势的发展，理学家的一些主张越来越受到统治者的厌恶，最为明显的就是理学派对于宋金和议的反对，加之其日益明显的朋党迹象，因而随着宋高宗打击赵鼎集团、镇压反投降舆论的开始，理学在政治上的兴盛便如昙花一现，很快消失②。绍兴六年（1136），赵鼎罢相，陈公辅上疏乞禁洛学，指斥理学

---

① （清）王梓材、冯云濠编撰；沈芝盈、梁运华点校：《宋元学案补遗》卷96《元佑党案补遗》，中华书局2012年版，第5739页。
② 高纪春：《赵鼎集团的瓦解与洛学之禁》，《中国史研究》1997年第3期，第108—117页。

学者"营私植党,复有党同之弊",得到高宗的认可①。绍兴十四年(1144)十月,何若乞申戒师儒禁伊川、横渠之学,高宗批准,"自是又设专门之禁者十有余年"②。长期的学禁使得理学门人在政治上无法立足,他们试图借助皇权力量将理学立为官方学术的努力受到挫折。理学要得到社会认可,必须借助其他途径传播自己的学术思想。政治上的压力没有使理学家意志消沉,反而激励他们更加努力地讲学,通过教育传播活动使人们更多地了解理学的主要宗旨和主张,扩大理学传播的范围和影响。

南宋初理学家曾借助州县官学传播,如胡宪,从胡安国学,绍兴中添差建州州学教授,"即就职。日进诸生而告之以古人为己之学。闻者始而笑。中而疑。久而观于先生所以修身。所以事亲。所以接人。无不一如所言。于是翕然尊信悦服"③。胡宪以其言传身教收到了良好的教育效果。又如胡安国之子胡寅,担任零陵郡学教授,其在策问中就提出孔、孟之后"圣人之道"谁是传人的问题,让学生试述之④,由于宋代理学最重师道和道统,强调其门派是继承孔子、孟子的儒学正宗,因而胡寅的策问,具有非常明显的引导学生学习理学的目的。但由于政府控制的州县学只允许招收本地学生,教学人员由官方任命,教授官方的教育内容,因而其在学禁严格时很难广泛地传播理学思想。

政局的复杂多变与理学家传学论道的使命都促使他们努力寻找一块新的、更为自由的学术传播阵地,因此传统的教育机构——书院与命运坎坷的理学再次走到了一起。书院相对于州县学,在招生和教学内容上更为自由,学生不限生源,可随时入学,教育的目的不仅仅为应付科举,具有更强的学术性。这一时期杨时、胡安国等理学大儒在书院讲学,为

---

① (宋)李心传撰,胡坤点校:《建年以来系年要录》卷107,绍兴六年十二月己未,中华书局2013年版,第2019页。
② (清)黄宗羲原著、全祖望补修,陈金生、梁运华点校:《宋元学案》卷96《元祐党案》,中华书局1986年版,第3192页。
③ (清)王梓材、冯云濠编撰;沈芝盈、梁运华点校:《宋元学案补遗》卷43《刘胡诸儒学案补遗》,中华书局2012年版,第2311页。
④ (宋)胡寅撰,容肇祖点校:《斐然集》卷29《零陵郡学策问》,中华书局1993年版,第629页。

理学的延续与传播作出了重大的贡献。杨时，字中立，为程门四大弟子之一，也是南渡后理学传承的关键人物，"凡绍兴初崇尚元祐学术，而朱熹、张栻之学得程氏之正，其源委脉络皆出于（杨）时"①。其一生立志讲学，拜师程门之后，辗转东南，以传播理学为己任。杨时曾说："学而不闻道，尤不学也，创书院而不讲明此道，与无书院等"。杨时讲学的书院很多，包括无锡东林书院，慈溪、常州等地所建龟山书院、毗陵书院、昆陵书院等等。清代学者江藩就赞叹："夫道学始于濂溪而盛于洛闽，自龟山（杨时）辟书院以讲学，于是白鹿、鹅湖相继而起。"② 可见杨时书院讲学对后世理学门人学术传播活动产生巨大的影响。这一时期借助书院传播理学的另一支力量是以胡安国、胡宏为代表的湖湘学派。胡安国，字康侯，私淑程学，与杨时、谢良佐等人交往甚厚，"自登第及休致凡四十年，在官实历不及六载"，一生主要时间和精力都用于著述和教育讲学活动。南渡后，胡安国隐居衡山，先后讲学于文定书堂、邺侯书院、岳麓书院，培养了大量的门人弟子。故《宋元学案》称赞"南渡昌明洛学之功，文定几侔于龟山。"③ 其子胡宏建碧泉书院、五峰书院，积极从事讲学活动。理学大师朱熹的老师胡宪、刘勉之等也都继续顽强地利用私塾等办学授徒，这种更为扎实的、厚积薄发的传播方式为后期理学的迅速发展奠定基础。

三　孝宗、光宗朝理学教育传播的繁荣与宁宗朝"庆元党禁"

　　孝、光两朝是南宋政治清明、社会安定，教育、学术氛围最为宽松的时期。这一时期理学家在政治上仍处于失意状态，孝宗皇帝对理学家理、气、心、性的阐述和对皇权的干涉感到明显的反感，认为他们有崇

---

① （元）脱脱：《宋史》卷428《杨时传》，中华书局1977年版，第12743页。
② （清）江藩：《国朝宋学渊源记》卷下，中华书局2011年版，第180页。
③ （清）黄宗羲著，全祖望补修；陈金生、梁运华点校：《宋元学案》卷34《武夷学案序录》，中华书局1986年版，第1170页。

尚清谈的"西晋士人风气!"① 但孝宗及后来的光宗皇帝并未对理学家所进行的讲学活动进行过多的干涉,因而在理学家的大力宣扬下,孝、光两朝理学势力在民间得到了极大的发展,在士人中拥有较高的声望和认同度。这一时期理学教育传播活动的兴盛与发展,除了得益于政治压迫的减缓外,与当时学术与教育的整体环境是密切相关的,它们在一定程度上对理学教育传播活动起到了刺激作用。

由于王安石新学在官方垄断局面的终结以及绍兴学禁对二程理学的打击,孝、光两朝官方并无居于主导地位的学术思想,这种局面为各家学说赢得了自由发展的机会,因而学术界出现了百花齐放、百家争鸣的景象,其形势正如朱熹所感叹的:

> 比来道术分裂,人自为师,真胡公所谓人人各说一般见解,诳嚇众生者,势方横流,力不能扼,可叹!②

这一时期在社会上影响比较大,对理学传播活动构成威胁的主要学派包括:

1. 浙东事功学派,分为永嘉学派和永康学派。以薛季宣、陈傅良、叶适等为主要代表人物的学术流派。其学术思想注重实际和讲求事功,反对理学派空谈心性、将义和利完全对立起来的观点,主张把治经和治事相结合。这种务实的治学风格使其在传播过程中成为理学的强劲对手。朱熹曾说,"浙学却专是功利","浙人为功利浸渍,坏了腹心,尤难说话,甚可叹,又可惧也。"③

2. 苏氏蜀学。以北宋眉山学者苏洵和其子苏轼、苏辙开创。苏氏蜀学因其与二程理学的党争和对立而显赫一时,其学借文章名天下,率性

---

① (宋)李心传撰;徐规校:《建炎以来朝野杂记》乙集卷3《孝宗论士大夫微有西晋风》,中华书局2000年版,第542页。

② (宋)朱熹撰;朱杰人、严佐之、刘永翔主编:《朱子全书·晦庵先生朱文公文集》卷56《答方宾王第十书》,上海古籍出版社、安徽教育出版社2002年版,第23册,第2668页。

③ (宋)朱熹撰;朱杰人、严佐之、刘永翔主编:《朱子全书·晦庵先生朱文公文集》卷56《答郑子上第五书》,上海古籍出版社、安徽教育出版社2002年版,第23册,第2677页。

情、恶绳检、溺声色、融佛老,重视"权变"与"人情",因而被人比作战国的纵横之学。其学说在南宋高宗解除学禁后也开始在社会上传播,到孝宗朝得到统治者大力推崇,"苏氏之说,流传四方,学者家传而人诵之"①,苏氏蜀学的盛行给理学的传播造成了很大的阻力。

3. 王氏新学。王安石新学尽管在南宋初年被指为祸国殃民的邪说,但是由于其曾经长期占据官学统治地位,因而在南宋孝宗不尚一家私学的情况下在科场和教育领域仍具有一定势力。如孝宗乾道五年,侍御史谢廓然言:"近来掌文衡者,主王氏之说则专尚穿凿,主程氏之说则务为虚诞"②,说明这一时期科场中仍有人心向王氏之学。而在官方教育领域,王安石的《论语解》直到宁宗开禧年间仍是学校的主要教材之一③,可见其影响力之深远。

4. 陆氏心学。指以陆九龄、陆九渊兄弟及其门人弟子所创立的一个学派。陆氏心学吸收佛教禅宗思想,以明心(立心)为根本,提出"心即理"的命题,与当时程朱理学派"格物穷理"的治学门径相区别,以孔孟继承人自居,陆九渊就说,"区区之学,自谓孟子之后至是而始一明也。"④ 陆氏心学与程朱理学对垒而立,吸引了大量的学子,"弟子属籍者至数千人,何其盛哉!"⑤ 甚至许多朱熹门人也被其转化,虽然在宋以后朱陆两派出现合流的趋势,但是在当时陆学的盛行,也迫使程学正宗们严密学术体系,加紧学说传播。

这些学派、学说的兴起,以及在思想领域的争辩,对于这一时期理学的发展产生重要的影响,一方面迫使理学家们加紧构建自己学派的思

---

① (宋)朱熹撰;朱杰人、严佐之、刘永翔主编:《朱子全书·晦庵先生朱文公文集》卷33《答吕伯恭第五书》,上海古籍出版社、安徽教育出版社2002年版,第21册,第1428页。
② (宋)佚名:《皇宋中兴两朝圣政》卷五六,淳熙五年三月,文海出版社1967年版,第1790页。
③ 袁征:《宋代教育——中国古代教育的历史性转折》,广东高等教育出版社1991年版,第70页。
④ (宋)陆九渊撰;钟哲点校:《陆九渊集》卷10《与路彦彬》,中华书局2010年版,第134页。
⑤ (清)黄宗羲著,全祖望补修;陈金生、梁运华点校:《宋元学案》卷77《槐堂诸儒学案·附录·黄宗羲案语》,中华书局1986年版,第2571页。

想体系，吸收各家之长，使之更加完整严密，在思想层面超越其他学术派别；另一方面，就是要努力宣扬己说，加紧对理学门人弟子的教育、培养，扩大传播范围和社会影响。

再者南宋当时教育发展状况为理学教育传播活动提供了一定的机遇。两宋之交的战争使学校教育遭到严重的破坏，学生大量逃亡，校舍毁坏荒芜，"丧乱以来，士子废学失业"①。这一局面直到绍兴十一年和议缔结后才有所好转，高宗为粉饰太平，于岳飞故斋建立太学，设十二斋，养士三百人，各地州县学也有所恢复。延至孝宗统治中期，教育状况进一步好转。但是，由于南宋时期民族矛盾始终处于尖锐、突出的位置，因而当政者对于教育特别是地方教育的重视程度不够，州郡学校"无取士之法，无考察之意，学官与诸生泛焉不相知名，无教无劝，幸其岁满，则掉臂而去。"② 这种情况一方面对地方教育的发展带来不利影响，也满足不了真正求学士子们的需求，但是另一方面使地方州县学教育特别是书院、私学教育较少受到中央的干涉，同时增加了理学家讲学的生源，为其传播学术思想提供了机会。

理学家们可以利用书院、私学以及他们任官时讲授的州县官学组成对抗朝廷正统教育的营垒，在理学被官方所抑制、打击的时候仍可以收徒讲学，为其学说扩大社会影响。如理学大儒朱熹在庆元党禁爆发，官方禁止其学术传播的时候，依旧可以"讲道于竹林精舍，不为少辍。"③因而可以看出，南宋时期当政者对教育控制的相对削弱，官办教育的不足，为理学家通过讲学传播学术提供了有利的条件。这一时期理学家传播学术的主要教育场所仍是书院，包括张栻讲学城南书院、岳麓书院，吕祖谦讲学丽泽书院，朱熹创建、讲学的书院有寒泉精舍、考亭书院、武夷精舍、云谷晦庵草堂、白鹿洞书院、岳麓书院、兴贤书院、城南书

---

① （宋）胡寅撰，容肇祖点校：《斐然集》卷十《转对札子》，中华书局1993年版，第226页。

② （宋）叶适：《叶适集·水心别集》卷三《士学下》，中华书局2013年版，第677页。

③ （宋）樵川，樵叟：《庆元党禁》，文渊阁四库全书，台北商务印书馆1986年版，第451册，第37页。

院、溪山书院、螺峰书院等等①，数量相比南宋前期有了明显的增加。同时书院招生人数也大大增加，朱熹书院讲学，门人多至千余，吕祖谦丽泽书院也兴盛一时，"天下之士靡然从之，而其所居之乡诸生能自表见者为多"②。理学家设学传道，强调刻苦读书、追求真理，保持了较好的学风，因而吸引了许多士子不远千里前往求学。理学书院在教学形式上更为灵活和多样。既有教师的升堂讲说，也有师生间的质疑问难，每有闲暇的时候，还率领门人优游于山石林泉之间，因时因地启发教导。这一时期理学家书院传播最重要的创新就是确立了不同书院之间的会讲制度，对学术的发展与传播产生重要的影响，著名的如孝宗乾道三年（1167），张栻与朱熹于岳麓书院的会讲，朱熹、陆九渊、吕祖谦等人在淳熙二年（1175）铅山鹅湖之会等，都是著名的会讲。书院会讲，双方到会的门人弟子众多，针对不同的问题展开激烈的辩论，大大活跃了书院的学术空气，同时也促进了理学学术思想的发展和其广泛传播。

朱熹、张栻、吕祖谦等理学大师讲学，"从之游者常数百人，其学成行修者，多去而为名卿才大夫，下亦不失于乡党自好之士。"③ 他们在力图改变南宋学风的同时也有力地促进了理学思想的传播。此时书院兴建的数量较多，学生人数多，持续时间长，影响范围广泛。

在儿童教育领域，这一时期理学家们也注重通过编写启蒙教材，扩大理学思想的传播，孝宗朝时，朱熹和他的弟子刘清之编写了《小学之书》，记载先秦到宋前圣贤的言行，《内篇》"敬身"部分第一条"敬胜怠者吉，怠胜敬者灭；义胜欲者从，欲胜义者凶"，以此宣扬理学"持敬"和"存天理，灭人欲"的原则。吕祖谦也编纂了《少仪外传》两卷，与此相类似，这两位理学大师重视编纂童蒙教材，为理学占领教育阵地，传播学术思想开辟了道路，此后，朱熹的弟子程端蒙编写《性理字训》，以四字句为主，陈淳用三言韵语编撰了《启蒙初诵》《训童雅

---

① 方彦寿：《朱熹书院与门人考》，华东师范大学出版社2000年版，第2—18页。
② （宋）陈傅良：《止斋文集》卷48《何君墓志铭》，文渊阁四库全书，台北商务印书馆1986年版，第1150册，第877页。
③ （宋）刘宰：《漫塘集》卷19《送黄竹磵序》，文渊阁四库全书，台北商务印书馆1986年版，第1170册，第540页。

言》，这种教材字数固定，富于节奏，流畅明白，适合儿童诵习，对后世影响很大。宋末理学家王应麟（一说区适子）所编《三字经》，其中也提出"《孝经》通，《四书》熟，如六经，始可读"，明显传递了朱熹所定的理学教育的教学计划，具有理学启蒙教材的特点，我们现在所见宋代所编写的启蒙教材，大部分是理学家所著，这从一个侧面也反映了理学家们顶住政治压力，积极传播自己学说的高度使命感和顽强精神。到元明清时期，理学思想几乎灌输到了儿童教育的每一类课程和教材。总之，这一时期的理学大儒们通过讲学，著书立说，从成人到儿童，培养的门人和私淑弟子成百上千，他们分散在南宋各个地区，进一步扩大理学传播的范围，这一时期是理学教育传播活动特点最为鲜明，作用最为突出的时期。

由于这一时期理学教育传播的繁荣，门人弟子的增多，理学势力再次渗透到政治领域，在光宗朝后期达到了一个新的高峰。光宗绍熙五年孝宗去世后，由于光宗皇帝"以疾，未能执丧"[1]，宗室大臣赵汝愚从赵宋王朝的最高利益出发，为挽救危机，实行"内禅"，将黄袍加诸嘉王赵扩身上，扶其登位，是为宁宗。由于有定策勋绩的赵汝愚和一班文人士大夫是理学学说的忠实信徒，他们的当政为理学在政治上的再度兴起，得到统治者的认可提供了机会。

此后，理学大儒朱熹还希望利用经筵讲学的机会来宣扬理学思想，获取宁宗的支持，其侍讲经筵，"急于致君，知无不言、言无不切"，七次进讲，内容均为《大学》，并赞论北宋二程讲学之功，希望皇帝能够按照大学之道"随事体察而实致其力，使吾所以明德而新民者无不止于至善，而天下之人皆有以见其意诚、心正、身修、家齐、国治、天下平之效"[2]，朱熹担心宁宗事务繁忙，又将其讲义写成册子进入，以便宁宗反复观览，掌握理学的宗旨。此前，程颐、杨时、张栻等理学大儒也都曾利用经筵讲学的机会向皇帝宣讲过理学思想的宗旨，他们这种学术传播

---

[1] （宋）周密撰；张茂鹏点校：《齐东野语》卷3《绍熙内禅》，中华书局2004年版，第41页。

[2] （宋）朱熹撰；朱杰人、严佐之、刘永翔主编：《朱子全书·晦庵先生朱文公文集》卷15《经筵讲义》，上海古籍出版社、安徽教育出版社2002年版，第20册，第699页。

的自觉性使得理学有机会在最高统治者那里传播，有利于统治者从思想层面真正了解理学，这对于理学的长期发展起到重要的促进作用。

但是在宁宗当政后不久，朝廷重臣围绕推赏"定策之功"的问题，展开新一轮的权利争夺，以宰相赵汝愚为代表包括大量理学门人在内的势力被以韩侂胄为代表的外戚和反理学势力所攻击，宁宗由于猜忌宰相赵汝愚与朱熹等结党营私，加之对朱熹讲学干政的不满，对理学的态度发生变化，在韩侂胄党羽的攻击下，朱熹侍经筵数十日而去位，赵汝愚也被贬永州而死，理学因此又一次遭到禁锢。庆元元年（1195）七月，御使中丞何赡指斥道学为伪，请禁伪学。庆元二年（1196），叶翥奏论文弊，攻理学，"是科取士，稍涉义理者悉见黜落"①。庆元三年（1197）十二月，省部籍记"伪学"姓名及其学术渊源，宁宗批准建立党籍，禁锢五十九人②。除早逝的张栻、吕祖谦外，大部分理学名臣及其主要信徒都名列党籍之中，这次党禁势头更猛，破坏力更大，其情形如李心传所说："先生获罪之后，党禁益谨，稍称善类，斥逐无遗，至荐举考校，皆为厉禁。奸贪狠籍、暴慢恣肆之徒，纷纷并起，填塞要途；士知务修饬守廉隅者，例取姗侮，或及于祸。"③ 但是理学家们仍然在困境中抱道自守，努力传播学术思想，培养了一批信仰坚定的门人弟子，为日后理学的兴起打下了坚实的基础。朱熹就表示："流窜放殛，久已置之度外。诸生远来，无可遣去之理。"④ 他不顾日益恶化的健康状况，坚持讲学，在病重不能行走时，还卧床指导学生，直到庆元六年（1200）病逝，这种为追求真理，为传播学术而献身的精神在历代理学大师中始终存在，他们顽强的努力使理学思想得以存续，为日后的兴盛奠定基础。庆元党禁是南宋理学发展的一个转折点，它就像一块试金石一样剔除了那些假冒

---

① （宋）叶绍翁撰；沈锡麟、冯惠民点校：《四朝闻见录》丁集《科举为党议发策》，中华书局1997年版，第159—160页。

② （宋）李心传撰；徐规校：《建炎以来朝野杂记》甲集卷6《学党五十九人姓名》，中华书局2000年版，第139—140页。

③ （宋）李心传辑；朱军校：《道命录》卷7下《晦庵先生落秘阁修撰依前官谢表》，上海古籍出版社2016年版，第74页。

④ （宋）朱熹撰；朱杰人、严佐之、刘永翔主编：《朱子全书·晦庵先生朱文公文集》卷44《答任伯起》，上海古籍出版社、安徽教育出版社2002年版，第22册，第2030页。

理学谋取名誉的士人，经过多年的讲学及学术传播活动，理学在士人中已拥有很高的声誉，在政治高压中同情、理解理学的声音一直存在。伴随着南宋后期韩侂胄及其党羽的败亡，南宋政局的恶化，似乎从反面证明了理学士人的正确与高洁，那部党禁的人名录反而成了理学士人宣扬自己的光荣榜。

四 宁宗、理宗朝理学官方学术地位的确立与其教育传播的拓展

庆元党禁后，韩侂胄专权秉政，为巩固其统治地位，建立盖世功名，宁宗开禧二年（1206）贸然发动对金的北伐战争，结果宋军惨败、金军南侵。礼部侍郎史弥远等人刺杀韩侂胄与金议和，1208年宋金签订嘉定和议。

上台执政的史弥远集团为了巩固统治、赢得人心，顺应理学门人的呼声为理学摘掉了"伪学"的帽子，为已去世的赵汝愚、朱熹等人平反，追赠朱熹、吕祖谦等理学家的谥号。名列庆元党籍的大部分士人在史弥远当政后便"一切擢用，悉至显官，无一人遗者。"① 在朝廷政策的支持和理学家传播学术思想的自觉行动下，程朱理学在宁宗朝后期得到极大发展，天下之士竞相讲习义理，理学逐渐成为一股宏大的社会思潮。如太学为朝廷最高学府，对教师和教育内容的审查最为严格，在历次理学学禁中也最彻底。在嘉定和议之后，"党禁稍开"，刘爚、吴柔胜等理学门人也利用在太学任职的机会，为理学正名，"始以朱熹《四书》与诸生诵习，讲义策问，皆以是为先"。并从生徒中选择理学门人作为表率，"于是士知趋向，伊、洛之学晦而复明"②。他们对于理学复兴起到了积极促进作用。

嘉定十七年（1224）宁宗病死后，史弥远等人擅自更改遗诏，立赵

---

① （宋）俞文豹：《吹剑录外集》，文渊阁四库全书，台北商务印书馆1986年版，第865册，第477页。

② （元）脱脱等：《宋史》卷400《吴柔胜传》，中华书局1977年版，第12148页。

昀为帝，是为理宗，原皇嗣赵竑被杀，这与理学家们所鼓吹的人伦、天理严重抵触，因此朝野议论纷纷、政局动荡、人心不附。统治者为了改变舆论上的被动局面，换取士大夫的支持，"以爵禄縻天下之士"。同时进一步宣扬理学，消除朝廷与士人之间的对抗情绪，使他们沉醉在道德、性理的汪洋之中，心甘情愿地为自己卖命。这样做又可以将原本在社会上已有很大声势的理学思潮纳入到朝廷的控制下传播，突出其有利于统治者利益的方面。统治者的企图与理学推崇者的心愿契合，促使理学在南宋后期由一种民间学术上升为独尊的官方统治思想[1]。

在政治领域，理宗在即位之初就下令升迁真德秀、傅伯成等一批理学家[2]，宝庆三年又追封朱熹为信国公[3]，他在亲政后更是采取了一系列措施褒扬理学，淳祐元年（1240）理宗在视察太学之后，于正月十五下诏："朕惟孔子之道，自孟轲后不得其传，至我朝周敦颐、张载、程颢、程颐，真见实践，深探圣域，千载绝学，始有指归。中兴以来，又得朱熹精思明辩，表里混融，使《大学》《论》《孟》《中庸》之书，本末洞彻，孔子之道，益以大明于世。朕每观五臣论著，启沃良多，今视学有日，其令学官列诸从祀，以示崇奖之意。丙午，封周敦颐为汝南伯，张载郿伯，程颢河南伯，程颐伊阳伯……制道统十三赞，就赐国子监宣示诸生。"[4] 统治者对于理学的褒扬，将宋代理学家列于孔庙从祀，颁示理学书籍为学校教材和科举考试的标准答案，这标志着理学思想得到统治者的认可，从此上升为官方统治思想，理学从此在官方笼罩下，在皇权力量与仕途利益的支持下开始了新一轮的学术传播。

在教育领域，至理宗朝，二程、朱熹、张载等人被列于太学孔庙从祀，朱熹所定《白鹿洞书院揭示》也被定为太学学规，理学在太学中盛行传播，士子程文，靡然而同。尊崇理学、兴建书院也成为地方官博取

---

[1] 胡昭曦、蔡东洲：《宋理宗、宋度宗》，吉林文史出版社1996年版，第121—123页。
[2] （宋）佚名；汪圣铎点校：《宋史全文》卷31，嘉定十七年九月乙亥，中华书局2016年版，第2616页。
[3] （宋）佚名；汪圣铎点校：《宋史全文》卷31，宝庆三年正月己巳，中华书局2016年版，第2636页。
[4] （元）脱脱等：《宋史》卷42《理宗本纪二》，中华书局1977年版，第821—822页。

声誉的重要手段,"其为太守,为监司,必须建立书院,立诸贤之祠,或刊注《四书》,衍辑语录。然后号为贤者,则可以钓声名,致膴仕。"①伴随着书院的理学化,这一时期书院的官学化趋势亦更加明显。南宋后期所建书院一百余所,得到皇帝赐额的就有三十余处②,同时书院老师也多由朝廷选派正式通过科举考试符合教职人员标准的官员担任。书院成为官办地方教育的组成部分,规模也逐渐扩大,多者至数百人。书院的官学化反映了政府对于教育及思想舆论控制、管理的加强,同时原有地方官方教育机构各地州县学也都以理学思想取代过去各种经典的注疏,成为官办学校教育和科举考试中解释经典的最高标准。

在学术领域,兴盛、繁荣的理学教育传播活动超越了浙东事功、新学、蜀学等其他派别,至南宋中后期,理学讲学侵入两浙、四川等浙东事功学派和苏氏蜀学的固有学术阵地,对于当地学者学术信仰的改变起到了重要的作用,这一时期在浙东书院讲学的理学门人众多,有号称"北山四先生"的何基、王柏、金履祥、许谦等人,永嘉最著名的两位学者叶味道和陈植也都先后接受了朱学,并以积极传播朱学为己任。明末清初的大儒黄宗羲在评价以朱熹为代表的理学门人在浙东地区的讲学活动的贡献就说:"晦翁生平不喜浙学,而端平以后,闽中、江右诸弟子支离、桀戾固陋无不有之,其能中振之者,北山师弟为一支,东发为一支,皆浙产也。其亦足以报先正惓惓浙学之意也夫!"③浙学地区由事功之学向程朱理学的转化,与一代代理学门人孜孜不倦地在那里讲学传道是分不开的。再如象山书院,原本是心学大师陆九渊传播学术的书院,而理宗朝后却两次聘请朱熹一脉的理学家汤汉为象山书院的山长④,充分说明了教育活动在理学传播、地域扩展中的积极作用。

理学官学地位的确立,既是统治者在认清理学对维护封建统治长久

---

① (宋)周密撰;吴企明点校:《癸辛杂识》续集下《道学》,中华书局1997年版,第169页。

② 白新良:《中国古代书院发展史》,天津大学出版社1995年版,第19页。

③ (清)黄宗羲著,全祖望补修;陈金生、梁运华点校:《宋元学案》卷86《东发学案序录》,中华书局1986年版,第2884页。

④ (元)脱脱等:《宋史》卷438《汤汉传》,中华书局1977年版,第12975页。

利益的作用之后调整思想策略、巩固统治所采取的一种必要措施，同时也是对一百多年来理学家孜孜不倦的教育传播活动的肯定和最好回报。他们以自己顽强的毅力使理学由伪学逆党变为全国崇尚的显学，成为南宋后期乃至明清数百年之久的官方统治思想。

通过以上我们对于两宋理学教育传播活动历程的勾勒，可以看出宋代理学家对于讲学的提倡，对于通过教育传播自己学术思想的重视，是与当时政治环境、学界思想争鸣、社会教育需求的激励与刺激有密切关系的。理学在民间以及利用官方教育阵地甚至直接面对君主的经筵讲学所进行的学术传播活动在其发展的几个阶段特别是两次学禁之间这段时期发挥了重要作用。理学初期形成——被否定——转入民间传播，理学思想通过教育讲学传播学术，厚积薄发，扩大了自己在学术、社会领域的影响力与认同感，在学术传播过程中理学思想体系也更加严密完整，更适合统治者的需要，超越了其他学术派别，理学再次兴盛之时，其势力遂不可阻挡，从而为南宋后期乃至明清时期的统治者所推崇，理学教育传播活动在理学兴发过程中起到了不可替代的重要作用。

（文章原刊于葛志毅主编：《中国古代社会与思想文化研究论集》第2辑，黑龙江人民出版社2007年版）

宋代书院教育与宋代理学的传播

书院是中国古代特有的一种教育组织形式，形成于唐末、五代，发展、兴盛于两宋，延续、衰落于明清，前后存在了一千多年，书院在中国古代特别是两宋教育史上占有重要位置，在普及文化知识，提高当时社会整体教育水平方面发挥了重要作用，历来为教育史研究者所重视，相关成果也蔚然大观[①]。但是，另一方面，书院也是中国古代学术研究与学术传播的重要阵地，两宋时期理学勃兴并成为宋以降思想界之主流，弥漫士林民间，与其学派充分利用、发挥书院的学术传播功能，讲学传道密切相关，书院与理学的结合为后世理学的发展开辟了广阔的道路。故本文试对宋代书院教育与宋代理学传播两者相结合、发展、共同繁荣的历史进程进行分析探讨，不当之处敬请指正。

一

书院教育与理学传播的结合，是在北宋中期儒学复兴运动中实现的，在此之前，私塾义学性质的书院亦经历了一个兴起、发展的阶段。书院之名，始于唐代，最初是国家图书编译和校勘机构，不具备讲学教化的功能，但书院这个名称逐渐流传到民间，为后世所沿用。真正具有教学

[①] 相关成果有：陈谷嘉，邓洪波：《中国书院制度研究》，浙江教育出版社1997年版；樊克政：《中国书院史》，文津出版社1995年版；郭家齐、王炳照：《中国教育史研究·宋元分卷》，华东师范大学出版社1996年版。

性质的书院大致产生于唐末、五代。如东佳书院，在东林山下，唐义门陈衮建，"聚书千卷以资学者，子弟弱冠悉令就学，一名义门书院"①，梧桐书院，"南唐罗仁节、仁裕为讲学之所。"② 这类书院其根源可以追溯到春秋、战国时期孔子创立的私学，同时也受到中唐以后佛教传布佛经方式的刺激，佛教传道的僧讲（专对寺院内众讲论佛教经典）和俗讲（专对不出家的世俗人讲说道理）为书院的兴起和发展提供了借鉴。③

北宋前期是书院的大发展时期，这一时期民间建立起了为数众多的书院，传播知识、进行教化，兴建书院也被看成是"偃武教、兴文事"的重要标志。正如吕祖谦在《白鹿洞书院记》中所说："国初斯民新脱五季锋镝之厄，学者尚寡，海内向平，文风日起，儒先往往依山林、既闲旷以讲授，大师多至数十百人，嵩阳、岳麓、睢阳及是洞为尤著，天下所谓四书院者也。"④ 书院教育赢来了其发展的第一个高峰。但是，值得注意的是，这一时期书院的兴盛，主要是因为官方教育体系尚未确立，书院暂时代替了地方官学的教育职能，它们本身缺少独立的教育内容和学术特色，传统私塾义学的性质还非常明显，正如明代李东阳所说：

  书院之作，乃古庠序之遗志，宋之初，学校未立，故盛行于时。⑤

北宋中期，儒学复兴，二程、张载等人吸收宋初儒学家治学的经验，打破传注训诂的传统治学方法，创立了以"天理"为中心、富于思辨的理学思想体系。他们以"性"与"天道"为探讨的核心问题，从世界本

---

① （清）谢旻：《江西通志》卷22《书院二·九江府》，文渊阁四库全书，台北商务印书馆1986年版，第513册，第727页。
② （清）谢旻：《江西通志》卷21《书院一》，文渊阁四库全书，台北商务印书馆1986年版，第513册，第694—695页。
③ 邓广铭：《略谈宋学》，载《邓广铭治史丛稿》，北京大学出版社1997年版，第164—177页。
④ （清）王懋竑撰；何忠礼点校：《朱熹年谱》卷2，中华书局2006年版，第97页。
⑤ （明）李东阳：《怀麓堂集》卷65《衡山县重建文定书院记》，文渊阁四库全书，台北商务印书馆1986年，第1250册，第679页。

体论到万物生化论，从人性善恶论到穷理治国论，形成了一套严密的逻辑体系，以不同方式论证了儒家伦理、纲常的合理性，以实现儒家圣人的精神境界为人生的终极目的。二程等人希望以理学来回应来自西方佛学的强烈挑战，重新确立儒家学说在思想界的主流地位，并以此"正人心，固根本"，找到解决当时复杂激化的社会矛盾的出路，求得天下的治平。但是由于当时理学士人的倡导与现实需求相差较远，加之古板的作风、强烈的自我标榜和排他性，故而得不到当时统治者的赏识，一直是处于民间的学术宗派，并且遭到当时占主流学术地位的王安石新学的排斥、压制，理学的生存和延续面临危机和挑战。

如何"能使学者视效而信从"① 就成了其学说发展的关键，因而理学自创立之初就十分重视师道，重视通过教育讲学在民间传道，如理学宗师程颐就说：

> 圣学不传久矣。吾生百世之后，志将明斯道，兴斯文于既绝，力小任重，而不惧其难者，盖亦将有冀矣。以谓：苟能使知之者广，则用力者众，何难之不易也？②

另一位理学大师张载也说："今欲功及天下，故必多栽培学者，则道可传矣。"③ 因而他们积极主动地通过教学活动，利用各种官、私教育机构来传播自己的学术思想，在此背景下，开始了书院教育与理学传播相结合的历史进程，理学先驱、二程的老师周敦颐就曾讲学于濂溪书堂及濂山、濂宗等书院④，《湖南通志》中也记载，"宋周敦颐以驾部员外郎

---

① （宋）程颐、程颢：《二程集》文集卷11《祭李端伯文》，中华书局1981年版，第643页。

② （宋）程颐、程颢：《二程集》文集卷11《祭刘质夫文》，中华书局1981年版，第643页。

③ （宋）张载：《张载集·经学理窟·义理》，中华书局1983年版，第271页。

④ 叶鸿丽：《论宋代书院制度的产生及其影响》，《宋史研究集》第九辑，（台北）台湾书店1977年版，第429页。

摄绍州事，首重学校，属邑皆立书院，训诲后学"①，对于启发学生学习"性理之学"的兴趣做出重要贡献。理学思想的奠基者二程、张载等理学大师，他们对于书院教育传播理学也同样重视。二程在王安石变法期间因指陈新法之害，被贬官至地方，此后，他们将更多的时间和精力用于学术和教育活动，推动理学在士人中的传播，在嵩山领崇福宫之职期间，二程常到嵩阳书院讲学，各地学者慕名而来，多时有生徒数百人②，二程讲学，"使夫天理之微，人伦之著，事务之众，鬼神之幽，莫不洞然毕贯于一，而周孔孟氏之传，焕然复明"③。此外，他们还接受邀请，到应天书院、伊皋书院讲学，阐发自己的学术思想。另一理学大儒张载也曾在关中百泉书院讲学传道，对于当地理学思想的普及、士风丕变发挥了重要作用。

但是，由于北宋中期新学盛行，给初创的理学留下的发展空间很小，加之理学士人自身对书院传播作用认识的局限性，并未大规模地利用书院来讲学传道，也未对书院制度建设做出多少贡献。他们在私学、家塾讲学的时间更长，这些教育机构对理学思想延续、四外传播的作用更大。如《明道先生哀辞》载：

> 程颢以亲老，求为闲官，居洛阳殆十余年，与弟伊川先生讲学于家，……士之从学者，不绝于馆。④

十年定居洛阳，可见二程对私塾讲学的重视。传统的私学办学形式比较简单，各项制度也不完善，其规模较小，不需要太多的资金投入，有更大的适应性，同时也不会因理学家去职卸任而失去学术交流中心的地位，故而在理学初兴之际学术传播中发挥了更大的作用，当时理学派

---

① （清）卞宝第：《（光绪）湖南通志》卷64《学校志·学官三·宝庆府》，续修四库全书，上海古籍出版社2002年版，第663册，第32页。
② 安国楼：《嵩阳书院与二程理学》，《郑州大学学报》2000年第5期，第125页。
③ （清）黄宗羲原著、全祖望补修，陈金生、梁运华点校：《宋元学案》卷13《明道学案上·黄百家案语》，中华书局1986年版，第540页。
④ （宋）朱熹：《伊洛渊源录》卷2《门人朋友叙述》，中华书局1985年版，第18页。

二程著名的门人弟子如杨时、谢良佐、尹焞等均自出私塾讲学，他们成为后来理学发展的中坚力量。

北宋后期，党争激烈，理学因对官方统治思想王安石新学的反对而受到进一步的打击，徽宗朝蔡京当政时期更被视为异端邪说而遭到严厉禁锢，"上至太学，下至州军县学，私学聚学处亦禁讲授"，"非特成人之学可禁，而童子之学亦不可不禁"①。相对于北宋中期，理学更难获得在教育场所传播其学术思想的机会。而此时的书院教育，也因官方教育体系的逐渐完善、其地方教育中心的地位被取消而日渐衰落，宋初著名的应天书院、石鼓书院被改建成府学，白鹿洞书院则因缺少生源，逐渐荒芜。书院教育与理学学派同时进入了发展的低潮时期。但是理学家们仍然在逆境中坚持自己的学术信仰，并极力维持理学学术思想的延续，甚至如理学宗师程颐被流放到涪州时，还在涪州的山洞里给学生讲《程氏易传》，临死前还带病指导尹敦和张绎，其传道精神令人感动②。

总之，北宋中期理学在民间兴起后，开始借助包括书院内的各种教育场所传播自己学派的学术思想，但由于其对官方新学的挑战而遭到压制、排挤，不能在官学中普遍传播，而理学士人也没有充分认识到书院教育对理学传播的重要作用，只把其看作一般的学术交流场所，他们更多的是借助传统的私塾义学来传道授业，扩大理学在士人中的影响。北宋后期，理学遭到当政者严厉的打击、禁锢，而此时书院教育也受到了官方教育体系的巨大冲击而日渐衰落，故而两者的结合还在初始阶段，当时的书院仅是几个理学传播的推展处所之一，对理学发展的影响力有限。

二

南宋时期，王安石被定为祸国殃民、致使北宋覆亡的万世罪人而被

---

① （清）徐松辑，刘琳、刁忠民等点校：《宋会要辑稿》刑法2之43，上海古籍出版社2014年版，第8307页。

② 《长编纪事本末》卷一二一《禁元祐党人上》。

彻底否定，其新学在官方的统治地位也逐渐丧失，从而给此前处于民间的蜀学、浙东事功、理学等各家学派以自由发展与被统治者重新认识的机会；而不断发生的战乱，又使得官方教育系统遭到破坏，政府对地方教育的控制和管理放松，以朱熹、张栻、吕祖谦为代表的理学大儒充分发挥了书院的学术传播功能，他们使书院在教学内容、教学方式、管理制度等方面有了自己的特色，从而奠定了其在中国古代教育史的特殊地位，同时书院教育与理学传播的充分结合对于理学发展、繁荣也作用显著。理学在南宋之所以历经两次学禁而不衰，广泛传播，形成强大的学术阵营和理学学统，并能够超越其他学派，在南宋后期为官方所崇尚，是同重视和充分利用书院教育密切相关的①。

南宋时期书院教育与理学传播相结合，大致可分为三个时期，各个时期有其不同的特点。南宋前期是理学借助书院传播的兴创期，政局的复杂多变与理学家传学论道的使命都促使他们努力寻找一块新的、更为自由的学术传播阵地，因此传统的教育机构——书院与命运坎坷的理学再次走到了一起。杨时、胡安国等理学大儒在书院讲学，为理学的延续与传播作出了重大的贡献。杨时，字中立，为程门四大弟子之一，也是南渡后理学传承的关键人物，"凡绍兴初崇尚元祐学术，而朱熹、张栻之学得程氏之正，其源委脉络皆出于（杨）时。"② 其一生立志讲学，拜师程门之后，辗转东南，以传播理学为己任。杨时曾说："学而不闻道，尤不学也，创书院而不讲明此道，与无书院等"。杨时讲学的书院很多，包括无锡东林书院，慈溪、常州等地所建龟山书院、毗陵书院、昆陵书院等等。清代学者江藩就赞叹："夫道学始于濂溪而盛于洛闽，自龟山（杨时）辟书院以讲学，于是白鹿、鹅湖相继而起。"③ 可见杨时书院讲学对后世理学门人学术传播活动产生巨大的影响。这一时期借助书院传播理学的另一支力量是以胡安国、胡宏等人为代表的湖湘学派。胡安国，字康侯，私淑程学，与杨时、谢良佐等人交往甚厚，"自登第及休致凡四十

---

① 胡昭曦：《宋代书院与宋代蜀学》，《四川大学学报（哲学社会科学版）》2001 年第 1 期，第 88 页。
② （元）脱脱等：《宋史》卷 428《杨时传》，中华书局 1977 年版，第 12743 页。
③ （清）江藩：《国朝宋学渊源记》卷下，中华书局 2011 年版，第 180 页。

年，在官实历不及六载"，一生主要时间和精力都用于著述和教育讲学活动。南渡后，胡安国隐居衡山，先后讲学于文定书堂、邺侯书院、岳麓书院。培养了大量的门人弟子。故《宋元学案》称赞"南渡昌明洛学之功，文定几侔于龟山"①。其子胡宏建碧泉书院、五峰书院，积极从事讲学活动。这一时期是南宋书院教育与理学传播相结合的兴创阶段，主要特点有：

1. 书院规模比较小。无论是杨时还是胡安国、胡宏等人所建书院规模都较小，无法与当时的官方学校相比。

2. 类似传统的私学，制度化的程度比较低。这一时期的书院，未见有专门的教学及管理人员，藏书以及祭祀制度也未确立，因而更像传统的私学，奉一人以为师，群居讲习，多不能长久地存在下去。如胡安国所建书院，"文定卒，弟子多散去"②，缺乏制度性、长久性的规划。

3. 这一时期理学家兴建书院，是出于一种自发的心态，他们似乎还没有完全意识到，书院讲学活动是在开创一种新的学术传播形式。但是任何事物的发展都是渐进性的，逐渐趋于完善，南宋初年理学家借助书院讲学，为此后理学的发展开辟了广阔的道路。

南宋中期，是理学在民间大发展的时期，也是书院教育与理学传播相结合的兴盛、繁荣时期。这一时期书院讲学声势浩大，与北宋对立，形成了南宋的四大书院，如全祖望所说：

> 岳麓、白鹿以张宣公、朱子而盛，而东莱之丽泽，陆氏之象山，并起齐名，四家之徒遍天下，则又南宋之四大书院也。③

与北宋不同的是，它们全是理学门人所建，这一时期理学书院传播

---

① （清）黄宗羲著，全祖望补修；陈金生、梁运华点校：《宋元学案》卷34《武夷学案序录》，中华书局1986年版，第1170页。

② （清）黄宗羲著，全祖望补修；陈金生、梁运华点校：《宋元学案》卷34《武夷学案·谭先生知礼》，中华书局1986年版，第1189页。

③ （清）全祖望：《鲒埼亭集外编》卷45《答张石痴征士问四大书院帖子》，续修四库全书，上海古籍出版社2002年版，第1430册，第228页。

的兴盛主要表现在两个方面:

1. 书院兴建的数量多,学生人数多,持续时间长,影响范围广泛。这一时期理学家讲学的主要书院有:张栻讲学城南书院、岳麓书院。吕祖谦讲学丽泽书院,朱熹创建、讲学的书院有寒泉精舍、考亭书院、武夷精舍、云谷晦庵草堂、白鹿洞书院、岳麓书院、兴贤书院、城南书院、溪山书院、螺峰书院等①,数量相比南宋前期有了明显的增加。同时书院招生人数也大大增加,朱熹书院讲学,门人多至千余,与朱熹对垒而立的陆九渊象山书院、槐堂精舍"来求见者逾数千人。"② 吕祖谦丽泽书院也兴盛一时,"四方之士争趋之。"③

2. 书院的各种规章制度逐渐完善,确立了理学书院讲学模式,这一转变主要是在朱熹等东南三贤讲学过程中完成的。首先,他们制定了体现理学思想的学规,意在端正学风,加强团体的责任心和凝聚力。如朱熹在兴复白鹿洞书院之后,制定了《白鹿洞书院揭示》,"特取凡圣贤所以教人为学之大端条列如右,而揭之楣间。诸君其相与讲明遵守而贵之于身焉。"明确地提出了书院的办学宗旨在于使学者讲明义理,正己修身,然后以己推人,"非徒欲其务记览为词章,以钓声名取利禄而已。"④为书院提出了自己的办学目标,以区别于官方学校。吕祖谦在丽泽书院讲学,也定立学规,以孝、悌、忠、信为本,对于那些不忠不孝、文过饰非、屡教不改的学生给予开除学籍的处分。⑤ 他们从道德伦理上对生员加以约束,此类学规为其门人所遵守,对于后世书院教育产生广泛的影响,朱熹的《白鹿洞书院揭示》在理宗淳祐年间还被颁达太学,作为南

---

① 方彦寿:《朱熹书院与门人考》,华东师范大学出版社2000年版,第2—18页。
② (宋)陆九渊撰;钟哲点校:《陆九渊集》卷36《年谱》,中华书局2010年版,第502页。
③ (元)脱脱等:《宋史》卷四34《吕祖谦传》,中华书局1977年版,第12872页。
④ (清)黄宗羲著,全祖望补修;陈金生、梁运华点校:《宋元学案》卷49《晦庵学案下》,中华书局1986年版,第1571页。
⑤ (宋)吕祖谦:《东莱别集》卷5《学规·乾道四年九月规约》,文渊阁四库全书,台北商务印书馆1986年版,第1150册,第204页。

宋最高学府的学规①。书院的组织管理也逐渐趋于完善，设置了山长、堂长、讲书、学正、学录，建立了比较完善的教育管理体制，使其能够更加长久地存在下去。其次，在书院的教育内容上，突出理学特色。在尊崇传统五经的同时，更加注重《论》《孟》等四书的学习。四书地位往往高于五经，成为理学家讲学的主要教材。朱熹曾说："某要人先读《大学》，以立其规模；次读《论语》以立其根本；次读《孟子》，以观其发越；次读《中庸》，以求古人之微妙处。"② 这对于学生学习产生重要的影响，后世理学书院课程设置和教学次序也大都依此而定，同时也注重学习二程及其门人经典著作。再次，理学书院在教学形式上更为灵活和多样。既有教师的升堂讲说，也有师生间的质疑问难，每有闲暇的时候，还率领门人优游于山石林泉之间，因时因地启发教导。这一时期理学家书院传播最重要的创新就是确立了不同书院之间的会讲制度，对学术的发展与传播产生重要的影响。理学发展到南宋中期，出现了不同的地域性学派，如以朱熹为代表的闽学派，以张栻为代表的湖湘学派，以吕祖谦为代表的金华学派，他们均以书院为主要学术传播阵地。各学派虽都尊崇二程学，但对经义概念的具体理解却并不完全相同，当分歧发生，彼此认为有进一步讨论辨析的必要，于是就以书院为依托，产生了会讲这种形式，如孝宗乾道三年（1167），张栻与朱熹会讲于岳麓书院，对"仁""中和""太极"等概念进行了辩论问难，并在主要观点上达成一致，朱熹曾感叹："相与讲明其所未闻，日有问学之益，至幸至幸。"③ 除此之外，如朱熹、陆九渊、吕祖谦等人在淳熙二年（1175）铅山鹅湖之会，淳熙十一年（1184）陆九渊到朱熹主持的白鹿洞书院讲学，都是著名的会讲。书院会讲，双方到会的门人弟子众多，针对不同的问题展开激烈的辩论，大大活跃了书院的学术空气，同时也促进了理学学术思想

---

① （元）佚名；王瑞来点校：《宋季三朝政要笺证》卷2《理宗》，淳祐元年正月，中华书局2010年版，第125页。

② （宋）黎靖德撰；王星贤点校：《朱子语类》卷14《大学一·纲领》，中华书局1986年版，第249页。

③ （宋）朱熹撰；朱杰人、严佐之、刘永翔主编：《朱子全书·晦庵先生朱文公文集》卷24《与曹晋叔书》，上海古籍出版社、安徽教育出版社2002年版，第21册，第1089页。

的发展和其广泛传播。南宋中期理学门人对于书院的改造,确立了其基本教育模式,为后世书院讲学奠定了基础。

兴盛、繁荣的理学书院传播活动超越了浙东事功、新学、蜀学等其他派别,至南宋中后期,理学讲学侵入两浙、四川等浙东事功学派和苏氏蜀学的固有学术阵地,对于当地学者学术信仰的改变起到了重要的作用,这一时期在浙东书院讲学的理学门人众多,有号称"北山四先生"的何基、王柏、金履祥、许谦等人,永嘉最著名的两位学者叶味道和陈植也都先后接受了朱学,并以积极传播朱学为己任。明末清初的大儒黄宗羲在评价以朱熹为代表的理学门人在浙东地区的讲学活动的贡献就说:

> 晦翁生平不喜浙学,而端平以后,闽中、江右诸弟子支离、桀戾固陋无不有之,其能中振之者,北山师弟为一支,东发为一支,皆浙产也。其亦足以报先正惓惓浙学之意也夫![①]

浙学地区由事功之学向程朱理学的转化,与一代代理学门人孜孜不倦地在那里讲学传道是分不开的。充分说明了书院教育传播在学术发展、地域扩展中的作用。

南宋后期是书院教育与理学传播相结合的第三个时期。这一时期理学经过长期传布,在社会、政治领域影响力日益增强,统治者也逐渐认识到了理学对稳定社会秩序、维护君主专制集权的作用,开始大力扶植理学,并在理宗朝正式确立其官方统治思想的地位,理学书院教育模式也被官方所采纳,在各地广泛推广。尊崇理学、兴建书院遂成为地方官博取声誉的重要手段,"其为太守,为监司,必须建立书院,立诸贤之祠,或刊注《四书》,衍辑语录。然后号为贤者,则可以钓声名,致膴仕。"[②] 伴随着书院的理学化,这一时期书院的官学化趋势亦更加明显。

---

① (清)黄宗羲著,全祖望补修;陈金生、梁运华点校:《宋元学案》卷86《东发学案序录》,中华书局1986年版,第2884页。

② (宋)周密撰;吴企明点校:《癸辛杂识》续集下《道学》,中华书局1997年版,第169页。

南宋后期所建书院一百余所，得到皇帝赐额的就有三十余处①，同时书院老师也多由朝廷选派正式通过科举考试符合教职人员标准的官员担任。书院成为官办地方教育的组成部分，规模也逐渐扩大，多者至数百人。书院的官学化反映了政府对于教育及思想舆论控制、管理的加强，这一时期官学化的书院在促进理学传播的同时也逐渐丧失了自身学术研究的特色，书院如同官学，千院一面，主要以讲授科举时文为主，对学术发展的促进作用反而减弱了，如士大夫陶安所说："厥后书院遍天下，日增月益，星罗而鳞次，多尚虚名，而实学则荒矣！"② 这种情况对书院与理学思想的发展产生了很大的负面效应。真正坚持讲学，追求学术真理的反而是那些私立或半私立的书院，如朱熹三传弟子王柏讲学的上蔡书院、方逢辰讲学的石峡书院等，他们维系和延续了理学书院的讲学精神，为后世所继承。

三

综上所述，两宋时期书院教育与理学传播两者经历了一个逐渐融合、发展、共同繁荣的历史过程，理学士人对书院传播作用的认识也逐渐深化。他们对书院教育的重视和改造、利用，使得书院从传统私学的窠臼中脱离出来，在讲学、藏书、祭祀、教学管理、课程设置等方面都更加制度化、正规化，代表了中国古代教育发展的高级阶段，对后世儒学和教育事业影响深远。另一方面，理学士人在民间所进行的以书院教育为阵地的学术传播活动在其发展中发挥了重要作用，理学思想通过书院讲学，扩大了自己在学术、社会领域的影响力与认同感，在学术传播过程中理学思想体系也更加严密完整，更适合统治者的需要，理学再次兴盛之时，其势力遂不可阻挡，从而为南宋后期乃至明清的统治者所尊崇。宋代理学家特别是二程、朱熹、吕祖谦等大儒对教育讲学活动的重视和

---

① 白新良：《中国古代书院发展史》，天津人民出版社1995年版，第19页。

② （明）陶安：《陶学士集》卷20《采石书院聘训导书》，文渊阁四库全书，台北商务印书馆1986年版，第1225册，第803页。

其所开创的书院学术交流,学术创新精神对后世学术发展产生深刻影响,他们对于学术事业的执着追求,对于自身学术的坚定信仰和终生全力加以推广、历尽艰难百折不挠的精神,是中国古代学人学术精神的精华,其优良品质值得我们今人认真加以总结和借鉴。

(文章原刊于《贵州社会科学》2005年第1期)

论宋代理学教育传播的主要信息

两宋时期，社会商品经济获得巨大发展，传统的"义利"观念发生深刻变化[①]，而文化教育的发展，使得学术流派林立，"道术分裂，人自为师"[②]，此外，政治的屡屡失意使历代的理学家多处于民间，缺少"得君行道"的机会。在这种社会历史背景下，宋代理学家们适时应变，积极应对挑战，吸取各家学术之长，进行总结归纳，使得理学思想体系更加严密，同时选取理学重点内容在教育传播活动中反复加以讲论，从而使得大量士子文人变成理学的信徒。笔者曾对宋代理学教育传播的发展历程和特点进行归纳，在此不揣浅陋，对宋代理学家在讲学活动中，通常要对学生宣讲的内容亦即教育传播的信息内容进行归纳。总的看来，宋代理学教育传播的主要内容包括以下几个方面：

一 标榜孔孟以来的理学道统

源自先秦的儒家思想在经历了烦琐、僵化的两汉经学阶段和空灵、虚无的魏晋玄学阶段后逐渐丧失了思想活力，遭到了来自佛学的强烈挑战。佛学以其完整的体系、精密的论证博得社会各阶层的好感，大有后

---

① 漆侠：《浙东事功派代表人物陈亮的思想与朱陈"王霸义利之辩"》，《河北大学学报（哲学社会科学版）》2001年第3期，第5—15页。

② （宋）朱熹撰；朱杰人、严佐之、刘永翔主编：《朱子全书·晦庵先生朱文公文集》卷56《答方宾王第十书》，上海古籍出版社、安徽教育出版社2002年版，第23册，第2668页。

来居上之势，这种现象引起了一般士大夫的恐慌。唐代韩愈鲜明地打出复兴儒学的旗帜，力图恢复儒家在思想领域的主导地位，他写了《原道》《原性》两篇著名的文章，对佛学思想进行了猛烈的批判，同时，他明确提出了自尧、舜、禹、汤、文、武、周公、孔、孟一脉相承的儒家道统，以对抗佛教的宗教法统。韩愈道统思想对后世产生了重要的影响，发展到北宋，为二程、张载等人所继承，成为理学思想学说中重要的组成部分。理学家们以孔孟继承人自居，在宋代儒学门派纷立的情况下，以道统说作为标榜理学正统性、真理性的重要手段。如程颐在为程颢写的墓志铭中就说：

> 周公没，圣人之道不行；孟轲死，圣人之学不传。道不行，百世无善治；学不传，千载无真儒……先生生千四百年之后，得不传之学于遗经，志将以斯道觉斯民……先生出，倡圣学以示人，辨异端、辟邪说，开历古之沉迷，圣人之道得先生而后明，为功大矣。①

程颐的倡导与推崇，将其兄誉为上继孔孟绝学的唯一传人，把孟子以后至汉唐以来的儒学家全然不放在眼里，比韩愈有过之而无不及。他们将与其思想相异的学说都斥为邪说，体现了一种唯我独尊的态势。自从二程这一思想开始流传后，其门人弟子在教学、著述时始终注意强调理学道统，通过这种宣传来体现自己学派的不同之处。程氏门人吕大临为抬高其师程颐的地位，甚至在为张载所作墓志铭中将这位理学宗师也列于二程门人之位，引得程颐自己都感到难堪："表叔（张载）平生议论，谓颐兄弟有同处则可，若谓学于颐兄弟，则无是事。"② 并嘱咐吕氏将其删去。

南宋时理学门人宣扬道统声势更加浩大，如绍兴初年二程再传朱震在侍高宗经筵讲学时就说："臣窃谓孔子之道传曾子，曾子传子思，子思

---

① （宋）程颐、程颢：《二程集·文集》卷11《明道先生墓表》，中华书局1981年版，第640页。

② （宋）程颐、程颢：《二程集·外书》卷11《时氏本拾遗》，中华书局1981年版，第414—415页。

传孟子,孟子之后无传焉。至于本朝西洛程颢、程颐传其道于千有余岁之后,学者负笈抠衣,亲承其教"①,胡宏在书院讲学中也明确二程"当五百余岁之数,禀真元之会,绍孔、孟之统,振六经之教。"② 到了孝宗乾道、淳熙之际,随着朱熹、张栻、吕祖谦等理学大儒的出现,理学门人的道统思想更加明显,明确贬低汉唐以来的其他诸儒,如朱熹讲学时就说:

  孔子后若无个孟子,也未有分晓。孟子后数千载,乃始得程先生兄弟发明此理。今看汉唐以下诸儒说道理见在史策者,便直是说梦!③

  这一时期理学门人对于道统建设的重大贡献就是编写了书籍,来明确道统源流,如朱熹仿照佛教《传灯录》立法统的做法编写《伊洛渊源录》,收录二程及其主要门人弟子的事迹、著述,将理学道统延续到南宋初年,同时把二程幼年受学的老师周敦颐抬出来列为卷首,相当于佛教中的定祖,使理学道统更加系统、完善,"宋人谈道学门派,自此书始,而宋人分道学门户,亦自此书始。"④ 其后,朱熹门人陈淳作《师友渊源》,黄榦门人金履祥作《濂洛风雅》等书,逐渐形成了以程朱门人弟子为主的理学道统,他们在讲学过程中"言必称周、程、张、朱"⑤ 将理学道统发扬光大。

  道统的确立,指出了思想史中承担着真理传统的圣贤的连续性系谱,

---

① (宋)李心传撰;胡坤点校:《建炎以来系年要录》卷101,绍兴六年五月辛卯,中华书局2013年版,第1919—1920页。
② (宋)胡宏著;吴仁华点校:《胡宏集·杂文·程子雅言后序》,中华书局2009年版,第159页。
③ (宋)黎靖德撰;王星贤点校:《朱子语类》卷93《孔孟周程张子》,中华书局1986年版,第2350页。
④ (清)永瑢:《四库全书总目》卷57《史部十三·传记类一》,中华书局1965年版,第519页。
⑤ (宋)罗大经;王瑞来点校:《鹤林玉露·丙编》卷5《读书》,中华书局2005年版,第314页。

"被列入这一系谱就意味着思想的合理性,凸显了这一系谱,也就暗示了由这一系谱叙述的道理优先于其他的道理,即应当尊崇的普遍真理。"① 宋代理学门人对于道统的重视和传播,为汉唐以来其他学派所不具备,是其传播信息的创新之处。但在两宋理学传播过程中,理学门人对于道统思想的过分宣扬,对于其他学派的蔑视,也引起了一些士人的不满,如绍兴六年(1136)陈公甫攻击二程之学时就说:"为伊川学者,倡为大言,谓尧、舜、文、武之道传之仲尼,仲尼传孟轲,孟轲传之程颐,颐死无传焉。"认为其是"狂言怪语,淫说鄙喻",请求加以禁止。于是宋高宗下诏:"士大夫之学宜以孔孟为师,庶几言行相称,可济时用。"② 浙东学派的陈亮也对理学道统提出质疑:"洪荒之初,圣贤继作,道统日以修明……而战国、秦、汉以来,千五百年之间,此道安在?而无一人能识其用,圣贤亦不复作,天下乃赖人之智力以维持,而道遂为不传之妙物,儒者又何从而得之,以尊其身而独立于天下?"③ 指出理学道统的荒谬,抨击了理学门人的自大之态。可见宋代理学道统的确立以及门人在讲学活动中的传播,的确起到了惊世骇俗的作用,为理学思想的传播提供了重要的推动作用,但是因其过分张扬,标新立异,"自然起人不平之心"④,又使理学易于受到打击和排斥。

二 宣扬以"天理"为中心的哲学思想体系

宋代以前的儒家思想,其哲学思辨水平较低,不能为儒家伦理提供可靠的哲学保证。⑤ 因而在隋唐时期佛教盛行的情况下,因佛学具有较精深的思辨色彩,在本体论、认识论、理事说等辩证思维方面,超越了传

---

① 葛兆光:《中国思想史》第2卷,复旦大学出版社2001年版,第226页。
② (宋)李心传撰,胡坤点校:《建炎以来系年要录》卷107,绍兴六年十二月己未,中华书局2013年版,第2020页。
③ (宋)陈亮著,邓广铭点校:《陈亮集(增订本)》下册,中华书局1987年版,第484页。
④ (宋)陆九渊著;钟哲点校:《陆九渊集》卷35《语录下》,中华书局2010年版,第440—441页。
⑤ 蔡方鹿:《程颢、程颐与中国文化》,贵州人民出版社1996年版,第294页。

统儒家学说，动摇了儒学在思想领域的主导地位，同时也对唐宋时期儒学的发展产生了很大的激励和刺激作用，迫使这一时期儒学家们开始反思传统儒学，讨论佛学所关注的某些问题，并试图建立起一种新的超越佛学的思想体系。

北宋二程等理学家借鉴宋初儒学家治学的经验，吸收佛教思想的精华，从哲学的高度来探讨世界本原、人性善恶、义利关系等问题，建立起了以"天理"为核心，富于辩证思维的哲学体系，从而大大提高了中国哲学的理论思维水平，对于后世儒学的发展产生重要影响。程颢就自豪地说："吾学虽有所受，'天理'二字却是自家体贴出来。"① 同时，为了扩大其学说的社会影响，二程在教育传播活动中，对于以"天理"为核心的哲学思想体系的宣讲，就成为其传播的重要信息。二程以"天者，理也"为命题，天是万物的主宰，理便具有宇宙本体的意义。程颢讲学中指出："上天之载，无声无息之可闻，其体则谓之易，其理则谓之道。"② 程颐也说：

> 天理云者，这一个道理，更有甚穷已？不为尧存，不为桀亡。人得之者，故大行不加，穷居不损。这上头来，更怎生说的存亡加减？是佗元无少欠，百理具备。③

其宣扬天理凌驾于物质世界之上，为万物主宰的观点。强调人们要顺应天理，不能违背它。在此基础上，二程论证儒家伦理就是天理的思想，"视听言动，非礼不为，即是礼，礼即是理也。不是天理，便是私欲。"④ "君臣尊卑，天下之常理也。"⑤ 君臣尊卑的关系既然是天地的常

---

① （宋）程颐、程颢：《二程集·外书》卷12《传闻杂记》，中华书局1981年版，第424页。
② （宋）程颐、程颢：《二程集·粹言》卷2《心性篇》，中华书局1981年版，第1253页。
③ （宋）程颐、程颢：《二程集·遗书》卷2上《元丰己未吕与叔东见二先生语》，中华书局1981年版，第31页。
④ （宋）程颐、程颢：《二程集·遗书》卷15《入关录》，中华书局1981年版，第144页。
⑤ （宋）程颐、程颢：《二程集·遗书》卷18《伊川先生语录四·刘元承手编》，中华书局1981年版，第217页。

理，世人就只能顺应而不能违背，"三纲六纪这个伦理纲常，经过程氏兄弟的改造制作，涵蕴丰富得多了，适应性更加强了，对劳动者小百姓来说更富有眩惑性了……宋学中任何一个学派在这一方面，尤其是从封建统治阶级需要来看，是全然无法与程学相抗衡的。"[1] 二程以天理为中心，把自然观、人性论、认识论、道德修养等各方面，都纳入"天理"体系，提出了"理、气""道、器""行而上、行而下""天理、人欲""人心、道心""天命之性、气质之性"等一系列基本探讨的思想范畴。为后世理学家们进行学术研究和学术传播活动奠定了基础。

南宋时期理学发展因地域不同而划分为不同的派别，他们对于二程学说的理解有深有浅，对于理学一些具体概念及相互关系的认识也有差异，因此而互相论辩。但是他们的基本原则还是遵循二程以"天理"为中心的哲学思想体系，把"天理"作为自然界和人类社会的主宰加以探讨和宣扬。如杨时讲学时称："天下之物，理一而分殊。知其理一，所以为仁；知其分殊，所以为义。权其分之轻重，无铢分之差，则精矣。"[2] 强调天理的绝对权威性。张栻讲学认为理、气、心、性同体异取，"理之自然谓之天命，于人谓之性，主于性为心。天也，性也，心也，所取则异、体则同。"[3] 吕祖谦也讲论："理之在天下，尤元气之在万物也……名虽至于千万，而理未尝不一也。"[4] 到了南宋中期，随着理学大儒朱熹的出现，"致广大，尽精微，综罗百代"，吸取各家之长，确立了庞大的思想体系，理学思想逐渐统一于朱门弟子。朱熹思辨哲学的最高范畴亦是"理"，又曰"道""太极"，它是一个远离尘世，空阔纯净的世界，是万物赖以生存的宇宙本体。对于这样一个悬空"无着落"的本体，必须有一个"安顿""挂搭"的地方，这样"理"便降到"气"上，借"气"

---

[1] 漆侠：《宋学的发展和演变》，河北人民出版社2002年版，第531页。
[2] （清）黄宗羲著，全祖望补修；陈金生、梁运华点校：《宋元学案》卷25《龟山学案·语录》，中华书局1986年版，第953页。
[3] （宋）张栻著；杨世文点校：《张栻集·南轩先生孟子说》卷7《尽心上》，中华书局2015年版，第585页。
[4] （宋）吕祖谦：《左氏博议》卷3《颍考叔争车》，文渊阁四库全书，台北商务印书馆1986年版，第152册，第320页。

而存在，并化生万物。"理"既是自上而下的"理""气""物"的出发点，又是自下而上的"物""气""理"的归宿。朱熹依气而展开他的哲学思辨结构，这方面，他借鉴了张载等的观点，对二程理学作了必要的补充，使之更加完备和适应宣传学说时的需要。朱熹对天理思想论述更为精密：宇宙间只存在一个天理，天、地皆缘天理而生，天理无所不在，降于人间，化为人性及社会秩序。"其张之为三纲，其纪之为五常，盖皆此理之流行，无所适而不在。"① 朱熹在对君主宣讲理学时也说："臣尝窃妄谓人主之学当以明理为先，是理既明，则凡所当为而必为，所不当为而必止者，莫非循天之理。"② 把天理同治国相联系，作为君主学习的首要目标。朱熹又对命、性、心、情等问题进行阐释，以证明天理的合理性。从朱熹所做训蒙教材中，我们可以看出南宋中期理学教育传播活动经常讨论的问题包括："天、理、唤醒、心、命、性、道、静、仁、存心、养性、事天、良知"③ 等等，其弟子陈淳在所做另一本训蒙教材《北溪性理字义》中则进一步扩大，归纳了"道、理、太极、皇极、性、命、心、情、中庸、义利、鬼神、佛老"等二十五个门类④，南宋后期理学门人所探讨讲论的范围多以此为限。理学家对于天理思想体系的宣扬，在当时与其他学术门派相区别，谈理、气、性、命遂成为其学派的一个重要标志，如刘三杰在庆元党禁时攻击理学就说："其始有张栻者，谈性理之学，言一出口，嘘枯吹生，人争趋之。"⑤

两宋理学门人对于"天理"思想创建和改造，使其更加严密精深，同时加以大力传播，在传播中着力强调"天理"对世间万物、万理的统

---

① （宋）朱熹撰；朱杰人、严佐之、刘永翔主编：《朱子全书·晦庵先生朱文公文集》卷70《读大纪》，上海古籍出版社、安徽教育出版社2002年版，第23册，第3376页。

② （宋）朱熹撰；朱杰人、严佐之、刘永翔主编：《朱子全书·晦庵先生朱文公文集》卷13《垂拱奏札二》，上海古籍出版社、安徽教育出版社2002年版，第20册，第633页。

③ （宋）朱熹撰；朱杰人、严佐之、刘永翔主编：《朱子全书·训蒙绝句》，上海古籍出版社、安徽教育出版社2002年版，第26册，第1—34页。

④ （宋）陈淳：《北溪字义》卷上《性》，文渊阁四库全书，台北商务印书馆1986年版，第709册，第6—12页。

⑤ （清）毕沅：《续资治通鉴》卷154，庆元三年六月甲午，中华书局1999年版，第4149页。

率作用，突出了"天理"学说对于维护社会稳定及君主专制集权的作用。理学家们号召劳动人民放弃改变自己被剥削地位的愿望，服从统治者的"天理"。"敬天明理""存心去欲"是理学家为维护封建统治秩序而设立的最佳方案，这是宋代理学最终得到统治者认可的重要原因。

三　强调"四书"治经的主导作用

宋代理学纯本于经学，轻视史学与文学。经学思想是其整个学术思想的主要组成内容和表现形式。二程就指出："经者，载道之器，须明其用。"① 其哲学、政治、伦理等思想与经学思想不可分割。它们或是通过对儒家经典的阐释而提出来的，或受到经学的影响或以经学的精神为根据。宋学各派治经门路不同，以二程为代表的理学派注重对《论语》《孟子》《大学》《中庸》等四书的研究，他们把《大学》《中庸》从《礼记》中抽出，与《论》《孟》并列，将其置于传统五经之上，努力宣讲"四书"在学者治学中的主导作用。

北宋程颐在讲学中就指出："学者当以《论语》《孟子》为本。《论语》《孟子》既治，则《六经》可不治而明矣。"② 门人问："圣人之经旨，如何能穷得？"程颐答："以理义推索可也，学者先须读《论》《孟》，穷得《论》《孟》，自有个要约处，以此观他经，甚省力。"③ 另一理学大师张载也说："要见圣人，无如《论》《孟》为要。《论》《孟》二书于学者大足，只是须涵泳。"④ 对于《大学》，理学家取其修身、治学之次序，"修身，当学《大学》之序，《大学》，圣人之完书也。"⑤ 对于

---

① （宋）程颐、程颢：《二程集·遗书》卷6《二先生语六》，中华书局1981年版，第95页。
② （宋）程颐、程颢：《二程集·遗书》卷25《伊川先生语十一·畅潜道录》，中华书局1981年版，第322页。
③ （宋）程颐、程颢：《二程集·遗书》卷18《伊川先生语四·刘元承手编》，中华书局1981年版，第205页。
④ （宋）张载：《张载集·经学理窟·义理》，中华书局1983年版，第272页。
⑤ （宋）程颐、程颢：《二程集·遗书》卷24《伊川先生语十·邹德久本》，中华书局1981年版，第311页。

《中庸》，程颐认为《中庸》乃孔门传授心法，"善读《中庸》者，只须此一卷书，终身用不尽也。"① 二程等人对于"四书"的重视与提倡，对后世产生重要的影响，"四书"成为宋代理学门人治学和教育活动讲论的重点。②

南宋时期的理学门人继承了二程的治经宗旨，有各自不同的治学重点，但对于《中庸》《大学》《论》《孟》等四书的重视与倡导，则是其学术传播活动中相同的内容。如南宋初年湖湘学派大儒胡安国就说："夫圣人之道，所以垂训万世，无非中庸，非有甚高难行之说，此诚不可易之至论也。"③ 闽学派大儒杨时作《中庸义》"追述先生之遗训，著为此书……学者因吾言而求之于圣学之门墙，庶乎可窥而入也。"④ 杨时在书院讲学也告学者曰："《大学》一篇，圣学之门户……盖大学自正心、诚意，至治国家，天下只一理。"⑤ 而对于《易》，则有所贬斥，杨时认为："今学者讳言《易》本为占筮作，须要说为义理作，若果为义理作时，何不直述一件文字，如《中庸》《大学》之书，言义理以晓人？须得画八卦则甚？"⑥ 到了南宋中期，随着朱熹、张栻等理学宗师对于"四书"治经的倡导，《四书》之学遂成为理学的代名词，也是理学教育传播活动的主要教材。张栻在城南书院讲学，作《孟子讲义》，"试以所见与诸君共讲之，愿无忽深思焉。"⑦ 与学生的书信中也告之："《论语》不可一日不玩

---

① （宋）程颐、程颢：《二程集·遗书》卷17《伊川先生语三》，中华书局1981年版，第174页。
② 肖永明：《宋代理学〈四书〉学的传播与理学的社会化》，载《中国社会历史评论》第四辑，商务印书馆2002年版，第427—438页。
③ （宋）程颐、程颢：《二程集·遗书附录·奏状》，中华书局1981年版，第348页。
④ （宋）杨时：《龟山集》卷25《中庸义序》，文渊阁四库全书，台北商务印书馆1986年版，第1225册，第348页。
⑤ （宋）杨时：《龟山集》卷11《语录二·余杭所闻》，文渊阁四库全书，台北商务印书馆1986年版，第1225册，第214页。
⑥ （宋）黎靖德撰；王星贤点校：《朱子语类》卷66《易二·纲领上之下·卜筮》，中华书局1986年版，第1622页。
⑦ （宋）张栻著；杨世文点校：《张栻集·新刊南轩先生文集》卷14《孟子讲义序》，中华书局2015年版，第972页。

味。"① 朱熹更是终身用力探索《论》《孟》等四书,"四十年理会,中间逐字称等,不叫偏些子。"② 先后作《论孟详说》《论语集注》《大学章句》《中庸章句》等,最后编定《四书集注》,成为理学的经典著作。朱熹将对"四书"的儒家传统经解引向理学的新思路,"四书"的并列使自孔子经子思到孟子的历史得到著作的支持,再引用宋代理学家的言论加以注解,在《四书》中逐渐融贯了理学的新思想。同时教育传播过程中,凡学理学者,朱熹皆要其读"四书"。如陈禹拜见朱熹于书院,熹问:"前此从谁学?"答:"自少只在乡里从学。"曰:"此事本无嶢崎,只读圣贤书……今学者不如且看《大学》《语》《孟》《中庸》四书,且就见成道理。"③ 同时要求学生把二程关于《四书》的重要注释和经典正文一样熟读背诵。在朱熹《集注》修成以后,又引导学生读《集注》,他自信地对学生说:"某《语》《孟》集注添一字不得,减一字不得,公子细看。"④ 可见其著书之认真和宣讲力度之大。

而对于儒家传统的治学重点如《春秋》《尚书》等,朱熹则显得有些漫不经心,论春秋则曰:"《春秋》煞有不可晓处。"⑤ 学者请朱熹点《尚书》以幸后学,朱熹则曰:"某今无工夫!"⑥ 在朱熹等大儒倡导下,"四书"遂成为宋代理学派治经的主要内容,是理学教育传播主要的讲论重点。至南宋后期,理学兴盛,"今《集注》之书,家传而人颂"⑦,可见其影响力之大。他们以《四书》为明确的知识基础,有了互相论道的依

---

① (宋)张栻著;杨世文点校:《张栻集·新刊南轩先生文集》卷27《答潘端书》,中华书局2015年版,第1186页。

② (宋)黎靖德撰;王星贤点校:《朱子语类》卷19《论语一·语孟纲领》,中华书局1986年版,第437页。

③ (宋)黎靖德撰;王星贤点校:《朱子语类》卷115《朱子十二·训门人三》,中华书局1986年版,第2778页。

④ (宋)黎靖德撰;王星贤点校:《朱子语类》卷19《论语一·语孟纲领》,中华书局1986年版,第437页。

⑤ (宋)黎靖德撰;王星贤点校:《朱子语类》卷83《春秋·纲领》,中华书局1986年版,第2144页。

⑥ (宋)黎靖德撰;王星贤点校:《朱子语类》卷78《尚书一·纲领》,中华书局1986年版,第1981页。

⑦ (宋)真德秀:《西山文集》卷29《论语详说后序》,文渊阁四库全书,台北商务印书馆1986年版,第1174、450页。

据，与其他门派分清界限。

总之，对"四书"治经作用的强调也是宋代理学传播的重要内容。两宋时期理学门人把四书地位抬高到五经之上，理学学说中的哲学、伦理、政治思想都可以在四书中寻找思想来源和理论根据，《四书》学为理学的发展和广泛传播开辟了道路，同时对于宋以后经学发展也产生了重要的影响。

四 指明"格物致知"是认识天理的主要途径

"格物致知"语出《礼记·大学》。《大学》一文中提出了明明德、亲民、止于至善的三条纲领和格物、致知、诚意、正心、修身、齐家、治国、平天下的八个条目，从而为人们个人修养和治理国家确立了一套完整的理论和实践方法。其中，"格物致知"为认识论命题，原义是指研究事物获得真知。至北宋，二程等理学家们特别推崇格物致知，将其与之创立的庞大的"天理"思想体系相联系，他们训"格"为"至"、为"穷"，训物为"理"、为"天理"，以"格物致知"为穷理、认识天理的基本途径。在认识天理的基础上，才能达到修身、齐家、治国、平天下的终极目的。如程颐说："人之学莫大于知本末终始。致知在格物，则所谓本也，始也；治天下国家，则所谓末也，终也……格犹穷也，物犹理也，犹曰穷其理而已也。穷其理，然后足以致之，不穷则不能致也。"[①] 二程等人强调的格物，主要不是要认识自然界的事物，而在于通过格物启发人心，认识其所强调的"天理"。在格物的过程中提高自身的道德修养，认识到天理无处不在，无所不包。二程就说："凡眼前无非是物，物物皆有理，如火之所以热，水之所以寒，至于君臣父子间皆是理。""物理须是要穷。若言天地之所以高深，鬼神之所以幽显。若只言天只是高，地只是深，只是已辞，更有甚？"[②] 因而二程在教学活动中教导学生要认

[①] （宋）程颐、程颢：《二程集·遗书》卷25《伊川先生语十一·畅潜道录》，中华书局1981年版，第316页。

[②] （宋）程颐、程颢：《二程集·遗书》卷15《伊川先生语一·入关语录》，中华书局1981年版，第157页。

真读书，努力地探求格物的道理。如有学生问："格物须物物格之，还只格一物而万理皆知？"程颐说："怎生便会该通？若只格一物便通众理，虽颜子亦不敢如此道。须是今日格一件，明日又格一件，积习既多，然后脱然自有贯通处。"① 因此二程强调的"格物致知"必须在学习很多知识的基础上，知一物须有一理，积累日久，渐渐体会到万理归于一理。是通过外物所体现的道理，来印证其所强调的最高道德准则——"天理"，这种认识方法与佛教的"渐修"说有相似之处。

南宋时期随着理学的发展，程门正宗的传人们在教育过程中对于"格物致知"作用的宣扬更为积极，把其视为学习理学的主要方法。南宋初，胡安国讲学时就说："圣门之学，则以致知为始，穷理为要。知至理得，不迷本心，故自修身至于家、国、天下，无所处而不当矣。"② 胡宏也强调儒者之道，"必亲身格之，以致其知焉！"③ 南宋中期，理学家张栻讲学时指出："格，至也；格物者，至极之理也。此正学者下工夫处。"④ 吕祖谦讲学也说："致知与求见不同，人能朝于斯，夕于斯，一旦豁然有见，却不是端的易的消散，须是下集义工夫，涵养体察，平稳妥帖，释然心解乃是。"⑤ 理学大儒朱熹对二程"格物致知"以明天理的思想做了进一步的发展。他为了能更好地论证"格物致知"在学习中的作用，在修订《大学章句》时改定《大学》章次，并认为《大学》"格物致知"条目下有阙文，而作《补传》共一百三十四字，加在《大学》中，使之更符合理学思想体系。朱熹把"格物致知"分成两个阶段，第一阶段是"格物"，朱熹解释"格"为"至""尽"，与二程稍异，其"物"包括

---

① （宋）程颐、程颢：《二程集·遗书》卷18《伊川先生语四·刘元承手编》，中华书局1981年版，第188页。
② （清）黄宗羲著，全祖望补修；陈金生、梁运华点校：《宋元学案》卷34《武夷学案·文定胡武夷先生安国》，中华书局1986年版，第1172页。
③ （宋）胡宏著；吴仁华点校：《胡宏集·杂文·复斋记》，中华书局2009年版，第152页。
④ （清）黄宗羲著，全祖望补修；陈金生、梁运华点校：《宋元学案》卷50《南轩学案·南轩问答》，中华书局1986年版，第1613页。
⑤ （宋）吕祖谦：《丽泽论说集录》卷9《门人所记杂说一》，文渊阁四库全书，台北商务印书馆1986年版，第703册，第438页。

一切自然和社会现象，也包括心理现象和道德规范；第二个阶段是致知，通过致知以"极其至"以明天理。同时朱熹还提出类推的方法，以便学生更好领会格物的道理。"格物非谓尽穷天下之理，但于一事上穷尽，其他可以类推。"① 这样就使得理学的认识过程不致过于庞杂。这一时期朱熹教育更加强调学生对于道德伦理等的格物，反对他们在自然事物上花费过多精力：

  且如今为学而不穷天理、明人伦、讲圣言、通世故，乃兀然存心于一草木、一器用之间，此是何学问？如此而望有所得，是炒沙而欲其成饭也。②

朱熹所讲"格物致知"更有针对性，通过格物认识人伦、世故、君臣纲纪的天理性，有利于维护封建社会的稳定，更符合统治者的需要。

宋代陆九渊之心学，其与程朱理学之间一个重要差别就体现在治学途径上。以朱熹为代表的理学延续了程颐"格物致知"以穷理、明天理的认识路线，而以陆九渊为代表的象山学派则"先立其大者，发明人之本心"，更多吸取佛教禅宗的"顿悟"之说。"朱学以格物致知，陆学以明心"③，形成了不同的治学门径，分庭抗礼，互相论争激烈。陆学指朱学为支离，朱学指陆学为禅学④。由于程朱理学形成了"格物致知、穷理明心、修身齐家、治国平天下"的完整的体系，便于学生一步步摸索学习，领会理学的精要，不像心学需要学生有很高的悟性，这也是南宋后期程朱理学门人众多的原因之一。

总之，宋代理学家面对社会历史的变革和其他学术门派的挑战，在

---

① （宋）黎靖德撰；王星贤点校：《朱子语类》卷18《大学五·或问下·传五章》，中华书局1986年版，第397页。
② （宋）朱熹撰；朱杰人、严佐之、刘永翔主编：《朱子全书·晦庵先生朱文公文集》卷39《答陈齐仲书》，上海古籍出版社、安徽教育出版社2002年版，第22册，第1756页。
③ （清）黄宗羲著，全祖望补修；陈金生、梁运华点校：《宋元学案》卷51《东莱学案·成公吕东莱先生祖谦》，中华书局1986年版，第1653页。
④ 蔡仁厚：《朱陆异同与象山实学》，《朱子学刊》2000年第1辑，黄山书社2001年版，第27—42页。

认真吸收借鉴各学派之长，完善学术体系的同时，注重通过教育讲学活动传播自身学派的学术思想。理学大儒们在教育传播过程中选取了一些重点内容来突出自身学派的特点，并便于学者领悟理学宗旨。这其中既包括宣扬理学家继孔孟绝学的道统论，理学以"天理"为核心的思想体系论，也包含强调理学治学次序的"四书"治经论和治学方法的"格物致知"论。两宋历代理学门人弟子通过对这些传播信息内容的重点论证和反复宣讲，达到了抬高理学学术地位、扩大理学教育传播范围和社会影响层面的效果，从而对南宋后期程朱理学的官学化和主流意识形态地位的确立起到重要的推动作用。

（文章原刊于《河北学刊》2007年第6期）

中国古代学术传播途径探析

——以宋代理学传播为中心的探讨

文化学意义上的传播是指一种发明被社会接受的过程,"是指新的意识或新的文化特征从一个人或一群人向其他人及群体的扩散,如果发明与突变之间有相似之处,那么传播就可以被视为一种选择的过程,通过这一过程,一种特征或被采纳到一个文化的组成部分之中,或将其取代。"①

中国古代学术思想流派众多,先秦时期,儒、墨、道、法诸子百家争鸣论战。秦朝统一中国后,法家思想兴盛,成为官方奉行的统治思想。汉朝兴起,黄老之学兴盛,汉武帝之后"罢黜百家,独尊儒术",从此开始了儒学思想在中国古代历史上的发展与传播。儒学之中,又有汉代章句之学、宋代义理之学、明代心性之学等的分别,这些学派的创立、发展、传播、兴盛,无不伴随着历代学者们卓有成效的学术传播活动,那么,他们究竟是如何使君王、天下士人百姓了解、奉行本派的学术思想,又采取了哪些行之有效的学术传播形式和途径,是笔者所关注的问题。由于学力所限,笔者只能以宋代理学兴起、发展、传播过程中所采用的诸多途径作为探讨对象,得出一些认识,以期有助于整体问题的解决。

下面拟从理学在民间和官方两个层面来分析其诸多传播途径,并探讨这种传播活动在理学发展中的作用。

---

① [加拿大]布鲁斯·特尔格,陈淳译:《论文化的起源、传播与迁移》,《文物季刊》1991年第1期,第81页。

一 理学学者在民间传播学术所采用的诸多形式

中国古代学术思想在民间传播由于受到经济、社会条件限制，只能立足于从一时一地出发，逐渐向周边扩散的方法，从而形成了众多的学术传播的中心重镇，如水波泛起的涟漪，划出一个一个同心圆，各种学术思想影响范围日益广泛。其传播途径主要有以下类别：

1. 聚徒讲学。这是中国古代民间学术传播所采用的最重要形式之一。自先秦时期，以孔子为代表的诸子百家学说兴盛之时就广泛采用这种学术传播形式。《史记》就记载："孔子以《诗》《书》《礼》《乐》教，弟子盖三千焉，身通六艺者七十有二人。如颜浊邹之徒，颇受业者甚众。①"这些众多的门人弟子再通过讲学、著书、从政等形式使得儒家学说的影响更为巨大，从而使孔子学说得到更多的认可。《史记》就说："自孔子卒后，七十子之徒散游诸侯，大者为师傅卿相，小者友教士大夫，或隐而不见。故子路居卫，子张居陈，澹台、子羽居楚，子夏居西河，子贡终于齐。如田子方、段干木、吴起、禽滑厘之属，皆受业于子夏之伦，为王者师。……至于始皇，天下并争于战国，儒术既绌焉，然齐鲁之间，学者独不废也。于威、宣之际，孟子、荀卿之列，咸遵夫子之业而润色之，以学显于当世。"② 在一定程度可以说，孔子学说在后世的延续和兴盛，正是由于有了聚徒讲学教育这件法宝，私学教育对儒家学说的发展传播起到非常关键的作用。

在汉代独尊儒术之后，对儒家各种经典持不同解释的各家学派也在民间积极地聚徒讲学，传播自身学术思想。如东汉时期对今文经学持不同意见的著名古文经学者马融就在关中聚徒讲学，"门徒四百余人，升堂进者五十余生"③。而当他所教授的得意门生郑玄学成东归时，马融也对自己的学术有了传人而高兴，谓门人曰："郑生今去，吾道东矣!④"

---

① （汉）司马迁：《史记》卷47《孔子世家》，中华书局2003年版，第1938页。
② （汉）司马迁：《史记》卷121《儒林列传》，中华书局2003年版，第3116页。
③ （南朝·宋）范晔：《后汉书》卷35《郑玄传》，中华书局2003年版，第1207页。
④ （南朝·宋）范晔：《后汉书》卷65《郑玄传》，中华书局2003年版，第1207页。

宋代理学兴起后，也同样重视采用私塾之类场所，聚徒讲学。这也是理学在民间传播时的重要阵地。如北宋时程颢，为晋城令"儿童所读书，亲为正句读……择子弟之秀者，聚而教之。"①"（程颢）以亲老求为闲官，居洛阳殆十年，与其弟伊川先生讲学于家，……士之从学者，不绝于馆。"②南宋时期理学传播的地域范围扩大，门人弟子"或隐或现，散在四方"，他们在充分运用书院传播理学的同时，也因时、因地创办私塾讲习理学，如南宋初年朱熹的老师刘勉之，"厌科举业，与胡籍溪、刘屏山日以讲论切磋为事"，设立私馆"杜门十余年，学者踵至。"③另一位老师李侗亦谢绝世故四十余年，箪瓢陋室，创私塾教授子弟。南宋中期的吴柔胜，幼在家塾听其父讲伊洛之书，"已知有持敬之学，不妄言笑。"④南宋中后期的四川人杨子谟，"家居十年，信道益笃，讲明义理之学，以淑后进，一方之士，执经受业，所趋向正。"⑤私塾规模小，不需要太多的资金投入，有更大的适应性，是普及文化知识、启发学生学习理学兴趣的重要场所。

更重要的是，自宋代以后，书院兴盛，从而成为理学在民间传播的一个更重要的阵地，书院是制度化、正规化的私学，其在讲学、藏书、祭祀、教学管理、课程设置等方面都比较完善，是古代私学发展到高级阶段的结果。其在对学术民间传播，特别是宋明理学发展和传播中起到非常重要的作用。北宋时期就有所谓四大书院，正如吕祖谦在《白鹿洞书院记》中所说："国初斯民，新脱五季锋镝之厄，学者尚寡，海内向平，文风日起，儒先往往依山林、既闲旷以讲授，大率多至数十百人，嵩阳、岳麓、睢阳及是洞为尤著，天下所谓四书院者也。"⑥而南宋时期随着朱熹、吕祖谦、陆九渊等人推动，书院在学术传播中发挥了更重要

---

① （元）脱脱等：《宋史》卷427《程颢传》，中华书局1977年版，第12714—12715页。
② （宋）程颐、程颢：《二程集·遗书附录》，中华书局1981年版，第333页。
③ （清）黄宗羲著，全祖望补修；陈金生、梁运华点校：《宋元学案》卷43《刘胡诸儒学案·简肃刘白水先生勉之》，中华书局1986年版，第1395页。
④ （元）脱脱等：《宋史》卷400《吴柔胜传》，中华书局1977年版，第12148页。
⑤ （宋）魏了翁：《鹤山集》卷24《应诏荐杨子谟等五人奏状》，文渊阁四库全书，台北商务印书馆1986年版，第1172册，第298页。
⑥ （清）王懋竑撰；何忠礼点校：《朱熹年谱》卷2，中华书局2006年版，第97页。

的作用。

清代学者江藩就赞叹："夫道学始于濂溪而盛于洛、闽，自龟山（杨时）辟书院以讲学，于是白鹿、鹅湖相继而起。"① 宋末的理学家黄震就认为："所谓天理民彝，如一发引千钧之寄，独赖诸儒之书院在耳"②。后世的理学门人则更认为："书院之兴也，寔斯文之堂奥，正学之标识也，一部道学传，尽在是矣！"③ 书院招生人数较之私塾也大大增加，朱熹书院讲学，门人多至千余，与朱熹对垒而立的陆九渊象山书院、槐堂精舍"来见者逾数千人。"④ 吕祖谦丽泽书院也兴盛一时，"四方之士争趋之。"⑤

而宋代理学家们也充分认识了讲学对学术传播的作用。如北宋理学宗师程颐就说：

以书传道，与口相传，煞不相干。相见而言，因事发明，则并意思，一时传了，书虽言多，其实不尽。⑥

这种聚徒讲学的传播形式是中国古代学术传播的优良传统，在理学借助书院传播取得重大收获后，明清时期，心学大师王守仁等仍在积极地利用各种条件在地方上聚徒讲学，传播自己的学术思想，书院及私塾乡学等教育场所仍是儒家学说在民间传播所采用的最重要的一种传播形式。

2. 编印、刊刻书籍。这是宋代理学民间学术传播所采用的另一重要形式。宋代理学家注重采用"著书立说"这种方式来系统阐发学术思想，

---

① （清）江藩：《国朝宋学渊源记》卷下，中华书局2011年版，第180页。
② （宋）黄震：《黄氏日抄》卷90《送陈山长赴紫阳书院序》，文渊阁四库全书，台北商务印书馆1986年版，第708册，第956页。
③ （明）郑廷鹄：《白鹿洞志·序》，载朱瑞熙等主编：《白鹿洞书院古志五种》，中华书局1995年版，第147页。
④ （宋）陆九渊；钟哲点校：《陆九渊集》卷36《年谱》，中华书局2010年版，第502页。
⑤ （元）脱脱等：《宋史》卷434《吕祖谦传》，中华书局1977年版，第12872页。
⑥ （宋）程颐、程颢：《二程集·遗书》卷2上《二先生语二上·元丰己未吕与叔东见二先生语》，中华书局1981年版，第26页。

同时注重编印各种理学著作,进行广泛传播,扩大理学影响的社会面。这也是得益于宋代文化教育事业的发展和印刷技术的进步,这一传播途径则较前代是明显的增强。北宋时期理学书籍印行比较有限。大多数是理学门人之间私相抄习,没有大规模的刊刻传播。这种情况与理学家当时的处境有关,如崇宁元年十二月诏:"诸邪说波行,非圣贤之书并元佑学术政事,不得教授学生,犯者屏出。"[①] 崇宁二年四月"追毁程颐出身文字,其所著书令监司觉察。"[②] 到了南宋时期,随着政治形势的相对好转,书籍刊印的增多,特别是朱熹等理学大儒对于编刊理学书籍的重视,大量理学先师的文集、语录得到刊行,理学家本人在讲学的时候,弟子也主动将其讲课的言行记录编为语录,互相传抄、刊印非常盛行,仅黎靖德《朱子语类》收录的就有九十七家,远远超过北宋时期二程等人的语录。这对于理学传播起到了积极的推动作用。

当时宋代理学门人编刊的书籍可分为三类,一是理学家单行本的学术著作,如周敦颐的《太极通书》、程颐的《程氏易传》、张载的《东铭》《西铭》等;二是理学家的文集;三是理学家讲课时门人记录的语录,为了对宋代理学书籍的刊刻传播情况有一个更为明确的认识,特作如下简表。

宋代理学书籍刊刻、传播情况表

刊书年代	刊书种类	刊书场所	刊书人	资料出处
孝宗朝	《伊川易传》	会稽郡学	吕祖谦门人,周汝能、楼锷	《吕东莱文集》卷6《书校本〈伊川先生易传〉后》
孝宗乾道五年（1169）	《明道先生遗文》	长沙官学	张栻门人,教授何蕴	《河南程氏文集》附录
孝宗朝	《太极通书》	严陵郡学	张栻	《南轩集》卷33《通书后跋》

---

① （清）徐松辑,刘琳、刁忠民等点校:《宋会要辑稿》刑法2之43,上海古籍出版社2014年版,第8307页。

② （元）脱脱等:《宋史》卷19《徽宗本纪一》,中华书局1977年版,第367页。

续表

刊书年代	刊书种类	刊书场所	刊书人	资料出处
孝宗朝	《伊川、和靖墨迹》	丽泽书院	吕祖谦	《吕东莱别集》卷4《与朱侍讲》
孝宗朝	《近思录》	静江府学	张栻	《南轩集》卷23《答朱元晦》
孝宗朝	《横渠集》	丽泽书院	吕祖谦	《吕东莱别集》卷3《与汪端明》
孝宗淳熙六年（1179）	《程氏易传》	书院	朱熹门人，皇甫斌	《朱熹集》卷81《书伊川先生易传版本后》
孝宗淳熙七年（1180）	朱熹《论孟要义》	豫章郡学	黄商伯	《朱熹集》卷81《书〈论孟要义序〉后》
孝宗淳熙十五年（1189）	《太极、西铭解》	书院	朱熹	《朱熹集》卷82《题太极西铭解后》
光宗朝	《伊川与方道辅帖》	白鹿洞书院	朱熹	《朱熹集》卷81《跋伊川与方道辅帖》
光宗朝	《孟子集释》《周子通书》	武阳官学	朱熹门人，任伯崇	《朱熹集》卷40《答何叔京》
光宗朝	《吕祖谦文集》《大事记》	麻沙书坊	商人	《朱熹集》卷53《答沈叔晦》
宁宗嘉定八年（1215）	《朱子语录》	池州州学	李道传	《朱子语类》序《池州刊朱子语录后序》
宁宗嘉定九年（1216）	《大学章句》《近思录》	严陵郡学	朱熹门人，陈淳	《北溪大全集》卷14《代跋大学》
宁宗嘉定十三年（1220）	《朱子语类》	眉州州学	朱熹门人，度周	《朱子语类》序《眉州刊朱子语类序》
宁宗朝	朱熹《论语详说》《孟子要略》	建安官学	建安太守	《真文忠公文集》卷29《孟子要略序》
宁宗嘉定年间	蔡沈《书集传》，魏了翁《周易要义》	梅隐书院	理学门人	引自《中国书院文化》第196页，杨布生等，台湾云龙出版社1997年版。
理宗淳祐元年（1241）	《程氏遗书》《程氏外书》	舂陵郡学	教授王洰	《河南程氏文集》附录

续表

刊书年代	刊书种类	刊书场所	刊书人	资料出处
理宗淳祐六年（1246）	《程氏遗书》《程氏外书》	三山官学	教授赵师耕	《河南程氏文集》附录
理宗淳祐六年（1246）	朱熹《四书集注》	泳泽书院	理学门人	引自《中国书院文化》第195页
理宗淳祐八年（1248）	陈淳《北溪集》五十卷、《北溪外集》一卷	龙溪书院	理学门人	引自《中国书院文化》第195页。
度宗咸淳元年（1265）	《晦庵先生朱文公文集》一百卷、《目录》二卷、《续集》十一卷	建安书院	理学门人	引自《中国书院文化》第196页。

在儿童教育领域，宋代理学家们也注重通过编写启蒙教材，扩大理学思想的传播，孝宗朝时，朱熹和他的弟子刘清之编写了《小学之书》，记载先秦到宋前圣贤的言行，《内篇》"敬身"部分第一条"敬胜怠者吉，怠胜敬者灭；义胜欲者从，欲胜义者凶"，以此宣扬理学"持敬"和"存天理，灭人欲"的原则。吕祖谦也编纂了《少仪外传》两卷，与此相类似，这两位理学大师重视编纂童蒙教材，为理学占领教育阵地，传播学术思想开辟了道路，此后，朱熹的弟子程端蒙编写《性理字训》，以四字句为主，陈淳用三言韵语编撰了《启蒙初诵》《训童雅言》，这种教材字数固定，富于节奏，流畅明白，适合儿童诵习，对后世影响很大。宋末理学家王应麟（一说区适子）所编《三字经》，其中也提出"《孝经》通，《四书》熟，如六经，始可读"，明显传递了朱熹所定的理学教育的教学计划，具有理学启蒙教材的特点，我们现在所见宋代所编写的启蒙教材，大部分是理学家所著，这从一个侧面也反映了理学家们顶住政治压力，积极传播自己学说的高度使命感和顽强精神。到元明清时期，理学思想几乎灌输到了儿童教育的每一类课程和教材。

而宋代理学家在著书立说和刻印传播中也体现出一种对学术的执着和认真。如朱熹注《四书》，"《中庸解》每番看过不甚有疑。《大学》则一面看,一面疑,未甚惬意,所以改削不已。"① 同时他对于那些著书不认真的人提出批评,"平日每见朋友轻出其未成之书,使人摹印流传而不之禁者,未尝不病其自任之不重而自期之不远也。"② 正是这种刻苦求真的精神,奠定了朱熹《四书集注》的经典地位。同时,他们对于理学书籍的版本选择亦十分认真。如吕祖谦刊张载《横渠集》,

> 已刻数板矣,而子澄具道曾闻诲谕,在成都所传得于横渠之孙,最为详备,今即令辍工,专遣人往拜请……③

力求获得最好的版本。朱熹在整理《程氏遗书》的时候,多种版本同时校对,力求没有脱误。理学家这种求真务实的精神为理学书籍刊印传播提供了良好的版本基础。

书籍刻印后,即以之宣传,"以示生徒,以广其传",在将刊行的书籍用于教学的同时,理学家还将书籍互相赠送,如张栻在给朱熹的信中提到:"学中重刻《责沈》,纳一轴并十本去。《近思录》方议刻,欲稍放字大耳。"④ 朱熹《大学解》在学校印成后,在与门人的信中希望"便中却更求十数本,可以分及同志也。"⑤ 这种书籍的刊印传播扩大了学术研究与交流的范围。这种对理学书籍的认真刊印传播,使得理学影响的地域范围也日益广泛,从中原到东南浙、闽、湖湘,甚至遥远的巴蜀地区也得到流传,如私淑朱熹的李道传"悦文公之学,不远数千里出蜀,将从之游,至则文公已下世,遂博采力求,尽得文公为书而衷之,用以

---

① (宋)黎靖德撰;王星贤点校:《朱子语类》卷19《论语一·语孟纲领》,中华书局1986年版,第437页。
② (宋)朱熹撰;朱杰人、严佐之、刘永翔主编:《朱子全书·晦庵先生朱文公文集》卷26《与杨教授书》,上海古籍出版社、安徽教育出版社2002年版,第21册,第1145页。
③ (宋)吕祖谦:《东莱别集》卷7《与汪端明》,文渊阁四库全书,台北商务印书馆1986年版,第1150册,第224页。
④ (宋)张栻著;杨世文点校:《张栻集·新刊南轩先生文集》卷23《答朱元晦第五书》,中华书局2015年版,第1111页。
⑤ (宋)朱熹撰;朱杰人、严佐之、刘永翔主编:《朱子全书·晦庵先生朱文公文集》卷62《答王晋辅第三书》,上海古籍出版社、安徽教育出版社2002年版,第23册,第2997页。

代面承。"不仅如此，李心传还把朱熹的书在蜀中广泛刻印传播，"蜀之会粹文公之书，自道传始。"① 可见书籍在理学的传播中发挥了十分重要的作用，它可以深入到那些理学家没有讲学的地方，为理学的传播撒下种子。

3. 游学与会讲。早在先秦春秋时期，孔子所创立的儒家学说，诞生于齐鲁大地，逐渐向周边扩展，孔子带领他的弟子到处游学，宣扬自己思想，对各国上至君主、下至平民，了解其学术内涵起到重要作用。而宋代理学家也通过游学，特别是书院教育兴起后，所产生的特别的学术交流方式——会讲来交流学者的思想，扩大理学传播的范围。

如南宋理学大儒朱熹，在罢同安县主簿后，"于是慨然有不仕之志，筑室武夷山中。四方游学之士从之者如市"②。南宋中期的刘强学"官长沙时，张宣公（栻）尚无恙，岳麓之教大兴，公往就学，日与贤隽游处"③。而淳熙十一年（1184），朱熹也特地请陆九渊来他主持的白鹿洞书院讲学，对"君子、小人""义、利"进行讲解。理宗朝，孙子秀为吴县主簿，"日诣学宫与诸生讨论义理"，后为金坛县知县，修缮茅山书院，"以待远方游学之士"④。

理学发展到南宋中期，出现了不同的地域性学派，如自杨时至朱熹的闽学派，自胡安国至张栻的湖湘学派，自吕希哲至吕祖谦的金华学派。各学派虽都尊崇二程理学，但对一些理学概念和经义的具体理解并不完全相同。当分歧发生，彼此认为有进一步讨论辨析的必要，于是就以书院为依托，产生了会讲这种形式，如孝宗乾道三年（1167），张栻与朱熹会讲于岳麓书院，对"仁""中和""太极""知行"等概念进行了辩论问难，并在主要观点上达成一致，朱熹曾感叹："相与讲明其所未闻者，

---

① （宋）黄震著；张伟，何忠礼主编：《黄震全集·戊辰修史传·宝章阁侍制李心传》，浙江大学出版社2013年版，第10册，第3341页。

② （宋）李心传撰；胡坤点校：《建炎以来系年要录》卷183，绍兴二十九年七月甲子，中华书局2013年版，第3527页。

③ （宋）真德秀：《西山文集》卷46《湖南运判刘公墓志铭》，文渊阁四库全书，台北商务印书馆1986年版，第1174册，第734页。

④ （元）脱脱等：《宋史》卷424《孙子秀传》，中华书局1977年版，第12663页。

日有问学之益,至幸至幸。"① 除此之外,如朱熹、陆九渊、吕祖谦等人在淳熙二年(1175)铅山鹅湖之会,都是著名的会讲。史载:"晦庵饯东莱至鹅湖,(陆九龄)先生兄弟来会讲论"②,朱熹做诗云:"旧学商量加邃密,新知培养转深沉。却愁说到无言处,不信人间有古今。"陆九渊和云:"易简工夫终久大,支离事业竟浮沉。欲知自下升高处,真伪须先辨只今"。体现了他们在学术思想和人才培养方面的差异。书院会讲,双方到会的门人弟子众多,针对不同的问题展开激烈的辩疑问难,大大活跃了书院的学术空气,同时也促进了理学学术思想的发展和其广泛传播。是宋代理学传播创新的重要表现。这一时期会讲对于理学传播的推动作用也最为明显。

4. 设祠祭祀。设祠祭祀也是宋代理学传播活动的重要组成部分。无论是在书院,还是在官方学校,理学门人都极力地推崇理学先师,称赞他们的功绩与学术,并设祠祭祀,通过祭祀活动在师生心目中树立模范人物的形象,以达到精神与情感教育的目的,在这一活动中理学思想主张也逐渐渗透到士子文人的心目中,促进了其学术思想的传播。

中国古代的教育场所通常都有祭祀之礼,《礼记·学记》中说:"大学始教,皮牟释菜,示敬道也。"《文王世子》说:"凡学,春宫释奠于其先师,秋冬亦如之。""凡始立学者,必释奠于先圣先师,及行事,必以币。"北宋时期学校和书院中,也设祠祭祀先圣先师,多以孔子及其门人弟子为主,如北宋李允则扩建岳麓书院,"塑先师十哲之像,画七十二贤。"③ 同时因地域不同,也祭祀一些当地的著名学者和对儒学发展贡献较大的人物。两宋时期随着理学的兴起和发展,其门人弟子在讲学传道的同时也多设祠祭祀理学先师,扩大其学说的影响力。如孝宗乾道年间,南剑州尤溪县知县石敦在翻新县学后,"而命工人绘濂溪周先生,河南二

---

① (宋)朱熹撰;朱杰人、严佐之、刘永翔主编:《朱子全书·晦庵先生朱文公文集》卷24《与曹晋叔书》,上海古籍出版社、安徽教育出版社2002年版,第21册,第1089页。

② (宋)李幼武:《宋名臣言行录·外集》卷15《陆九龄复斋先生》,文渊阁四库全书,台北商务印书馆1986年版,第449册,第816页。

③ (宋)王禹偁:《小畜集》卷17《重修岳麓书院记》,文渊阁四库全书,台北商务印书馆1986年版,第1086册,第164页。

程先生之像實于其中，使学者得共朝夕瞻仰焉！"① 淳熙三年（1176），刘珙居建康，"立明道先生之祠于学"，"使此邦之为士者有以兴于其学，为吏者有以法于其治，为民者有以不忘于其德。"② 至于朱熹、吕祖谦、张栻等理学大儒为官、讲学所到之处更是千方百计地设祠祭奠，用祭祀活动来促进理学的传播。同时朱熹及其门人还对祭祀的礼仪进行修订，"遂检《五礼新仪》……夜归即与诸生斟酌礼仪"③，对于祭祀的步骤以及师生的仪表都做了非常严格的规定。其门人黄榦在知军学的时候，也对祭祀时"荡无规矩""略无忌惮"的祭礼进行了整顿，将理学庄严的祭祀仪式贯穿其中，以增强祭祀活动对理学传播的作用④。在理学门人的提倡、鼓吹下，理学祭祀的范围逐渐扩展，一些不符合祭祀条件的地区也开始设祠祭祀理学先师。如淳熙八年（1181），婺源县学建成，立周敦颐、二程于学进行祭祀，朱熹对此解释说：

  虽非其乡，非其寓，非其游宦之国，又非有秩祀之文，而所在学官，争为祠室，以致其尊奉之意，盖非敢以是间乎命祠也，亦曰肖其道德之容，使学者日夕瞻望而兴起焉耳！"⑤

  其立祠传播理学的意图非常明显。设祠祭祀对于促进理学思想的传播、扩大其在士人中的影响发挥了积极的作用。

  5. 书信交流。宋代官方文书、私人信件的交流比以往有了极大的增

---

① （宋）张栻著；杨世文点校：《张栻集·新刊南轩先生文集》卷36《南剑州尤溪县传心阁铭》，中华书局2015年版，第1314页。

② （宋）朱熹撰；朱杰人、严佐之、刘永翔主编：《朱子全书·晦庵先生朱文公文集》卷78《建康府学明道先生祠记》，上海古籍出版社、安徽教育出版社2002年版，第24册，第3732页。

③ （宋）黎靖德撰；王星贤点校：《朱子语类》卷90《礼七·祭》，中华书局1986年版，第2295页。

④ （宋）黄榦：《勉斋集》卷35《行下军学申严释奠事》，文渊阁四库全书，台北商务印书馆1986年版，第1168册，第402页。

⑤ （宋）朱熹撰；朱杰人、严佐之、刘永翔主编：《朱子全书·晦庵先生朱文公文集》卷79《徽州婺源县学三先生祠记》，上海古籍出版社、安徽教育出版社2002年版，第24册，第3760页。

加，从而有利于理学家以书信为媒介互相交流、讨论学术问题及向士人传播理学思想。

两宋理学家书信往来频繁，以"东南三贤"为例，《张栻全集》中收录张栻与他人交往信件198封，其中112封为探讨学术问题，给朱熹的信件达73封。《吕东莱别集》《外集》中共收录吕祖谦交往书信285封，其中有大量的探讨理、气、心、性等问题的书信。三贤中寿命最长、对后世影响最大的理学家朱熹，其收录于《朱熹集》中的书信总量更是达2115封，与南宋当时主要学者论学讲道之书均在数十至百封以上。由此我们可以想见当时交通往来的便利和理学家对书信交往的重视。

书信交流中与理学家与其他学派的论辩占有较大比例。最著名的莫过于朱熹与陈亮之间的"王霸义利之辩"[1]，这场辩论完全是以书信的形式展开，从淳熙十一年（1184）到淳熙十三年（1186）往返信件达数十封之多。陈亮对理学家所倡言的道、天理人欲说、理学道统论等问题提出自己的质疑，指出其漏洞和荒谬之处。朱熹"为二程主张门户"，与之针锋相对、辩论不休。因二人均是当时著名学者，二人的书信辩论引起了当时学术界的广泛关注，浙东学者陈傅良就与陈亮的书信中论："往还诸书，熟复数过，不知几年间更有一番如此议论，甚盛、甚盛！"[2] 另一浙东学者叶适在评论这场论战时也说："同甫即修皇帝王霸之学，上下两千余年，参其合散，发其祕藏……朱元晦意有不予，而不能夺也。"[3] 论战在当时产生轰动效应，朱陈往还之书"一便传十，百便传千，"[4] 士人广泛传看和谈论，虽然二人的辩论最终未能说服对方，达成一致见解，但这场辩论无疑提高了理学的社会影响力，促进了理学在社会上的传播。

通过书信交往，某些尊崇其他学派的学者也多有被"说诱"而转奉

---

[1] 漆侠：《浙东事功派代表人物陈亮的思想与朱陈王霸义利之辩》，《河北大学学报（哲学社会科学版）》2001年第3期，第5—15页。

[2] （宋）陈傅良：《止斋文集》卷36《答陈同甫三》，文渊阁四库全书，台北商务印书馆1986年版，第1150册，第782页。

[3] （宋）叶适：《叶适集》卷12《龙川集序》，中华书局2013年版，第207—208页。

[4] （宋）陈傅良：《止斋文集》卷36《再致陈同甫书》，文渊阁四库全书，台北商务印书馆1986年版，第1150册，第783页。

理学。如士人程洵"读苏氏书,爱其议论不为空言,窃敬慕焉!"并写信与朱熹交流思想,朱熹认为"苏氏议论切近事情,固有可喜处,然亦谲矣。至于衒浮华而忘本实、贵通达而贱名检,此其为害又不但空言而已。然则其所谓可喜者,考其要归,恐亦未免于空言也!"① 并指斥苏学阴习佛老。此后两人往还书信二十余封,初程洵还犹说朱说为"苏氏之粗者",但面对朱熹书信论说的频频攻势,加之朱熹寄以《程氏大全集》与《龟山语录》,令"试更思之"②,日消月磨,在理学书信与书籍的攻势下,程洵终于放弃苏学,改信程朱理学,并成为朱熹的及门高第,可见书信传播影响力之大。

此外,理学家与讲友、门人弟子辩论理学精要。在一个学术问题解决后,理学门人往往将书信互相传看,以释疑解惑。如张栻就曾让其弟子观看他与朱熹往复的信件,

> 如晦叔、广仲、伯逢皆同志者,故以示晦叔,而晦叔复以示二公,庶几往返之有益耳。③

宋代理学门人对于书信传播的重视,发挥了书信交往简洁便利而不受地域限制、保存长久的特点,在促进学者思想更加精深、严谨的同时,为理学思想的广泛传播做出了重要的贡献。

二 宋代理学在官方传播所采用的诸多形式

1. 进讲经筵。宋代君主重视经术对于治国的作用,宋太祖就曾说:

---

① (宋)朱熹撰;朱杰人、严佐之、刘永翔主编:《朱子全书·晦庵先生朱文公文集》卷41《答程允夫第一书》,上海古籍出版社、安徽教育出版社2002年版,第22册,第1859页。

② (宋)朱熹撰;朱杰人、严佐之、刘永翔主编:《朱子全书·晦庵先生朱文公文集》卷41《答程允夫第三书》,上海古籍出版社、安徽教育出版社2002年版,第22册,第1864页。

③ (宋)张栻著;杨世文点校:《张栻集·新刊南轩先生文集》卷27《答舒秀才(周臣)》,中华书局2015年版,第1179页。

"帝王之子,当务读经书,知治乱之大体,不必学作文章,无所用也。"①因而他们经常任命一些博学的士大夫担任经筵讲官,进讲经书,从中吸取治国的道理,同时也借以表明对儒术的崇尚。

　　统治者由于其所处的特殊位置,对于经术的选择相当慎重,不会轻易地接受某种新的学术思想,需要一个较长的历史选择时期。以斯文为己任,把振兴理学作为自己首要任务的理学家,从以往的经验中意识到,理学不得到最高统治者的认可,将难成正果。理学家在讲学中不仅仅是为了传播自己的学术思想,同时也是希望得到统治者的认可,获得得君行道的机会。北宋理学宗师程颐就说:"窃以儒者得以经术进说于人主之前,言信则志行。自昔抱道之士,孰不愿之?"② 因而宋代的理学家对于经筵讲学都极为重视。因而他们利用经筵讲学的机会,反复陈请,讲明理学的主要学术宗旨。如《贵耳集》就记载这样一个例子,孝宗朝理学家张栻自静江府入朝担任侍讲,"以平日所著之书并奏议讲解百余册装潢以进,方铺陈殿陛间,有小黄门忽问:'左承甚文字许多'。南轩斥之曰:'教官家治国平天下。'"③ 可见张栻对于通过经筵讲学传播理学极为重视。又如理学大儒朱熹侍讲宁宗朝经筵,"急于致君,知无不言、言无不切",七次进讲,内容均为《大学》,并赞论北宋二程讲学之功,希望皇帝能够按照大学之道"随事体察而实致其力,使吾所以明德而新民者无不止于至善,而天下之人皆有以见其意诚、心正、身修、家齐、国治、天下平之效!"④ 朱熹担心宁宗事务繁忙,又将其讲义写成册子进入,以便宁宗反复观览,掌握理学的宗旨,此后真德秀又编写《大学衍义》进纳理宗,以明其治学之宗旨。宋代许多君主,都曾任命理学家担任经筵讲官,如杨时、胡安国仕高宗经筵,张栻侍孝宗经筵,朱熹侍宁宗经筵,

---

　　① (宋)司马光撰;邓广铭、张希清点校:《涑水记闻》卷1,中华书局1997年版,第20页。
　　② (宋)程颐、程颢:《二程集·文集》卷6《伊川先生文二·辞免崇正殿说书表》,中华书局1981年版,第540页。
　　③ (宋)张端义:《贵耳集》卷上,中华书局1985年版,第8页。
　　④ (宋)朱熹撰;朱杰人、严佐之、刘永翔主编:《朱子全书·晦庵先生朱文公文集》卷15《经筵讲义》,上海古籍出版社、安徽教育出版社2002年版,第20册,第699页。

真德秀、魏了翁侍理宗经筵，从而具有了很高的政治声望。虽然他们多缺乏参政和执政的机会，但却表明了统治者对于其学术的认可。这些人去职之后，声望更高，求学者更众。

帝王君主对于经术治国的崇尚和理学家自身弘扬理学、讲经传道的自觉性，使得理学有机会在最高统治者那里传播，理学家们一代代坚持不懈地褒扬理学先师，宣讲理学，他们的一些观点和为维护封建统治长久稳固的苦心逐渐得到统治者的认可，为君主最终从思想层面真正接受理学，将其立为官方统治思想提供了机会。

2. 州县官学中的传播。州县学是官方教育系统的组成部分，在地方教育中发挥着主导性的作用，是士子文人求学、习举业的主要场所，具有学员人数多、规模大、经济条件好的特点。

两宋时期理学门人利用州县学传播学术思想，大致可以分为以下两类。

其一，理学家担任地方长官、州县学教授，主持讲学。由于其任教时间较长，能够比较系统地讲明理学宗旨，所以传播效果较好。如南宋初胡宪，从胡安国学，绍兴中添差建州州学教授，"即就职，日进诸生而告之以古人为己之学，闻者始而笑，中而疑，久而观于先生所以修身，所以事亲，所以接人，无不一如所言，于是翕然尊信悦服。"① 胡宪以其言传身教收到了良好的教育效果。又如胡安国之子胡寅，担任零陵郡学教授，其在策问中就提出孔、孟之后"圣人之道"谁是传人的问题，让学生试述之②，由于宋代理学最重师道和道统，强调其门派是继承孔子、孟子的儒学正宗，因而胡寅的策问，具有非常明显的引导学生学习理学的目的。至孝宗乾道、淳熙之际，随着朱熹等理学家在地方上任职增多，任职地域范围的扩展，理学家对于利用州县学传播理学有了更为充分的认识。朱熹就说："杜门读书，固为可乐，而入居学校，又可推以及人，

---

① （宋）朱熹撰；朱杰人、严佐之、刘永翔主编：《朱子全书·晦庵先生朱文公文集》卷97《籍溪先生胡公行状》，上海古籍出版社、安徽教育出版社2002年版，第25册，第4504页。

② （宋）胡寅撰，容肇祖点校：《斐然集》卷二九《零陵郡学策问》，中华书局1993年版，第629页。

想贤者于此亦不惮应接之烦也。"① 明确地指出理学门人应入学校传播理学。同时他们力图改变州县学校单纯应举取士的学习目标，把研究理学同习举业并列起来，朱熹在答复其担任州学教授的门人的信中就指出：

> 学校固不免为举子文，然亦须告以圣学门庭，令士子略知修己治人之实，庶几于中或有兴起，作将来种子！②
> 更须招得依本分、识道理、能做举业者三数辈，参错其间，使之诱进此一等后生，亦是一事。但此须缓缓子细图之，恐其间有趋向不同，反能为害，则不济事也。③

可见朱熹为改变官学学风，使理学思想得到传播，煞费苦心。其在出任同安、潭州等地州县长官的时候，无时无刻不以兴学传道为己任。为此他在知漳州任上还和当地州学教授、僚属发生冲突。朱熹主张任命黄樵、陈淳、石洪庆、徐禹等理学门人担当学正，以发挥榜样的示范作用。而张教授与旧职事借故阻隔，朱熹变声厉词曰："延请黄知录（樵），以其有恬退之节，欲得表率诸生。又延请前辈士人同为表率，欲使邦人士子识些向背，稍知为善之方，与一邦之人共趋士君子之域，以体朝廷教养作成之意。不谓作之无应，弄得来没合杀。"④ 由于朱熹的坚持，最终任命了这几人，使得理学思想在漳州州学得到传播。与之同时代的张栻知广西静江，吕祖谦知严州，也都充分利用当地的州县学，扩大理学在士人中的影响。对于州县学讲学的重视在南宋后期理学门人中得到了继承，如朱熹的再传弟子吴昌裔在宁宗朝调任眉州教授，在州学中张贴朱熹《白鹿洞书院揭示》，按照朱熹理学教育模式讲学传道，使得当地士

---

① （宋）朱熹撰；朱杰人、严佐之、刘永翔主编：《朱子全书·晦庵先生朱文公文集》卷59《答何巨元（进之）》，上海古籍出版社、安徽教育出版社2002年版，第23册，第2820页。
② （宋）朱熹撰；朱杰人、严佐之、刘永翔主编：《朱子全书·晦庵先生朱文公文集》卷54《答孙季和第二书》，上海古籍出版社、安徽教育出版社2002年版，第23册，第2537页。
③ （宋）朱熹撰；朱杰人、严佐之、刘永翔主编：《朱子全书·晦庵先生朱文公文集》卷62《答常郑卿》，上海古籍出版社、安徽教育出版社2002年版，第23册，第3008页。
④ （宋）黎靖德撰；王星贤点校：《朱子语类》卷106《朱子三·外任》，中华书局1986年版，第2645页。

习丕变，多为推崇性理之学①。其他如真德秀在潭州州学讲学、吴猎在成都府学教授，都是利用地方官学传播理学思想的成功典范。

其二，州县长官、教授聘请理学名儒讲学。这种情况多存在于倾慕理学的官员主持的州县学校中，但由于讲学时间比较短暂，传播效果则不如前一种形式。如朱熹淳熙年间被延请到玉山县学，特设讲座，为诸生诵说，指明为学宗旨："非是使人辍辑言语、造作文辞，但为科名爵禄之计，须是格物致知，诚意正心，修身而推之，以至于齐家治国，可以平治天下，方是正当学问。"②用理学思想改造学生的求学目的，同时针对县学诸生所提问的孔孟之异、孟子性善之说，朱熹都一一详细加以解说，并与教授林择之共同制定了《县学须知》③，留有《玉山讲义》，充分利用短暂的讲学在县学传播理学思想。又如朱熹的门人陈淳在嘉定九年（1216）待试中过严陵，郡守郑之悌留其在郡学讲道。陈淳讲学的内容包括四个方面，一曰道学体统；二曰师友渊源；三曰用功节目；四曰读书次第。完全遵守其师之说，把理学主要学术思想介绍给郡学诸生。同时，对王氏新学、陆氏心学进行了强烈地批判，严陵之士，"拳拳于听受，深有所警发，每自恨亲炙之为晚。"④ 陈淳从而成功地使理学思想在严陵官学中得到传播，这类例子还有很多，在此不一一赘述。

3. 太学传道。太学是国家的最高等学府，其师资条件好，各项规章制度完备，在科举中也拥有较高的录取比例，因而吸引了各地的士人精英前来学习。太学规模可达成百到数千人，相对于书院和州县学，理学拥有更多的受众对象。但是由于太学地处国家统治中心，受到统治者较多的控制和干涉，受官方学术政策的影响较大，因而理学在太学的传播随着政治形势变化而起伏不定。北宋中期在理学兴起后，官方一直是王

---

① （元）脱脱等：《宋史》卷408《吴昌裔传》，中华书局1977年版，第12301页。
② （宋）朱熹撰；朱杰人、严佐之、刘永翔主编：《朱子全书·晦庵先生朱文公文集》卷74《玉山讲义》，上海古籍出版社、安徽教育出版社2002年版，第24册，第3588页。
③ （宋）朱熹撰；朱杰人、严佐之、刘永翔主编：《朱子全书·晦庵先生朱文公别集》卷6《林择之第十书》，上海古籍出版社、安徽教育出版社2002年版，第25册，第4948页。
④ （清）黄宗羲著，全祖望补修；陈金生、梁运华点校：《宋元学案》卷68《北溪学案·朱先生右》，中华书局1986年版，第2237页。

安石新学主宰太学教育。南宋初年，伴随着对王安石新学的打击和对元祐学术的褒扬，二程理学曾在学校、科举中盛行一时，朝廷"殿试策，不问程文善否，但用颐书多者为上科"①，太学重建后，杨时门人高闶、喻樗等人先后在太学、国子监任职，"明理学以淑人心，扶公论以养士气，使人人皆有士君子之行"②，促进了理学在太学的传播。但是由于理学派官员在对金和议问题上与当政者不和，渐渐遭到打击、排斥，高闶于绍兴十四年（1144）以党附赵鼎被罢职，当时的太学生孙仲鳌还附和秦桧打击理学，"书坊刊行诡僻之辞，望明示条制，更或违戾，必置之法。"③ 理学在太学的传播受到沉重的打击。

孝宗、光宗朝是理学在社会上广泛传播的时期，曾在州县学和书院学习的理学门人很多也进入太学学习，因而促进了理学思想在太学的传播。如张栻的门人刘强学，曾为岳麓书院生徒，有士人彪德美者曾受学于胡宏，"为公言前辈师友渊源甚深，"后来刘进入太学学习，"又尽传四方知名士观摩丽习，闻见益洽"④，将理学思想带进了太学。朱熹的门人程端蒙，字正思，

> 其在太学，侪辈趋时好，不复知有圣贤之学。正思择其可告语者，因事推诚，诲诱不倦，从而化者亦颇众。⑤

另一门人腾珙还专门从太学写信，向朱熹请教仁、知、动静之说，

---

① （宋）李心传撰；胡坤点校：《建炎以来系年要录》卷88，绍兴五年夏四月，中华书局2013年版，第1709页。
② （宋）刘克庄撰；辛更儒校注：《刘克庄集笺校》卷60《外制·张蹯祭酒》，中华书局2011年版，第2876页。
③ （宋）李心传辑；朱军校：《道命录》卷4《张震乞申敕天下学校禁专门之学》，上海古籍出版社2016年版，第43页。
④ （宋）真德秀：《西山文集》卷46《湖南运判刘公墓志铭》，文渊阁四库全书，台北商务印书馆1986年版，第1174册，第734页。
⑤ （宋）朱熹撰；朱杰人、严佐之、刘永翔主编：《朱子全书·晦庵先生朱文公文集》卷90《程君正思墓表》，上海古籍出版社、安徽教育出版社2002年版，第24册，第4186页。

"盖学中近以为论题也。"① 其门人方壬,"淳熙中,游太学,往返建安,必造谒朱子,至必留月余。"② 大量的理学门人在太学中求学,势必会带动整个学校学习理学的风气。同时这一时期在太学担当教授的理学家也不乏其人,如胡宪的学生魏元履,乾道四年任太学录,"异时学官不与诸生接,亦漫不省学事,徒养望自高而已。元履既就职,则日进诸生而教诲之。"③ 在改变当时太学学风的同时也促进了理学思想的传播。另一理学大儒吕祖谦,乾道中也曾在太学任教授,这一时期是理学在太学传播最为活跃的时期,与当时民间讲学遥相呼应,共同促进了理学的发展和其社会影响的扩大。

宁宗统治初期,理学不被当政者所欣赏,"庆元党禁"禁锢理学门人,其学术传播活动受到极大的抑制。庆元二年(1196),吏部尚书叶翥请禁《语录》《中庸》《大学》之书,"请令太学及州军学,各以月试合格前三名程文,上御史台考察,太学以月,诸路以季。其有旧习不改,则坐学官、提学司之罪。"④ 奏章得到统治者的认可,在这种情况下,从中央到地方官学系统,理学都被禁止传习。太学由于其为最高学府,首当其冲,学禁最为严格、彻底。直到嘉定和议之后,"党禁稍开",刘爚、吴柔胜等理学门人利用在太学任职的机会,为理学正名,如朱熹门人刘爚担任宁宗朝国子司业时,就上书奏言请刊行朱熹所注"《学》《庸》《语》《孟》以备劝讲,及《白鹿洞规》示太学"⑤。嘉定年间,李道传也请以朱熹《论语》《孟子》集注,《中庸》《大学》章句,《或问》诸书颁之太学。于是太学"始以朱熹《四书》与诸生诵习,讲义策问,皆以是为先。"并从生徒中选择理学门人作为表率,"于是士知趋向,伊、洛

---

① (宋)朱熹撰;朱杰人、严佐之、刘永翔主编:《朱子全书·晦庵先生朱文公文集》卷49《答滕德粹第九书》,上海古籍出版社、安徽教育出版社2002年版,第22册,第2277页。
② (清)黄宗羲著,全祖望补修;陈金生、梁运华点校:《宋元学案》卷69《沧州诸儒学案上·主簿方先生壬》,中华书局1986年版,第2302页。
③ (宋)朱熹撰;朱杰人、严佐之、刘永翔主编:《朱子全书·晦庵先生朱文公文集》卷91《国录魏公墓志铭》,上海古籍出版社、安徽教育出版社2002年版,第24册,第4199页。
④ (元)脱脱等:《宋史》卷156《选举二》,中华书局1977年版,第3635页。
⑤ (元)脱脱等:《宋史》卷401《刘爚传》,中华书局1977年版,第12171页。

之学晦而复明。"① 他们对于理学复兴起到了非常大的促进作用。至理宗朝，二程、朱熹、张载等人被列于太学孔庙从祀，朱熹所定《白鹿洞书院揭示》也被定为太学学规，理学在太学中盛行传播，士子程文，靡然而同。

4. 科举考试与理学的传播。宋代科举兴盛，取士人数之多，远盛唐朝。其在社会上和读书人心目中的影响力也更为明显。科举教材和考试试题体现了国家在经学和治国方略上的侧重点，成为朝廷确认和鼓励某种学术思想的手段，从而为广大士人所重视。因此，能够占领科举考场和主导科举教材，也成为理学传播的重要突破途径。

宋代科举考试以进士科为主，分为经义、诗赋等不同名目②，统治者对于经义考试极为重视，高宗就说："读书当以经义为先。"③ 并在科举录取比例和人数上给予照顾。理学派以理治经，早在北宋中期就有统一科举考试内容的打算。如熙宁元年（1068）理学家程颢的奏疏言中就提出："方今人执私见，家为异说，支离经训，无复统一，道之不明不行，乃在于此。"但此后理学长期被打压。到了南宋理学解禁后，开始吸引了大量的士子求学，以应试科考。南宋初年如范如圭，从胡安国学于荆南学宫，"举进士，建炎二年中乙科，赐及第，授从事郎，武安军节度推官。"④ 徐时逊，丰城人，胡安国高弟，绍兴进士，为虔州教官。赵敦临，少入太学，见杨时于京师，得其指授，绍兴五年第进士，授萧山簿⑤。南宋中期随着科举取士的兴盛以及理学家讲学活动的增多，习理学入仕者更加普遍。士大夫王十朋回忆起乾道年间温州学校和科场的情况，"士子群居学

---

① （元）脱脱等：《宋史》卷400《吴柔胜传》，中华书局1977年版，第12148页。
② 张希清：《宋朝典制》，吉林文史出版社1996年版，第188页。
③ （宋）李心传撰；胡坤点校：《建炎以来系年要录》卷155，绍兴十六年十一月庚午，中华书局2013年版，第2946页。
④ （宋）朱熹撰；朱杰人、严佐之、刘永翔主编：《朱子全书·晦庵先生朱文公文集》卷94《范直阁墓记》，上海古籍出版社、安徽教育出版社2002年版，第25册，第4340页。
⑤ （清）黄宗羲著，全祖望补修；陈金生、梁运华点校：《宋元学案》卷25《龟山学案·赵教授庇民先生敦临》，中华书局1986年版，第967页。

校，战艺科场，笔横渠而口伊洛者纷如也！"①

这一时期从学于朱、张、吕等理学大儒的士子也多有入仕者。如葛洪，婺州东阳人，从吕祖谦学，登淳熙十一年进士第，嘉定年间为枢密院编修官。②乔行简，婺州东阳人，学于吕祖谦之门，登淳熙四年进士第，后至同签书枢密院事③。郑自成，后改名性之，弱冠游朱熹之门，举进士第一，授平江军节度判官，成为理学家培养出的状元④。由于朱熹等理学家学识渊博，社会声望极高，甚至当时宰相的子弟也到那里求学。如丞相陈俊卿之子陈宓，"少尝登朱熹之门，熹器异之，长从黄榦游"，他任官于南康军时，"时造白鹿洞，与诸生讨论"。⑤赵崇度，宁宗朝宰相赵汝愚之子，年十六，谒朱文公于考亭，得到朱熹的赏识。授以《大学》一编，勉励其认真求学，后终朝散大夫之职⑥。

程朱理学在宁宗朝后期得到极大发展，天下之士竞相讲习义理，理学逐渐成为一股宏大的社会思潮。朝廷"始以朱熹《四书》与诸生诵习，讲义策问，皆以是为先。"而理宗朝理学被确认为官学后，科场更是成为理学的天下，正如周密所说："其所读者止《四书》《近思录》《通书》《太极图》、东西铭、语录之类，自诡其学为正心、修身、齐家、治国、平天下。故为之说曰：'为生民立极，为天地立心，为万世开太平，为前圣继绝学'。……而士子场屋之文，必须引用以为文，则可以擢巍科，为名士。否则立身如温国，文章气节如坡仙，亦非本色也。于是天下竞趋之"。⑦这虽然是南宋后期理学在科举中极端现象的体现，但也同时反映了科举考试是理学传播的重要途径，在其兴盛过程中发挥了重要作用。

---

①（宋）王十朋：《梅溪后集》卷27《送叶秀才序》，文渊阁四库全书，台北商务印书馆1986年版，第1151册，第594页。

②（元）脱脱等：《宋史》卷415《葛洪传》，中华书局1977年版，第12444页。

③（元）脱脱等：《宋史》卷417《乔行简传》，中华书局1977年版，第12491页。

④（清）李清馥：《闽中理学渊源考》卷17《文定郑信之先生性之》，台北商务印书馆1986年版，第460册，第279页。

⑤（元）脱脱等：《宋史》卷408《陈宓传》，中华书局1977年版，第12312页。

⑥（清）黄宗羲著，全祖望补修；陈金生、梁运华点校：《宋元学案》卷46《玉山学案·朝请赵节斋先生崇度》，中华书局1986年版，第1465页。

⑦（宋）周密撰；吴企明点校：《癸辛杂识·续集下·道学》，中华书局1997年版，第169页。

5. 官方祭祀。孔子作为儒家的创始人，受到后代帝王的尊崇，享受国家祀典。自唐代以后开始将一些对儒学发展有突出贡献的学者列为从祀，以示褒奖，因而能否列于孔庙从祀就成为衡量学者及其学术在儒学发展中地位的标尺。南宋时期的理学门人入仕后，为弘扬师道，积极地请求将北宋理学先师列于从祀。如绍兴七年（1137），胡安国担任高宗经筵讲官，请求将程颢、程颐、张载、邵雍等四位理学家加以封爵，列于孔庙从祀"比于荀扬之列。"① 孝宗乾道五年，太学录魏掞之上书，请"废安石父子勿祀而追爵程氏兄弟，使从食（孔庙）"②，此后，李道传、魏了翁等人都曾为理学先师争取从祀孔庙而努力，实际上是从学术思想上为理学争取正统地位，尽管屡屡失败，但却使理学声望日益高涨。

理宗在即位之初就下令升迁真德秀、傅伯成等一批理学家③，宝庆三年又追封朱熹为信国公④，他在亲政后更是采取了一系列措施褒扬理学，淳祐元年（1240）理宗在视察太学之后，于正月十五下诏："朕唯孔子之道，自孟轲后不得其传，至我朝周敦颐、张载、程颢、程颐，真见实践，深探圣域，千载绝学，始有指归。中兴以来，又得朱熹精思明辩，表里混融，使《大学》《论》《孟》《中庸》之书，本末洞彻，孔子之道，益以大明于世。朕每观五臣论著，启沃良多，今视学有日，其令学官列诸从祀，以示崇奖之意。丙午，封周敦颐为汝南伯，张载郿伯，程颢河南伯，程颐伊阳伯……制道统十三赞，就赐国子监宣示诸生。"⑤ 统治者对于理学的褒扬，将宋代理学家列于孔庙从祀，颁示理学书籍为学校教材和科举考试的标准答案，这标志着理学思想得到统治者的认可从此上升为官方统治思想，理学从此在官方笼罩下，在皇权力量与仕途利益的支

---

① （宋）李心传撰；胡坤点校：《建炎以来系年要录》卷108，绍兴七年春正月壬申，中华书局2013年版，第2029页。
② （宋）佚名：《皇宋中兴两朝圣政》卷47，乾道四年十二月，台湾文海出版社1967年版，第1395页。
③ （宋）佚名；汪圣铎点校：《宋史全文》卷31，嘉定十七年九月乙亥，中华书局2016年版，第2616页。
④ （宋）佚名；汪圣铎点校：《宋史全文》卷31，宝庆三年正月己巳，中华书局2016年版，第2636页。
⑤ （元）脱脱等：《宋史》卷42《理宗本纪二》，中华书局1977年版，第821—822页。

持下开始了新一轮的学术传播。发展到南宋后期，伴随着官方对理学的推崇，对理学大师的祭祀也更加普遍，凡是学校"讲贯切磋之处，往往肖其像，庋其书，聚成学之士，敬事而传习焉。"① 尊崇理学、祭祀理学先师也成为地方官博取声誉的重要手段，"其为太守，为监司，必须建立书院，立诸贤之祠，或刊注《四书》，衍辑语录。然后号为贤者，则可以钓声名，致膴仕。"②

结　语

通过以上分析我们可以看出，宋代理学自民间而上升为官方统治学说，其传播活动是非常成功的，在中国古代学术传播史上也是占有十分重要的地位。它所采用的传播途径其形式比前代有了明显的增多。两宋时期理学的传播，不仅依赖于私学、州县官学、太学这些传统的教育场所，尤为突出的是将书院教育与理学相结合，为理学的发展做出巨大的贡献。这在宋以前学术传播过程中是没有过的现象，是宋代理学派独具特色的传播模式。他们对于书院教育的重视与提倡，也超越了浙东事功、新学、蜀学等其他派别。此外，两宋时期理学家对于讲学之外的其他教育形式也同样重视，比如大量编刊书籍、设祠祭祀、书信交往等等，这些都反映出宋代理学传播方式逐渐增多的趋势，从单一的口耳传授，向包括授课、会讲、辩论、编刊书籍、科举考试、书信交流、设祠祭祀等多种渠道传播的发展，形式多样性亦是宋代理学传播的一大特点。

通过多种途径的行之有效的学术传播活动，宋代理学影响范围日益扩大，其在政治上的影响力也日益增强，如北宋哲宗朝初年，士大夫范祖禹向陈瓘讲起程颢（伯淳），陈瓘问："伯淳谁也？"范说："不知有程

---

① （宋）刘克庄撰；辛更儒校注：《刘克庄集笺校》卷 93《泉山书院》，中华书局 2011 年版，第 3956 页。

② （宋）周密撰；吴企明点校：《癸辛杂识》续集下《道学》，中华书局 1997 年版，第 169 页。

伯淳邪?"陈说:"生长东南,实未知也。"① 陈瓘是著名学者,又身为朝廷科举考官,却不知程颢,可见当时理学只是一个很小的学派,地位和影响根本无法与当时占统治地位的荆公新学相比,与苏氏蜀学相比也毫不占优势。到了南宋时期,随着理学门人的增多,讲学活动的范围也日益扩大。据全祖望考证:

> 伊川之学,传于洛中最盛,其入闽也以龟山,其入秦也以诸吕,其入蜀也以焦天授辈,其入浙也以永嘉九子,其入江右也以李先之辈,其入湖南也由上蔡而文定,而入吴也以王著作信伯。②

这些人大多为北宋末至南宋初的理学家,他们为这些地区理学传播起到了开创性和奠基性的作用。至孝宗乾道、淳熙之际,随着朱熹、张栻、吕祖谦等理学大儒的兴起,讲学活动也更加频繁,地域涉及到闽、浙、赣、湘、荆楚等地,并形成了闽、湖湘、浙东金华三个理学传播的中心,极大地促进了理学的传播与发展,理学门派的声望也日益高涨,如士大夫楼钥所说:

> 乾道、淳熙间,儒风日盛,晦庵朱公在闽,南轩张公在楚,而东莱吕公讲道婺女,是时以学问、著述为人师表者,相望惟三先生,天下共尊仰之。③

这与北宋时期士大夫不识程颢为何人的情况形成了鲜明的对比。值得注意的是,这一时期理学思想已经渗透到广西、四川等一些偏远地区,燃起了理学在那里传播的火种。理学大儒张栻在淳熙二年至五年

---

① (清)黄宗羲著,全祖望补修;陈金生、梁运华点校:《宋元学案》卷35《陈邹诸儒学案·忠肃文集》,中华书局1986年版,第1212页。

② (清)黄宗羲著,全祖望补修;陈金生、梁运华点校:《宋元学案》卷29《震泽学案·全祖望案语》,中华书局1986年版,第1053页。

③ (宋)楼钥:《攻媿集》卷55《东莱吕太史祠堂记》,文渊阁四库全书,台北商务印书馆1986年版,第1153册,第16页。

（1175—1178）任广西静江知府兼经略安抚使，至桂后，裁汰州兵、减轻赋税、缓和阶级矛盾和民族矛盾，作出了很多政绩①。同时重视培养人才，传播理学思想。张栻在静江府学明伦堂边，立周敦颐、程颢、程颐三先生祠，并撰写碑文，"使学者知夫儒学之真，求之有道，进之有序，以免于异端之归。"②张栻还亲自为桂林、柳州、宜山、钦州、雷州等地创办的十余所府学、州学撰写学记，鼓励学生学习理学思想，为广西地区理学的传播起到了开创性的作用。同时张栻门人范子该、范仲黼等人在成都设沧江书院讲学，蜀人"因是得以和齐斟酌，尽闻胡文定父子以至南轩所讨论于岳麓者而致精焉。"③ 促进了理学思想在四川地区的传播。南宋中期以后，由于吕祖谦、张栻过早谢世，东南三贤只剩朱熹一人，朱熹讲学时间长，范围广，因而门人弟子遍布天下。他们继承了朱熹衣钵，以弘扬理学为己任，对理学思想的普及做出了极大的贡献。

（文章原刊于姜锡东主编《中华文明的历史与未来国际学术研讨会论文集》，河北大学出版社2010年版）

---

① （元）脱脱等：《宋史》卷429《张栻传》，中华书局1977年版，第12773页。

② （宋）张栻著；杨世文点校：《张栻集·新刊南轩先生文集》卷10《三先生祠记》，中华书局2015年版，第917页。

③ （清）黄宗羲著，全祖望补修；陈金生、梁运华点校：《宋元学案》卷72《二江诸儒学案·提刑虞沧江先生刚简》，中华书局1986年版，第2413页。

论南宋理学教育传播的主导者和受众

一 南宋理学教育传播的主导者

教师是教育传播活动中的主导者,在教育传播过程中,传播什么内容?通过什么渠道传播?主要是由教师决定的。教师自身的学术水平和教育能力影响着学术传播的全过程和教育效果。我们根据南宋理学传播者的学术水平、教学能力以及社会声望的差别,将其归结为三个类别,并总结出不同类别传播者的特点。

第一类:理学大儒。不可否认,一个群体中的精英人物具有领袖作用,他们站在学术发展的前沿,对学术的进步和其社会影响的扩大起到极为重要的推动作用。南宋时期理学的兴起和发展同样拥有这样一些大师级的学术传播者,他们卓有成效的讲学活动为理学的发展起到了积极的推动作用。现根据《伊洛渊源录》《宋史》《宋元学案》等文献将这一时期社会公认的理学大儒及其学术活动做如下简表。

南宋理学大儒学术活动简表

姓名	学术论著	官位及政治声望	教育传播活动	文献出处
杨时 (1053—1135)	《三经义辩》《中庸义》《孟子义》《龟山语录》;编撰《河南程氏粹言》《四先生中庸解义》;校订《伊川易传》	徽宗时任迩英殿说书,高宗时除工部侍郎兼侍讲	荆州州学讲学,常州慈溪龟山书院讲学,东佳书院讲学,太学教授,门生千余人,开创理学之闽学派。	《龟山集》序、《宋元学案》卷25《龟山学案》、《宋史》卷428《杨时传》、《伊洛渊源录》卷10《文靖公杨时》

续表

姓名	学术论著	官位及政治声望	教育传播活动	文献出处
尹焞 (1064—1137)	《孟子解》《论语解》《门人问答》《语录》《文集》8卷	高宗朝崇正殿说书,秘书少监	涪陵讲学,经筵讲学。	《伊洛渊源录》卷11《侍讲尹焞》、《宋史》卷428《尹焞传》
胡安国 (1074—1138)	《春秋传》《春秋诸国兴废论》《春秋提要》《通鉴举要补遗》120卷、《文集》若干卷	高宗朝中书舍人兼侍讲	衡山文定书堂讲学、经筵讲学,开创理学湖湘学派。	《伊洛渊源录》卷13《文定公胡安国》、《宋史》卷435《胡安国传》
胡宏 (1105—1161)	《知言》6卷、《皇王大记》80卷、《易外传》、《文集》5卷	高宗朝屡次拒绝秦桧拉拢,终身不仕,获得很高的社会声望	隐居碧泉书院、五峰书院讲学,湖湘学派的代表。	《宋元学案》卷42《五峰学案》、《宋史》卷435《胡宏传》
张栻 (1133—1180)	《论语解》10卷、《孟子说》7卷、《南轩问答》《希颜录》《南轩易说》《南岳酬唱集》《南轩集》44卷	孝宗朝吏部侍郎兼侍讲,右文殿修撰	静江府学讲学,严州州学讲学,岳麓书院、城南书院讲学,培养众多门人弟子。	《宋史》卷429《张栻传》、《宋元学案》卷50《南轩学案》、《南轩集》序
吕祖谦 (1137—1180)	《东莱左氏博议》《辩志录》《增修东莱书说》《历代制度详说》《丽泽论说集》《皇朝文鉴》与朱熹编定《近思录》,刊行《伊川易传》	孝宗朝太学博士、国史院编修官、实录院检讨官	太学讲学、丽泽书院讲学,"四方之士争趋之",主持"鹅湖之会"。	《宋史》卷434《吕祖谦传》、《宋元学案》卷51《东莱学案》
朱熹 (1130—1200)	《易本义》《孟子集注》《四书章句》《或问》《西铭解》《诗集传》等,编定《论孟要义》《孟子指要》《近思录》《河南程氏遗书》《伊洛渊源录》等,文集100卷,生徒问答80卷	宁宗朝焕章阁待制、侍讲	讲学岳麓书院、白鹿洞书院、武夷精舍、沧州精舍、同安县学、玉山县学,经筵侍讲,门人弟子众多,南宋理学的集大成者。	《宋史》卷429《朱熹传》、《宋元学案》卷48《晦翁学案上》、《朱熹集》序

续表

姓名	学术论著	官位及政治声望	教育传播活动	文献出处
真德秀 (1178—1235)	《西山甲乙稿》《对越甲乙集》《大学衍义》《四书集编》《真文忠公读书记》《文集》若干卷	理宗朝礼部侍郎、侍读，后拜参知政事	讲学漳州、经筵讲学，"四方文士想见其风采"。	《宋史》卷437《真德秀传》、《宋元学案》卷81《西山真氏学案》
魏了翁 (1178—1237)	《九经要义》263卷、《经外杂钞》《古今考》《文集》109卷	理宗朝权礼部侍郎，端明殿学士，同签书枢密院事督视京湖军马	讲学鹤山书院十年，"士争负笈从之"。	《宋史》卷437《魏了翁传》、《宋元学案》卷80《鹤山学案》

通过以上简表，我们可以了解南宋时期主要理学大儒及其学术活动，他们在南宋理学发展历程中扮演了极为重要的角色，对于理学思想体系的完善和学术思想的广泛传播做出了巨大的贡献。在这些人的身上我们可以发现一些共同的特点，为一般士大夫所不具备，主要表现在以下几个方面：

1. 深厚的学术功力、广博的学术知识。南宋时期的理学大儒之所以为后人所敬仰，很重要的原因就是其学术水平的高深，学说影响的广泛，往往形成了其独特的治学门径和代表性的学术著作。比如，开创理学湖湘学派的大儒胡安国，致力于春秋学的研究，阐发其尊王攘夷的微言大义，从治《春秋》到著《春秋传》历时三十载，他说：

> 某初学《春秋》，用功十年，遍览诸家，欲求博取以会要妙，然但得其糟粕耳！又十年，时有省发，遂集众传，附以己说，犹未敢以为得也。又五年，去者或取，取者或去；已说之不可于心者，尚多有之。又五年，书成，旧说之得存者寡矣。①

---

① （清）黄宗羲著，全祖望补修；陈金生、梁运华点校：《宋元学案》卷34《武夷学案·胡氏传家录》，中华书局1986年版，第1173页。

从中可以看出胡安国治学的勤奋和态度的严谨,因而胡安国《春秋传》成为理学的经典著作,在当时就得到了统治者和士大夫的广泛赞誉,"以为深得圣人之意,非诸儒所及也。"并形成了湖湘学派重视春秋经学、阐发微言大义的治学特色。又如理学宗师朱熹,"登第五十年,仕于外者仅九考,立朝才四十日,"[①] 大部分时间都在从事学术研究活动,因而朱熹的学术成就极高,涉猎范围广泛,"于《大学》《中庸》则补其阙遗,别其次第,纲领条目,粲然复明;于《论语》《孟子》,则深原当时答问之意,使读而味之者,如亲见圣贤而面命之;于《易》与《诗》则求其本义,攻其末失,深得古人遗意于数千载之上。凡数经者,见之传注,其关于天命之微,人心之奥,入德之门,造道之域者,既已极深研几,探赜索隐,发其旨趣而无遗矣!"[②] 因而清人全祖望评价:"杨文靖公四传而得朱子,致广大、尽精微,综罗百代矣!"[③] 理学大儒渊博的学术知识,深厚的学术功力,传世的学术著作奠定了他们在学术史上的重要地位,同时也吸引了大量的士子前来求学,为其教育传播活动提供了坚实的基础。

2. 多担任经筵讲官,具有较高的社会声望。南宋时期的理学大儒学术功力深厚,统治者出于崇儒重道、笼络士人的目的,多令其担任高级文官和经筵讲官。如杨时、胡安国仕高宗经筵,张栻侍孝宗经筵,朱熹侍宁宗经筵,真德秀、魏了翁侍理宗经筵,从而具有了很高的政治声望。虽然他们多缺乏参政和执政的机会,但却表明了统治者对于其学术的认可。这些人去职之后,声望更高,求学者更众,如胡安国罢职,归至湘中,"求学者不绝于门",吕祖谦自京师归,学者闻名而至,"士子相过聚

[①] (元)脱脱等:《宋史》卷429《朱熹传》,中华书局1977年版,第12767页。

[②] (宋)黄榦:《勉斋集》卷36《朝奉大夫文华阁侍制赠宝谟阁直学士通议大夫谥文朱公行状》,文渊阁四库全书,第1168册,第425页。

[③] (清)黄宗羲著,全祖望补修;陈金生、梁运华点校:《宋元学案》卷48《晦翁学案上·序录》,中华书局1986年版,第1495页。

学者近三百人"①。理学家社会声望的提高，对学术思想的传播起到了积极的促进作用。

3. 具有强烈的卫道思想，重视教育对学术传播的作用。南宋时期著名的理学大儒，本身具有很强的社会责任感，以振兴理学、复兴道德价值、匡正儒学为己任，注重对士人的教化。如理学家胡宏说："方今圣学衰微，士风卑陋，可与共仁者极少，自非得真积力久、名世大贤作而振之，则人道何由而立？"并进而对某些程门弟子不注重教化的现象提出批评，"不加严谨审，如是则后学将安所止也？"② 主张严谨的治学学风。朱熹也说："向来闲中私窃有所论著，自谓庶几可以传前圣之心，开后学之耳目，实非细事"③，讲学中其门人：

> 意有未谕，则委屈告之，而未尝倦；问有未切，则反复戒之，而未尝隐。务学笃则喜见于言，进道难则忧形于色。讲论经典，商略古今，率至夜半……一日不讲学，则惕然常以为忧。④

朱熹的足迹遍及闽、浙、湘、赣等地，因而培养了大量的门人弟子，为南宋理学的兴起和广泛传播做出了重大的贡献。

第二类：一般的理学门人。毕竟同时具备学术、政治、教育三方面能力的大儒极为有限，因而在南宋理学发展过程中，大量存在的还是普通门人弟子。他们在某些方面有不足之处，或缺乏理学大儒的风范，或缺少科举及第、仕宦四方的经历，因而限制了他们的声望和学术传播的范围，但是其积极的学术活动，还是为理学的发展做出了自己的贡献。他们所做的贡献，大致可分为三种：

---

① （宋）吕祖谦：《东莱别集》卷9《与刘衡州》，文渊阁四库全书，商务印书馆1986年版，第1150册，第266页。
② （宋）胡宏著；吴仁华点校：《胡宏集·书·与僧吉甫书三首》，中华书局2009年版，第114页。
③ （宋）朱熹撰；朱杰人、严佐之、刘永翔主编：《朱子全书·晦庵先生朱文公文集》卷26《与袁寺丞书》，上海古籍出版社、安徽教育出版社2002年版，第21册，第1143页。
④ （宋）黄榦：《勉斋集》卷36《朝奉大夫文华阁侍制赠宝谟阁直学士通议大夫谥文朱公行状》，文渊阁四库全书，第1168册，第426页。

1. 促进了特定地区理学的传播。如谯定，涪州人，少时学《易》于南平郭曩，后程颐被贬涪陵，谯定日随其学，遂成程门一大弟子，南宋初年讲学于蜀中，其门人和再传弟子有二百人以上，对于理学在四川地区的传播做出了很大的贡献，《宋元学案》称之"固程门一大宗也。"① 但是由于谯定的学术思想中佛学成分较多，被朱熹认为于程门有损，故排除于伊洛道统之外，其学术成就一般。又如朱熹的弟子陈淳，时人称其为紫阳别宗，他在闽南漳州、泉州讲学，"泉之士人争师之，先生为之讲解率至夜分，惟恐听者之劳而住已，曾无一毫倦色。"② 陈淳对闽南理学的发展做出了重要贡献，但是由于他一生未中科举，只作过主簿之职，与士大夫交往不广，社会声望一般，因而很难吸引闽南之外的士人前来求学，影响力有限。相似的例子还有很多，这些理学家的学术传播活动局限在一定范围，促进了特定地区理学的传播。

2. 培养了著名的理学大师，为理学发展做出贡献。最为明显的例子就是朱熹的几位老师——刘勉之，建州崇安人，南归见杨时讲业授学，后隐居山中读书，力耕自给。绍兴间，拒绝秦桧的拉拢，"杜门十余年，学者踵至"③。胡宪，崇安人，少从叔父胡安国授学，既而学《易》于谯定，后隐居讲学。刘子翚，私淑洛学，少喜佛，归而读《易》，然后有得。另一位老师李侗，南剑人，学于罗从彦，"于是退而屏居，谢绝世故，余四十年，箪瓢屡空，怡然有以自适也。"④ 他们几个人学术成就一般，政治上和教学活动也无多少值得大书特书之处，属于深居寡和的一派。但就是他们所进行的讲学活动却培养出了朱熹这样一位南宋的理学大师，为南宋理学的发展和学术传播做出重大的贡献。正如《宋元学案》所说，"朱韦斋能友延平与刘、胡三子，而使其子师之，晦翁之学遂能由

---

① （清）黄宗羲著，全祖望补修；陈金生、梁运华点校：《宋元学案》卷30《刘李诸儒学案·徽君谯天授先生定》，中华书局1986年版，第1079页。
② （宋）陈淳：《北溪外集》附录《有宋北溪先生主簿陈公墓志铭》，文渊阁四库全书，商务印书馆1986年版，第1168册，第899页。
③ （清）黄宗羲著，全祖望补修；陈金生、梁运华点校：《宋元学案》卷43《刘胡诸儒学案·简肃刘白水先生勉之》，中华书局1986年版，第1395页。
④ （清）黄宗羲著，全祖望补修；陈金生、梁运华点校：《宋元学案》卷39《豫章学案·文靖李延平先生侗》，中华书局1986年版，第1278页。

三子而继程氏。卓哉，二父，钜眼千古矣！"①

3. 写出了较有影响的学术著作，为后人所汲取，促进了学术的传播。这些学者精于著述，勤于探求理学的宗奥，但较少进行讲学活动。如朱熹的门人蔡元定，"领袖朱门，四方求学之士，必先从其质正焉"，"从文公游最久，精识博闻，同辈皆不能及。"蔡氏一生著述颇丰，对朱熹的思想及其学术著作有很大影响："晦庵疏释《四书》，因先生论辩有所启发者非一……晦庵有助于斯道以用力于六经，《语》《孟》《学》《庸》之书，先生与之讨论讲贯则并驰其功焉。"② 蔡氏所作的《易学启蒙》一书，在南宋后期直至明清广为流传，对后世理学产生重要影响。又如蔡元定之子蔡沈，"入则服膺父教，出则师事文公"，奉朱熹之命考订《尚书》，用力十余年，作《书集传》，"考序文之误，订诸儒之说，以发明二帝三王群圣贤用心之要，《洪范》《洛诰》《泰誓》诸篇，往往有先儒所未及者。"③ 因而其书被称为理学的经典著作，成为当时及后世理学士人的必读课本。他们的学术著作产生巨大的影响，为后世理学的传播开辟了道路。

第三类：非理学门人的传播者。这些人包括私塾教师和官学教官。他们不是理学门人，没有明显的学术倾向，以传授知识、教习举业为主。在教学过程中，往往各家学说同时教授，对理学的传播起了一定的推动作用。如南宋初士大夫员兴宗，绍兴二十七年进士，学问渊博，有《九华集》存世，其治学教授诸生，即主张会通诸家学说，员氏在学校的策问中就提出：

　　昔者国家右文之盛，蜀学如苏氏，洛学如程氏，临川如王氏，皆以所长经纬吾道，务鸣其善鸣者也……苏学长于经济，洛学长于

---

① （清）黄宗羲著，全祖望补修；陈金生、梁运华点校：《宋元学案》卷39《豫章学案·献靖朱韦斋先生松》，中华书局1986年版，第1297页。

② （明）蔡有鹍：《蔡氏九儒书》卷首《蔡氏诸儒行实》，宋集珍本丛刊，线装书局2004年版，第106册，第208页。

③ （清）黄宗羲著，全祖望补修；陈金生、梁运华点校：《宋元学案》卷67《九峰学案·文定蔡九峰先生沈》，中华书局1986年版，第2138页。

性理，临川学长于名教，诚能通三而贯一，明性理以辩名数，充为经济，则孔氏之道满门矣，岂不休哉？①

因而他在教学过程中三家之书并讲，强调不可偏尚一家之学。又如南宋中期四川地区的乡先生教授学生，"自《论语》《孟子》《易》《诗》《书》《春秋》《礼》皆依古注疏句读，授之正经，日三百字为率。若专注史书、文章之属，必尽日力乃止。……其为文多尚左氏、苏子瞻之说，及稍长，而后专得从于周、程之学焉。故其学者虽不皆至博洽，而亦无甚空疏，及其用力于穷理正心之学，则古圣贤之书、帝王之制度，固已先著于胸中，及得其要，则触类无所不通矣。"② 这些士大夫在教育活动中，对儒家经典、苏氏之学、程朱理学并讲不悖，主要为了学生能拓宽知识面，更好地应付科举考试，没有明显的传播理学的意图，但是毕竟在客观上促进了理学思想在士人中影响的扩大，为其日后系统研习理学奠定了基础。

二　南宋理学教育传播的受众

在讲学活动中，学生是教育传播的受众，他们接受教师传递的信息和学术思想，但学生并不是完全被动的接受者，他们自身求学的目的、文化素质、身份地位也同样会影响到学术传播的进程和最终效果。我们根据这几个方面对南宋理学教育传播的对象进行分类，归纳其特点和对学术发展的影响。

第一类：求学的士子。这一类是南宋理学教育和学术传播的主要对象。他们有了一定的知识储备，具备了进一步学习、研究理学的基础。根据其求学的目的不同，大致可分为三种类型。

1. 为参加科举考试而求学。南宋时的君主重视科举选拔官员，科举

---

① （宋）员兴宗：《九华集》卷9《苏氏、王氏、程氏三家之学是非策》，文渊阁四库全书，台北商务印书馆1986年版，第1158册，第68页。

② （元）虞集：《道园学古录》卷5《送赵茂元序》，文渊阁四库全书，台北商务印书馆1986年版，第1207册，第87页。

考试以进士科为主,分为经义、诗赋等不同名目①,统治者对于经义考试极为重视,高宗就说:"读书当以经义为先。"②并在科举录取比例和人数上给予照顾。理学派以理治经,吸引了大量的士子前来求学,以应试科考。南宋初年如范如圭,从胡安国学于荆南学宫,"举进士,建炎二年对策廷中……于是以乙科赐及第,授从事郎,武安军节度推官。"③徐时逊,丰城人,胡安国高弟,绍兴进士,为虔州教官。赵敦临,少入太学,见杨时于京师,得其指授。绍兴五年第进士,授萧山簿④。南宋中期随着科举取士的兴盛以及理学家讲学活动的增多,习理学入仕者更加普遍。士大夫王十朋回忆起乾道年间温州学校和科场的情况,"士子群居学校,战艺科场,笔横渠而口伊洛者纷如也!"⑤这一时期从学于朱、张、吕等理学大儒的士子也多有入仕者。如葛洪,婺州东阳人,从吕祖谦学,登淳熙十一年进士第,嘉定年间为枢密院编修官。⑥乔行简,婺州东阳人,学于吕祖谦之门,登绍熙四年进士第,后至同签书枢密院事。⑦郑自成,后改名性之,弱冠游朱熹之门,举进士第一,授平江军节度判官,成为理学家培养出的状元。由于朱熹等理学家学识渊博,社会声望极高,甚至当时宰相的子弟也到那里求学。如丞相陈俊卿之子陈宓,"少尝及登朱熹之门,熹器异之,长从黄榦游",他任官于南康军时,"时造白鹿洞,与诸生讨论"⑧。赵崇度,宁宗朝宰相赵汝愚之子,年十六,谒朱文公于考亭,得到朱熹的赏识。授以《大学》一编,勉励其认真求学,后终朝散

---

① 张希清:《宋朝典制》,吉林文史出版社1996年版,第188页。

② (宋)李心传撰;胡坤点校:《建炎以来系年要录》卷155,绍兴十六年十一月庚午,中华书局2013年版,第2946页。

③ (宋)朱熹撰;朱杰人、严佐之、刘永翔主编:《朱子全书·晦庵先生朱文公文集》卷94《范直阁墓记》,上海古籍出版社、安徽教育出版社2002年版,第25册,第4340页。

④ (清)黄宗羲著,全祖望补修;陈金生,梁运华点校:《宋元学案》卷25《龟山学案·赵教授庇民先生敦临》,中华书局1986年版,第967页。

⑤ (宋)王十朋:《梅溪后集》卷27《送叶秀才序》,文渊阁四库全书,台北商务印书馆1986年版,第1151册,第594页。

⑥ (元)脱脱等:《宋史》卷415《葛洪传》,中华书局1977年版,第12444页。

⑦ (元)脱脱等:《宋史》卷417《乔行简传》,中华书局1977年版,第12491页。

⑧ (元)脱脱等:《宋史》卷408《陈宓传》,中华书局1977年版,第12312页。

大夫之职。①

南宋中期理学家在看到众多士子登门求学有利于理学传播的同时，也感觉到了科举取士、功名利禄的诱惑对理学发展所带来的不利影响。朱熹就感叹：

> 近日真个读书人少，也缘科举时文之弊也，才把书来读，便先立个意思，要讨新奇，都不理会他本意着实。②

吕祖谦、张栻等人也对士子汲汲于功名感到不满，因而在讲学的时候，就努力纠正科举时文之弊，鄙夷那些"专务记诵以决科名利禄"的学风，他们把学问的意义限制在追求绝对真理的内在道德上，把理学精神灌输给习举业的士子，使他们少一些功利之心，多一些做学问的工夫。如朱熹重建白鹿洞书院后，召当年省试的举人入白鹿洞学习，希望他们"讲学修身以待上之选择"③用理学思想来端正他们的治学目的，起到了一定的积极作用。他们在入仕后多能够坚持讲学传道，不为时势所屈，为理学社会声望的提高做出了自己的贡献。

2. 为获取知识，提高自身道德修养而求学。这些学子不汲汲于追求科举功名，而是用心钻研学术，探求理学的宗奥。他们的人数虽不如第一类人多，但是学术素养更高。如南宋初胡安国的门人谭知礼，"生长市廛间，本碌碌读书，从事为举子事。一日，闻武夷胡先生来寓衡山，慨然束书，登堂拜伏，请受业焉"，开始从事春秋学的研究，后又随胡宏游，终身不仕。④吴翌，字晦叔，建宁府人，游学衡山，随胡宏学，闻其所说学问之方，一以明理修身为要，遂捐科举之学曰："此不足为吾事

---

① （清）黄宗羲著，全祖望补修；陈金生、梁运华点校：《宋元学案》卷46《玉山学案·朝请赵节斋先生崇度》，中华书局1986年版，第1465页。

② （宋）黎靖德撰；王星贤点校：《朱子语类》卷10《学四·读书法上》，中华书局1986年版，第175页。

③ （宋）朱熹撰；朱杰人、严佐之、刘永翔主编：《朱子全书·晦庵先生朱文公别集》卷9《招举人入白鹿咨目》，上海古籍出版社、安徽教育出版社2002年版，第25册，第5002页。

④ （宋）胡宏著；吴仁华点校：《胡宏集·杂文·谭知礼哀词》，中华书局2009年版，第187页。

也!"后又随张栻游,筑室衡山下,以讲道为事①。当时这类士子求学,为获得真知所付出的努力,至今看来仍令人感动。如朱熹讲学,士人周谟:

> 尽弃其学而学焉,昼抄夜诵,精思笃行。南康抵武夷且千里,有重岗复岭之阻,君尝往就学。先生守临漳,去武夷又千余里,其地为闽广之交,瘴疠之乡,君又往求卒业,即归,温译所闻,以书请益。②

其求学之笃可见一斑。这种追求学术的精神使他们能够克服外界的一切压力和困难,甚至在庆元党禁、理学遭到严厉打击的情况下,仍然不远千里,前来求学。如曾祖道在庆元三年(1197)三月,见朱熹于考亭书院。朱熹曰:

> 甚荷远来,然而不是时节……然今党事方起,能无所畏乎?忽然被他来理会,碍公进取时如何?
> (曾)曰:此是自家身己上,进取何足议?!③

因入书院学习,得到朱熹的悉心栽培。这些士人对于学术的追求与研习,为理学度过党禁的难关,为理学学术的传播做出了重要的贡献。他们是理学门人中的精英和理学学术发展的支柱。

3. 为追求名利而求学。这类士人多在朝廷褒扬理学或社会上推崇理学的时候前来学习,本身既无参加科举入仕的能力,也无追求真理、献身学术事业的崇高目标,只是鱼目混珠、滥竽充数,博得一时的赞誉。

---

① (清)黄宗羲著,全祖望补修;陈金生、梁运华点校:《宋元学案》卷42《五峰学案·吴澄斋先生翌》,中华书局1986年版,第1388页。
② (宋)黄榦:《勉斋集》卷38《周舜弼墓志铭》,文渊阁四库全书,台北商务印书馆1986年版,第1168册,第455页
③ (宋)黎靖德撰;王星贤点校:《朱子语类》卷116《朱子十三·训门人四》,中华书局1986年版,第2798—2799页。

其情形正如周密所说：

> 世又有一种浅陋之士，自视无堪以为进取之地，辄亦自附于道学之名。衰衣博带，危坐阔步。或抄节语录以资高谈，或闭眉合眼号为默识。而扣击其所学，则于古今无所闻知，考验其所行，则于义利无所分别。此圣门之大罪人，吾道之大不幸，而遂使小人得以籍口为伪学之目，而君子受玉石俱焚之祸者也。[①]

他们在党禁时多闭门不出，"至易衣巾，携妓女于湖山之间以自别。"更有甚者，如傅伯寿辈，尝执弟子礼于朱熹，恨不荐己，因行词以逢迎韩侂胄，"是后小人始敢诋熹，无复忌惮矣！"[②] 这些人对于南宋理学的发展起不到任何的积极作用，反而会给排挤理学的人以借口，使理学受到打击。他们的人数虽然不多，但却是理学传播受众中的害群之马。

第二类：为官的士大夫。他们在理学教育传播活动中也占有一定的比重。多年的寒窗苦读之后，一部分士人进入官僚集团，成为社会统治阶层的一部分，参与决策或影响国家政治运作的具体过程。他们当中的一些人，向理学家请教，追随其学习，成为理学门人。这一部分受众，不存在学习理学以应科举的功利性目的，更多的是为了追求学术上的精进和道德上的自我完善。

其中一部分人，由于任官处与理学家讲学处相近，得以登门请教。如南宋初的赵师孟，字醇叟，以荫入官，监永州酒税。用宗室恩，监潭州南岳庙，因而得以从居衡山的胡宏求学[③]。邵景之，古田人，"早负文名，登第后，授教建宁"[④]，因而得以从建宁胡宪学，官止莆田令。南宋

[①] （宋）周密撰；张茂鹏点校：《齐东野语》卷11《道学》，中华书局2004年版，第203页。

[②] （宋）佚名撰；汝企和点校：《续编两朝纲目备要》卷4，庆元元年冬十二月丙子，中华书局1995年版，第67页。

[③] （清）黄宗羲著，全祖望补修；陈金生、梁运华点校：《宋元学案》卷42《五峰学案·监岳赵先生师孟》，中华书局1986年版，第1389页。

[④] （清）黄宗羲著，全祖望补修；陈金生、梁运华点校：《宋元学案》卷43《刘胡诸儒学案·县令邵先生景之》，中华书局1986年版，第1404页。

中期的刘强学"官长沙时,张宣公(栻)尚无恙,岳麓之教大兴,公往就学,日与贤隽游处"①。彭仲刚,平阳人,"及以进士释褐,主金华簿,始闻丽泽之教"②从吕祖谦学。他们由于任官于理学家传教之地,才有这样的时间和机会,能够长时间地追随理学家学习,耳濡目染,得以领会理学的宗旨。理学家对他们也颇为看重,不倦诱掖,理学的传播活动收到了较好的效果。

而大部分求学的士大夫由于相隔太远或事务繁忙,不得不采用书信的方式向理学家请教。如当时的士大夫楼钥向朱熹请教《易》学,谈到"青天白日,奴隶知仰,叹慕师席,无由进拜,时得门下所著作咏诵探索,尚庶几在弟子列,"就朱著《易学启蒙》提出自己的一些看法,并表达了希望向朱熹当面请教的愿望,"何当抠衣以请,伏纸驰诚之切。"③ 其词语恳切,求学之意甚笃。尚书汪应辰向朱熹请教为学之道,熹告之以将孔子、孟子、子思,二程之书列于前,"晨夜览观,穷其指趣而反诸身,以求天理之所在。即以自正其心,而推之以正君心,又推而见于言语政事之间,以正天下之心。"④ 指明了理学正心、诚意、居敬、穷理的修身、治国之道。在入仕前就从理学家学习的门人如李燔、黄榦、吴猎等人书信讨教就更为频繁,内容涉及理学的主要学术宗旨,在此不一一赘述。他们在任官的间歇或中途路过,也要向理学家当面请教,如从朱熹学的士大夫"或有来省先生者",熹告之以"官所事尤多,益难得余力,人生能得几个三五年,须是自强。"⑤ 这些士大夫由于任官并仕宦四方,他们对于理学的学习和推崇,提高了理学在社会上的地位,有利于

---

① (宋)真德秀:《西山文集》卷46《湖南运判刘公墓志铭》,文渊阁四库全书,台北商务印书馆1986年版,第1174册,第734页。

② (清)黄宗羲著,全祖望补修;陈金生、梁运华点校:《宋元学案》卷73《丽泽诸儒学案·提举彭先生仲刚》,中华书局1986年版,第2448页。

③ (宋)楼钥:《攻媿集》卷66《答朱元晦书》,文渊阁四库全书,台北商务印书馆1986年版,第1153册,第116页。

④ (宋)朱熹撰;朱杰人、严佐之、刘永翔主编:《朱子全书·晦庵先生朱文公别集》卷24《与汪尚书(己丑)》,上海古籍出版社、安徽教育出版社2002年版,第21册,第1097页。

⑤ (宋)黎靖德撰;王星贤点校:《朱子语类》卷121《朱子十八·训门人九》,中华书局1986年版,第2923页。

理学的广泛传播。

第三类：帝王君主。在中国封建社会金字塔型的统治体系中，处于顶端的最高统治集团对整个社会具有最为明显的影响力，他们拥有对国家事务进行决策、对意识形态进行选择及制订、颁布各种政策法令的权力。他们的思想观念转变为具体的治国方针，对政治、经济、文化各领域产生直接而深刻的影响，因而利用统治者的力量，往往能够迅速有效地实现思想观念的大众化。宋代君主重视经术对于治国的作用，宋太祖就曾说："帝王之子，当务读经书，知治乱之大体，不必学作文章，无所用也。"① 因而他们经常任命一些博学的士大夫担任经筵讲官，进讲经书，从中吸取治国的道理，同时也借以表明对儒术的崇尚。

统治者由于其所处的特殊位置，对于经术的选择相当慎重，不会轻易地接受某种新的学术思想，需要一个较长的历史选择时期。以斯文为己任，把振兴理学作为自己首要任务的理学家，从以往的经验中意识到，理学不得到最高统治者的认可，将难行其道。因而他们利用经筵讲学的机会，反复陈请，讲明理学的主要学术宗旨。南宋的历代君主，都曾任命理学家担任经筵讲官，接受过理学思想的熏染。如《贵耳集》就记载这样一个例子，孝宗朝理学家张栻自静江府入朝担任侍讲，"以平日所著之书并奏议讲解百余册装潢以进，方铺陈殿陛间，有小黄门忽问：'左承甚文字许多'。南轩斥之曰：'教官家治国平天下。'"② 可见张栻对于通过经筵讲学传播理学极为重视。又如理学大儒朱熹侍讲宁宗朝经筵，"急于致君，知无不言、言无不切"，七次进讲，内容均为《大学》，并赞论北宋二程讲学之功，希望皇帝能够按照大学之道"随事体察而实致其力，使吾所以明德而新民者无不止于至善，而天下之人皆有以见其意诚、心正、身修、家齐、国治、天下平之效！"③ 朱熹担心宁宗事务繁忙，又将其讲义写成册子进入，以便宁宗反复观览，掌握理学的宗旨。此后真德

---

① （宋）司马光撰；邓广铭、张希清点校：《涑水记闻》卷1，中华书局1997年版，第20页。
② （宋）张端义：《贵耳集》卷上，中华书局1985年版，第8页。
③ （宋）朱熹撰；朱杰人、严佐之、刘永翔主编：《朱子全书·晦庵先生朱文公文集》卷15《经筵讲义》，上海古籍出版社、安徽教育出版社2002年版，第20册，第699页。

秀又编写《大学衍义》进纳理宗，以明其治学之宗旨。帝王君主对于经术治国的崇尚和南宋理学家自身弘扬理学、讲经传道的自觉性，使得理学有机会在最高统治者那里传播，有利于统治者从思想层面真正了解理学，这对于理学的发展起到很大的促进作用。

结　语

通过以上分析，我们可以看出，南宋时期理学教育传播主导者的构成，可以分为理学大儒、一般理学门人和非理学士人传播者三类。他们自身学术水平、教学能力、社会声望不同，对通过教育活动传播理学的重视程度也不同，因而传播的效果也有所差异，但是这些传播者的活动形成了一股合力，在不同层面上推动了南宋理学的发展与传播。他们为理学思想体系、价值观念向士人阶层的渗透，并以士人为中介进而向社会各阶层扩散，对于理学思想的世俗化，转变为社会普遍价值准则与行为规范也做出了重要的贡献。而南宋理学教育传播的受众主要可分为求学的士子、为官的士大夫、帝王君主三大类。他们各自出于不同的目的来习学理学，有为名利者，有为举业者，有为学术者，有为权术者，他们对于理学的崇尚、学习，客观上促进了理学在不同社会阶层中的传播，促进了南宋时期理学社会影响的扩大。

(文章原刊于姜锡东主编《宋史研究论丛》第11辑，河北大学出版社2010年版)

论宋代理学教育传播的特点

两宋时期，中国古代学术思想发展到一个新的巅峰，义理之学取代章句之学，成为宋学发展的重要特点①。创立于北宋中期，综合吸收佛、道思想对传统儒学进行改造和创新的理学，逐渐发展壮大，并在南宋后期上升为官方的统治思想，影响中国封建社会后期数百年之久。理学派学者自二程、张载至南宋朱熹、吕祖谦等人，对教育都极为重视，并形成各自独特的教育思想和教学方法，对此前辈学者已多有论述②。但是我们如果换一个角度，从理学学术思想在宋代发展的整体历程看，理学学者所进行的持久的、规模庞大的教育活动同时也是一种学术传播活动，其教育的目的，绝不仅仅是为了教书育人，满足士人求学、应举的需要，更重要的是为了发挥教育的学术传播功能，使理学在北宋后期至南宋中期长期被禁锢、抑制的情况下得到传播，扩大理学在社会各阶层中的影响。本文按照教育传播学的原理，重新解析宋代理学家的教育活动，通过对其教育传播特点的分析，可以更好地理解宋代理学兴起、发展的历史过程，同时也有助于宋代学术史和中国古代文化传播事业的研究。

宋代理学教育传播的特点可以归纳为以下几个方面：

---

① 漆侠：《宋学的发展和演变》，河北人民出版社2002年版，第4页。
② 相关成果有：郭家齐、王炳照：《中国教育史研究·宋元分卷》，华东师范大学出版社1996年版；袁征：《宋代教育——中国古代教育的历史性转折》，广东高等教育出版社1991年版。

一 传播者的主动性、自觉性强

自北宋二程、张载等人确立了以"天理"为中心的理学思想体系，打破传注训诂的传统治学方法，"世方惊疑"，"能使学者视效而信从"① 就成了其学说发展的关键，因而理学家极为重视师道，重视通过教育讲学在民间传道。如理学宗师程颐就说：

> 圣学之不传久矣，吾生百世之后，志将明斯道，兴斯文于既绝，力小任重而不惧其难者，盖亦将有冀矣，以谓苟能使知之者广，则用力者众，何难之不易也！②

另一位理学大师张载也说："今欲功及天下，故必多栽培学者，则道可传矣！"③ 因而他们积极主动地通过教学活动来传播自己的学术思想。甚至程颐被流放到涪州时，还在涪州的山洞里给学生讲《易》，临死前还带病指导尹敦和张绎，其传道精神令人感动。南宋时期的理学大儒们继承了先辈讲学传道的思想，每到一处都先要了解当地士人的情况，寻找可以讲学，传播学术的对象。如杨时任官彭城，当地士人凋敝，杨"不闻道义之，益恐遂默默浸为庸人，深可忧畏！"④ 于是设教彭城，讲学传道。张栻任官静江，兴修府学，与吕祖谦的信中称赞道："此间士子资质好、有意于学者亦四五人，每教以着实，于主一上进步耳。"⑤ 朱熹因事过衢州江山县，尽力搜访以往在此教学的程门弟子的事迹，学习他的教

---

① （宋）程颐、程颢：《二程集·文集》卷11《祭李端伯文》，中华书局1981年版，第643页。
② （宋）程颐、程颢：《二程集·文集》卷11《祭刘质夫文》，中华书局1981年版，第643页。
③ （宋）张载：《张载集·经学理窟·义理》，中华书局1978年版，第271页。
④ （宋）杨时：《龟山集》卷16《寄程二十三其一》，文渊阁四库全书，台北商务印书馆1986年版，第1125册，第270页。
⑤ （宋）张栻著；杨世文点校：《张栻集·新刊南轩先生文集》卷25《寄吕伯恭第一书》，中华书局2015年版，第1134页。

学方法，并勉励江山县学诸生学习程氏学，知为学之要①。同时在传播过程中，对那些专心学术的士子重点培养，作为将来理学发扬光大的希望。张栻与朱熹的信中就说："本路新漕詹君仪之体仁岂弟爱民，凡事可以商量，又趋向正，孜孜以讲学为事，时过细论，……其人恐有可望也。"②朱熹讲学，在福州得黄直卿（榦），南康得李子敬（燔），非常高兴。

> 说诱的后生多有知趋向者。虽未见得久远如何，然便觉得此个气脉未至断绝，将来万一有可望者，却是近上一种老成朋友，若得回头，便可依赖。③

他们身上有一种非常强烈的责任感和使命感，以传播理学为己任，稍有松弛懈怠便心中感到愧疚自责。以至于朱熹临死前还手书其子和门人范念德等人"拳拳于勉学及修正遗书为言。"这种传播学术的主动性、自觉性一直在理学门人中得到延续，朱熹的弟子黄榦就提出"上自王国都而下至里术，盖将与一世之人，凡有血气心知者，莫不周旋含泳于吾道之中"④的传播目标，激励他们努力地讲学、传播理学思想，这种传道的自觉性为其他门派所不及。

二 教育传播所采用的形式多样

南宋时期理学派通过教育传播学术，其形式比北宋时期有了明显的增多。以学校讲学为例，北宋二程、张载等人讲学，主要依靠私学、口耳传授，规模小，人数有限，条件也极为恶劣。而南宋时期理学的传播，

---

① （宋）朱熹撰；朱杰人、严佐之、刘永翔主编：《朱子全书·晦庵先生朱文公文集》卷78《衢州江山县学记》，上海古籍出版社、安徽教育出版社2002年版，第24册，第3736页。

② （宋）张栻著；杨世文点校：《张栻集·新刊南轩先生文集》卷23《答朱元晦第十二书》，中华书局2015年版，第1117页。

③ （宋）朱熹撰；朱杰人、严佐之、刘永翔主编：《朱子全书·晦庵先生朱文公文集》卷53《答刘季章第七书》，上海古籍出版社、安徽教育出版社2002年版，第22册，第2492页。

④ （宋）黄榦：《勉斋集》卷19《安庆府新建庙学记》，文渊阁四库全书，台北商务印书馆1986年版，第1168册，第210页。

不仅依赖于私学、州县官学、太学这些传统的教育场所，尤为突出的是将书院教育与理学相结合，为理学的发展做出巨大的贡献。宋末的理学家黄震就认为："所谓天理民彝，如一发引千钧之寄，独赖诸儒之书院在耳"①。后世的理学门人则更认为：

> 书院之兴也，寔斯文之堂奥，正学之标识也，一部道学传，尽在是矣！②

将理学的发展全部归功于书院。书院的规模大于私学，人数多者达二三百，制度较为完备，师资上也好于私学。相对于官方学校，可以更为自由地传播自己学派的学术思想。加之理学门人以书院为基地，开创了新的讲学方式——会讲。不同学派之间的论辩极大地促进了学术思想的发展，对于双方的生徒也是很好的增长知识、开阔眼界的机会。这在北宋理学传播过程中是没有过的现象，是南宋理学派独具特色的传播模式。他们对于书院教育的重视与提倡，也超越了浙东事功、新学、蜀学等其他派别。此外，南宋理学家对于讲学之外的其他教育形式也同样重视，比如大量编刊书籍。北宋时期理学书籍印行非常有限。大多数是理学门人之间私相抄习，没有大规模地刊刻传播。这种情况与理学家当时的处境有关，同时也缘于他们对书籍传播作用的认识有限，程颐就说：

> 以书传道，与口相传，煞不相干。相见而言，因事发明，则并意思，一时传了，书虽言多，其实不尽③。

他们没有认识到口耳相传易变、易于失传、不能行远的弊端和书籍

---

① （宋）黄震：《黄氏日抄》卷90《送陈山长赴紫阳书院序》，文渊阁四库全书，台北商务印书馆1986年版，第708册，第956页。
② （明）郑廷鹄：《白鹿洞志·序》，载朱瑞熙等主编：《白鹿洞书院古志五种》，中华书局1995年版，第147页。
③ （宋）程颐、程颢：《二程集·遗书》卷2上《二先生语二上·元丰己未吕与叔东见二先生语》，中华书局1981年版，第26页。

传播系统性、持久性、广泛性的优点，其思想还停留在传播的最初阶段①。到了南宋时期，随着政治形势的相对好转，书籍刊印的增多，特别是朱熹等理学大儒对于编刊理学书籍的重视，大量理学先师的文集、语录得到刊行，理学家本人在讲学的时候，弟子也主动将其讲课的言行记录编为语录，互相传抄、刊印非常盛行，仅黎靖德《朱子语类》收录的就有九十七家，远远超过北宋时期二程等人的语录。这对于理学传播起到了积极的推动作用。其他形式如设祠祭祀与书信交往等等，这些都反映出南宋理学教育传播方式逐渐增多的趋势，从单一的口耳传授，向包括授课、会讲、辩论、编刊书籍、书信交流、设祠祭祀等多种渠道传播的发展，形式多样性亦是南宋理学教育传播的一大特点。

三　传播内容的系统性、条理性强

理学思想博大精深，研究的学术问题十分广泛，主要是以"性与天道"为中心的哲学问题，也涉及到政治、伦理道德、史学、文学等方面的问题，正所谓"牛毛茧丝，无不辨析"，从世界本体论到万物生化论，从人性善恶论到穷理治国论，形成了一套理学的思想体系，理学在由北宋到南宋的发展过程中吸取其他学派学说不断完善，并根据新的形势，在传统伦理思想和政治思想中选择了新的重点，用新的方法进行论证，成为当时思辨水平最高的学说，同时更加强调理学对于维护封建统治秩序的作用。其他学派只是针对某些问题与理学辩论，在整体上并没有建立与之相抗衡的思想体系。同时，在南宋理学的传播过程中，理学家考虑到学生的接受能力和求学的时限，为了更有效地传播理学思想，逐渐形成了一套系统、明确的学习研究的范围，在学习过程中也提供一些读书、学习的方法，使学生更容易由浅入深，探求理学的宗奥。

"理"在宋代以前的发展过程中就已经具有了伦理道德、规律、条理等诸方面的含义，但儒家没有将其上升为宇宙本体的意义。北宋二程等人在新的历史时期接受佛教的一些观念，从哲学高度来探讨宇宙本体和

---

① 南国农主编：《教育传播学》，高等教育出版社2005年版，第10页。

社会治理等重大问题，创造出了以天理为中心的思想体系，理既是其哲学的最高范畴，也是儒家伦理的最高表现形式，包含了理学思想的各个方面。这一思想体系为南宋理学家所继承，并借鉴张载的"气"论、周敦颐的"太极"论，使之更加系统、严密。为了使人们更容易接受天理思想、接受理学，理学家从道统论、四书治学论等方面加以阐释，把天理思想贯穿于其中，论证理学思想的合理性。首先，他们确立了自孔孟以来的理学道统，把自己摆在儒家正统继承人的位置，其思想具有不可质疑性，更容易得到学生的认同感。同时理学家对于"圣人可以学而至"①的强调，也激励学生学习的兴趣。其次，对于《论》《孟》《中庸》《大学》等四书治经的强调。朱熹等人按照自己学术思想的构想对四书加以改造，以四书代替六经，凸显理学门派的治学特色。朱熹就强调："《语》《孟》工夫少，得效多，《六经》工夫多，得效少。"②对《四书》学的强调使理学门人有了互相认同的依据，与其他门派分清界限。为了体现理学思想的正统性，朱熹、吕祖谦将二程及其门人弟子的言论中挑选出精华编写成《近思录》，以上接孔孟思想。其纲目明晰、条理清楚，包括道体、为学大要、格物穷理等十四个方面。朱熹就说："《近思录》好看，《四子》，《六经》之阶梯，《近思录》，《四子》之阶梯。"③同时，在读书次序上也给学生一些指导，使他们更容易入门，如《近思录》第一卷《道体》涉及比较抽象、虚无的宇宙本原问题，初学者一时难以理解，因而朱熹指出："看《近思录》若于第一卷未晓，且从第二、第三卷看起。久久后看第一卷，则渐晓得。"④再次，理学家还编写了一些入门性的读物，如朱熹所作《训蒙绝句》《易学启蒙》、程端蒙所作《性理字训》等等。这样就逐渐形成了一个研究理学的治学模式，先看朱熹《四

---

① （清）黄宗羲著，全祖望补修；陈金生、梁运华点校：《宋元学案》卷18《横渠学案下·横渠窟》，中华书局1986年版，第762页。

② （宋）黎靖德撰；王星贤点校：《朱子语类》卷19《论语一·语孟纲领》，中华书局1986年版，第428页。

③ （宋）黎靖德撰；王星贤点校：《朱子语类》卷105《朱子二·近思录》，中华书局1986年版，第2629页。

④ （宋）黎靖德撰；王星贤点校：《朱子语类》卷105《朱子二·近思录》，中华书局1986年版，第2629页。

书集注》《近思录》，再读二程等理学家的著作，再读六经，一步一步掌握理学思想的精要。由于南宋理学家特别是朱熹等人对理学思想的改造，使之更加系统化、条理化，有利于学生的学习。他们为此花费了大量的心血，相比之下，其他学派则显得逊色许多。

四 传播活动有一定的宗教色彩，排他性强

如前文所述，宋代理学较多地吸收了佛教思想并借鉴其传经布道的方式，故而理学派的教育传播活动也具有一定的宗教色彩。二程讲学，以诚敬为本，容貌端庄。类似佛教禅宗的冥思、静坐也成为其修习理学的重要方式。如谢良佐往扶沟从二程求学，问为学之要，程颢曰："且静坐"，"伊川每见人静坐，便叹其善学。"[①] 故二程既没，其门人弟子多潜移于禅学而不自知。南宋时期理学的传播因与书院教育相结合，其隐居山林讲学，使得这种宗教色彩更为明显。朱熹讲学武夷精舍，率领门人修习理学，每天吃的是脱粟的米饭，以蘸醋的茄子为菜，过着非常艰苦和清贫的生活，与佛教的苦修极其相似，以至于被人认为非人之常情而遭到忌恨。[②]《朱子语类》中记载了朱熹书院讲学的仪式，从中我们可以看出佛教寺院讲学布道的一些痕迹，

> 先生每日早起，子弟在书院，皆先著衫到影堂前击板，俟先生出。既启门，先生升堂，率弟子以次列拜炷香，又拜而退。子弟一人诣土地之祠炷香而拜。随侍登阁，拜先圣像，方坐书院，受早揖，饮汤少坐，或有请问而去。月朔，影堂荐酒果；望日，则荐茶；有时物，则荐新而后食[③]。

[①]（宋）朱熹撰；朱杰人、严佐之、刘永翔主编：《朱子全书·伊洛渊源录》卷9《学士谢良佐》，上海古籍出版社、安徽教育出版社2002年版，第12册，第1039页。

[②]（宋）李心传辑；朱军校：《道命录》卷7上《沈继祖劾晦庵先生疏》，上海古籍出版社2016年版，第69页。

[③]（宋）黎靖德撰；王星贤点校：《朱子语类》卷107《朱子四·内任》，中华书局1986年版，第2674页。

以至于当时攻击理学的人都将其视为邪教,如庆元三年沈继祖劾朱熹:"剽张载、程颐之余论,寓以吃菜事魔之妖术,以簧鼓后进,张浮驾诞,私立品题,收招四方无行义之徒以益其党伍,相与餐粗食淡,衣褒带博。"① 施康年在党禁时也攻击理学:"夜三鼓聚于一室,伪师身倨高座,口出异言,或更相问答,或转相问难,或吟哦经书,如道家步虚之声;或幽默端坐,如释氏入定之状;至如遇夜则入,至晓则散,又如奸人事魔之教。"② 虽然出于对理学的攻击而有所夸大,但朱熹早年确实曾沉醉于佛学,晚年又花费大量时间对道教经典《周易参同契》进行注解③,如果没有丝毫相似之处,攻击者也不会空穴来风,反复强调这一点了吧! 同时受到佛教争法统思想的影响,南宋理学在传播学术的过程中,极力抬高自己学派的地位,贬低其他学派思想,对其他学派的排斥性很强。南宋初年理学大儒胡宏在比较北宋几家经学思想时,就指责王氏支离,欧阳氏浅于经,苏氏之学纵横,惟有二程才是经学正宗④。到了南宋中期,异于理学的其他学派就更成为异端邪说了。如张栻就指责王安石新学"皆出于私意之凿,而其高谈性命,特窃取释氏之近似者而已,……故其横流,蠹坏人心,以乱国事,学者当讲论明辩而不屑焉可也。"⑤ 朱熹批判陆学与浙东事功学派:"陆子静分明是禅,……如叶正则说,则只是要教人都晓不得。尝得一书来,言世间有一般魁伟底道理,自不乱于三纲五常。即说不乱三纲五常,又说别是个魁伟底道理,却是个什么物事? 也是乱道!"⑥ 向其他学派的声讨论战频繁,其情形正如俞文豹所说,理学家"以道统自任,以师严自居,别白是否,分毫不贷,

---

① (宋)叶绍翁撰;沈锡麟,冯惠民点校:《四朝闻见录》丁集《庆元党》,中华书局1997年版,第143页。
② (宋)佚名:《庆元党禁》,文渊阁四库全书,台北商务印书馆1986年版,第451册,第36页。
③ 孔令宏:《朱熹哲学与道家、道教》,河北大学出版社2001年版,第16页。
④ (宋)胡宏著;吴仁华点校:《胡宏集·杂文·程子雅言后序》,中华书局2009年版,第157页。
⑤ (宋)张栻著;杨世文点校:《张栻集·新刊南轩先生文集》卷19《与颜主簿》,中华书局2015年版,第1053页。
⑥ (清)王懋竑撰;何忠礼点校:《朱熹年谱》卷4,中华书局2006年版,第222页。

与安定角,与东坡争,与龙川、象山辩,必胜而后已,……谓如市人争,小不胜辄至喧竟。"① 充分体现了宋代理学传播中排他性强的特点。这一特点的继承和发扬,对于其他学派的批判、攻击,暗示了本派学术优先于其他学派的学说,是应当尊崇的普通真理,从而坚定了求学者的学术信念,但至南宋后期排他性的过分发展,导致理学思想日益保守、僵化。

  通过以上几方面的分析,我们可以看出,宋代理学教育传播在中国古代学术传播事业中是一个关键性的发展时期,其传播活动,无论与汉唐诸家学说,还是同时代的荆公新学、苏氏蜀学、浙东事功等学派相比,都存在突破和创新之处,表现在教育传播者的主动性、传播形式的多样性、传播内容的系统性、传播有一定的宗教色彩、排他性强等特点,正是具备这些特点的理学传播活动,使得两宋时期理学传播范围日益广泛,影响力越来越强。固然,理学在宋代的兴起及其官方学术地位的确立,原因是多方面的,既受学术思想自身发展规律的影响,同时也是其适应了唐宋五代丧乱之后统治阶级维持统治秩序,重新确立礼法制度的需要,但我们亦不能忽视理学学派对自身学术宣传、教育传播活动的巨大贡献。他们的传播活动为宋代理学渡过数次党禁难关,使学术思想得以延续,极为有力,进而在南宋时期广泛传播,培植和壮大理学门人势力及扩大政治影响力,最终获得统治者认可做出了重要贡献。同时,理学门人开创的以书院为基地进行学术研究和学术传播对后世儒学、教育事业及政治的发展都产生了重要影响。明代心学的再度兴起,东林党清议风气的盛行,清代书院取代州县学成为地方教育的主导力量,无不与之相关。宋代理学门人对于学术事业的执着追求,对于自身学术的坚定信仰和终生全力加以推广,历尽艰难百折不挠的精神,是中国古代学人学术精神的精华,其优良品质值得今人认真加以总结和借鉴。

(文章原刊于《云南社会科学》2004 年第 2 期)

---

① (宋)俞文豹:《吹剑录外集》,文渊阁四库全书,台北商务印书馆 1986 年版,第 865 册,第 476 页。

中 编
地方社会治理

宋代地方工程建设对生态环境的
损害及政府治理举措

宋代是中国古代经济发展的高峰期，同时也是与周边辽、夏、金等民族政权战争冲突频繁的时期。为了满足经济发展和国防建设的需求，宋代各个地区均开展了大量的城池、官廨、水利、农田工程建设活动。这些工程既满足了国家防御、地方治安稳定和人民生产生活的需求，有其非凡的积极意义，又因对自然资源的过度开采对环境也存在一定程度的损害。这种损害现象有时亦相当严重，引起了宋代部分士大夫的警觉。他们建议和督促宋朝政府出台相应举措加以治理和纠正，取得了一定的成效，但在政府治理过程中仍存在眼前利益和长远利益难以统一的问题，使得地方官员陷于两难的困境①。

---

① 张全明先生对宋代天然植被、野生动物等自然资源的损害问题有一定论述，但并未从宋代工程建设活动损害的角度进行考察，参见氏著《两宋生态环境变迁史》，中华书局2015年版。曹强《宋代江南圩田研究》对圩田过度开发对宋代江南生态环境所造成的一定程度上的损害问题进行了论述。安徽师范大学硕士学位论文2015年。马泓波从法律规定出发，结合宋代的社会情况对立法活动对植树护林的目的、意义等加以探讨，参见氏著《宋代植树护林的法律规定及其社会意义》，《宋代文化研究》2009年总第17辑。刘华从林木资源保护、动物资源的保护与利用、水土资源的保护与开发等三个方面对宋代自然资源的保护和利用进行论述。氏著《宋代自然资源的保护与利用》，《安徽师范大学学报》1996年第1期。

一　宋代地方工程建设对生态环境的损害

两宋时期各地均开展了大量种类不一、功能各异的工程建设活动，一些工程建设给周边生态环境带来的影响和损害，主要表现在以下五个方面。

第一，城池、官廨、仓库等建筑工程中对自然资源的过度开采及环境损害。一定的行政设施是管理所必要的，也为国防、地方治安稳定提供了保障，但是如果兴建规模过大、过于奢华，所耗费的山林、石材就会造成生态环境的损害。

地方州城的修造工程非常浩大，因而耗费的石材、砖瓦、竹木数量惊人，也会对生态环境造成较大的损害。史书曾记载有太常博士杨献民，河东人，"是时鄜州修城，差望青斫木，作诗寄郡中僚友。破题曰：'县官伐木入烟萝，匠石须材尽日忙'"①。神宗朝，各地城池修建数量较多，因而对生态环境影响较大。如熙宁七年（1074）二月，河北路察访司相度，"州县诸城展拓处，标立界至，暴掘壕堑、课植材木"②。当年十二月，河北路赵州修城，"所用夜义散子木植，转运司于定州城壕四面采斫，不惟枉费脚乘、船运，重成劳扰，兼恐将来本州修城自要使用"③，当时的转运判官李稷"修赵州城枉费财用，暴伐林木，当北使路削白文书充修城木"④。第二年（1075）正月，河北路大名府修城，"伐河隄林木为用"，侵害了具有护堤防洪作用的"黄河向著隄岸榆柳"⑤。哲宗朝，韩宗武"为河间令。值河溢，增隄护城，吏率兵五百伐材近郊，虽墓木

---

① （宋）江少虞：《宋朝事实类苑》卷68《语讹》，上海古籍出版社1981年版，第897页。
② （宋）李焘：《续资治通鉴长编》卷250，熙宁七年二月庚辰，中华书局2004年版，第6093页。
③ （宋）李焘：《续资治通鉴长编》卷258，熙宁七年十一月壬辰，中华书局2004年版，第6306页。
④ （宋）李焘：《续资治通鉴长编》卷277，熙宁九年八月乙酉，中华书局2004年版，第6773页。
⑤ （宋）李焘：《续资治通鉴长编》卷259，熙宁八年春正月丙辰，中华书局2004年版，第6323页。

亦不免。"① 南宋绍兴六年（1136）五月，宣抚使张俊屯兵盱眙，防御金军和伪齐，"右仆射张浚命依山筑城，……是役也，兴于盛夏，自下运土而上者，皆有日课。望青采斫，数十里间，竹木皆尽"②。两宋时期，这种因修筑城池而乱砍滥伐，危害百姓利益的做法，又使政府行政成本遭受有形、无形双重损耗的严重危害。

除了州城外，地方官廨、仓库、园林等设施的修建也耗费了相当多的木材，如仁宗景祐初，京兆府奉敕修建石塔，知府姜遵"多采石以代砖甓及烧灰"③，"尽力于塔，悉取碑碣以为塔材，汉唐公卿墓石十亡七八"④。由于其决策失误，造成了大量山石的损害，更为严重的是损害了大量文物古迹，"宋有天下百余年，长安碑刻再厄矣"，政府付出了严重的环境成本损失。仁宗庆历中，知益州蒋堂大肆兴建官廨馆舍，"又建铜壶阁，其制宏敞而材不预"。为了解决原材料问题，蒋责令"乃伐乔木于蜀先主惠陵、江渎祠，又毁后土及刘禅祠，蜀人浸不悦"⑤，这一次，蒋也犯了与姜遵同样的错误，砍伐林木，毁坏文物古迹，因而遭到民众反对。熙宁八年（1075）鄂州新城县令曹登为了"作新城县廨宇，民间被害，每一条木即令连纳数条。为手实之法，每一出乡，笞挞遍野。酷暴如此"⑥。哲宗元符二年（1099）闰九月，西部新设的会州修建仓库、营房、廨宇等，朝廷责令"兰州造粗材应副"，"自黄河沿流运致专委官管勾"⑦。而从宋代地方官廨修建费用的探讨中，也可以看出当时地方用于官廨、仓库、军营等行政设施修建耗费了大量的竹木、砖石，这些材料

---

① （元）脱脱等：《宋史》卷315《韩宗武传》，中华书局1977年版，第10311页。

② （宋）李心传撰，胡坤点校：《建炎以来系年要录》卷101，绍兴六年五月壬辰，中华书局2013年版，第1920—1921页。

③ （宋）范镇：《东斋记事》卷1，中华书局1980年版，第4页。

④ （宋）江少虞：《宋朝事实类苑》卷60《取碑碣为塔材》，上海古籍出版社1981年版，第797页。

⑤ （宋）李焘：《续资治通鉴长编》卷153，庆历四年十一月甲辰，中华书局2004年版，第3725页。

⑥ （宋）李焘：《续资治通鉴长编》卷271，熙宁八年十二月辛丑，中华书局2004年版，第6644页。

⑦ （宋）李焘：《续资治通鉴长编》卷516，元符二年九月壬申，中华书局2004年版，第12265页。

除了少部分是废旧再利用外，大多取材于山林，必然会对周边生态环境造成相当大的损害。

第二，地方河道治理工程对周边生态环境的损害。由于决策者失误，随意改移河道，导致河水泛滥成灾，使周边生态环境遭到损害。一些地方官员在开挖或阻塞河道时，没有提前做好规划，也没有对可能出现的突发问题做好预案，导致河流冲出河道，对沿河周边生态环境造成严重损害。如神宗朝，推行农田水利法，各地政府广泛兴修水利设施，治理河道，其中就出现一些损害生态环境的问题。熙宁五年，两浙路因"开常州五泻堰不当"，"坏田八百顷，民被害者众"①。熙宁六年（1073）九月，朝廷令"屯田员外郎侯叔献、太常丞杨汲府界淤田各十顷"。这两人开挖河道引水不善，使沿河下游生态环境遭到损害，"引河水淤田，决清水于畿县、澶州间，坏民田庐塚墓，岁被其患。他州县淤田类如此，而朝廷不知也"②。徽宗政和中，秀州松江兴修水利，政府没有提前做好规划，就"尽决诸堰，而巨海咸潮竟入为害，于是东南四乡民流徙"③，导致沿海地区海潮倒灌，良田变为盐碱地，生态环境遭到巨大损害。

另一方面，宋代地方河道的治理和维护势必要筹措大量的木料、石材等物资，这些因工程建设所需物资的筹集也对周边生态环境造成一定的损害。如太宗至道元年（995），京兆府通判杨覃奏论官买修河竹六十余万，太宗就此提及往日修河，"闻关右百姓竹园，官中斫伐殆尽，不及往日蕃盛，此盖三司失计度所致。"④ 从中可见，修河所费竹木数量之巨，对环境损害力之大。仁宗天圣八年（1030），三门白波发运使文洎言："沿河诸埽岸物料内山梢，每年调河南、陕府、虢、解、绛、泽州人夫，

---

① （宋）李焘：《续资治通鉴长编》卷239，熙宁五年十月癸巳，中华书局2004年版，第5817页。

② （宋）李焘：《续资治通鉴长编》卷247，熙宁六年九月甲寅，中华书局2004年版，第6013页。

③ （元）单庆、徐硕：《至元嘉禾志》，中华书局2006年版，第4449页。

④ （清）徐松辑，刘琳、刁忠民、舒大刚点校：《宋会要辑稿》方域14之1，上海古籍出版社2014年版，第9552页。

正月下旬入山采斫，寒节前毕。虽官给口食，缘递年采斫，山林渐稀。"①由于连年治理河道，造成黄河沿岸大量的山林被砍伐用来做成山梢阻挡河水泛滥，从而造成山林环境损害。而且修河官员没有提前做好预算，每年都超量储备，造成不必要的损耗："山梢旧每年止一二百万束，去年所及三百七十六万束，今七百八［十］余万束，以至竹索、椿橛比旧数倍多。……今计沿河诸埽使外物料尚有二千五百万有余，称是深损烂煤末不（甚）［堪］，约直三二千贯。"②虽然这些物料价值不高，但是它的砍伐所造成的环境损害是很严重的。为了砍伐这些山梢，民众日益向深山区开拓，造成原始森林的毁坏，"今年所差三万五千人，内有三二家共着一丁应役之人，计及十万，往复千里已上，苦辛可悯。所有椿橛、竹索出自向南北，山梢又更北远。虽芰榆所出地近，劳役亦重"③。从中也可以看出，连年修黄河堤岸所进行的砍伐，已经使近山区无材可伐，只能迫使民众向深山区拓展，所造成的山林生态损害就更加严重。同样的问题在仁宗朝之后仍然不断出现。如宋神宗朝推行农田水利法，各地大修水利设施，改造河道，同样砍伐了大量的树木、山石。如熙宁四年（1071）五月，御史刘挚言河北修治漳河，工程浩大，"凡九万夫"，所用的物料"本不预备，需索仓猝，出于非时，官私应急，劳费百倍。除转运司供应秆草梢桩之外，又自差官采漳堤榆柳，及监牧司地内柳株共十万余，皆是逐州自管津岸。"④这种因修治漳河所造成的周边林木损害是很严重的，导致了"河北难得薪柴，村农惟以麦𧄍等烧"⑤。同时地方官员为了获得足够的修河物料，加快修河进度，还虐待民夫，"逼使夜役，

---

① （清）徐松辑，刘琳、刁忠民、舒大刚点校：《宋会要辑稿》方域14之14，上海古籍出版社2014年版，第9559页。
② （清）徐松辑，刘琳、刁忠民、舒大刚点校：《宋会要辑稿》方域14之14，上海古籍出版社2014年版，第9559页。
③ （清）徐松辑，刘琳、刁忠民、舒大刚点校：《宋会要辑稿》方域14之14，上海古籍出版社2014年版，第9559页。
④ （宋）李焘：《续资治通鉴长编》卷223，熙宁四年五月乙未，中华书局2004年版，第5421页。
⑤ （宋）李焘：《续资治通鉴长编》卷223，熙宁四年五月乙未，中华书局2004年版，第5421页。

踩践田苗，发掘坟墓，残坏桑柘，不知其数。愁苦之声流播道路，传至京师"①。从而给沿河周边地区生态环境造成严重的损害，同时也极大地损耗了政府在民众心目中的形象。

第三，边防建设工程对自然生态环境的影响。自北宋前期至南宋后期，宋朝各级政府为加强防卫，阻隔辽、金、蒙元铁骑乃至地方盗贼的进攻，往往人为改变地形地貌，修建河塘，改移水道，在有效阻隔辽金骑兵快速突袭的同时，也改变了原有地理环境面貌，容易因连绵阴雨导致水患发生，也对当地的生态环境和人民生活造成一定的影响和损害。从宋太宗、真宗朝开始，河北地区就通过开挖河道，淤灌屯田等在保州、定州、雄州、莫州等沿边地区修建水上防御体系，阻挡辽朝军队南侵。但是，这种人工开挖河道，也容易造成环境损害、民田受损。如仁宗景祐初，杨怀敏领河北屯田事，"塘泊日益广，至吞没民田、荡溺丘墓，百姓始告病，乃有盗决以去水患者"②。民众也难以忍受政府对当地环境的改造和损害，主动开始反抗，这也导致了河北沿边许多防御水系的破败。南宋时期，同样采取北宋时期的策略，通过开挖水道，沟通防御水系，"决水溉田，以限戎马"③。但是，这种人为改变自然水系流向的做法同样具有高风险，环境成本也很大，一旦遇到暴雨、洪水暴发等自然灾害，往往因泄水不畅，加重灾害的损害程度。又如孝宗乾道二年（1166），当时和州知州胡昉为加强防御，引历阳县、含山县的麻、澧二湖水，"凿千秋涧以设险，涧既开通，而二湖之水始泄入江。积十余年，湖水日浅，灌溉之利遂废"④。为了防御需要而牺牲了地方百姓的灌溉利益，也导致当地湖水的干涸，不断受到民众非议。南宋后期，理宗皇帝为了抵御蒙古铁骑的锐利进攻，仍然"令极边州郡开浚水道，去城百里之间，三里

---

① （宋）李焘：《续资治通鉴长编》卷223，熙宁四年五月乙未，中华书局2004年版，第5422页。

② （宋）李焘：《续资治通鉴长编》卷117，景祐二年七月辛未，中华书局2004年版，第2761页。

③ （宋）李心传撰，胡坤点校：《建炎以来系年要录》卷20，建炎三年二月戊午，中华书局2013年版，第462页。

④ （清）徐松辑，刘琳、刁忠民、舒大刚点校：《宋会要辑稿》食货61之128，上海古籍出版社2014年版，第7536页。

一沟、五里一洫，使北骑不得长驱而入，边民亦可为耕凿之计，此正古者立方田、开沟浍以限戎马之遗意也"①。其实，南宋政府自身朝政、军政的腐败、军队战斗力的薄弱才是导致其屡屡失败的主要原因，地理环境的改造，只能暂时延缓敌军的进攻，而造成的生态环境变化也是导致南宋水灾频繁、损害严重的原因之一。

第四，"围湖造田"工程对生态环境的损害。为了获取租税，增加地方财政收入，自北宋中后期直至南宋时期，宋代各地进行了大量废湖为田以及在河流湖泊中修建圩田的活动，给自然生态环境造成一定的影响和损害。如宋真宗天禧元年（1017），知昇州丁谓言："城北有后湖，往时岁旱水竭，给为民田，凡七十六顷，出租钱数百万，荫溉之利遂废。"② 熙宁九年（1076），王安石特任判江宁府，经过一年的治理，他感觉到江宁府城区狭小，"山广地窄，人烟繁茂，为富者田连阡陌，为贫者无置锥之地"。为了扩大地方耕地面积，增加政府租税收入，他向神宗皇帝提出一项建议，就是废"玄武湖为田"，主要目的一是解决部分贫民没有土地耕种的问题，二是解决江宁府公使库经费不足问题，"只随其田土色高低岁收水面钱，以供公使库之用。"③ 由于王安石与神宗的密切关系，他的建议获得批准实施④，《景定建康志》的编撰者因而称"此奏状废湖为田，盖始于王安石也"⑤。并认为王安石的做法是错误的，"田出谷麦，所利者小，湖关形势，所利者大。故著废湖之因，以待复湖之人云"⑥。实际上，玄武湖的作用不仅仅是作为城市景观，它还有补充江宁府地下水源、调解雨水、防洪防旱、净化水质、供民游览、采捕鱼虾等多种用途，

---

① （元）佚名编，汪圣铎点校：《宋史全文》，中华书局2016年版，第2812页。
② （元）脱脱等：《宋史》卷96《河渠六》，中华书局1977年版，第2380页。
③ （宋）马光祖、周应合撰：《景定建康志》，宋元方志丛刊，中华书局2006年版，第1586—1587页。
④ （宋）马光祖、周应合撰：《景定建康志》，宋元方志丛刊，中华书局2006年版，第1587页。
⑤ （宋）马光祖、周应合撰：《景定建康志》，宋元方志丛刊，中华书局2006年版，第1587页。
⑥ （宋）马光祖、周应合撰：《景定建康志》，宋元方志丛刊，中华书局2006年版，第1587页。

王安石虽为著名改革家，但是他废湖为田的做法，得不偿失，也是宋代地方工程建设损害生态环境的典型例证。

到了宋徽宗朝，随着人口的增加和政府财政收入的亏空，许多地方开始主导废湖为田的进程，将此前一些豪民私下侵占湖区为田的行为合法化，立定租税，招人请佃，扩大垦田面积，同时也进一步扩大了对自然生态环境的损害。如政和末年，楼异知明州，他为了讨好徽宗，增加官庄收入，建议将辖境内鄞县"广德湖，垦而为田，收其租可以给用。徽宗纳其说。"因而广德湖被废，"治湖田七百二十顷，岁得谷三万六千"①。虽然皇室的田租收入增加了，但是明州百姓却承担了环境损害的后果，"郡资湖水灌溉，为利甚广，往者为民包侵，异令尽泄之垦田。自是苦旱，乡人怨之"。同样命运的还有越州鉴湖②。北宋末年南方地区，出现了一波废湖为田和兴建圩田的高潮，给南方地方生态环境造成了严重的损害，"宣和以来，王仲嶷守越，楼异守明，创为应奉，始废湖为田，自是岁有水旱之患。"③

到了南宋时期，各地官员在兴废湖田、圩田问题上争论激烈，同时也对地方环境产生相当大的影响。这种损人利己的经济发展模式，也引得宋末大儒马端临的感叹，"圩田、湖田多起于政和以来，其在浙间者隶应奉局，其在江东者蔡京、秦桧相继得之。大概今之田，昔之湖。徒知湖中之水可涸以垦田，而不知湖外之田将胥而为水也。主其事者皆近幸、权臣，是以委邻为壑，利己困民，皆不复问。"并认为"建康之永丰圩、明越之湖田，大率即涸梁山泊之策也。"④ 此后，在孝宗、宁宗等时期，仍存在大量的官府主导的废湖造田、租佃以收税的短视行为，宁宗开禧二年（1206）十二月，因为需要安顿两淮地区大量的流民，朝廷再次做

---

① （元）脱脱等：《宋史》卷354《楼异传》，中华书局1977年版，第11163页。
② （元）脱脱等：《宋史》卷354《楼异传》，中华书局1977年版，第11163页。
③ （元）脱脱等：《宋史》卷97《河渠志七》，中华书局1977年版，第2403页。
④ （元）马端临：《文献通考》卷6《田赋考六》，中华书局2011年版，第149页，《涑水记闻》言："王介甫欲兴水利，有献言欲涸梁山泊可得良田万顷者，介甫然其说，复以为恐无贮水之地，刘贡甫言：'在其旁别穿一梁山泊则可以贮之矣'。介甫笑而止。当时以为戏谈。"

出错误决策,"复两浙围田,募两淮流民耕种"①。这种因经济利益而破坏生态环境的错误做法一再出现,给地方环境、普通民众生活造成严重的损害,其中的深刻教训也值得今人反思和借鉴。

  第五,矿冶开采、冶炼工程也对山林生态环境造成一定损害。虽然宋代矿产的出现有其地域性,环境危害也不带有普遍性,但是一旦出现这方面的问题,对某一特定地域的环境损害将会非常严重。因而宋朝政府出于对耕地等的保护及天人合一观念,对开采矿冶活动也相当慎重,但仍时有所见。神宗熙宁八年(1075),宋朝在西北地区增设钱监,因"岷州铁冶暴发",可以冶炼铁矿石,用于铸钱,下商、虢州调发工匠五百人,命名"滔山",从而加大了对当地山体的损害和环境的损害。详细记载了宋代矿冶开发对周边环境损害情况的是《云麓漫钞》卷二,其中记载福建路建宁府松溪县瑞应场,当地银脉爆发,孝宗隆兴初,"巡辖马递铺朱姓者言于府,府俾措置,大有所得,事不可掩,闻于朝,赐名'瑞应场',置监官"。在当地银矿开采不到二十年时间里环境遭到极大损害,"初,场之左右皆大林木,不二十年,去场四十里皆童山。场之四畔围以大山,虽盛夏亦袷衣,日正中方见日。乾道中,人人穴凿山,忽山合夹死五十余人,血自石缝中流出。……坑户为油烛所熏,不类人形;大抵六次过手,坑户谓之过池,曰过水池、铅池、灰池之类是也"②。通过此文献中描述可以看出,银矿的开采,将周边四十里的山林全部砍伐,而山体也被凿空,不时发生塌方惨剧,坑户为了完成开采工作也付出了惨重的代价。

  此外,中央、地方官民日常所用薪炭数量巨大,也对环境造成一定损害。如治平二年(1065),"由京西、陕西、河东运薪炭至京师,薪以斤计一千七百一十三万,炭以秤计一百万"③。从中可以想见,为凑齐这一千多万斤的薪柴和一百万秤的炭,需要砍伐多少林木才能完成,而这只是北宋一年京师所需的薪炭数量,还不包括各地政府和地方军队所需,

---

① (宋)佚名:《两朝纲目备要》,台北文海出版社1967年版,第617页。
② (宋)赵彦卫撰,傅根清点校:《云麓漫抄》,中华书局1996年版,第27页。
③ (元)脱脱等:《宋史》卷175《食货上》,中华书局1977年版,第4253页。

中古以后北方地区生态环境的损害，与林木的大量砍伐和广泛应用，必然有着密不可分的关系。

二　宋代政府针对环境损害问题所采取的治理举措

面对上述因各类工程建设问题所导致的生态环境损害，宋朝一些有见识的士大夫，从维护社会稳定，爱惜民力的角度出发，倡导"天人合一，施福积德"，督促政府采取多种举措，加强生态环境治理，减少决策失误，保持人与自然和谐共处。

（一）停止损害举动，修复自然生态环境

宋朝统治者采取措施加大对于损害自然环境的地方官民的治理，减少或停止相关工程建设，恢复生态环境稳定。如宋真宗朝昇州后湖被填为田，租给民户，当时知州丁谓就极力反对，认为这是因小失大，他建议恢复后湖，取消租税，"疏为塘陂以畜水，使负郭无旱岁，广植蒲芡，养鱼鳖，纵贫民渔采。"① 获得朝廷批准。虽然丁谓是真宗朝"五鬼"，著名的奸佞之臣，但是在保护生态环境，恢复水利体系方面还是颇有远见。仁宗庆历中，西湖因年久无人维护，日渐干涸，"为豪族、僧坊所占冒，湖水益狭"，庆历二年（1042），知杭州郑戬"发属县丁夫数万辟之，民赖其利。"此事被朝廷知悉后，诏"杭州岁治如戬法"②。但是后来杭州地方政府并未认真执行朝廷诏令，到了哲宗元祐中，西湖再次面临被填塞和侵占殆尽的情况，"今湖狭水浅，六井尽坏"③。苏轼在知杭州时，对西湖在环境保护、水旱调解方面的作用有比较清醒的认识，他提出西湖的作用是多重的，可以防止海水倒灌，避免"举城之人，复饮咸水，其势必耗散"。"又放水溉田，濒湖千顷，可无凶岁。……而下湖数十里

---

① （元）脱脱等：《宋史》卷96《河渠六》，中华书局1977年版，第2380页。
② （宋）李焘：《续资治通鉴长编》卷137，庆历二年六月辛巳，中华书局1988年版，第3277页。
③ （元）脱脱等：《宋史》卷97《河渠七》，中华书局1977年版，第2397页。

间，茭菱谷米，所获不赀。"① 因请朝廷降度牒出卖"募民开治"。县尉以"管勾开湖司公事"系衔，"逐年雇人开葑撩浅"，仍禁止民众"请射、侵占、种植及窨葑为界。"② 还用湖中"葑草为堤"，"横跨南、北两山"，对于保护西湖周边乃至杭州地区生态环境做出了重要的贡献。

（二）核算生态得失，认真决策，减少生态损害

城池、官廨的选址问题，是朝野监督地方认真决策的重点。一些州县官员能够提前进行思考和调研，提出合理规划。如仁宗朝，广西"钦州深在山谷间，土烦郁，人多死瘴毒"③。钦州推官徐的经过认真思考"献策于转运使，请徙濑水"④，转运使也通过充分的调查，将此建议奏报朝廷，并获得批准。这次修造新城，规模浩大，动用人力、物力繁多，"（徐）的短衣持梃，与役夫均食，筑城郭，立候楼，为战守备，画地居军民，治府舍、仓库、沟渠、缠肆"⑤。由于此次决策事先经过审慎的考察、规划，迁徙和修造工程非常成功，官民"皆得所安"⑥。还有比这更加惊险的是河北路棣州城的迁移和修造。真宗朝，因故城处于黄河岸边，且低于河道水面，河北转运使李士衡、张士逊等上言："河流高于州城者丈余，朝命累年役兵修固，盖念徙城重劳民力。而去冬盛寒，尚有冲注，若冻解，必致决溢，为患滋深"⑦，因而他们建议迁徙城池。经过他们实地调研，提出新的城池选址地点，"今请于州之北七十里阳信县界，地名

---

① （元）脱脱等：《宋史》卷97《河渠七》，中华书局1977年版，第2397页。
② （元）脱脱等：《宋史》卷97《河渠七》，中华书局1977年版，第2398页。
③ （宋）李焘：《续资治通鉴长编》卷100，天圣元年四月丁巳，中华书局2004年版，第2322页。
④ （宋）李焘：《续资治通鉴长编》卷100，天圣元年四月丁巳，中华书局2004年版，第2322页。
⑤ （宋）李焘：《续资治通鉴长编》卷100，天圣元年四月丁巳，中华书局2004年版，第2322页。
⑥ （宋）李焘：《续资治通鉴长编》卷100，天圣元年四月丁巳，中华书局2004年版，第2322页。
⑦ （宋）李焘：《续资治通鉴长编》卷84，大中祥符八年正月戊戌，中华书局2004年版，第1914页。

八方寺，即高阜改筑州治，以今年捍堤军士助役，则永久之利"①。当时许多官吏提出旧城储存大量的粮食，迁徙和修建工程恐不易行，已经卸任的知州孙冲"上疏论徙州非便，且着河书以献"，朝廷因而派遣内侍会同当地官员共同实地调研，最后做出迁徙和新建城池的决定，"三月而役成"。此次迁徙和新建耗资相当巨大，而且非常及时，因为迁徙后不久天降大雨，河水泛滥，"而大水没故城丈余"②。如果不是这些负责任的官员科学调研和及时决策，结果将不堪设想。

河道治理工程中，政府也督促地方各级政府加强决策，减少损耗。宋代一些沿河地区州郡为了预备河防物料，往往需要提前进行物质储备，其中也存在决策不周，储备超量物资，浪费政府资产，损害周边环境的问题。如天圣八年（1030）十月，三门白波发运使文洎言："沿河诸埽岸物料内山梢，每年调河南、陕府、虢、解、绛、泽州人夫，正月下旬入山采斫，寒节前毕。虽官给口食，缘递年采斫，山林渐稀。"③ 花费如此大的代价，自然筹备了大量的防灾物料，但却因未派上用场而腐朽。因而他提出"只如天圣三年，据诸州约度修河梢，准敕十分中减三五分已上，亦无阙悮，此明见元约数大。又郓州去年要梢九十九万，只般三十万应副，亦无阙悮"④。朝廷责令沿河诸地区河防官员仔细审核所需"杂木斫梢橛数，牒本州抽那人工、兵士采斫，渐减斫梢人夫劳役，亦（有）[省]般运"⑤。通过事先比较精确的计算来减少决策失误，减轻州县人夫的劳役负担，同时也有助于缓解沿河地区山林因砍伐、日渐枯竭所造成的生态环境破坏。

---

① （宋）李焘：《续资治通鉴长编》卷84，大中祥符八年正月戊戌，中华书局2004年版，第1914页。

② （宋）李焘：《续资治通鉴长编》卷84，大中祥符八年正月戊戌，中华书局2004年版，第1914—1915页。

③ （清）徐松辑，刘琳、刁忠民、舒大刚点校：《宋会要辑稿》方域14之14，上海古籍出版社2014年版，第9559页。

④ （清）徐松辑，刘琳、刁忠民、舒大刚点校：《宋会要辑稿》方域14之15，上海古籍出版社2014年版，第9560页。

⑤ （清）徐松辑，刘琳、刁忠民、舒大刚点校：《宋会要辑稿》方域14之16，上海古籍出版社2014年版，第9560页。

(三) 加强预算管理，减少工程建设和环境损害

宋代地方工程建设中，通过加强预算管理，完善相关制度，对避免环境损害有重要意义。如黄河流经所在地兴建河堠，需要大量动用人力、物力，因而相关决策和经费支出必须慎重，要严格进行预算。仁宗景祐四年（1037）十二月，河北路转运使请求修造"塞横垄决河，合用钱粮乞早拨赴河口，以来春兴役"①。由于工程浩大，仁宗非常慎重，责令转运使"再计度从何处修塞，河势从何处赴海，有无壅滞，保明复奏"②。这样的审慎态度，也有助于避免因官员决策失误，导致的环境破坏问题。庆历三年（1043），范仲淹也曾上奏朝廷，请求责令诸路转运使在农闲时节"令辖下州军吏民各言农桑可兴之利、可去之害，或合开河渠，或筑堤堰陂塘之类，并委本州军选官计定工料，每岁于二月间兴役，半月而罢"③。政府出资、民众出力，兴建一些小型的水利工程，这样"数年之间，农利大兴，下少饥年"④。他同样强调地方工程建设支出的预算管理，加大有效成本的支出，造福民众。神宗熙宁七年（1074），河北修建城池、官廨等建筑，朝廷诏令"瀛州修城已毕，冀州方修，及深、赵、邢州委李稷，恩、滨州委陈知俭再检计；其余令察访司委官覆计，度州县界内外军民，如缓急入保合修展，具图以闻"⑤。看来，此次河北诸地城池修建规模浩大，朝廷也非常慎重，采取多重复核，加大了相关钱物的预算管理，并且发动民众智慧，共同修造城池。熙宁八年（1075），江西

---

① （宋）李焘：《续资治通鉴长编》卷120，景祐四年十二月戊辰，中华书局2004年版，第2840页。
② （宋）李焘：《续资治通鉴长编》卷120，景祐四年十二月戊辰，中华书局2004年版，第2840页。
③ （宋）李焘：《续资治通鉴长编》卷143，庆历三年九月丁卯，中华书局2004年版，3440页。
④ （宋）李焘：《续资治通鉴长编》卷143，庆历三年九月丁卯，中华书局2004年版，3440页。
⑤ （宋）李焘：《续资治通鉴长编》卷256，熙宁七年九月己亥，中华书局2004年版，第6249页。

西路"虔州江水涨坏州城军营"①，当路转运使经过认真预算，合计成本"度修完用钱二万二千五百余缗"②，朝廷责令转运使"于本路宽剩役钱内给之"③，并命转运副使李之纯提举修造。总之，由于地方水利、城池、官廨相关工程修造所需人力、财力、物力巨大，朝廷对其审计较为严格，修造也较为慎重。

　　一些清廉的地方官员也能自觉地在工程建设中加强预算和钱物管理，避免无效成本的支出。如《过庭录》的作者范公偁说他父亲在地方做官时，同僚中有一个判官魏中孚，非常清廉，他负责地方财物预算和审计，"同官有兴作制器用，老魏未能无意，每欲为之。先令匠作者计工，用若干费，各具公私之数；呈，辄判以'且休'、'且休'。及解官，检一任所供'且休'、'且休'钱，盖千百缗矣"④。由于他的节俭和审查，减少了不少不必要的工程建设和器物制作，为当地政府节约了千百贯的行政经费。仁宗天圣年间，陈贯知泾州，这位官员也是非常清廉勤政，到任后"督察盗贼，禁戢不肖子弟，簿书筦库，赋租出入，皆自检核。尝谓僚属曰：'视县官物如己物，容有奸乎？'"⑤由于他对于官府行政经费使用和审查非常严格，在节约政府行政经费的同时，也得罪了不少当地官吏、豪强，后"州人惮其严"而徙为利州路转运使。但是我们说如果地方行政长官可以以身作则，加强财务支出的预算和审计，可以对减少地方工程建设经费的支出和对环境的损害。

（四）广泛种植树木，保护自然环境

　　当时，为避免对天然林木的损害，宋朝统治者治理黄河、淮河等江

---

① （宋）李焘：《续资治通鉴长编》卷266，熙宁八年七月甲子，中华书局2004年版，第6522页。
② （宋）李焘：《续资治通鉴长编》卷266，熙宁八年七月甲子，中华书局2004年版，第6522页。
③ （宋）李焘：《续资治通鉴长编》卷266，熙宁八年七月甲子，中华书局2004年版，第6522页。
④ （宋）范公偁撰，孔凡礼点校：《过庭录》，中华书局2015年版，第349页。
⑤ （宋）李焘：《续资治通鉴长编》卷160，天圣六年八月己巳，中华书局2004年版，第2478页。

河时,责令各地在沿河地区广泛种植柳树、榆树,并禁止民众砍伐,神宗曾诏令黄河边"向着堤岸榆柳,自今不许采伐。后又诏虽退背堤岸,亦禁采伐"①。元丰七年(1084),河北地区出现"群党一二十人以至三二百人盗取河堤林木梢芟等"的严重问题,朝廷责令监司"一面依此觉察收捕,月具人数捕获次第以闻"②。从而维护了黄河沿岸生态和水利环境,减少因砍伐导致的维护生态环境成本升高问题。同时,为保持宋朝沿边地区的和平稳定,减少外来军事压力,宋朝政府也禁止砍伐与其他民族政权接壤地区的林木,并不断种植树木,恢复地区生态环境。如仁宗皇祐中,北京大名知府贾昌朝言:"乞依定州韩琦奏,定州界以北一概禁止采伐林木"③。朝廷从之。这其中显然是为了防御来自北方辽朝骑兵的进攻。南宋淳熙十六年(1189),臣僚的奏章中对于南宋时期大量归正人对沿边地区自然生态环境的损害有生动的描述,前权发遣洋州王知新言:"窃见本州真符县沿边所置关隘,皆高山峻岭,林木参天,虎豹熊罴,不通人行,自可以限隔。自辛巳岁以来,归正之人将关外空闲山地给令耕种,今已三十年,生子生孙,蕃息甚众,尽是斫伐林木,为刀耕火种之事。……又将林木蓊翳之处开踏成路,采取漆蜡,以为养生之具。如此一年复一年,林木渐稀,则关隘不足恃矣。"朝廷因而诏令四川制置司行下沿边州郡,"将应有林木关隘去处措置严切禁戢,毋致采斫"④。此类出于其他目的而对地方生态环境的保护,也为维护人与自然和谐相处做出贡献。

(五) 加强对生态损害责任人的惩处

宋朝政府也采取措施加强了对生态环境损害相关责任人的惩处和立

---

① (宋)李焘:《续资治通鉴长编》卷259,熙宁八年正月丙辰,中华书局2004年版,第6323页。

② (宋)李焘:《续资治通鉴长编》卷345,元丰七年四月戊子,中华书局2004年版,第8278页。

③ (清)徐松辑,刘琳、刁忠民、舒大刚点校:《宋会要辑稿》刑法2之29,上海古籍出版社2014年版,第8299页。

④ (清)徐松辑,刘琳、刁忠民、舒大刚点校:《宋会要辑稿》刑法2之124,上海古籍出版社2014年版,第8352页。

法建设。如熙宁五年（1072），前两浙路提举常平官沈披因"开常州五泻堰不当"，"坏田八百顷，民被害者众"而被"降一官，送审官东院"①。熙宁六年（1073），河北路提点刑狱孔嗣宗因修滹沱河妄费财用，"且坏塘泊，忤安石意"而被罢免②。七年，河北路提举兴修水利程昉、永静军判官林伸、东光县令张言举、权发遣河北路转运副使陈知俭、转运判官黄好谦、提举河北东路常平赵偁等也因"开葫芦河引水"入滹沱河新开故道，"浸民田不可胜计"③也遭到追官、罚铜等处罚。同时，宋朝政府也强化立法，通过法律禁止相关损害行为。如绍兴三年（1133），吏部侍郎李光所奏中提到仁宗朝："明、越陂湖，专溉农田。自庆历中，始有盗湖为田者，三司使切责漕臣，严立法禁"④。宣和三年朝廷再次针对兴建圩田阻碍河水发泄的问题，立法专门禁止，同时责令监司严查，如果"尚敢营私蹑观望，许民户越诉，当议重行黜责"⑤。

（六）倡导"天人合一"，人与自然和谐相处观念

宋代统治者对于环境方面的维护，主要因素之一是出于传统的"天人合一"观念，同时也受到汉唐以来佛教因果报应思想的影响，因而倡导人与自然和谐相处，减少杀戮。如真宗出于爱惜地力的因素，对大中祥符中陕西转运使张象中提出的加大开采解州解县，安邑县两池所贮盐的建议进行了否决。真宗认为："地利之阜，此亦至矣。过求增羡，虑有时而阙。"⑥因而不允，避免了这一地区因过度开采所造成的环境进一步损害。又如仁宗景祐元年（1034），朝廷发布诏令，禁止上供一些通过杀

---

① （宋）李焘：《续资治通鉴长编》卷239，熙宁五年十月癸巳，中华书局2004年版，第5817页。

② （宋）李焘：《续资治通鉴长编》卷242，熙宁六年二月辛丑，中华书局2004年版，第5906页。

③ （宋）李焘：《续资治通鉴长编》卷257，熙宁七年十月丙子，中华书局2004年版，第6273页。

④ （元）脱脱等：《宋史》卷97《河渠七》，中华书局1977年版，第2403页。

⑤ （清）徐松辑，刘琳、刁忠民、舒大刚点校：《宋会要辑稿》食货61之106，上海古籍出版社2014年版，第6135页。

⑥ （元）脱脱等：《宋史》卷181《食货下三》，中华书局1977年版，第4414页。

戮野生动物而制作的奢侈华丽服饰，同时也禁止官僚民众捕杀雌性和幼年野生动物。诏令中提到："冠冕有制，盖戒于侈心；麛卵无伤，用蕃于庶类。惟兹麀鹿，伏在中林，宜安濯濯之游，勿失呦呦之乐。而习俗所贵，猎捕居多，既浇民风，且暴天物。特申明诏，仍立严科，绝其尚异之求，一此好生之德。……如有违犯，许人陈告"①。景祐三年（1036），朝廷颁布《禁止奢僭制度》诏令，提出"如闻辇毂之间，士民之众罔遵矩度，争尚僭奢，服玩纤华务极珠金之饰，室居宏丽交穷土木之工，倘惩诫之弗严，恐因循而滋甚"，因而诏令"天下士庶之家，凡屋宇非邸店、楼阁临街市之处，毋得为四铺作及斗八；非品官毋得起门屋；非宫室、寺观毋得彩绘栋宇及间朱漆梁柱窗牖、雕镂柱础。"②通过此类诏令，禁止民众大规模超标准建造住宅，减少对山林原木的砍伐。当时的皇家、名臣陵寝周边地区，出于对其尊严的维护，也禁止民众在其中采捕渔猎，同样客观上也具有维护生态环境的作用③。

三　宋代地方工程建设与生态环境治理中的艰难抉择

宋朝政府从多种因素考量出发，倡导"天人合一"，人与自然和谐相处，减少因工程建设对于自然环境的损害，客观上有助于自然生态环境的好转和基层民众的生活，对宋代地方社会的长期良性发展有积极作用。但是，由于完成上级行政命令的压力和地方经济利益的诉求，使得部分宋代官员仍然难以罢手，保护与损害环境的斗争一直在持续。

宋朝明州广德湖的兴废就颇具代表性，自北宋徽宗政和中被废为田后，知州楼异"召人请佃，得租米一万九千余硕。至绍兴七年（1137），守臣仇忞又乞令见种之人不输田主，径纳官租，增为四万五千余硕"，官府获得了实际利益，但是当地七乡之民收成却受到严重损失，"湖水未废

---

① （宋）李攸：《宋朝事实》，台北文海出版社1967年版，第93页。
② （宋）李攸：《宋朝事实》，台北文海出版社1967年版，第552页。
③ （宋）佚名：《宋大诏令集》卷156，中华书局1962年版，第585—587页。

时,七乡民田每亩收谷六七硕,今所收不及前日之半,以失湖水灌溉之利故也。计七乡之田不下二千顷,所失谷无虑五六十万硕,又不无旱干之患。"① 因而在绍兴九年（1139）的时候,经本州奏请,朝廷批准,废湖田"仍旧为湖"②。但是这样一来,官府、官员的实际利益受到损失,到了下一任知州时,又完全改变了说法,"契勘广德湖下等田亩缘既已为田,即无复可为湖之理,不免私自冒种,非惟每年暗失官租三千余硕"③,因而申请"欲乞依旧为田,令元佃人户耕种"④,也获得了朝廷的批准。这样,大片的湖水又被填平为田,政府政策的反复,不仅耗费了大量人力、物力、财力,同时也损害了政府的公信力和当地的生态环境。

  南宋高宗朝的时候,知湖州李光也曾提出自地方废湖为田后,如"余姚、上虞每县收租不过数千斛,而所失民田常赋动以万计"⑤。自绍兴三年（1133）自己上奏后只有余姚、上虞两县的湖田被废罢。"其会稽之鉴湖、鄞之广德湖、萧山之湘湖等处,其类甚多","望诏漕臣尽废之,其江东、西圩田,苏、秀围田,令监司守令条上。"朝廷责令诸路转运司合议,结果是"其后议者虽称合废,竟仍其旧。"⑥ 地方一部分官员在此问题上知错不改,延续旧制。原因就在于"州县官往往利为圭田,顽猾之民因而献计,侵耕盗种,上下相蒙,未肯尽行废罢"⑦。掺杂了官员们的私人利益在其中,故而环境的损害和民众的损失就不在他们考虑之内了,而这种现象在两宋各地仍略不少见,地方生态环境就在治理、损害、

---

  ① （清）徐松辑,刘琳、刁忠民、舒大刚点校:《宋会要辑稿》食货7之45,上海古籍出版社2014年版,第6140页。
  ② （清）徐松辑,刘琳、刁忠民、舒大刚点校:《宋会要辑稿》食货7之46,上海古籍出版社2014年版,第6140页。
  ③ （清）徐松辑,刘琳、刁忠民、舒大刚点校:《宋会要辑稿》食货7之46,上海古籍出版社2014年版,第6140页。
  ④ （清）徐松辑,刘琳、刁忠民、舒大刚点校:《宋会要辑稿》食货7之46,上海古籍出版社2014年版,第6140页。
  ⑤ （清）徐松辑,刘琳、刁忠民、舒大刚点校:《宋会要辑稿》食货8之1,上海古籍出版社2014年版,第6147页。
  ⑥ （元）脱脱等:《宋史》卷173《食货上一》,中华书局1977年版,第4183页。
  ⑦ （清）徐松辑,刘琳、刁忠民、舒大刚点校:《宋会要辑稿》食货7之43,上海古籍出版社2014年版,第6138页。

再治理中循环往复。

再就是中央行政命令对地方政府所造成的压力，导致地方官员无法维持原则，保护环境。如仁宗明道中宫中大火，烧毁了崇德、长春等八殿，为了重建宫殿，朝廷命各地供给修建材料。时任西京留守司推官的欧阳修记载了当时洛阳地区竹林惨遭砍伐的惨剧。"人吏率持镰斧，亡公私谁何，且戕且桴，不竭不止"。当地的行政官员还提出：如果有敢私自隐藏，不遵守朝廷命令者严加惩治，因而导致严重后果，"如是累日，地榛园秃"①，在这种局面下，地方官员只能被动执行王命，确保自己的官位，环境方面的因素无法再考虑入内。又如理宗朝信州因制置司收买木材制造防排义楼串，"此军期也，不可一日缓"②。对于木材的尺寸、数量都有明确要求，这对于抗击蒙元入侵，维护南宋王朝统治是生死攸关的头等大事，在这样的形势下，在中央集权体制的宋朝，地方官员陈宓能够采取一边执行命令一边申诉的做法，已经是当时的有识之士了，而更多的地方官员，则是被动执行，环境因素不予考量，地方生态环境治理中的反复性、复杂性、长期性也值得今人认真思考和总结。

（文章原刊于《宁夏社会科学》2018 年第 5 期）

---

① （宋）欧阳修撰，李逸安点校：《欧阳修全集》，中华书局 2001 年版，第 936 页。
② （宋）徐元杰：《楳埜集》《宋集珍本丛刊》，线装书局 2004 年版，第 764—765 页。

宋代地方公务活动中的奢侈现象及政府治理举措

奢侈、享乐是人性中难以根除的弊病，尽管历代名人贤士谆谆教导，提倡节俭，避免骄奢，但是实际上在宋朝历代的众多官员中，特别是拥有实权的官员生活中能够做到洁身自好、爱惜官府钱物的人屈指可数。宋代虽然施行中央集权的财政体制，地方路、州、县各级政府账面资金有限，但是在实际活动中还是设法尽量扩大公务活动经费来源，并转嫁部分成本给普通民众，因而实际花费数额颇大。宋代地方官府在各种公务活动中的奢侈、享乐行为，也造成了地方政府超额行政成本的支出。这部分民脂民膏没有转化为实际治理效果，而是被肆意挥霍，成为无效行政成本。因此，为了打破地方政治生态中的这一顽疾，也为了节省部分经费支出，宋朝历代政府制定了相应的措施加以治理，其中的经验和教训也值得今人总结和借鉴。

一 宋代地方公务活动中的奢侈享乐现象

（一）公务宴会中的奢侈享乐现象

宋代地方路、州、县官员依法均可定期举行一定规模的公务宴会。路级监司到任后，州府应开宴对其表示欢迎，监司巡查州县时，可以参加州郡公宴。州府官享有的公务宴会包括旬设、款待过往官员、犒劳军校、本地官员聚会等。其中旬设是每旬一次用公费设宴款待本地的文武官员和士兵，是规模较大且固定时间举行的宴会。而在年节、皇帝生日、新皇登基等庆典活动，地方路、州府也可举行宴会。地方宴会的一般经费来源均是公使钱。县一级政府一般没有公使钱，举行宴会往往需要向下属胥吏或百姓摊派，搜刮钱物①。

正常的公务宴会可以增进官员之间的感情，增添欢乐的节日气氛，促进信息的交流，同时也体现了对远道而来或卸任官员的一种礼仪。但是，由于缺乏行政成本观念，一些地方官员往往热衷于举行规模盛大、花费巨大的宴会。不仅如此，还邀请歌妓、杂技艺人助兴，使得宴会的规模和费用大大超出规定的行政成本。

北宋初年，由于地方节度使、知州等多承袭五代藩镇遗风，公务宴会中的奢侈浪费之风就已存在。如太祖朝，"西京留守向拱在河南十余年，专修饰园林、第舍，好声妓，日纵酒，恣所欲。政府坏废。②" 司马光也记载：北宋前期"旧相出镇者，多不以吏事为意。寇莱公虽有重名，所至之处，终日游宴，所爱伶人，或付与富室，辄厚有所得"③。寇准知邓州"尤好夜宴剧饮，虽寝室亦燃烛达旦。"④ 他还与雄州知州李允则宴会斗奢，宴会中寇准"幄帘、器皿、饮食、妓乐，百物华侈，意将压之"，而李回请宴会"其幄帘皆蜀锦绣，床榻皆吴、越漆作，百物称是，公已愕然矣。及百戏入，……则京师精伎，至者百数十人。"⑤ 梁周翰在太宗朝为苏州知州，"善音律，喜蒲博，惟以饮戏为务。州有伶官钱氏，家数百人，日令百人供妓，每出，必以肴具自随。郡务不治"⑥。之后，随着仁宗三令五申，限制公务宴会的规模和参加人员，故而其奢侈之风有所好转。但是，由俭入奢易，由奢入俭难，不久此风气又故态复萌。

---

① 参见朱瑞熙：《宋代官员公费用餐制度初探》，《文史》1999 年第 4 辑。
② （宋）李焘：《续资治通鉴长编》卷 10，开宝二年八月己亥，中华书局 2004 年版，第 231 页。
③ （宋）司马光，邓广铭、张希清点校：《涑水记闻》卷 7，中华书局 1981 年版，第 138—139 页。
④ （宋）王辟之，欧阳修：《渑水燕谈录》《归田录》卷 1，中华书局 1981 年版，第 15 页。
⑤ （宋）苏辙撰，俞宗宪点校：《龙川略志》《龙川别志》卷下，中华书局 1982 年版，第 95 页。
⑥ （元）脱脱等：《宋史》卷 439《梁周翰传》，中华书局 1977 年版，第 13003 页。

如司马光在给儿子司马康的信中就提到:"近日士大夫家,酒非内法,果肴非远方珍异,食非多品,器皿非满案,不敢会宾友。常数月营聚,然后敢发书。苟或不然,人争非之,以为鄙吝。故不随俗靡者,盖鲜矣。"①庆历七年(1047),判北京贾昌朝也说:"河北诸州军及总管司等争饰厨传,以待使客,肴馔果实,皆求多品,以相夸尚。盖承平日久,积习成风,稍加裁损,遂兴谤议,为守将者不得不然。"②

神宗朝曾限制州府公使钱,实行定额制,严查额外经营牟利,奢侈宴会之风有所收敛。旧日"成都游赏之盛,甲于西蜀"。但"自公使限钱,兹例遂罢。以远民乐太平之盛,不可遽废,以孤其心。乃以随行公使钱酿酒畀之,然不逮昔日矣"③。然而上有政策,下有对策,不久又恢复故态,宗室、外戚以及皇帝宠幸的大臣,在地方奢侈享乐,宴饮无度。如熙宁七年(1074),臣僚弹劾知河中府、太常丞、集贤校理鞫真卿,"其在郡不治,一岁中燕饮九十余会。"而被落职、管勾洞霄宫④。当时的杭州,因为"部使者多在州置司,各有公帑。州倅二员,都厅公事分委诸曹,倅号无事,日陪使府外台宴饮……朝夕聚首,疲于应接。"⑤陪同长官日日宴饮,竟然成为州通判的主要工作,号称"酒食地狱"⑥。北宋末期,蔡京执政,"时承平既久,帑庾盈溢,京倡为丰、亨、豫、大之说,视官爵财物如粪土,累朝所储扫地矣。"⑦上行下效,大观二年(1108)九月,臣僚上奏中就提到天下庆祝天宁节,"京府军县镇城寨并赐御筵,烹宰野味,不可胜计。窃见春秋并圣节集英殿大宴,上自玉食以及所赐食味,皆系羊食。伏望圣慈使天下州军等处并依大宴体例,如

---

① (宋)司马光撰,李文泽、霞绍晖点校:《司马光集》卷69《训俭示康》,四川大学出版社2010年版,第1413—1414页。

② (清)徐松辑,刘琳、刁忠民、舒大刚等点校:《宋会要辑稿》刑法2之28,上海古籍出版社2014年版,第8298页。

③ (元)费著:《岁华纪丽谱》,《文渊阁四库全书》,台北商务印书馆1986年版,第590—434页。

④ (宋)李焘:《续资治通鉴长编》卷250,熙宁七年二月己卯,中华书局2004年版,第6091页。

⑤ (宋)朱彧撰,李伟国点校:《萍州可谈》卷3,中华书局2007年版,第166页。

⑥ (宋)朱彧撰,李伟国点校:《萍州可谈》卷3,中华书局2007年版,第166页。

⑦ (元)脱脱等:《宋史》卷472《蔡京传》,中华书局1977年版,第13724页。

此则所减物命无虑十万数"①。宣和中，太原帅司"率用重臣，每宴飨费千金，取诸县以给"②。诸路监司因天宁节宴会，"一筵之馔，有及数百千者，浮侈相夸，无有艺极。"③ 奢侈的宴会不仅耗费了大量行政经费，也容易造成官员无心政事、奢侈贪腐、官风败坏的现象。

南宋时期，因有秦桧、韩侂胄、贾似道等贪官相继执政，朝廷腐败黑暗，地方宴会奢侈享乐之风更加盛行，也成为他们拉拢朝官，谋取私利的手段。临安知府孙觌"到任之初，以军期为名，拘九邑县令在府，勒令出钱共四万五千余缗，名曰助军，不附文历……比至得替，其公库供帐之物，并不发还，及将空名度牒官告等移易妄用，收附不明。监司往来，厚加结纳，每到发送馈，谓之合食。日事燕游，每会不下百余千"④。庆元三年（1197），湖南运判吴镒"谄事王蔺，日与酣饮，漕计因此一空"⑤。肆意举行奢侈宴会，竟然使一州库藏告竭，其对公务经费的消耗不能令人小觑。当时士大夫还效仿魏晋奢侈之风，"隆兴间，有扬州帅，贵戚也。宴席间语客曰：'谚谓三世仕宦，方解着衣吃饭。仆欲作一书，言衣帽酒肴之制，未得书名。'"⑥ 官员竟然要为奢侈公务宴会的酒菜撰写专书，奢侈之风令人惊叹，在外敌入侵下，南宋各地"流移满道，而诸司长吏张宴无虚日"⑦，这种强烈的反差和奢侈之风也预示了南宋王朝行将灭亡。

地方官府宴会的花费，也是日益增加。北宋前期，1 贯钱就可以举行一场宴会，而 5 贯钱就可以举行一场较为像样的宴会。在宋徽宗时期，10 贯钱就可以在京师开封举行符合官员身份的宴会，即使到了南宋理宗朝，

---

① （清）徐松辑，刘琳、刁忠民、舒大刚等点校：《宋会要辑稿》礼 57 之 23，上海古籍出版社 2014 年版，第 1997 页。

② （元）脱脱等：《宋史》卷 448《郭永传》，中华书局 1977 年版，第 13205 页。

③ （元）脱脱等：《宋史》卷 179《食货志下一》，中华书局 1977 年版，第 4362 页。

④ （宋）李光：《庄简集》卷 11《论孙觌札子》，《宋集珍本丛刊》第 34 册，清乾隆翰林院钞本，线装书局 2004 年版，第 17—18 页。

⑤ （清）徐松辑，刘琳、刁忠民、舒大刚等点校：《宋会要辑稿》职官 73 之 68，上海古籍出版社 2014 年版，第 5040 页。

⑥ （宋）陆游：《老学庵笔记》卷 5，中华书局 1997 年版，第 42 页。

⑦ （元）脱脱等：《宋史》卷 430《黄榦传》，中华书局 1977 年版，第 12780—12781 页。

临安城一桌酒席，也只有5贯钱①，但是地方官府的宴会在奢侈享乐之风的影响下，其规模和费用愈来愈高，令人咋舌，耗费公款之多，令人痛惜。北宋徽宗朝，诸路监司因天宁节宴会，一筵之馔花费数百贯②，朝廷因而限定监司、发运宴会不超过300贯，其他诸司不超过200贯。孝宗淳熙中，王仲行为平江知府，"与祠官范致能、胡长文厚，一饭之费，率至千余缗"③。几个人的一顿饭，就花费1000贯，公使钱就这样被大量消耗挥霍，用于公款吃喝了。宁宗嘉泰中，情况更加严重，提举常平、转运司、提刑司等三司长官聚会"一餐之费，计三千四百余缗"，这还不算最多的，建康府置司的帅司、转运司、都统司等"六司乃倍之"④。一顿公务宴会花费3000——6000贯，已经相当于当时一个小县一年岁计之数，公款吃喝浪费之风严重，无以复加。正如当时士大夫所指责的那样，官员宴会"罄中人十家之产不足供一馈之需，极细民终身之奉不足当一宴之费⑤"。大量的经费被用于奢侈宴会，而当时正是南宋处于江河日下，各地政府经费不足，官员们普遍喊着"财匮、民贫"的时期，千年以后读来，仍然让人深感痛惜。

（二）公务迎送中的奢侈享乐现象

宋代地方官员上任、卸任乃至日常出巡，都需要地方官府提供大量的人力、物力以供使用，提供警戒，保持官员的威仪。朝廷军队经过州县，官民也要夹道欢迎。这往往借调州县官兵、胥吏乃至临时雇用人员，给予特支钱或雇钱。同时，还要占用旌旗、锣鼓、帐设，甚至有杂技艺

---

① 参见程民生：《宋代食品价格与餐费考察》，《河北大学学报（社会科学版）》2008年4期。

② （元）脱脱等：《宋史》卷179《食货志下一》，中华书局1977年版，第4362页。

③ （宋）李心传，徐规点校：《建炎以来朝野杂记》甲集卷17《公使库》，中华书局2000年版，第395页。

④ （宋）李心传，徐规点校：《建炎以来朝野杂记》乙集卷12《御笔严监司互送之禁》，中华书局2000年版，第695页。

⑤ （明）程敏政：《新安文献志》卷74《大宋故正议大夫守同知枢密院事致仕新安郡开国侯食邑一千三百户食实封二百户赠特进资政殿大学士程公卓行状》，文渊阁四库全书，台北商务印书馆1986年版，第1376—243页。第1375册。

人掺杂其间。这些人力、物力所耗费的行政经费也需要当地政府支出。公务迎合有其合理性，但如果次数太多，规模太大，必然也造成奢侈浪费现象，导致地方行政经费的无效支出。

熙宁四年（1072）三月，宋神宗就感叹："置厢军五十余万，皆以当直迎送官人占使。"① 徽宗宣和二年（1120），尚书省也奏论"远方监司巡按所至，差人夫、户马多不依法。虽有应破之格，而州县夤缘多差，不以数计，走吏皂隶皆乘户马，负荷卒乘悉代之以人夫。自至传舍，往往又为所辖者受赂而潜遣之，复告逃亡，再行差补。一时骚扰，至于如此"。监司本来是监督州县违法事务的监察官，"提纲一路，当正身洁己，使州县有所视效，而身自违戾，将何以纠察官吏乎"②。南宋时期，公务迎送中奢侈享乐之风更加盛行，监司郡守所到之处，人从众多，随行胥吏、军兵往往吃拿卡要，给下级政府和民众带来的危害更加严重。如南宋初期士大夫廖刚在《论州县妄费札子》中就提到："又有守帅将官，托讨捕之名，差驻札官军迎送者，各是千百人，随逐所过州县，既批口券，又索犒设，如此之类，独不可严禁止乎？凡是无理之费，州县时时有之，徒竭吾民之脂膏，无补公家之毫发。主计者往往屈于权势，莫敢致诘，是以朝廷不得而知也。"③ 当时一些大臣在上任或去任时，借用州县甚至军队众多军兵扈从，并替自己搬运大量的随行财物，沿途给民众造成非常恶劣的影响。绍兴九年（1139），朝廷因"席益罢四川制帅，辇载宝货以归，不知纪极，乃以吴玠步骑数千人护行，用防劫夺。邵溥之召，亦妄作声势，假卒数百人。赵鼎赴泉州、折彦质罢福州，各千百人随逐，闽境为之骚然"，重申地方官营严格执行"州县接送差兵之令"，限制骚扰民众，浪费财物④。但是，这些诏令在边远的四川、两广地区似乎作用

---

① （宋）李焘：《续资治通鉴长编》卷221，熙宁四年三月辛丑，中华书局2004年版，第5384页。

② （清）徐松辑，刘琳、刁忠民、舒大刚等点校：《宋会要辑稿》职官45之12，上海古籍出版社2014年版，第4239页。

③ （宋）廖刚：《高峰文集》卷2《论州县妄费札子》，《文渊阁四库全书》，台北商务印书馆1986年版，第1142—338页。

④ （宋）李心传撰，胡坤点校：《建炎以来系年要录》卷130，绍兴九年七月壬午，中华书局2013年版，第1439页。

不大，在绍兴二十八年（1158），又有官员奏陈"四川郡守凡赴新任，舟舆器用，靡不备具，又需黄金以为人釭之直，多至五六千缗，少亦不下三四千缗。就移邻郡，其解罢者亦不少损其数。"① 迎送雇佣人力就需要数千贯，奢侈浪费之风令人痛恨，政府也将其列入赃罪进行惩治。

孝宗淳熙中，周必答也奏论"监司帅守接送侈费"，他列举了其中的弊病，"窃惟久任守帅，古今不易之理，其或非时改移，盖非获已。惟是将迎之费、吏卒之数，具存格令，当官者自应体国爱民，于其中更加撙节。近乃不然，务为观美，支用益伙，往往格外巧作名目，列郡动至三四百人，其借请公用皆有增而无损。稍不如意则督过交承，迁怒僚吏，无所不至。守帅如此，望其禁戢属部难矣。闻之众论，谓十数年前接帅臣纳费万缗，当时已骇其多，今盖增至四五万缗矣。设遇岁中一再更易，则当费一二十万缗，民力安得不困？"② 地方长官迎送费用从一万贯增加到数万贯乃至二十万贯，这对于南宋经济困窘、财政拮据的地方州府来说可以说是致命的打击。因而他建议"自今接送监司帅守一依旧格，毋得多破人数。人数既减，借请自少，其从物公用之类皆令节省，庶几帑廪稍宽，少副裕民之政。"同时，精选官员，减少数易长官的弊病③。这封奏状引起了孝宗的重视，淳熙九年（1182），他给宰辅们也提出"监司、帅守接送人借请等费用太多"，因而朝廷下令出台法令治理地方公务迎送中的诸多问题，许多奢侈浪费行为被禁止。

法令的执行往往具有弹性和反复性，奢侈浪费之风在高压政策下虽暂时有所收敛，但是不久就再次反弹，淳熙十五年（1188），就有臣僚再次论奏"帅臣、监司、通判出入，随轿皆有乘马胥吏，稍遇晴热，例使人持黑油伞遮日，多至三五十柄，见者叹骇，谓驾后亦不如此，非所以

---

① （清）徐松辑，刘琳、刁忠民、舒大刚等点校：《宋会要辑稿》职官47之33，上海古籍出版社2014年版，第4284页。

② （宋）周必大：《庐陵周益国文忠公集》卷141《论监司帅守接送侈费札子（淳熙五年七月二十五日）》，宋集珍本丛刊，线装书局2004年版，第51册，第435页。

③ （宋）周必大：《庐陵周益国文忠公集》卷141《论监司帅守接送侈费札子（淳熙五年七月二十五日）》，线装书局2004年版，第51册，第435页。

尊崇辇毂，观示四方"①。十六年，臣僚也上言："诸路监司帅守接送人数，自有定法。今则不然，迎送之际，动以数百辈。如二广、福建、湖南、江西，尤为烦费。乞自今诸路监司、帅守接送人不得过数，借请不得过多，一行从物不令出境。如或过数差人，逗留不即赴上者，仰御史台体访觉察，重作施行。②"这些法令和举措与以往相比，并无创新之处，所禁止的公务迎送中的奢侈浪费行为也多无二致，但是就是难以奏效，其中的原因值得深思。

（三）地方官府公用物品购置中的奢侈浪费现象

地方政府中新任官员上任，往往携带家眷，所有生活、办公用品往往部分或全部重新购置，造成不必要的浪费。一些卸任官员也将之视为己物，席卷而去，造成公共物品的损耗和资产损失。更值得重视的是，宋代地方官员往往更易频繁，那么一州一县所耗费在官府公用物品购置上的无效成本就不是微不足道的了。

一些习惯于奢侈享乐的官员，在任时对办公用品毫不爱惜，奢侈浪费，如寇准"尝知邓州，而自少年富贵，不点油灯，尤好夜宴剧饮，虽寝室亦燃烛达旦。每罢官去，后人至官舍，见厕溷间烛泪在地，往往成堆"③。神宗朝蒲宗孟"趣尚严整而性侈汰，藏帑丰，每旦刲羊十、豕十，然烛三百入郡舍。或请损之，愠曰：'君欲使我坐暗室忍饥邪？'常日盥洁，有小洗面、大洗面、小濯足、大濯足、小大澡浴之别。每用婢子数人，一浴至汤五斛。他奉养率称是"④。每天吃饭用十羊十猪，一晚就用三百蜡烛，即使有再多的家庭人口，如此浪费系官钱物，也是不能原谅的。尚且在别人劝告时也振振有词，毫不悔改，这样的官员，就像寄生虫一般令人痛恨。

---

① （清）徐松辑，刘琳、刁忠民、舒大刚等点校：《宋会要辑稿》刑法 2 之 123，上海古籍出版社 2014 年版，第 8351 页。
② （清）徐松辑，刘琳、刁忠民、舒大刚等点校：《宋会要辑稿》仪制 4 之 31，上海古籍出版社 2014 年版，第 2378 页。
③ （宋）欧阳修：《归田录》卷 1，中华书局 1981 年版，第 15 页。
④ （元）脱脱等：《宋史》卷 328《蒲宗孟传》，中华书局 1977 年版，第 10572 页。

南宋时期士大夫廖刚在《论州县妄费札子》中提到："然臣窃见士大夫多务便私，鲜有能为国家爱惜财用者。且如一帅臣到罢，供帐借请，率费数万缗，小郡亦不下数千缗。虽曰有例，独不可稍裁损乎？况有数易之弊，民力殆不能堪也"①。绍兴二十八年（1158）九月，给事中杨椿奏论"在法，公使器用陈设有阙，以不系省头子钱修置，系谓监司、郡守。比来州县官属，例皆置造从物供帐，所费不赀，乞行禁止"。朝廷因而诏令禁止奢侈浪费，"妄费官钱及科率吏民者，坐赃论，令监司觉察"②。孝宗隆兴中，御史周操也说：监司郡守改任频繁，"公用什物，率皆创置，故一经接送，州县仓库为之（拐）[枵]然"③。淳熙中，皇帝和百官集议，也提到地方监司郡守迎送费用太多的问题，因而诏令"公堂供张、什物陈设等多是增添过多，以致科扰行铺，侵耗公库。一任之间，有置两三次者。自今不得再有添置，候得替日，依数逐一牒公库交纳，不得将带前去，及作名色销破。"④

南宋袁采在《世范》中也提到县令因追求奢侈的生活，责令胥吏、役人出钱购置豪华的办公用品，而在其他系省钱物中给予其补偿，损公肥私，导致公共经费被侵耗，"惟作县之人不自检己，吃者、着者、日用者，般挈往来，送遗结托，置造器用，储蓄囊箧，及其他百色之须，取给于手分、乡司。为手分、乡司者，岂有将己财奉县官，不过就簿历之中，恣为欺弊。或揽人户税物而不纳；或将到库之钱而他用；或伪作过军、过客口券，旁及修葺廨舍，而公求支破；……县官既素受其污唊，往往知而不问……一年之间，虽至小邑，亏失数千缗，殆不觉也。于是

---

① （宋）廖刚：《高峰文集》卷2《论州县妄费札子》，文渊阁四库全书，台北商务印书馆1986年版，第1142—338页。第1142册。

② （宋）李心传撰，胡坤点校：《建炎以来系年要录》卷180，绍兴二十八年九月甲戌，中华书局2013年版，第3455页。

③ （清）徐松辑，刘琳、刁忠民、舒大刚等点校：《宋会要辑稿》仪制4之29，上海古籍出版社2014年版，第2377页。

④ （清）徐松辑，刘琳、刁忠民、舒大刚等点校：《宋会要辑稿》仪制4之30至31，上海古籍出版社2014年版，第2377—2378页。

有横科预借之患。"① 后任者也往往因巨额财务亏损而一筹莫展。因而他规劝士大夫之家勤俭持家。"大贵人之家尤难于保成。方其致位通显，虽在闲冷，其俸给亦厚，其馈遗亦多。其使令之人满前，皆州郡廪给。其服、食、器用虽极于华侈，而其费不出于家财。逮其身后，无前日之俸给、馈遗、使令之人，其日用百费非出家财不可。况又析一家为数家，而用度仍旧，岂不至于破荡！此亦势使之然。为子弟者各宜量节。"②

但是，这样的道德劝告对于那些贪官污吏来说，基本上不起作用，内心的虚荣促使他们还是要追求地方任上奢侈腐化的生活。宁宗嘉定中，臣僚就曾奏论"今禁防既宽，销金日盛，什物器用、燕羞果核，无一而不施金。此销金奢僭之弊也。监司、郡守迎新供帐，泰侈特甚，帏幕俱用绫罗，褥褯包以绮锦。此州县奢僭之弊也。执侍管军戎服乘骑，此军将之当然，今内管军之官出则乘轿，暖幄自卫，作为奇巧以充馈送，盛饰优伶以供宴娱。此军官奢僭之弊也"③。南宋《鹤林玉露》的作者在看到"州郡迓新者，设饰甚费"。因成诗云："赤子须摩抚，红尘几送迎。幕张云匼匝，车列鉴鲜明。岂是朘民血，空教适宦情。忍闻分竹者，竭泽自求盈④"。奢侈公务用品的购置，香车宝马、锦衣玉食，浪费的却都是赤子贫民的膏血，此诗读来令人叹息。

（四）公廨修建中的奢侈享乐问题

在各个朝代，地方政府官员中都不乏追求奢侈享乐、喜好丰亨豫大的人员，宋代同样如此，虽然宋朝中央政府三令五申，地方官员不得因营建公廨扰民科配，但是仍有部分官员违背朝命，大肆敛财，营建规模宏大的地方官廨，也用来展示他们的官威，这也成为地方行政设施营建

---

① （宋）袁采：《袁氏世范》卷中《官有科付之弊》，天津古籍出版社1995年版，第115—116页。
② （宋）袁采：《袁氏世范》卷2《用度宜量入为出》，天津古籍出版社1995年版，第101页。
③ （清）徐松辑，刘琳、刁忠民、舒大刚等点校：《宋会要辑稿》刑法2之138，上海古籍出版社2014年版，第8366页。
④ （宋）罗大经：《鹤林玉露》乙编卷2《彤庭分帛》，中华书局1983年版，第150页。

的重要原因。如宋仁宗至和中，韩琦为相州知州，"典乡郡，因辟牙城作甲仗库，以备不虞，遂大修亭池，名曰康乐园，取斯民共乐康时之义故云。魏公自为记，书而刻诸昼锦堂上。园中旧有七堂曰：昼锦、燕申、自公、荣归、忘机、大悲、凉堂。又有八亭曰：御书、红芳、求已、迎合、狎鸥、观鱼、曲水、广春。又有休逸、飞仙二亭。"①而此前太宗朝，韩崇赟为节度使，相州官廨厅堂均逾制，"宋太宗归自河东，视其厅曰：'朕之所居，亦不过也。'上欲留宿，重赟奏曰：'臣以一方之力，积岁成此，今陛下居一夕，即虚之矣，不免劳民重建，乞赐守臣，岂胜荣幸？'上乃命设幄宿于厅下而去。至魏公大加完饰，郡廨园亭，雄壮华丽甲于河朔。"②韩一句"一方之力，积岁成此"，道出了其追求奢华生活，花费大量钱物营建官廨的事实。《却扫编》中也记载韩琦："韩魏公喜营造，所临之郡必有改作，皆宏庄雄深称其度量。在大名于正寝之后稍西为堂，五楹尤大，其间洞然，不为房室，号'善养堂'，盖其平日宴息之地也"③。又如神宗元丰六年，广南西路提举常平"刘谊于桂州治廨舍，费官钱万缗"④，遭到朝廷的查处。再如神宗元丰中，重修太原城池官廨，"己未岁七月，工徒云集，即其旧基外筑防以围之，预护水患，首尾千尺，举趾高丈有五尺。中建殿堂，轮焉奂焉；周庑还洽，如翼如翠。御制碑殿据其端，钟楼峙于东厢，经阁聂于西序。至癸亥岁七月告成，无虑三百六十余楹。皆金碧丹臒，彩错照烂，足以仰奉皇帝孝公继志之景略，显扬一代成功之迹于无穷矣。左右余地列净防十区，安处徒众。其后墉垣，又为馆舍数十楹待使客。"⑤"计工仅十万，而縻锾一千三百六十

---

① （元）纳新：《乃贤集校注》《河朔访古记》卷中，河南大学出版社2012年版，第309页。
② （元）纳新：《乃贤集校注》《河朔访古记》卷中，河南大学出版社2012年版，第309—310页。
③ （宋）赵与时、徐度：《却扫编》卷下，《全宋笔记》第3编10，上海古籍出版社2012年版，第176页。
④ （宋）李焘：《续资治通鉴长编》卷342，元丰七年正月癸丑，中华书局2004年版，第8224页。
⑤ （宋）高汝行：《嘉靖太原县志》卷5，天一阁藏明代方志选刊，上海古籍出版社2009年版，第15页。

八万余。"一座府城官廨，集中众多工匠修造五年时间，花费如此之巨，房屋数量之多，远远超出一般满足行政职能运转之需求。而在元丰修造之前，熙宁五年（1072），日本来宋的僧人成寻，过太原城时就在日记中写道："府中殿舍广大，数百重重门楼，廊外矢仓不可记尽，宛如京城。"① 可见，太原府城池官廨的修造，过于奢华，超出实际需要。南宋理宗景定五年，建康府为招待过往宾客所建江宁馆，"重建厅堂、廊宇、门楼，小大咸具，总费钱一十三万六千余缗，米三百一十二石有奇"②。一座馆驿的修造费用甚至远超一般州县官廨整体修造费用，晚宋士大夫的奢侈享乐之风从中可见一斑。

此类耗费大量钱物的地方官府营建，在两宋时期一直存在，徽宗朝淮南转运使张根就曾说："天下之费，莫大于土木之功。其次如人臣赐第，一第无虑数十万缗，稍增雄丽，非百万不可。"③ 几万乃至几十万贯的经费被用于修建地方官廨，造成不必要的行政经费超支，导致无效行政成本的膨胀。

二 宋朝政府针对地方官府奢侈享乐行为的治理举措

针对宋代地方官府公务活动中出现的种种奢侈享乐、超标准接待问题，宋朝政府也是积极加以应对，出台多种治理举措，予以防控。

（一）加强预算管理与审计，避免无效成本消耗

统治者出于加强中央集权和对地方政府进行控制的目的，极力侵夺地方财政经费，并对地方财政支出制定了较为严格的预算管理与审计制度，对避免无效行政成本的损耗具有重要的意义。

---

① （日）成寻：王丽萍点校：《新校参天台五台山记》，上海古籍出版社2009年版，第391页。

② （宋）周应合：《景定建康志》卷21《城阙志二》，《宋元方志丛刊》，中华书局1990年版，第1659页。

③ （元）脱脱等：《宋史》卷179《食货志下一》，中华书局1977年版，第4359—4360页。

宋朝中央对于地方政府制度规定的显性成本诸如官员俸禄、公使钱、系省钱物、常平钱物等的使用有比较严格的审计与支出规定，相关账目审计也相对完善。在地方部分行政经费支出中，宋朝采取了知州、通判共同署名的原则，加强了互相监督与审计。开宝四年（971）诏令："应州有公使处，知州与通判同上历支破"①。元丰三年（1080），神宗再次诏令"三司委诸路监司检察抚养士卒、犒设蕃部钱，具有无违法以闻"②。这样有助于避免州府长官独掌财权，侵吞或者浪费公使钱物。

宋朝继承前朝财物审计账目制度的传统，加强对地方政府行政经费支出的审计与管理。神宗时期，尤其加强了对相关账目的审计和监督。当时诸路转运使多不认真清查地方经费账目，只是一味地上奏朝廷说用度不足，因而"宜有会计出入之法，以察增耗，以知有余不足之处也"，在元丰元年，朝廷下令"诸路转运司勘会所辖州军熙宁十年以前三年收支，应见在钱物，除闲杂及理欠物更不条具，其泛收泛支，或诸处支借出入，并蠲放欠阁，各令开析，限半年攒结成都状，送提点刑狱司驱磨保明，上中书点检。有不实，科徒二年罪，不理去官，仍并治保明官吏；如驱磨出增隐钱物，并当等第酬赏。自今三年一供，著为令"③。这一供帐法的改革，极大地加强了对地方政府行政经费状况的审查，对中央了解地方相关经费状况有重要意义。元丰三年，又进一步规定："其县、镇、仓场、库务帐，本州勘勾；诸州帐，转运司勘勾。内钱帛以下具收支，应见在逐县总数造计帐申省，每三年各缴已经司金帐一道，送省架阁"④。这样更加明确了路、州对下属机构行政经费账目的审计职责。

由于金军南侵，南宋中央政府流离失所，对地方财物支出审查不严。绍兴初年，都督行府就在奏状中提到这种现象，"今日之急，莫先财赋，

---

① （宋）李焘：《续资治通鉴长编》卷12，开宝四年十月丙戌，中华书局2004年版，第272页。

② （宋）李焘：《续资治通鉴长编》卷301，元丰二年十二月戊申，中华书局2004年版，第7330页。

③ （宋）李焘：《续资治通鉴长编》卷291，元丰元年八月庚午，中华书局2004年版，第7126页。

④ （宋）李焘：《续资治通鉴长编》卷309，元丰三年闰九月庚子，中华书局2004年版，第7495页。

若按籍可考，则无容失陷。自兵火后来，成法废弛。州县凡有移用，漕司不能尽察；漕司凡有支使，户部不能尽知。因致州县肆为侵隐、失陷钱物，为害不细"①。因而建议加强审计和预算管理，"欲诸路收支现在钱物，今后分上下半年，县具数申州，州类具，同本州之数申漕司。如系常平茶盐司并提刑司钱物，即依此申所隶置籍。本司总一路之数，作旁通开具闻奏，付之户部，考察登亏。仍诏守臣通判，今后岁终及替罢，并开具管下诸县，并一州收支见在数目，申尚书省。其初到任，即具截日见在，依此供申送部，亦行置籍，以备移用，庶几稍革陷失之弊"②。这一建议获得朝廷的批准，并责令户部推行诸路，从而使得宋代地方各级政府都被纳入政府的财政审计与监控之中。既包括年终审计，也包括离任、到任审计。此举为保证地方财政支出钱物的有效和合理，避免无效成本损失建立了较为完善的制度规定。绍兴时期还进一步增加了诸路监司巡察所部中要加强对州县财政支出签押情况的审计，"凡财用之出入无簿书押者，必按以不职之罪"③，而知县独自擅收支钱物，"不签押佐官者，杖八十"④，看来知县的财权也受到其他县级官员的监督和牵制。这进一步增加了地方官员擅自动用钱物、贪赃入己或滥用妄用的难度，有助于节约行政经费。《庆元条法事类》中也有大量关于地方各级官府收支账目上报及审计监督制度的记载。地方州府有应在司及相关官吏掌管官物的支出及账簿记录，并有相应的奖惩制度，监司也会每一季度巡查州府，监察相关账簿，完善相关制度。开禧元年（1194）正月，中书门下省再次对监司守令公务迎送中奢侈浪费行为进行整顿，"监司守倅到罢迎送，合破吏卒、从物，各有条例。日来所在州军例外过有差置吏卒借请，殊无限制，理合禁约"。采取的举措就是"令诸路帅司、四川制置司、二

---

① （宋）李心传撰，胡坤点校：《建炎以来系年要录》卷89，绍兴五年五月辛巳，中华书局 2013 年版，第 1715 页。

② （宋）李心传撰，胡坤点校：《建炎以来系年要录》卷89，绍兴五年五月辛巳，中华书局 2013 年版，第 1715 页。

③ （宋）李心传撰，胡坤点校：《建炎以来系年要录》卷149，绍兴十三年六月戊戌，中华书局 2013 年版，第 2816 页。

④ （宋）李心传撰，胡坤点校：《建炎以来系年要录》卷183，绍兴二十九年八月己卯，中华书局 2013 年版，第 3529 页。

广经略司自今降指挥到日，日下取会所部州军见今所破从物，吏卒并借请实数，攒类成册，保明申尚书省"。让地方官员提供需要多少人吏、兵丁以及帐设等资料，中央置籍对照检核①。

总的来看，两宋时期中央对地方政府行政经费支出的相关财务预算和审计管理相关制度是较为严密和完善的，有助于防范地方官员滥用经费、渎职浪费等问题，但是人不执行相关制度，再严密的制度也形同虚设，正如哲宗朝苏辙所言：元丰帐法推行后，"是时朝廷因布之言，于三司取天下所上帐籍视之，至有到省三二十年不发其封者。盖州、郡所发文帐，随帐皆有贿赂，贿赂各有常数，已足者皆不发封。一有不足，即百端问难，要足而后已"②。这样一来，增设的负责审计地方经费支出账目的中央审计机构又成为新的腐败之地，呈报的相关地方账目无人问津，即使审查也多是作的伪账，难以反映地方实际经费支出情况。这样一来，至少在这一段历史时期，通过审计和监督来避免地方公务活动奢侈浪费现象的措施难以奏效，这值得我们今人反思和总结。

（二）出台相关法令对地方公务活动经费数额进行限制

两宋时期，地方官府因公务活动导致的奢侈享乐及其对政府行政成本无效损耗的情况是极为严重的，政府也不断采取措施对此类行为进行惩治。如熙宁四年（1071）正月，朝廷针对地方官府普遍役使民众主管公使库，"倍备糜费"，对各地公使钱的数量进行了定额，"量入为出，随州郡大小立等，岁自二百贯至五千贯止。若三京、三路帅府，成都、杭、广自来所用多者，增其数"③。法规制定后，不仅有助于减少对地方承役人的压榨和剥削，同时也可以控制州府公使宴会、迎送、馈赠等消费钱物数，减少无效成本损耗。徽宗时期，有臣僚针对地方官员在节日期间

---

① （清）徐松辑，刘琳、刁忠民、舒大刚等点校：《宋会要辑稿》仪制4之32，上海古籍出版社2014年版，2378页。

② （宋）李焘：《续资治通鉴长编》卷383，元祐元年七月己卯，中华书局2004年版，第9330—9331页。

③ （宋）李焘：《续资治通鉴长编》卷219，熙宁四年正月己酉，中华书局2004年版，第5328页。

宴饮浪费官府钱物，"诸州遇天宁节，除公使外，别给系省钱，充锡宴之用。独诸路监司许支逐司钱物，一筵之馔，有及数百千者，浮侈相夸，无有艺极。"因而朝廷立法加以限制："遇天宁节宴，旧应给钱者，发运、监司每司不得过三百贯，余每司不得过二百贯，以上旧给数少者，止依旧。"① 通过限制宴会花费钱数来缩减地方无效成本，具有积极的意义。

南宋孝宗至宁宗朝，朝廷不断针对地方官员迎送往来所占用的州县军兵、役人过多问题进行治理，强调"监司、郡守数多，接送频繁，所破借请，或至半年，或四五月，近者不下三月，所费不知其几。加之公用什物，率皆创置，故一经接送，州县仓库为之（枵）[枅]然"，因而必须缩减接送人员数量，同时"戒谕监司、郡守，每事简省，不得侈靡，并从御史觉察……庶几免致重叠费耗，少宽州郡之力"②。不断强调"乞申严法制，行之诸道，凡将迎之费，一遵令甲，供张之具，务从简省，爱民体国，无以华侈相尚，则郡国其有瘳矣"③。通过法令及监察系统的力量来控制和缩减各种地方行政过程中的奢侈浪费钱物。

朝廷还通过不断颁布《禁奢令》来限制包括地方官员在内的各色人等奢侈消费，减少无效成本的花费。如太宗端拱二年（989），朝廷《申禁奢僭诏》规定："国家先定车服制度。寻以颁行。如闻士庶之间。尚多奢僭之事。重申禁约。用革浇浮。自今御史台纠举之。"④ 仁宗嘉祐四年（1059）再次发布《诫僭奢诏》，对当时奢侈享乐之风及其危害进行了描述："惟是俭勤，敢忘勉励。期与群庶，臻于富康。而人怠久安，骄于佚欲，物丰大盛看，耗以虚浮。苟奉养以自私，忘僭奢之为戾，士民交斁，贵贱靡分。惟其强力之能，无复等威之制。考于着令。虽有旧章。顾在攸司，鲜闻用法，民遂安于常习，弊罔革以滋深。"因而进一步重申禁止

---

① （元）脱脱等：《宋史》卷179《食货志下一》，中华书局1977年版，第4362页。
② （清）徐松辑，刘琳、刁忠民、舒大刚等点校：《宋会要辑稿》仪制4之29，上海古籍出版社2014年版，第2377页。
③ （清）徐松辑，刘琳、刁忠民、舒大刚等点校：《宋会要辑稿》仪制4之29、31至32，上海古籍出版社2014年版，第2377—2378页。
④ （宋）佚名，司义祖整理：《宋大诏令集》卷148《申禁奢僭诏（端拱五年十一月丙戌）》，中华书局1962年版，第545页。

奢侈僭越的服饰、器物，控制物欲，"凡居室之制、器用之度、冠服之章、妾滕之数。其令中外臣庶，遵守前后条诏。如有违犯，仰御史台及开封府纠察闻奏。其诸路州军，即委转运使提点刑狱臣僚及逐处长吏施行。布告中外。咸使闻知。故兹诏示。"① 孝宗朝出台管控迎送费用的法令，淳熙九年（1182），朝廷下令出台法令治理地方公务迎送中的诸多问题，许多奢侈浪费行为被禁止，"监司守倅已依格差接送人从外，又有将带公使钱作随行支用，系是重叠破费；人从借请不多，合依格外，书表司等人近来多是妄作名色，增添借请，及格外差都吏、手分等，每名借请，犒设至多，合行禁止……一、接送如愿乘船者，只合差破官船；如无官船，许和顾乘使，不得折支顾钱。一、合破接官从物，旗帜、挝剑及人从头帽、衣衫之类，只许就界首等候，不许将带出境迎接。一、诸公人违法借兑，并白状批请，已有见行条法及绍兴二十六年指挥，合行申严行下。今措置公人遇节，并经由州县借请，及非时妄作名色犒设之类，亦合禁止"②，"一迎送轿乘，止许公库自行修置，不得行下所属科率"③。通过不断颁布此类诏令来警告和限制地方官员及士大夫，缩减其在公务活动的奢侈享乐花费，减少相关成本损耗。

一些清廉的地方官员也能自觉地在行政活动中加强预算和钱物管理，如《过庭录》的作者范公偁说他父亲在地方做官时，同僚中有一个判官魏中孚，非常清廉，他负责地方财物预算和审计，"同官有兴作制器用，老魏未能无意，每欲为之。先令匠作者计工，用若干费，各具公私之数；呈，辄判以'且休'、'且休'。及解官，检一任所供'且休'、'且休'钱，盖千百缗矣"④。由于魏中孚的节俭和审查，减少了不少不必要的工程建设和器物制作，为当地政府节约了千百贯的行政经费。又如仁宗天

---

① （宋）佚名，司义祖整理：《宋大诏令集》卷148《诫僭奢诏（嘉祐四年五月十日）》，中华书局1962年版，第547页。
② （清）徐松辑，刘琳、刁忠民、舒大刚等点校：《宋会要辑稿》仪制4之30至31，上海古籍出版社2014年版，第2377—2378页。
③ （宋）谢深甫撰，戴建国点校：《庆元条法事类》卷10，黑龙江人民出版社2002年版，第189页。
④ （宋）范公偁：《过庭录》不分卷《先子言魏诚老且休伐》，中华书局2002年版，第349页。

圣年间，陈贯知泾州，这位官员也是非常清廉勤政，到任后"督察盗贼，禁戢不肖子弟，簿书筦库，赋租出入，皆自检核。尝谓僚属曰：'视县官物如已物，容有奸乎？'"① 由于他对于官府行政经费使用和审查非常严格，在节约政府行政经费的同时，也得罪了不少当地官吏、豪强，后"州人惮其严"而徙为利州路转运使，可见说如果地方行政长官可以以身作则，加强财务支出的预算和审计，对减少地方行政经费的无效损耗是非常有作用的。

（三）加强对相关人员的监督与惩处

惩处地方公务活动中存在奢侈享乐问题的官员，对于减少地方官员的不法现象，改变政府形象有一定作用。如神宗元丰中，广南西路提举常平刘谊因花费官钱万缗修建官廨，过于奢侈被降官改任，而没有尽到监管职责的本路转运使、副使等一同受到罚铜的责罚②。徽宗政和八年（1118），知襄州赵岍因"饮燕无度，搔扰百姓"被放罢③。南宋时期，随着此类问题的增多，朝廷也加强了对奢侈享乐官员的惩处力度。如南宋高宗绍兴二年（1132），知太平州知州张镈、通判蔡绩"在园内晚食用妓弟祗应，致军民不服"，社会影响极为恶劣，两人被勒停、冲替④。孝宗朝，四川制置使赵汝愚弹劾嘉州知州张伯垓和提刑吴宗旦虐民欺官，奢侈享乐，社会影响极坏，"知嘉州张伯垓到任以来，为政苛急，督责财赋，人多致死，纵容子弟亲随干预政事，交通货赂……初缘提点刑狱吴宗旦与之结姻，遂相褒狎，每用妓乐燕饮，常至达旦。驯至两家子弟，人有所私，众皆指名，不敢尘渎。今岁上元，诸郡皆不敢燕集，唯闻嘉州与提刑司张灯，以多相胜，连夕游宴，肆为欢乐，场务官司俱被科

---

① （宋）李焘：《续资治通鉴长编》卷106，天圣六年八月己巳，中华书局2004年版，第2478页。

② （清）徐松辑，刘琳、刁忠民、舒大刚等点校：《宋会要辑稿》方域4之14，上海古籍出版社2014年版，第9335—9336页。

③ （清）徐松辑，刘琳、刁忠民、舒大刚等点校：《宋会要辑稿》职官68之41，上海古籍出版社2014年版，第4896页。

④ （清）徐松辑，刘琳、刁忠民、舒大刚等点校：《宋会要辑稿》职官70之11，上海古籍出版社2014年版，第4921页。

扰……今一路官吏百姓闻其先声，无不震恐"①。在赵汝愚的弹劾下，二人被降官，罢免差遣。光宗朝，在大力整顿吏治的时期，曾处理过诸多贪婪、奢侈享乐的地方官员，如绍熙二年（1191），知临江军钱密因"郡政不理，饮燕度日"被罢官。绍熙三年，知袁州吕行己因"贪婪不法，背公营私，耽乐宴饮，科需掊克，项目甚多"被改任提举宫观官②。宁宗朝以后，朝廷腐败，地方上各种奢侈享乐现象日益增多，政府对相关人员的惩治记载也日益频繁，许多地方官员因"宴饮无节，狎嬉官妓"而受到降官、放罢等处罚③。这种举措一定程度上震慑了地方官场，至少在一段时期内可以控制地方公务活动中的奢侈享乐问题。

（四）倡导清正廉洁的官场风气，劝导官员廉洁自律

针对宋代官场上存在的贪赃腐败、奢侈享乐、扰民虐民、怠惰政事、营私舞弊、弄虚作假等问题，宋朝君主和一些士大夫在通过建立制度举措、加强监督考核的同时，也通过撰写《官箴书》《为官须知》《州县提纲》等给予初入官场的人一些指导，避免他们陷入地方豪强和奸猾胥吏的陷阱。这些诏令或手册通过告诫和警示来劝导这些官员要廉洁自律，避免贪赃、奢侈等不正之风，倡导清正廉洁的官场风气。这其中最为有名、对后世影响最大的就是宋太宗摘录后蜀孟昶所书《戒石铭》"尔俸尔禄，民膏民脂，下民易虐，上天难欺"④。这其中充满了对官员们的告诫和警示，同时也宣扬了"上天"的权威性，在官僚体制之外还有因果报应的宣扬。而这一《戒石铭》也被宋朝地方乃至后世地方政府刻于官廨之内、大堂之对面，起到积极的警示作用。此后真宗针对地方文武官员提出七条戒律，"令天下刻石治所或书公廨之壁"⑤。其中给州县知州、通

---

① （明）黄淮：《历代名臣奏议》，上海古籍出版社1989年版，第2407页。
② （清）徐松辑，刘琳、刁忠民、舒大刚等点校：《宋会要辑稿》职官73之13，上海古籍出版社2014年版，第5008页。
③ 相关记载可参见《宋会要辑稿》职官74之1（第5041页）、之2（第5042页）、之6（第5044页）、之10（第5046页）等内容，上海古籍出版社2014年版。
④ （宋）洪迈：《容斋随笔》续笔卷1《戒石铭》，上海古籍出版社1996年版，第216页。
⑤ （宋）王应麟：《玉海》卷28《祥符文武七条》，广陵书社2003年版，第556页。

判等文官提出的七条包括："一曰清心。谓平心待物。不为喜怒爱憎之所迁。则庶事自正。二曰奉公。谓公直洁己。则民自畏服。三曰修德。谓以德化人。不必专尚威猛。四曰责实。谓专求实效。勿兢虚誉。五曰明察。谓勤察民情。勿使赋役不均。刑罚不中。六曰劝课。谓劝谕下民。勤于孝弟之行。农桑之务。七曰革弊。谓求民疾苦而厘革之。"① 给巡检、都监等武臣的七条包括："一曰修身。谓修饬其身，使士卒有所法则。二曰守职。谓不越其职，侵挠州县民政。三曰公平。谓均抚士卒，无有偏党。四曰训习。谓教训士卒。勤习武艺。五曰简阅。谓阅视士卒。识其勤惰勇怯。六曰存恤。谓安抚士卒，甘苦皆同。常使齐心，无令失所。七曰威严。谓制驭士卒，无使犯禁。"② 这一劝诫同样在两宋地方官场刻石雕版，令其遵循③。其后英宗、徽宗、高宗、宁宗均公布类似指令，对地方官员为政进行指导，告诫其防范贪赃营私、迟滞怠惰政事等不良行为，营造勤政廉洁的地方官场风气④。理宗皇帝作《字民训》告诫地方州县官员，为政要清正廉洁，后又仿照真宗文武七条作十二条以赐官吏。但当时南宋已经江河日下，人心涣散、朝政腐败，这些训诫恐怕难以对地方官员产生多少实际影响。

此外，宋朝政府也通过表彰为官清廉、正直的官员，树立正面典范，为地方政府官员素质提升提供精神层面的支持。如仁宗朝的雄州知州李纬，为政清正刚直，"治兵颇严，不事厨传，数与宦者争利害。积公使钱贮米三千斛为常平仓"，朝廷为表彰他的清廉，"下其法他州"⑤。当时的清廉名臣包拯，也是被官吏民众普遍传诵，"包拯刚严不私，包老之谣远

---

① （宋）佚名，司义祖整理：《宋大诏令集》卷 191《文臣七条并序》，中华书局 1962 年版，第 701 页。

② （宋）佚名，司义祖整理：《宋大诏令集》卷 191《武臣七条并序》，中华书局 1962 年版，第 701 页。

③ 如南宋绍兴十年，"颁真宗御制文武臣僚七条于郡县"，《建炎以来系年要录》卷 138，绍兴十年十一月辛亥，中华书局 2013 年版，第 2600 页。

④ 参见《玉海》卷 131《治平戒诸路帅》《绍兴戒谕诏书》，广陵书社第 2003 年版，第 2433 页；"嘉泰二年二月戊子，颁《治县十二事》以风厉县令"。（《宋史》卷 38《宁宗本纪二》，中华书局 1977 年版，第 731 页）

⑤ （元）脱脱等：《宋史》卷 287《李纬传》，中华书局 1977 年版，第 9655 页。

近称叹,其不畏强御为如何。包孝肃知开封府,天性峭严未尝有笑容,人谓'包希仁笑比黄河清'。又知开封府,为人刚毅不可以私干,京师为之夫语曰:'关节不到,有阎罗包老'吏民畏服称之"①。这样的清廉名臣,必然得到朝廷和民众的普遍颂扬,也为宋代地方官场风气的改善和官府正面形象的塑造提供了良好的榜样。徽宗政和元年臣僚奏章中也建议:"凡外之财计非不广也,其患在于官吏经制无术,拘摧失时。欲乞明诏监司,讲出纳之节,樽冗费之源,郡邑之吏奉行有称者,许以名闻,稍加旌劝。"② 这一建议也获得朝廷批准,光宗绍熙五年诏书中也提到,应该褒奖廉吏,同时严惩加强监司对州县的监督,严惩贪赃官员,"朕惟廉吏民之表,而为国之蠹、民之病者,莫污吏若也,不有诛赏,畴示劝惩!继自今诸道监司刺举之官,于郡邑文武任职之臣,廉必闻,污必斜,毋惮大吏,毋纵私昵。赏不尔靳,法不尔私,期吏称民安,副朕意焉"③。这种对郡县廉洁、才干之臣的褒奖,无疑对于其他官员有着一定的模范效应。通过这些方面的举措,也可以起到一定的引导作用,为建立良好、和谐、积极的地方政府政治环境,防控无形行政成本损耗起到一定积极作用。

结　语

　　总之,宋代地方官府公务活动中的奢侈享乐现象自宋初就存在,而在两宋各时期一直延续,某些时期还非常严重。尤其突出表现在公务宴会、迎送、公务用品购置、官廨修建等方面,而宋朝政府也出台法令、加强审计与监督,惩治不法官员,力图扭转这一风气,在宋仁宗、神宗和南宋孝宗朝曾取得一定的成效。一些清廉自律的官员也通过撰写《为

---

① (宋)林駉:《古今源流至论》后集卷3,文渊阁四库全书,台北商务印书馆1986年版,第942册,第204页下。
② (清)徐松辑,刘琳、刁忠民、舒大刚等点校:《宋会要辑稿》职官45之6,上海古籍出版社2014年版,第4236页。
③ (清)徐松辑,刘琳、刁忠民、舒大刚等点校:《宋会要辑稿》职官79之9,上海古籍出版社2014年版,第5229页。

官须知》《州县提纲》《字民训》等对在地方任职的官员予以劝导和警示。但是，奢侈享乐问题治理犹如逆水行舟，不进则退。必须形成对权力的有效监督制约机制，且形成长效治理机制，才能确立健康、节俭的地方官场生态。而这一问题，在宋代的现实条件下，无论中央政府还是地方政府，都是难以实现的，故而宋代地方官场上的奢侈、享乐现象屡禁不止，难以得到根治。

（文章原刊于《中原文化研究》2017年第6期）

宋代路级机构在地方政务
管理中的分工与合作

宋代的"路"是介于中央与州、县之间的行政层级和管理区划。宋代路级机构，由少到多，逐渐增加。神宗朝熙丰变法时期，是路级机构大量增多的一个转折点，如宋末马端临所说："宋之多设监司也，起于熙宁、元丰之行新法"①。宋代常设的路级政区机构有转运司、提刑司、提举常平司、安抚使司，宋人称其为漕、宪、仓、帅四司，或可泛称为"监司"。此外，较为常见的路级机构还包括提举学事司、提举市舶司、提举茶盐司、提举保甲司、路分钤辖司、路总管司等，它们共同掌管着一路内的地方行政、财政、司法、监察等权力。宋代路级机构在地方政务管理中存在一定的分工，并合作应对水旱灾害、盗贼变乱等突发事件，从而对宋代国家治理及地方政务的运行产生重要影响。学界对宋代路级主要机构已有较充分研究②，但对路级机构在地方政务管理中的分工与合作则探讨不多③。笔者在前人研究的基础上就此问题进行分析，不当之处敬请指正。

---

① （元）马端临：《文献通考》卷62《职官考十六》，中华书局2011年版，第1875页。
② 参见许怀林：《北宋转运使制度述论》，《宋史研究论文集》，河南人民出版社1984年版；戴建国：《宋代的提点刑狱司》，载《宋代法制初探》，黑龙江人民出版社2005年版；李昌宪：《宋朝安抚使考》，齐鲁书社1997年版；李之亮：《宋代路分长官通考》，巴蜀书社2003年版等。
③ 参见余蔚《宋代地方行政制度研究》，复旦大学2004年历史学博士学位论文；徐东升《从官营手工业管理看宋代路级机构的关系》，《厦门大学学报》2005年第4期。笔者受二位先生大作启发，获益良多，在此致谢！

一 路级机构在地方政务管理中的分工

宋代政府为提高行政运转的效率，做到专事专办，对路级诸司的职权也做了一定的分工，正如南宋宁宗朝臣僚所说：

> 朝廷置部使者之职，俾之将明王命，以廉按吏治。至于职事则各有攸司。婚田、税赋则隶之转运，狱讼、经总则隶之提刑，常平、茶盐则隶之提举，兵将、盗贼则隶之安抚。是以事权归一而州县知所适从，民听不二而词讼得以早决①。

如其所说，一路的赋税征收及婚田词讼是转运司主要的职责。而提刑司则以处理刑狱案件、催收经总制钱为主，提举常平司以催收常平、茶盐税收为主，安抚司则主管一路的军事、治安。

这个分工看来很明确，可是从实际情况来看却又并非如此。比如，提点刑狱司主要管理一路司法事务，但是路级诸司也同时拥有一定司法职权，如婚田等方面的民事纠纷主要由转运司、提举司来审理，军人犯罪主要由安抚司审理。南宋理宗朝江东提刑蔡杭审一盗卖生父产业案，就在书判中写道："但本司不欲侵运司事，难以裁断，给据付齐元龟，仰更自经州陈诉。"② 同样的，转运司主管一路财政，在熙丰变法财政收入大量增加的情况下，又令提刑司、提举常平司来监管朝廷封桩收入，使得转运司有时财政窘迫，在无钱籴粮时还要向提刑司借钱购买，而且必须在还钱后才能动用籴买的粮食，"其未桩拨价钱辄支用者，论如擅支封桩钱物法。"③ 加之宋代还有许多地方没有明确划分管辖权的事务以及必

---

① （清）徐松辑，刘琳、刁忠民、舒大刚点校：《宋会要辑稿》职官45之42，上海古籍出版社2014年版，第4255页。
② （宋）佚名：《名公书判清明集》卷9《卑幼为所生父卖业》，中华书局2002年版，第299页。
③ （宋）李焘：《续资治通鉴长编》卷462，元祐六年七月辛巳，中华书局2004年版，第11039页。

须及时处置的紧急情况如盗贼、灾害等，所有这些原因最终导致了宋代路级诸司的职权各有所主又大量交叉。故而宋代路级诸司的职责分工，是一种比较宽泛意义上的分工，各司都有比较主要的一项或几项职责，同时又相互交叉大量的职责，为诸司遇事灵活处置提供了便利，同时也构成了诸司联合行动的基础。

因路级诸司分工不细，在实际也常出现一司因不明职责、擅自处置他司职事而受到惩罚的例子，如熙宁时提举常平司设立很长时间，其官员仍不知适从，"凡有举动，辄与转运司一例申禀，或非本管职事，越次受理。"[1] 元丰二年（1079），京西南路提举常平张商英因"越职治提点刑狱司事"而被罚铜十斤[2]。三年二月"权发遣提举京西北路刑狱胡宗回罚铜十斤，免冲替，坐越职治提举司事也。"[3] 南宋理宗宝庆二年（1226），监察御史梁成大奏："福建提举司主常平茶事而盐不预，……近来越职营利，多取纲运"，他请求"将运盐尽归漕司，提举司不得越职"。[4] 朝廷从之。南宋士大夫也感叹：路级"诸司不存事体，疏易者，杂治而失职，苛察者，振权而侵官，……事任自有隶属，而别司辄干预，则为官吏者何所适从？"[5] 因这种职权的分割和大量交叉，导致诸司权力受限，动辄失职或侵越职事。宋代官府也一再严行戒敕，希望路级诸司各行其是。但实际上，这种诸司职责侵越、混杂不清的情况却一直存在。统治者对于藩镇割据的防范是故意造成诸司并立、职责相搅其中的重要原因。如哲宗时朝廷令帅司点检军事，同时又规定如发现军队违法行为，监司可以奏闻[6]，实际上还是给了监司一定的参与地方军事事务权力。再

---

[1] （宋）李焘：《续资治通鉴长编》卷279，熙宁九年十二月甲午，中华书局2004年版，第6834页。

[2] （宋）李焘：《续资治通鉴长编》卷299，元丰二年八月丁巳，中华书局2004年版，第7289页。

[3] （宋）李焘：《续资治通鉴长编》卷302，元丰三年二月壬戌，中华书局2004年版，第7287页。

[4] （元）脱脱：《宋史》卷136，《食货下五》，中华书局1977年版，第4465页。

[5] （宋）谢深甫，戴建国点校：《庆元条法事类》卷6《职掌》，黑龙江人民出版社2002年版，第32页。

[6] （宋）李焘：《续资治通鉴长编》卷471，元祐七年三月丁酉，中华书局2004年版，第11247页。

如，转运司掌财，又创提举常平司分其财权，二者职责交叉，充分体现了统治者利用二司互察、最大限度征收赋税的目的。再者，为及时处理地方中的一些实际问题，诸司不可避免地侵越到他司的职责。如哲宗元祐中荆湖北路转运司就上奏："准敕：刑狱、兵甲、贼盗事悉委提刑司"。而转运司"如巡所部有器械损坏，合行修整，以致盗贼缓急差拨兵甲，若须候移文提刑司，恐后时别致败事。欲乞兵甲许本司通管。"① 朝廷从之。故而，名义上兵甲、盗贼事归提刑司管辖，但转运司在此方面的权力丝毫不逊于提刑司。因实际事务处理的需要而导致的越职治事进一步助长了诸司职责混杂的情况。

在处理地方上一些繁重、紧急事务时，宋代路级诸司的分工则起到较好的作用。如在行使监察职能方面，宋代转运使等监司就实行分部按察之制。宋代为加强对地方的监察，责令路级监司在较长时间要遍巡辖下州军。自宋神宗熙宁年间，开始出现了提刑、转运、提举三司分部巡历的制度②，此后成为惯例，如哲宗元祐元年（1086）十一月，朝廷诏："诸道监司互分州县，每二年巡遍。"③ 元符二年（1099）五月诏令："提举官虽与监司互分巡历，并须本司官二年遍所部州县。"④ 徽宗宣和四年（1122）十二月，朝廷也规定"诸转运、提点刑狱岁以所部州县量地远近互分定，岁终巡遍。提点刑狱仍二年，提举常平并一年一遍。"⑤ 南宋孝宗乾道五年（1169）九月，朝廷诏："诸路监司今后分上下半年依条巡按，询访民间疾苦，纠察贪堕不职官吏。"⑥ 可见，这种互分州县巡历的

---

① （宋）李焘：《续资治通鉴长编》卷390，元祐元年十月辛丑，中华书局2004年版，第9477页。

② （宋）李焘：《续资治通鉴长编》卷275，熙宁九年五月丙寅，中华书局2004年版，第6725页。

③ （清）徐松辑，刘琳、刁忠民、舒大刚点校：《宋会要辑稿》职官45之1，上海古籍出版社2014年版，第4233页。

④ （宋）李焘：《续资治通鉴长编》卷510，元符二年五月辛亥，中华书局2004年版，第12136页。

⑤ （清）徐松辑，刘琳、刁忠民、舒大刚点校：《宋会要辑稿》职官45之14，上海古籍出版社2014年版，第4240页。

⑥ （清）徐松辑，刘琳、刁忠民、舒大刚点校：《宋会要辑稿》职官45之27，上海古籍出版社2014年版，第4247页。

制度在两宋时是一直实行的。分定州县巡查，体现了路级诸司联合行动中的分工和协调，防止了两员监司同赴一州而造成的劳顿奔波，行政资源浪费现象，同时又通过分地、分时监察，延长了监察的时限，使一路州县冤屈得到更及时的处理，贪赃枉法的官吏受到更及时的按劾。需要说明的是，在分部巡查后，每一监司官仍要在规定的时间内巡遍所部州县，其总的工作量不会减少，不能因他司巡历过就投机取巧，越境而过。

此外，在催决刑狱时，宋代路级监司又存在临时分部之法，这一制度比监司分部巡历更早。宋代统治者遇天灾往往遣路级监司到州县催决刑狱，审理冤案。这个过程时间很短，故需要诸司分头前去点检，如仁宗景祐二年（1035）五月，因天灾朝廷诏"逐路转运使副、提点刑狱朝臣、使臣分于辖下州军疏决刑狱。"① 神宗熙宁三年（1070）四月，朝廷因河北等路久苦旱灾，"深虑刑狱或有冤留，"故令"诸路分委监司，在京遣中书刑房检正督遣系囚。"② 哲宗元祐五年（1090），朝廷因"浦天不雨，旱灾甚广"而诏"诸路转运、提点刑狱官疾速分诣所属州县，引问见禁罪人，疏理决遣。"③ 此后除临时催决外，徽宗时期还形成了每年暑热时路级诸司定期"分头点检"所部狱囚的制度，一般要求两月内巡遍④。南宋初年这种诸司定期分头决狱的情况有所改变，如绍兴二十八年（1168）朝廷诏："诸路州军令提刑须于六月初躬亲前去点检，催促结绝见禁罪人。……如提刑阙官，仰监司躬亲分头前去。"⑤ 即定期虑囚只令提刑躬亲前去，提刑阙官才令监司分头前往，但这样一来无疑增加了提刑官成倍的工作量，孝宗淳熙元年（1174）十月，臣僚就说："伏睹指

---

① （清）徐松辑，刘琳、刁忠民、舒大刚点校：《宋会要辑稿》刑法5之21，上海古籍出版社2014年版，第8515页。

② （清）徐松辑，刘琳、刁忠民、舒大刚点校：《宋会要辑稿》刑法5之26，上海古籍出版社2014年版，第8517—8518页。

③ （宋）李焘：《续资治通鉴长编》卷438，元祐五年二月丁未，中华书局2004年版，第10560页。

④ （清）徐松辑，刘琳、刁忠民、舒大刚点校：《宋会要辑稿》刑法5之30，上海古籍出版社2014年版，第8520页。

⑤ （清）徐松辑，刘琳、刁忠民、舒大刚点校：《宋会要辑稿》刑法5之38，上海古籍出版社2014年版，第8524页。

挥，每岁盛夏虑囚专委提刑，如提刑阙官，仰监司分头前往去，此良法也。臣谓提刑之职，固当虑囚。且以广西一路论之，所管二十五州，一两月安能遍历？"因而他建议："孰若令监司分诣，无问提刑阙与不阙。"① 朝廷从之，又改回到北宋诸司分头决狱的旧制，并各随置司地远近分部，如宁宗庆元元年（1195），朝廷诏令诸路虑囚，"令监司依已降指挥，各随置司去处，地理远近诣所部州军"②。可见在两宋时期，天灾、寒暑之时，朝廷遣路级监司到州县催决刑狱时存在着明确的分部巡察制度。

再看赈灾方面的临时分部制度。仁宗皇祐四年（1052），"朝廷以京东、淮、浙、江、湖灾伤，令转运、提点刑狱分路巡察。""抚恤疲羸，督视盗贼。"江南东路提刑张肃和同提刑赵牧还因请求"挈家于分定州军"而遭到朝廷的责降③。哲宗元符中，朝廷也针对蝗灾路分，令"监司分定地分巡检。"④ 再如南宋宁宗嘉定八年（1215），"江东九郡，大旱者七，加以飞蝗。"转运副使真德秀急奏请求诸司分定州军赈救，其具体分部意见是："建康府、太平州、广德军当责之安抚、转运司，宁国府、池、徽州当责之提举司，饶、信州、南康军当责之提刑司。"⑤ 朝廷采纳其意见并进一步细分，将建康府责帅司赈救，太平州、广德军责转运司赈救⑥。通过分工，诸司职责明确，真德秀亲至广德，"与太守魏岘同以便宜发廪，使教授林庠振给，竣事而还。"⑦ 赈灾取得了良好的效果。

总之，两宋时期，诸司分工与分部按察制度是一直存在的，它一定

---

① （清）徐松辑，刘琳、刁忠民、舒大刚点校：《宋会要辑稿》刑法5之42至43，上海古籍出版社2014年版，第8526页。

② （清）徐松辑，刘琳、刁忠民、舒大刚点校：《宋会要辑稿》刑法5之45，上海古籍出版社2014年版，第8527页。

③ （宋）李焘：《续资治通鉴长编》卷172，皇祐四年二月辛巳，中华书局2004年版，第4132页。

④ （清）徐松辑，刘琳、刁忠民、舒大刚点校：《宋会要辑稿》瑞异3之42，上海古籍出版社2014年版，第2671页。

⑤ （宋）真德秀，王云五主编：《西山先生真文忠公文集》卷6《奏乞分州措置荒政等事》，商务印书馆1937年版，第103页。

⑥ （元）脱脱：《宋史》卷437《真德秀传》，中华书局1977年版，第12960页。

⑦ （元）脱脱：《宋史》卷437《真德秀传》，中华书局1977年版，第12959—12960页。

程度上提高了路级机构处理地方事务的效率，对维护宋代地方统治发挥了重要的作用。而在天灾、寒暑时为虑囚和救灾而形成的临时分部制度在增强路级诸司的工作效率，同时也有效降低了这些官员工作的强度，避免路途奔波，以便有更多的精力投入其主要工作之中。

二 路级机构在地方政务管理中的合作

宋代路级诸司虽然职责各有侧重，但面对地方上的民政、治安等项事务，同路各司之间的联合行动也很普遍，尤其到南宋后期，这种情况更为常见。同时在举辟官员和规划州县事务中，诸司也往往联合奏事，在此过程中，宋代路级诸司的关系也更加密切。

治安和军事行动是转运、安抚、提刑等司联合行动的重点，自北宋前期就已如此，如仁宗嘉祐五年（1060），交阯与甲峒夷人攻邕州，宋代令"知桂州萧固发部兵与转运使宋咸、提点刑狱李师中同议掩击；又诏安抚使余靖等发兵捕讨"①。神宗熙宁十年（1077），福建地区发生叛乱，六月，朝廷令蹇周辅为福建路转运使，令与提举贼盗高遵一、提点刑狱徐总共同督捕，后又诏：三人"如在一处，应干捕贼事并同商议，若在军前捕盗，并听遵一指挥。"② 南宋时期，由于战争的长期性和残酷性，诸司之间的联合军事、治安行动就更为普遍，甚至跨路地区之间也进行合作，如高宗绍兴二年（1132），朝廷诏令"江东、西、福建路帅、宪臣同共措置石陂军贼。限一月须管剿尽。"③ 同年十月，因"广东西、湖南路尚有盗贼余党"，朝廷令"广西、湖南路帅臣、提刑疾速措置，遣发兵将，督责应干捕盗官会合讨捕。"④ 再如理宗朝福建提刑包恢在给中央上

---

① （元）脱脱：《宋史》卷488《交阯》，中华书局1977年版，第14068页。
② （宋）李焘：《续资治通鉴长编》卷283，熙宁十年六月丁亥，中华书局2004年版，第6923页。
③ （宋）李心传撰，胡坤点校：《建炎以来系年要录》卷57，绍兴二年八月甲午，中华书局2013年版，第1151页。
④ （宋）李纲：《李纲全集中》卷75《讨杀本路作过溃兵了当见措置杨幺等贼奏状》，岳麓书社2004年版，第774页。

的《防海寇申省状》中就提出："照得某昨准省札,备臣僚奏请,令福建安抚司、提刑司及泉州各任责令措置,多设方略剿捕海寇。再准密札,备臣僚奏请,行下帅司、提刑司,令多设方略,以为捕盗之策"[1]。看来,当时以诸司联合行动打击盗贼已成为朝廷的共识。总之,治安和军事行动,因其发生较为突然,又涉及多方利益,故而成为诸司联合行动的重点。

灾害的赈救也是路级诸司联合行动的重点。与军事行动相似,灾害的发生也是突发性的,难以预测,因而必须调动路级诸司共同的力量,最大限度地减少灾害的损失。如仁宗嘉祐元年(1056),朝廷诏令"京西、荆湖北路转运使、提点刑狱分行赈贷水灾州军"[2]。英宗治平元年(1064)七月,也令"水灾逐路安抚、转运、提点刑狱督责知州、通判存恤被灾人户"[3]。熙宁九年七月陕西地区突发蝗灾,"为害极甚",朝廷因而令"永兴军等路转运、提刑等司分往州军,督促当职官吏打扑尽静以闻"[4]。南宋《庆元条法事类》中,对于灾害时路级诸司赈救的合作有更明确的诏令,"诸灾伤路分,安抚司体谅措置,转运司检放展阁,(军粮阙乏,令听以省计通融应副),常平司籴给借贷,提点刑狱司觉察妄滥,如或违戾,许互相按举"[5]。从以上可知,在灾害发生时,路级诸司必须联合行动,才能及时、有效地对其进行赈救。

策划兴修水利、城防等事务是诸司联合奏事的重要方面。此类关乎一路吏民的大事,一司奏请往往很难成功,如果诸司联合奏请,就表明这一策划在路级诸司都是认可的,因而增加了议案获得通过的几率。如

---

[1] (宋)包恢:《敝帚稿略》卷1《防海寇申省状》影印版四库全书,第1178册,北京出版社2012年版,第708页。
[2] (清)徐松辑,刘琳、刁忠民、舒大刚点校:《宋会要辑稿》瑞异3之2,上海古籍出版社2014年版,第2650页。
[3] (清)徐松辑,刘琳、刁忠民、舒大刚点校:《宋会要辑稿》瑞异3之3,上海古籍出版社2014年版,第2650页。
[4] (清)徐松辑,刘琳、刁忠民、舒大刚点校:《宋会要辑稿》瑞异3之41,上海古籍出版社2014年版,第2650、2670页。
[5] (宋)谢深甫撰,戴建国点校:《庆元条法事类》卷7《监司知通按举》,黑龙江人民出版社,第129页。

北宋前期，广州无外城，侬智高叛乱时造成重大伤亡，时人皆以为当地"土杂螺蚌，不可城"。唯独神宗朝安抚使程师孟以为可，于是说服转运使向宗道、提刑陈倩、周之纯等共同上奏，请求修城，朝廷批准。动工兴修，"凡十月而毕。师孟、宗道、大年、倩、之纯并降诏敕奖谕，赐银绢有差"①。再如哲宗绍圣元年（1094），黄河决口于窦家港，河北路都转运使、提刑司、都水监官北外丞司联合奏请堰断梁村水口，相度定夺黄河利害所认为诸司"同议已得归一，本所相度，可以先次兴工"②。因而获得朝廷的批准实行。总之，类似于此类要慎重实行的地方事务，诸司的联合奏请非常普遍，增加了决策的慎重，同时也增强了朝廷对实施这一方案的决心。

再者，中央对于一些不确定的地方问题也发下令路级诸司共同商讨，奏报利害或解决方案。如仁宗皇祐三年（1051）二月，"广源州蛮首领侬智高请内属"。朝廷一时难以决策，因而令广西转运、提刑、钤辖司"具利害以闻"③。再如嘉祐四年（1059）二月，朝廷兴修河北地区塘泊，臣僚议论纷纷，遂"再委河北提刑薛向、都水监丞孙琳计会，张茂则亲往相度，"令诸司"即得经久稳便，同共以闻。"④ 哲宗元祐元年（1086）二月，朝廷诏："并废州县，令诸路转运、提点刑狱、提举常平司，同相度合与不合废并以闻。"⑤ 南宋时期亦是如此，如高宗建炎四年（1130）二月，朝廷令福建路转运、安抚、提刑司"公共相度措置榷酤有坊碍，仍其官监或召人买扑，或给卖麹引方许造酒，孰为利便以闻。"⑥ 孝宗淳

---

① （宋）李焘：《续资治通鉴长编》卷237，熙宁五年八月戊子条，中华书局2004年版，第5768页。

② 黄以周辑：《续资治通鉴长编拾补》卷9，绍圣元年二月丁巳条，中华书局2004年版，第378页。

③ （清）徐松，刘琳、刁忠民、舒大刚点校：《宋会要辑稿》番夷5之61，上海古籍出版社2014年版，第9875页。

④ （清）徐松辑，刘琳、刁忠民、舒大刚点校：《宋会要辑稿》食货63之43，上海古籍出版社2014年版，第7635页。

⑤ （宋）李焘：《续资治通鉴长编》卷365，元祐元年二月乙丑条，中华书局2004年版，第8756页。

⑥ （清）徐松辑，刘琳、刁忠民、舒大刚点校：《宋会要辑稿》食货20之14，上海古籍出版社2014年版，第6431页。

熙二年（1175），广西经略史张栻奏转运司行官般盐法，收息太多，州郡困窘，朝廷因而令经略司与提刑、转运司"公共将一路财赋通融斟酌，为久远之计，既于漕计不乏，又使一路州郡有以支吾，见行盐法不致弊坏。"[①]

从以上论述可以看出，宋代路级诸司的联合行动和联合奏事是非常普遍的，这有利于发挥集体领导的优势，朝廷通过对路级诸司意见的咨询，有利于获取更客观、全面的信息，有利于因地制宜，做出最佳的决策方案。路级诸司也通过联合的方式，扩大了自己对州县事务的干预、管理权力。

需要强调的是，在宋代路级诸司合作与分工中，除监察官吏不得相互关白外，其他事务诸司之间要及时互通信息，保持良好的沟通与协调，如《庆元条法事类》中就规定："诸监司被受三省、枢密院、台、省、寺、监指挥而事干他司者，以他司事报所属。即事应通管者，转运司行讫报其安抚、监司。及官司被旨兼领而应与他司通治者，后所主之司行下，（谓如灾伤、赈济，则提举常平司之类。）仍报余司。若规画措置有所未至，听余司行毕报者，有不当者，关牒元行之司改正。"[②]转运副使真德秀论诸司分部救灾时也说：诸司"仍旧互相关报，盖通察而不分任，则耳目难周、报应稽缓，分任而不互报，则血脉不贯、事体不均"[③]。这样，在路级诸司治事时，只要牵连到其他机构，则要互相通告，从而增强了诸司间的协调，最大限度地发挥诸司分工协作、集体领导的优势。

总之，宋代统治者为防范唐末藩镇割据局面的重现，创造性地在路级政区建立了多个互相分立、互不统属的机构，从而使得路级诸司在地方政务管理中需要彼此进行联系、沟通。路级机构间的行政分工各有侧重，一定程度上降低了各机构的工作强度，提高了路级机构处理地方财

---

① 曾枣庄，刘琳主编：《全宋文》卷5721《张栻一》，上海辞书出版社、安徽教育出版社第2006年版，第19—20页。

② （宋）谢深甫撰，戴建国点校：《庆元条法事类》卷4《职掌》，黑龙江人民出版社2002年版，第29页。

③ （宋）真德秀：《西山先生真文忠公文集》卷6《奏乞分州措置荒政等事》，商务印书馆1937年版，第103页。

政、司法、民政等相关事务的效率，并延长了监察的时限和范围，使得广大民众受益，对维护宋代地方统治发挥了重要的作用[①]。而路级诸多机构同处一个地区，利益相关，由其合作应对地方水旱灾害、盗贼暴乱等突发事件，这有利于发挥集体领导的优势，能够比较稳妥地处理相关事件。而在对地方日常事务的处理也能够比较慎重，有利于决策的正确性，防止独断专行而造成的弊端。宋代路级机构间在地方政务管理中的分工与合作，推动了宋代地方事务处理的专业化，降低了工作强度，促进了突发事件的尽快解决。同时权力的分散与交叉也有效防范了地方分裂割据，促进国家的统一与稳定。

（文章原刊于《云南社会科学》2009 年第 4 期）

---

① 有关宋代地方行政建制、权力分配等问题，参见余蔚《完整制与分离制：宋代地方行政权力的转移》，《历史研究》2005 年第 4 期；《两宋政治地理格局比较研究》，《中国社会科学》2006 年第 6 期等。

论宋代提点刑狱司在地方"三农"事务中的作用

"三农"事务即与农业、农村、农民相关的事务。宋代处于中国封建社会中期，虽然商品经济获得突破前代的巨大发展①，但总体上仍是以农为本的国家，"三农"事务在宋代地方官府日常行政事务中仍占据核心地位。

提点刑狱司又称提刑司、宪司、宪台等，它是宋朝首创的掌管一路司法、监察事务的重要机构，宋人在论述提刑司时，常将其与转运司及"王安石变法"时所创立的提举常平司并称，三者通称"监司"②。宋代提刑司设立后，虽以监管州县刑狱为主要职责，但其统辖一路吏民的职权，使得其在巡查地方时能深入乡村，了解农民生活，故而朝廷委以"劝农使"的兼职，其在地方"三农"事务中的作用和影响也非常突出。南宋大儒吕祖谦就指出："提刑一司虽专以刑狱为事，封桩钱谷、盗贼、保甲、军器、河渠事务浸繁，权势益重。"③ 前人虽对宋代提刑司制度进行了一定的研究④，但对其在地方"三农"事务中所发挥的重要作用尚缺

---

① 参见漆侠《中国经济通史·宋代经济卷》，经济日报出版社1999年版；姜锡东《宋代商人和商业资本》，中华书局2002年版。

② （宋）谢深甫撰，戴建国点校：《庆元条法事类》卷7《监司知通按举·名例敕》，黑龙江人民出版社2002年版，第128页。

③ （元）马端临：《文献通考》卷61《职官考十五》，中华书局2011年版，第1853页。

④ 戴建国：《宋代的提点刑狱司》，《上海师范大学学报》1989年第2期；石涛：《北宋提点刑狱司研究》，《聊城大学学报》2002年第6期；李之亮：《宋代提刑司废置考述》，《文史》2006年第1期。

乏系统梳理,对宋代创立的地方机构"一专多能"的职能模式也分析不足。笔者试就此进行探讨,不当之处敬请指正。

一 宋代提刑司对劝农司的兼管

中国古代重农抑商的思想颇重,两宋时期商业获得巨大的发展,但重农的传统并未丢失,朝廷命各地亲民官员加强农业发展,保证农村稳定。宋朝诸路转运使、各州知州都曾兼领劝农使。真宗天禧四年(1020)正月,更是任命诸路提刑官兼领劝农使,并设立劝农司为各路农事管理机构,由提刑官统领。时诏令规定:

> 诸路提点刑狱朝臣为劝农使、使臣为副使。所至,取民籍视其差等,不如式者惩革之。劝恤农民,以时耕垦,招集逃散,检括陷税,凡农田事悉领。置局案,铸印给之。凡奏举亲民之官,悉令条析劝农之绩,以为殿最黜陟。[1]

从此,宋代各路文臣提刑官开始担任劝农使、武臣提刑任劝农副使,并为其置局案、铸印,设立了专门劝农司机构,为避免冗官冗费,朝廷还规定诸路劝农司"所置曹典,勿得过提点刑狱司数。"[2] 提刑官负责起了地方上劝课农桑、点检户籍、检括漏税等事务。对于州县帐籍的点检,已经具有了财政监督的意义。"三农"事务成为提刑官日常工作的重要部分。

为突出提刑官在各地农政中的主导作用,提点刑狱司长官的名称也由"提点刑狱公事"改为"劝农使副兼提点刑狱公事"[3]。他们兼管劝农

---

[1] (宋)李焘:《续资治通鉴长编》卷95,天禧四年正月丙子,中华书局2004年版,第2178页。

[2] (宋)李焘:《续资治通鉴长编》卷96,天禧四年八月,中华书局2004年版,第2214页。

[3] (清)徐松辑,刘琳、刁忠民、舒大刚点校:《宋会要辑稿》职官42之2,上海古籍出版社2014年版,第4071页。

司和提刑司两个官府机构事务。为便于区分提刑官所上奏章是有关地方"刑狱"问题还是"三农"问题，天禧四年八月，朝廷还下诏："诸路劝农提点刑狱官，自今奏事，缘户赋农田，则署劝农司；刑狱格法，则署提点刑狱所。"① 劝农提刑官的工作方式主要是到州县亲自巡视，检查有关帐籍，听取民间疾苦。当时的诏书规定："劝农使按部所至，索视帐目。其县官能用心者，批历为劳绩，当议升奖。"后因担心劝农使借查帐之机骚扰地方，因而又对诏令进行了修改："前敕诸路劝农使，所至究民间疾苦，检视帐籍。虑其因缘取索，受越诉以扰民，宜令使副常切钤束，不得妄有行遣呼集。其籍帐不整，止移牒索视。"② 为了督促其重视农务，朝廷还颁发《四时纂要》《齐民要术》等农业书籍给各路劝农司③。

但提点刑狱官过于侧重农事，似乎有悖于真宗复置它按察地方刑狱的初衷，天禧四年（1020）十一月，朝廷又将其官名从"劝农使副兼提点刑狱公事"改为了"提点刑狱劝农使、副"④。这表明了提点刑狱官的主要职责仍是刑狱之事，劝课农桑为其次要职责。此后，提点刑狱官对于农政事务的监管、一官领两司的局面一直持续到仁宗天圣四年（1026）才得以改变，当年三月，中书言：

> 诸路转运使提点刑狱，皆别置劝农司，文移取索，颇为烦扰。请自今勿置司行遣，但令躬领使事，庶几实惠及民。甲申，诏从其请，罢诸路劝农司。转运司、提点刑狱仍令领农使如故。⑤

---

① （宋）李焘：《续资治通鉴长编》卷96，天禧四年八月辛卯，中华书局2004年版，第2212页。
② （宋）李焘：《续资治通鉴长编》卷96，天禧四年八月，中华书局2004年版，第2214页。
③ （宋）李焘：《续资治通鉴长编》卷95，天禧四年四月癸卯，中华书局2004年版，第2191页。
④ （宋）李焘：《续资治通鉴长编》卷96，天禧四年十一月乙卯，中华书局2004年版，第2221页。
⑤ （宋）李焘：《续资治通鉴长编》卷104，天圣四年三月辛巳，中华书局2004年版，第2403页。

这样，由于提刑司、转运司长官兼领劝农司，文书传递复杂，官司、吏员设置重叠，影响地方行政效率。在兼领局面持续了六年后，朝廷废除了诸路专设的劝农司，但此后诸路提刑官仍兼劝农使之职，"三农"事务仍是提刑司日常政务重要组成部分。

二　宋代提刑司在地方农业发展中的作用

宋朝政府对农业生产极为重视，提刑司作为按察一路的监司，对地方农业发展负有重要监管职责，宋仁宗皇祐元年（1049）四月，就下诏强调，提刑司等监司"每巡历州军，先须点检（各州）劝农司讫，方得点检诸事"①。体现了统治者对提刑司在监管农业生产方面的倚重。

除了监督职能，提刑司在地方农业发展方面的作用还突出体现在以下两大方面。

（一）劝课农桑

在宋代提刑司的考课条令中，"增垦田""劝农桑、兴治荒废"等始终是其重要的考核内容②，其劝课农桑主要包含以下几方面内容：

其一，招民垦荒。在战乱或灾害发生后，各地会存在大量无主荒田，提刑等机构也要负责招诱民户，耕种荒田。如高宗绍兴二十年（1150）臣僚建议，自今岁令江浙、福建等路委提刑等机构"劝诱土豪大姓赴淮南，从便开垦田地，实为永久之利"③，朝廷批准，并长期行用。再如绍兴三十年，淮南西路提刑张祁上奏："本路系官荒田共四十八万余顷缘并江圩埠、近山陂塘，兵火后民间无力修筑。乞从本司支官钱修筑开浚，

---

① （清）徐松辑，刘琳、刁忠民、舒大刚点校：《宋会要辑稿》食货63之181，上海古籍出版社2014年版，第7708页。

② （清）徐松辑，刘琳、刁忠民、舒大刚点校：《宋会要辑稿》职官10之20，上海古籍出版社2014年版，第3290页。

③ （清）徐松辑，刘琳、刁忠民、舒大刚点校：《宋会要辑稿》食货6之15，上海古籍出版社2014年版，第6093页。

募人开耕",朝廷从之①。

其二,丈量田地。自熙丰变法时起,提刑司在方田均税法方面就发挥了一定的作用。如神宗元丰元年(1078)七月,朝廷下诏令永兴军等路提刑司"据未经方田均税县分,并已经方田、因民批诉曾差官定夺委实不均县分,如夏熟秋苗滋茂,可见丰稔次第,即一面依方量定税条差官体量讫,前期一月申书取旨"②。表明了提刑司可以根据庄稼成熟情况,差官重新清丈那些田地丈量、税额划定不均的田亩,从而缓解因丈量土地而引起的农民矛盾。此后,提刑司仍具有丈量田地的职责。如哲宗绍圣四年(1097)五月,京西提刑徐君平就请求令诸路监司"分巡州县,括其地之不垦辟,周知顷亩,县为图籍"③。朝廷批准,这样,提刑就可进一步确切了解地方土地实际数量,劝民耕种。

其三,借贷耕牛、种子。在战争或灾荒后,为恢复生产提供便利,提刑司负责地方耕牛、种子借贷工作。如高宗绍兴初年,朝廷诏:"应曾被焚劫逃避人户,仰令佐多方招诱归业。……即虽归业而无力耕种者,令提刑司量行借贷,收买牛具之类。"④ 孝宗隆兴二年(1164)诏令中也提到,因焚劫逃避人户"归业而无力耕种者,令提刑司以牛具种粮借贷之。"⑤ 这样,就为战乱或灾后地区农民生产的恢复提供了条件。

其四,修建圩田。圩田是一种高产的水田,南宋时期由于环境的变化,对圩田的兴修尤其重视,提刑司在其兴建中也发挥了重要的作用,如高宗建炎四年(1130),朝廷诏"永丰圩拨隶本路提刑司"⑥。绍兴二

---

① (宋)李心传撰,胡坤点校:《建炎以来系年要录》卷184,绍兴三十年正月壬寅,中华书局2013年版,第3552页。

② (清)徐松辑,刘琳、刁忠民、舒大刚点校:《宋会要辑稿》食货4之8,上海古籍出版社2014年版,第6037页。

③ (清)徐松辑,刘琳、刁忠民、舒大刚点校:《宋会要辑稿》食货43之8,上海古籍出版社2014年版,第7712页。

④ (清)徐松辑,刘琳、刁忠民、舒大刚点校:《宋会要辑稿》食货69之48,上海古籍出版社2014年版,第8071页。

⑤ (清)徐松辑,刘琳、刁忠民、舒大刚点校:《宋会要辑稿》食货68之62,上海古籍出版社2014年版,第7981页。

⑥ (清)徐松辑,刘琳、刁忠民、舒大刚点校:《宋会要辑稿》食货63之201,上海古籍出版社2014年版,第7719页。

年（1132）朝廷令太平州、宣州圩田责本州与本路提刑司"并工修治"①。这样，提刑司为地方圩田的建设也发挥了重要作用。

其五，管理牧地。由于与辽金等少数民族政权作战，马匹成为国家重要战略资源，而养马的牧地也成为国家急需经营的一类土地，宋代提刑司也专职负责沿边牧地租种事务。如神宗元丰元年（1078），臣僚请求在京东、河北等路淤官田招募客户耕种，朝廷从之，"令转运司选官，如系牧地，即今提点刑狱司选差"②。丙午又诏："牧地租课，诸路委提点刑狱，开封府界委提点司催纳。"③ 可见，提刑司在元丰初就开始负责沿边牧地招人耕种和催纳租课的工作，这对于国家财政增收和战略物资储备起到积极作用。

其六，组织军事屯田。提刑司对沿边地区的屯田事务也有管理职责，这是一项寓兵于农的积极政策，在促进了沿边农业发展的同时，也保证了军粮供应。如神宗熙宁七年（1074）三月，秦凤等路提刑官郑民宪"奉诏同熙河路经略司相度借助应募弓箭手、买种粮、牛具、造屋及今夏耕种"④。六月份时他报告中央："已定熙州汉蕃弓箭手疆界，置堡、均地，借助就耕食。"⑤ 这样，由秦凤路提刑司全面负责起了该路招募弓箭手和屯田工作。南宋时期亦是如此，绍兴二年（1133）三月，淮南东路提刑兼营田副使王实就说："根括到扬州未种水田一万七千顷，陆田一万三千顷，已分给六军，趁时耕种。"⑥ 赵师揆在任淮西提刑兼提举领屯田

---

① （清）徐松辑，刘琳、刁忠民、舒大刚点校：《宋会要辑稿》食货7之41，上海古籍出版社2014年版，第6137页。

② （宋）李焘：《续资治通鉴长编》卷290，元丰元年六月癸卯条，中华书局2004年版，第7085页。

③ （宋）李焘：《续资治通鉴长编》卷290，元丰元年六月丙午条，中华书局2004年版，第7085页。

④ （宋）李焘：《续资治通鉴长编》卷251，熙宁七年三月乙巳条，中华书局2004年版，第6112页。

⑤ （宋）李焘：《续资治通鉴长编》卷254，熙宁七年六月乙酉条，中华书局2004年版，第6211页。

⑥ （宋）李心传撰，胡坤点校：《建炎以来系年要录》卷52，绍兴二年三月辛丑，中华书局2013年版，第1074页。

事时，也奏请以荒圩给军士屯田，"其屯田为民世业者勿夺"，① 获得朝廷批准。

（二）兴修水利

宋代水利有为农田灌溉而作，亦有为运输货物而修。不论哪种目的，只要措置得当，都是与民为利的，在地方水利兴修中，提刑司也占有重要的地位。仁宗嘉祐四年（1059），朝廷就诏令："诸路提点刑狱朝臣、使臣并带兼提举河渠公事。"② 这一任命使得提刑司开始掌管这方面的工作。

首先，调查、规划水利工程。提刑司要实地调查水利兴修可行性、提出建议。如神宗熙宁三年（1070），朝廷命"提点河北刑狱王广廉相度漳河等水利以闻"③。再如熙宁五年，权发遣河北西路提刑公事李南公奏请开"沧州北三堂等塘泊"。④ 熙宁八年四月，京西提刑官张复礼提出修许州邓艾河不当⑤。提刑官身处地方，了解当地情况，因而提出的建议有很多是真实可行的。

在真正进入水利兴修阶段，提刑司还要负责提出可行的修建计划，从而使河渠水利发挥实效。如神宗熙宁八年闰四月，秦凤等路提刑郑民宪言，"於熙州南关以南开渠堰引洮水，并东山直北通流下至北关，并自通远军熟羊寨导渭河至军溉田，乞募夫开修"⑥。朝廷同意了其建议，指示他如可实行即可动工兴修。再如孝宗乾道八年（1172），两浙西路提刑王淮上奏："窃见姑苏号曰'平江'，言江流至此而平也，平则势缓，缓

---

① （元）脱脱：《宋史》卷244《赵师㮣传》，中华书局1977年版，第8690页。
② （宋）李焘：《续资治通鉴长编》卷189，嘉祐四年四月，中华书局2004年版，第4559页。
③ （宋）李焘：《续资治通鉴长编》卷214，熙宁三年八月甲戌，中华书局2004年版，第5208页。
④ （清）徐松辑，刘琳、刁忠民、舒大刚点校：《宋会要辑稿》食货61之100，上海古籍出版社2014年版，第7508页。
⑤ （宋）李焘：《续资治通鉴长编》卷262，熙宁八年四月，中华书局2004年版，第6409页。
⑥ （宋）李焘：《续资治通鉴长编》卷263，熙宁八年闰四月，中华书局2004年版，第6435页。

则易壅。""朝廷尝命宪臣相视而开导之。"① 经王淮调查规划，请求疏导自苏州入海的许浦水道，以泄水患，获得朝廷的批准。再如理宗宝庆年间，汪纲为浙东提刑，"萧山有古运河，西通钱塘，东达台、明，沙涨三十余里，舟行则胶"。经过他的规划，"开浚八千余丈，复创闸江口，使泥淤弗得入，河水不得泄……于是舟车水陆，不问昼夜暑寒，意行利涉，欢欣忘勩"②。可见，由于提刑司在水利兴修方面规划得当，使得一方百姓获得实利。

其次，组织、修建水利设施。仁宗景祐中就规定，提刑司能督责属部兴修陂塘沟洫，"增税额至百千以上者，当行甄赏"③。嘉祐四年（1059）八月，河北提刑张问提点开导莫州、顺安、乾宁军塘泊水口，以泄水势④。此后，"涉夏河溢，而民田无患"⑤。同年，广西提刑李师中还重修灵渠，"发近县夫千四百人，作三十四日乃成"⑥。使广西、湖南百姓从中受益。熙丰变法时期，朝廷大力兴修水利，恢复、新建了大量的河渠、塘泊。提刑司在这个变法革新的时代，其为地方水利兴修也做出了重要贡献。如熙宁九年时，朝廷再度强调河渠水利"非为农田兴修者，依旧属提点刑狱司"⑦。哲宗元符中河北东路提刑李仲也因开修御河，畅通漕运有劳而升官⑧。此后提刑司在水利兴修过程中也发挥了重要作用，使广大民众受益。

最后，审批、监督水利事务。宋朝政府规定，地方上水利修建事务，

---

① （清）徐松辑，刘琳、刁忠民、舒大刚点校：《宋会要辑稿》食货8之30至31，上海古籍出版社2014年版，第6162页。
② （元）脱脱：《宋史》卷408《汪纲传》，中华书局1977年版，第12308页。
③ （宋）李焘：《续资治通鉴长编》卷117，景祐二年十二月丙子，中华书局2004年版，第2768页。
④ （宋）李焘：《续资治通鉴长编》卷190，嘉祐四年八月己丑，中华书局2004年版，第4590页。
⑤ （元）脱脱：《宋史》卷95《河渠志五》，中华书局1977年版，第2361页。
⑥ （元）脱脱：《宋史》卷97《河渠志七》，中华书局1977年版，第2417页。
⑦ （宋）李焘：《续资治通鉴长编》卷279，熙宁九年十二月，中华书局2004年版，第6834页。
⑧ （宋）李焘：《续资治通鉴长编》卷501，元符元年八月己卯，中华书局2004年版，第11929页。

州县必须报提刑司或转运司审批后方可执行。如仁宗朝庆历五年（1045）规定：州县官如打算兴修水利，须"先具所见利害于画地图申本属州军及转运或提刑司"。提刑等司委官体量核实后，再"结罪申转运、提刑司体量允当，方下本属州军，计夫料饷粮，设法劝诱"。如果"官吏敢擅开修，不预申本属，不得理为劳绩……仍劾事端施行"[1]。

河渠修筑过程中及成功后，提刑司也要进行检查，以防修河官员欺诈。如仁宗皇祐二年（1050）正月，朝廷诏令河北提刑司"自今岁调兵夫治河，并亲往督视之"[2]。再如熙宁七年（1074）十月诏："兴修农田、水利应赏者，监司申司农寺，於邻路差官；余官及诸色人，委提刑司於别州县选官覆案保明。"[3] 这些都表明了提刑司在监管地方水利兴修时的贡献。

总之，宋代提刑司在地方农业发展中负有重要管理职责，这不仅体现在单纯的监督权，而且也有很多具体管理措施，如借贷耕牛、种子、劝诱屯田、兴修水利等，其为宋代农田水利建设、农业发展也做出了重要的贡献。对边疆地区军屯的监管，在保证军队粮食供应的同时，也促进了当地经济的发展。对水利的兴修也为防止水患、促进水路运输起了重要作用。

三 宋代提点刑狱司在地方农民生活中的作用

宋代农民生活艰辛，他们要负担名目繁多的赋税，承担官府徭役，因而是国家实际的供养者，为保证税收稳定，宋朝统治者重视利用提刑等监司对地方农民生活进行管理。赈救灾民、监管社会救济机构、减免农民赋税等成为提刑司救助农民生活的主要措施。同时他们也通过劝农

---

[1] （清）徐松辑，刘琳、刁忠民、舒大刚点校：《宋会要辑稿》食货61之93至94，上海古籍出版社2014年版，第7501页。
[2] （宋）李焘：《续资治通鉴长编》卷168，皇祐二年正月己亥，中华书局2004年版，第4031页。
[3] （宋）李焘：《续资治通鉴长编》卷257，熙宁七年十月乙丑，中华书局2004年版，第6269页。

文、劝俗文等对农民进行教化，倡导积极文明的生活方式。

（一）赈救灾民，管理常平、广惠仓

赈灾是宋代包括提刑在内的路级诸司的共同职责，而提刑在赈灾方面的职责更重。如哲宗朝范祖禹所说："转运司主财，不欲多费。故祖宗以来赈济委提刑司，盖恐转运惜物也。"① 两宋时期，提刑司在赈救灾民方面也发挥了重要的作用，同时，对常平、广惠等赈灾性质的仓储机构的监管也成为提刑司的重要职责。

真宗朝提刑司复置后，就开始负有赈灾的职责。如大中祥符二年（1009），京东路齐、淄等州发生水灾。七月，朝廷"令本路转运使、提点刑狱官分道检校堙塞之"②。在提刑官兼任劝农使后，对水旱灾害的赈救更是重视，在赈灾中有的提刑官还实行了以工代赈的办法。如仁宗朝李绎为河北提刑权知贝州，"会岁旱，百姓失业，绎大市酒务岁所用薪草，使贫者得以樵采自给，而官有余积"③。南宋时期，提刑司在赈救灾民中仍发挥着重要作用。如高宗绍兴三年（1133）四月，"郴、道州、桂阳监去年旱，民乏食"。朝廷令"户部划刷本路诸州米二万斛，付提刑司充赈济"④。孝宗淳熙十一年（1184），朝廷诏："金州洵阳、上津两县阙食民户，令利州路提刑勾跃行下所委官，同金州知、通等措置存恤，务要实惠及民。"⑤

在赈救的同时，提刑司也负有及时上报地方灾情的职责。如仁宗天圣四年（1026）六月，福建提刑司上奏："建州、南剑州、邵武军大水，

---

① （宋）赵汝愚：《宋朝诸臣奏议》卷106《上哲宗封还臣僚论浙西赈济事》，上海古籍出版社1999年版，第1146页。

② （宋）李焘：《续资治通鉴长编》卷72，大中祥符二年七月乙亥，中华书局2004年版，第1625页。

③ （宋）李焘：《续资治通鉴长编》卷110，天圣九年三月丙寅，中华书局2004年版，第2556页。

④ （宋）李心传撰，胡坤点校：《建炎以来系年要录》卷64，绍兴三年四月庚子，中华书局2013年版，第1265页。

⑤ （清）徐松辑，刘琳、刁忠民、舒大刚点校：《宋会要辑稿》食货68之83，上海古籍出版社2014年版，第7999页。

坏官私庐舍七千九百余区，溺死者百五十余人。"朝廷诏"赐被溺家米二斛，贫不能收敛者，官为瘗埋之"①。再如神宗熙宁七年（1074），永兴军路提刑司奏："本路二麦薄收，民阙食，流移十已八九，贼盗惊劫浸多。"②同时，提刑司对地方赈灾官吏也要负责监督，在南宋《庆元条法事类》中，对于灾害时诸司赈救的分工就规定："诸灾伤路分，安抚司体谅措置，转运司检放展阁，常平司籴给借贷，提点刑狱司觉察妄滥，如或违戾，许互相按举。"③可见，两宋时期，提刑司一直在赈灾方面发挥着重要的作用，这挽救了大量地方百姓的生命。

同时，宋代提刑司在行使赈灾职能的过程中，也逐渐对用于赈济的常平、广惠等仓廪拥有了监管、调拨职权。宋太宗淳化三年（992）复置天下常平仓④，仁宗朝开始利用提刑司监管常平仓⑤。此后仁宗嘉祐二年（1057）八月，在韩琦建议下，置天下广惠仓，赈救城市贫民，"诏逐路提点刑狱司专领之"⑥。这样，广惠仓的设立后由提刑司监管。

神宗朝王安石变法，实行青苗法，开始对借贷常平仓粮者收取利息，其在具有赈救性质的同时也开始成为国家财政收入的来源。提刑司在推行青苗法中发挥了重要的作用，熙宁六年（1073），朝廷还规定："诸路转运使副、判官、提点刑狱不兼提举常平仓者，并兼提举。"⑦但在发生大的灾害时，朝廷也会令提刑司等动用常平钱谷进行赈救。如熙宁二年（1069）七月，朝廷诏："水灾州军，令本路转运使、判官、提点刑狱分

---

① （宋）李焘：《续资治通鉴长编》卷104，天圣四年六月丙戌，中华书局2004年版，第2410页。

② （宋）李焘：《续资治通鉴长编》卷256，熙宁七年九月癸亥，中华书局2004年版，第6265页。

③ 上海师范大学古籍整理研究所：《全宋笔记》第十编《黄氏日抄》，大象出版社2018年版，第10册，第414页。

④ （宋）李焘：《续资治通鉴长编》卷33，淳化三年六月辛卯，中华书局2004年版，第737页。

⑤ （宋）李焘：《续资治通鉴长编》卷151，庆历四年七月，中华书局2004年版，第3671页。

⑥ （宋）李焘：《续资治通鉴长编》卷186，嘉祐二年八月丁卯，中华书局2004年版，第4488页。

⑦ （宋）李焘：《续资治通鉴长编》卷244，熙宁六年四月，中华书局2004年版，第5935页。

往被灾处所恤贫民阙食者，支广惠仓粟赈济。"① 七年十月，朝廷诏赐五万石米"下河北东路提点刑狱司，赈济流民，许出粜，仍先于常平仓拨见钱赈济"②。可见，熙丰时期尽管常平仓对一般借贷收取一定的利息，但由于常平钱谷储备充足，在发生较大灾害时其仍是朝廷赈灾的重要后备资源。

此后哲宗元祐元年（1086）闰二月，经司马光的建议，朝廷废除诸路提举常平官，常平仓钱物"委提点刑狱交割主管，依旧常平仓法"③。"其常平仓春秋敛散，及岁成收籴，岁饥出粜，以陈易新，与省谷交兑，及饥馑赈贷。"④ 当时的守旧派官员希望通过提刑司对常平仓的监管，恢复旧法，达到赈救百姓、平抑物价的作用。

南宋时期以提举常平司主管常平等仓库，但提刑司仍对常平仓等发挥重要的监管职责。如孝宗淳熙年间，朝廷就令"各路提刑司刷出州县所管常平见在之米，其间或有少损，则以陈易新，须管及额"⑤。光宗绍熙元年（1190）时，利州路提刑朱致和也上奏："阶、成、西和、凤州最系极边，连年灾伤赈济，其所管常平钱、斛，自今年赈济之后，已是支遣尽绝。"他请求"预行措置收籴"⑥，以备贷济支用。可见，由于提刑司在灾害赈救方面一直负有重要职责，即使南宋时由提举司对常平、义仓等发挥主管职责，提刑司还是可以调拨常平钱物赈救受灾农民，并对诸仓库发挥重要的监管作用。

---

① （清）徐松辑，刘琳、刁忠民、舒大刚点校：《宋会要辑稿》瑞异3之4，第7964页。
② （宋）李焘：《续资治通鉴长编》卷257，熙宁七年十月癸巳，中华书局2004年版，第6282页。
③ （宋）李焘：《续资治通鉴长编》卷368，元祐元年二月己丑，中华书局2004年版，第8877页。
④ （宋）李焘：《续资治通鉴长编》卷376，元祐元年四月癸丑，中华书局2004年版，第9122页。
⑤ （清）徐松辑，刘琳、刁忠民、舒大刚点校：《宋会要辑稿》职官43之41，上海古籍出版社2014年版，第4131页。
⑥ （清）徐松辑，刘琳、刁忠民、舒大刚点校：《宋会要辑稿》食货68之131，上海古籍出版社2014年版，第8003页。

(二) 监管社会救济机构

宋代统治者为体现其仁政，建立了一些社会救济机构，安置鳏寡孤独、疾病之人，提刑等监司对这些机构也要负责监督。如哲宗朝规定："鳏寡孤独贫之不得自存者，……官为居养之；疾病者仍给医药。监司所至检察阅视。"[1] 徽宗崇宁四年（1105）朝廷又诏："自京师至外路皆行居养法，及置安济坊。犹虑虽非鳏寡孤独，而癃老疾废，委实贫乏，实不能自存，……可立条文，委当职官审察诣实"，"或他司奉行不谨，致德泽不能下究，外路委提举常平司，京畿委提点刑狱司，常切检察"[2]。大观元年（1107），经河东提刑点检巡查后建议，各地的安济坊、漏泽园收留鳏寡孤老之人"五十以上，许行收养"[3]。可见，在徽宗时期，京畿和各路的提刑司都具有监督社会救济机构运行情况并提出合理建议的职责，为各地孤寡老弱日常生活和得到救治起到了重要的作用。

不仅如此，提刑司官员还亲自建立救济机构，收容孤遗。如南宋宁宗朝，广东提刑陈晔"见所部十四郡，多是水土恶弱，小官贪于近阙，契累远来，死于瘴疠者时时有之，孥累贫乏，不能还乡，遂致狼狈"。他节省财用，"起宅子六十余间，专养士夫孤遗"，又设仓库拘收钱米，"名其宅曰'安仁'，仓库曰'惠济'"。并请求以后累任提刑都要遵守维护这一制度，得到朝廷的批准[4]。这样，通过广东提刑司创建的安仁宅、惠济库，就使至广南为官者死后滞留的亲属得到及时救济，免于困苦。总之，提刑司对社会救济机构的监管，也充分体现了其对普通民众生活的救助。

---

[1] （宋）李焘：《续资治通鉴长编》卷503，元符元年十月壬午，中华书局2004年版，第11976页。

[2] （清）徐松辑，刘琳、刁忠民、舒大刚点校：《宋会要辑稿》食货68之131，上海古籍出版社2014年版，第8034页。

[3] （清）徐松辑，刘琳、刁忠民、舒大刚点校：《宋会要辑稿》食货68之132，上海古籍出版社2014年版，第8037页。

[4] （清）徐松辑，刘琳、刁忠民、舒大刚点校：《宋会要辑稿》食货60之1，上海古籍出版社2014年版，第7415页。

（三）体察民情，减免赋税

提刑司在州县发生灾情时多及时上报中央，请求减免赋税征收，体现了其重视民生的特点。如真宗天禧元年（1017），河东提刑司言："晋、绛蝗旱，物价腾踊，百姓流移，望阁去秋残税。"① 朝廷诏可。再如神宗熙宁九年（1076），广南东路提刑许懋言："潮州海阳、潮阳两县居民舍及田稼为飓风吹海潮所害。上三等户秋料、役钱，乞与倚阁"，而丁米和应副广西军须也请求"并与全免"②。朝廷从之。元丰六年（1085）四月，提点秦凤路刑狱吕温卿言："秦州物贵人饥，乞暂住籴至麦熟日。"③ 朝廷批准。从中可见，在北宋大部分时期，提刑司在体察民情、减免受灾地区百姓赋税方面发挥了重要作用。这有利于缓和阶级矛盾，巩固宋王朝的统治。

但自北宋后期直至南宋，提刑司自身的财政职能也日益增加，导致了其在体察民情、赋税减免方面作用的日益退化，《宋史》中就说："元丰以来，又诏诸路金帛、缗钱输内库者，委提点刑狱司督趣。"④ 南宋时期朝廷更是以赋税征收多少对提刑及属官"岁终通纽以课殿最"⑤，在朝廷严厉的奖惩条令下，提刑等监司逐渐成为朝廷催税的工具，其体察民情、减免赋税的议论越来越少，正如哲宗朝苏轼所说，"转运、提刑司，皆以催欠为先务，不复以恤民为意，盖函矢异业，所居使然"⑥。在朝廷急如星火的催税旨令下，压得各路提刑为完成指标而不得不绞尽脑汁，极尽搜刮之能事，亲民、恤民之责日益减退。

---

① （宋）李焘：《续资治通鉴长编》卷89，天禧元年二月戊寅，中华书局2004年版，第2041页。
② （宋）李焘：《续资治通鉴长编》卷279，熙宁九年十一月癸酉，中华书局2004年版，第6824页。
③ （宋）李焘：《续资治通鉴长编》卷334，元丰六年四月庚午，中华书局2004年版，第8055页。
④ （元）脱脱：《宋史》卷179《食货志下一》，中华书局1977年版，第4371页。
⑤ （元）脱脱：《宋史》卷179《食货志下一》，中华书局1977年版，第4368页。
⑥ （宋）苏轼：《苏轼文集》卷34《论积欠六事乞检会应诏所论四事一处行下状》，中华书局1986年版，第967页。

（四）移风易俗，改善民风

提刑司等监司按察一路吏民，对于地方社会风俗的监察、倡导也负有重要职责。提刑司会张榜公布一些劝农文、劝俗文等，对农民进行教化，引导向善之风。如绍兴年间，陈桷为浙西提刑，"乞置乡县三老以厚风俗。凡宫室、车马、衣服、器械定为差等，重侈靡之禁"[1]。再如宁宗嘉定年间，程覃为浙东提刑，"率乡之士大夫释菜于先圣、先师，而后会拜堂上，长幼有序，登降有仪，摈介有数，仿古乡饮礼"[2]。南宋度宗朝江西提刑黄震针对江西当地划船迎神而导致殴斗致死事件，及时发出《禁划船迎会榜》，教导民众"迎会乃刑狱杀伤之端。……天地神明是神，泥胚塑像不是神，各归正道，以致自求之福，毋更信邪以速自取之祸"[3]。

与此同时，宋朝政府对地方上各种陋俗，也通过提刑司等进行按察禁止。如徽宗政和元年（1111），朝廷因福建等路有杀子之风俗，"男多则杀男，女多则杀女"。下令"委监司按察，如有违犯，重置于法"[4]。南宋宁宗嘉泰四年（1204），因臣僚奏夔州路"民居险远，素习夷风"，"凡遇疾病，不事医药，听命于巫，决卜求神，杀牲为祭，虚费家财"。朝廷令仰"本路提刑司严切禁止"[5]。通过提刑司等机构的引导和约束，使地方社会风俗得到改善。

四　宋代提点刑狱司在农村控制与管理中的作用

宋代由于战争、灾荒等原因，地方农村人口流移严重，而对朝廷苛捐杂税的不满，也使地方上乱民、盗贼不断。宋朝中央重视通过提刑司

---

[1] （元）脱脱：《宋史》卷377《陈桷传》，中华书局1977年版，第11653页。
[2] 《宋元浙江方志集成》，杭州出版社2009年版，第3137页。
[3] （宋）黄震：《黄氏日抄》卷79《禁划船迎会榜》，浙江大学出版社2013年版，第2237页。
[4] （清）徐松辑，刘琳、刁忠民、舒大刚点校：《宋会要辑稿》刑法2之58，上海古籍出版社2014年版，第8314页。
[5] （清）徐松辑，刘琳、刁忠民、舒大刚点校：《宋会要辑稿》刑法2之133，上海古籍出版社2014年版，第8361页。

维护地方治安,加强农村的控制与管理,其在招诱流亡、点检户籍、管理保甲、镇压盗贼等方面都发挥了重要作用。

(一) 点检户籍,招诱流亡

真宗朝提刑司在兼领劝农司后,朝廷规定其"所至取民籍,视其差等,有不如式者惩革之。劝恤农民以时耕垦,招集逃散"①。从此,提刑司就开始具有了点检户籍和招诱逃亡的职责,并对于户等差错者进行纠正。此后此项职责一直保留下来,并成为其考课中的一项重要内容,如仁宗嘉祐二年(1057)所定提刑考课内容第三项就是"实户口,增垦田"②。宋神宗朝定为"招荒亡、增户口"③。《庆元条法事类》记载南宋时期提刑的考课中也包括"招流亡、增户口"④。可见,宋朝历代的统治者对于提刑司在招诱逃亡、增加本地户口方面都给予了厚望。

同时,提刑等监司也要将本地户口统计,年终上报户部。如徽宗大观三年(1109),户部侍郎吴择仁就上奏:"承平日久,生齿繁庶,而天下所上,因仍旧籍,略加增损,具文而已。"他请求"自今岁具增减实帐,每路委监司一员,类聚上户部,置籍销注"⑤。朝廷批准。政和中重新详定《九域图志》,朝廷诏令"诸路应奏户口岁终再令提刑、提举司参考同保"⑥。同时朝廷还根据诸路提刑司"审括到户数",重新划分了县的等级⑦。可见,当时提刑司在每年的户籍统计上报工作中发挥了重要的

---

① (宋)李焘:《续资治通鉴长编》卷95,天禧四年正月丙子,中华书局2004年版,第2178页。

② (宋)李焘:《续资治通鉴长编》卷186,嘉祐二年七月辛卯,中华书局2004年版,第4484页。

③ (清)徐松辑,刘琳、刁忠民、舒大刚点校:《宋会要辑稿》职官10之20,上海古籍出版社2014年版,第3290页。

④ (宋)谢深甫撰,戴建国点校:《庆元条法事类》卷5《考课》,黑龙江人民出版社2002年版,第69页。

⑤ (清)徐松辑,刘琳、刁忠民、舒大刚点校:《宋会要辑稿》食货12之3,上海古籍出版社2014年版,第6231页。

⑥ (元)马端临:《文献通考》卷11《户口考二》,中华书局2011年版,第305页。

⑦ (清)徐松辑,刘琳、刁忠民、舒大刚点校:《宋会要辑稿》方域7之28,上海古籍出版社2014年版,第9421页。

作用,为官方准确了解全国各路人口奠定了基础。

(二) 监管保甲

熙宁时期,王安石就对募兵制进行了改革,力图恢复兵农合一的古制,开始推行保甲制度,用以在广大农村加强封建统治力量,镇压起义和兵匪叛乱。① 神宗主持的元丰改革对于保甲制度更为重视,进一步将其扩展。

王安石对保甲制度的改革使其对于巩固乡村治安、缉捕盗贼发挥了重要作用,提刑司在保甲法推行之初就已有对其教阅的权力。如熙宁六年(1073)十二月诏:"诸路安抚司,依转运、提点刑狱、提举司,随本路分定州军提举教阅义勇、保甲。"② 这表明提点刑狱等司对保甲的校阅还早于此时,神宗亲自主持变法后,专用提刑司来管勾各地保甲,元丰元年(1078)二月诏:"仍以诸路义勇、保甲隶提点刑狱司,开封府界隶提点司。"③ 但以文臣提刑管理保甲、打击盗贼,难尽其力,三年六月,恢复武臣提刑主管保甲教阅工作,神宗规定:"河北、河东、陕西路各选文武官一员提举义勇、保甲,武臣提举义勇、保甲兼提点刑狱,文臣提点刑狱兼提举义勇、保甲。自今五路提点刑狱准此。"④ 后设立了专门的提举保甲司,由武臣提刑兼管,保甲的训练质量得到进一步的提高。

在校阅保甲的同时,提刑司官员还对保甲制度出自己的修改意见,使之更加完善,元丰二年十月,"立水居船户五户至十户为一甲相纠察救助法。从福建提点刑狱司请也"⑤。这样,在东南水居的船户也建立了保甲制度,使地方治安管理制度更加严密。元丰三年,经权发遣永兴军等

---

① 参见漆侠《王安石变法》,河北人民出版社2001年版,第119页。
② (宋)李焘:《续资治通鉴长编》卷248,熙宁六年十二月,中华书局2004年版,第6060页。
③ (宋)李焘:《续资治通鉴长编》卷288,元丰元年二月己巳,中华书局2004年版,第7046页。
④ (宋)李焘:《续资治通鉴长编》卷305,元丰三年六月丙午,中华书局2004年版,第7424页。
⑤ (宋)李焘:《续资治通鉴长编》卷300,元丰二年十月癸卯,中华书局2004年版,第7309页。

路提刑叶康直建议，朝廷缩短了陕西等路保甲校阅时间，"止作三年教阅，所贵速趣成效。"① 从而有利于百姓的农事和休息。南宋时期，提刑司仍对各地保甲仍负有重要的监管职责。高宗初年，朝廷诏令提刑司专切点检诸路民兵、保甲"劝沮诛赏之法"②。孝宗朝令诸路提刑、安抚司"结定保伍，置办救火、捕盗器杖"③。宁宗嘉泰中令诸路提刑、提举"措置保伍法"④。可见，无论是北宋还是南宋，提刑司都是保甲校阅、监管的主要机构，保甲也成为提刑司维护地方治安、加强农村控制的重要依靠力量。

（三）缉捕盗贼

宋代，"盗贼"的成分较为复杂。这里面有因统治者的搜刮、赋役的沉重而破产失业的农民，在荒年饥岁，他们往往被迫起而为盗；而朝廷实行的禁榷专卖政策也导致一些茶、盐商贩铤而走险，进行武装走私活动；军队克扣军饷等原因，也导致军队士兵反抗叛乱，军贼横行。此外，也有历朝都存在的杀人越货的土匪强盗。宋朝统治者将这些人均视为"盗贼"。在对其招抚的同时，也利用各路提刑司组织地方兵马进行剿灭。提刑司既是缉盗的参与者，也是监督组织者。相应的例子有很多，如神宗熙宁七年（1074），朝廷因"齐、郓等州，比多盗贼"。故令提刑司"速体量督责捕盗官严行追捕"⑤。元丰二年（1079），滨、棣、德、博州盗发相仍。朝廷"令提点刑狱汪辅之督捕"⑥。打击武装走私商贩也是提刑司的治安工作重点。如南宋孝宗淳熙年间，江湖茶商相挺为盗，"反于

---

① （宋）李焘：《续资治通鉴长编》卷307，元丰三年八月辛亥，中华书局2004年版，第7467页。

② （清）徐松辑，刘琳、刁忠民、舒大刚点校：《宋会要辑稿》兵2之42，上海古籍出版社2014年版，第8646页。

③ （清）徐松辑，刘琳、刁忠民、舒大刚点校：《宋会要辑稿》兵2之46，上海古籍出版社2014年版，第8648页。

④ （元）脱脱：《宋史》卷38《宁宗二》，中华书局1977年版，第736页。

⑤ （宋）李焘：《续资治通鉴长编》卷251，熙宁七年三月戊午，中华书局2004年版，第6124页。

⑥ （宋）李焘：《续资治通鉴长编》卷296，元丰二年二月癸卯，中华书局2004年版，第7204页。

湖北，转入湖南、江西、侵犯广东，官军数为所败"。辛弃疾为江西提刑，"亲提死士与之角，（盗）困屈请降"①。再者，提刑司在缉捕逃亡军贼中也发挥了重要作用。如北宋神宗元丰五年（1082）十月，朝廷因"解州闻喜县有军贼二十余人劫王屋县，伤巡检、杀弓手"。诏令"京西北路提点刑狱官会集三两处巡检督捕"②。再如南宋孝宗淳熙十三年（1186），朝廷申严《强盗六项指挥》，并规定有军贼"犯在六项之内，如是未获，令提刑司审实督责州郡，立赏名捕，期于必得"③。可见，提刑司在缉捕地方盗贼中发挥了重要组织、指挥作用。提刑司对盗贼的督捕，一方面促进宋朝地方治安的稳定，避免无辜百姓受害，保证政府禁榷收入。但同时也助长了一些贪官污吏的气焰，使得蒙冤之民无处诉告，王朝腐朽的统治得以维持。

结　语

中国历代王朝统治者，无不重视与"三农"相关的农业生产、农民生活、农村控制等事务，这是保障国家经济发展、财政税收稳定、地方统治巩固的重要基础。为此，中国历代封建王朝均设立了专门管理农业事务的机构和官员，如秦汉时期，有负责管理散处郡国公田的农监、都田、田啬夫、田典，也有管理郡县农业事务的田曹掾史、劝农掾史、力田，在沿边地区还有农都尉、农亭长等管理屯田事务④。至隋唐时期，随着州县二级制管理的发展，地方农业事务形成了州刺史与县令总管全局，司仓、司户、司田管理具体与"三农"相关事务的农业管理体制。中唐之后，随着藩镇割据局面的加剧，节度使统辖的"道"凌驾于州县之上，

---

① （宋）李心传撰，徐规点校：《建炎以来朝野杂记》甲集卷14《江茶》，中华书局2000年版，第304页；（宋）罗大经撰，王瑞来点校：《鹤林玉露》卷12，中华书局1983年版，第37页。

② （宋）李焘：《续资治通鉴长编》卷330，元丰五年十月己未，第7951页。

③ （宋）谢深甫撰，戴建国点校：《庆元条法事类》卷73《决遣》，黑龙江人民出版社2002年版，第748页。

④ 参见王勇《秦汉地方农官建制考》，《中国农史》2008年第3期。

他们"既有其土地,又有其人民,又有其甲兵,又有其财富"①,原有的地方农业管理制度遭到很大破坏。中央为争夺地方财税,创立了诸如劝农使、青苗使、水陆运盐铁使、租庸使、两税使等诸多使职,地方"三农"事务的管理分散而混乱②。

至两宋之际,中国社会发生了一系列重要的变革,而反映在地方"三农"事务相关领域,就是随着国家军费、官员俸禄等财政开支规模急剧膨胀,国家税收数额日益扩大,税费类别花样百出,对农民的剥削更加繁重。同时,随着中央集权体制的增强,对农村基层的控制和管理日益严密。这些繁多的"三农"事务已非原来制度设计的路级转运司—知州—知县管理体制所能应付。因而宋朝统治者逐渐赋予一些其他机构"三农"事务管理权,同时加强对原有机构的监督③。提点刑狱司这一掌管地方司法、监察事务的机构获得如此多的"三农"事务管理权,其历史背景和原因正在于此。因而,在宋代历史发展中,逐渐形成由提刑司、提举常平司—州通判—县丞所组成的第二条地方农业管理体系,它们在地方上发挥了相当重要的"三农"兼管职能。随着时代的发展和统治者的倚重,宋代提刑司在地方"三农"事务中发挥日益重要的作用。从劝课农桑到兴修水利、赈救灾民、减免赋税、移风易俗等,无不体现着统治者利用提刑司来促进地方农业生产发展,保证农民基本生活,缓和阶级矛盾、稳定地方统治的意图。而提刑司对保甲的校阅、管理和对盗贼的残酷镇压,也体现了宋朝统治者对乡村基层统治的严密化。

宋朝统治者利用提刑司等其他机构兼管地方"三农"事务,具有积极的历史意义,其促进了地方政府机构的分工与互相监督,促进地方上与"三农"相关问题的及时处理和解决,同时也利于不同机构联合应对地方上的水旱灾害、疾疫及地方变乱等突发事件,对维护地方农民的利益和统治稳定也发挥重要作用。宋朝统治者所创立的地方机构"一专多能"的职能设置及"双管齐下"的管理模式在当时"三农"乃至其他事

---

① (宋)欧阳修撰:《新唐书》卷50《兵志》,中华书局1975年版,第1328页。
② 参见赵强:《唐代农业管理的机构建置与决策效能》,《中国行政管理》2005年第1期。
③ 参见包伟民:《宋代地方财政史研究》,上海古籍出版社2001年版,第118页。

务管理中也发挥了重要作用，由于其制度设计的有效性，也为明清后世所继承和沿用。

(文章原刊于《中国经济史研究》2010年第1期)

宋代开封府界提刑司考论

开封是北宋王朝的首都，府界诸县镇作为环卫都城的京畿地区，其一举一动都会影响到京师的安全和稳定。府界地区治理的好坏，非常影响统治者在百姓心目中的形象。故而开封府界虽只管辖京师周边的十几个县镇①，且辖区较小，但影响之大却堪为诸路之首。北宋哲宗朝前，历代开封府界行政长官——府界提点诸县镇公事都用朝廷重臣来掌管，品位尊崇。如王安石、苏颂、吕惠卿、蔡京等大臣都曾担任过府界提点官。作为京畿地区的主管官员，其选任之精、责任之重，可见一斑。

宋哲宗元祐初年，旧党领袖司马光、吕公著等上台执政，全面推翻宋神宗时期的新法政策，实行"元祐更化"。在这一"更化"过程中，他们废除了一些熙丰变法时所创立的机构，同时又创立了一些新的机构来弥补行政管理上的空缺。作为京畿地区专门的司法、监察机构——开封府界提刑司正是在这种背景下产生的。它是宋代提点刑狱司制度发展中的一个新突破，也是宋代开封府界地区管理制度的一个创新。前人对此论述很少②，本文试对其进行探讨，不当之处敬请指正。

---

① 其辖区时有变化，大致包括尉氏、陈留、雍丘十余县、镇。宋朝在设立京畿路时，往往吸纳开封府周边诸路州县，辖区会有所扩大。参《宋史》卷85《地理志一》，中华书局1977年版。

② 戴建国《宋代的提点刑狱司》（《上海师范大学学报》1989年第2期）、石涛《北宋提点刑狱司研究》（《聊城大学学报》2002年第6期）等先生论文未涉及此官，李之亮先生《宋代路分长官通考》（巴蜀书社2003年版）虽论及此官，但将其与开封府界提点官混为一谈，有待商榷。

一　宋代开封府界提刑司的设置

元祐元年（1086）闰二月，经司马光的建议，朝廷下诏："其诸路提举官并罢"，"本路钱谷财用事，悉委转运使，刑狱、常平、兵甲、贼盗事，悉委提点刑狱司管勾。……至提举官累年积蓄钱谷财物，尽桩作常平仓钱物，委提点刑狱一面交割主管，依旧常平仓法"①。这样，熙丰新法时所创立的诸路提举常平司被废除，地方上所有的常平钱物都交由提刑司来管理。防范转运司、州县侵占、挪用常平仓钱物是朝廷用提刑司来兼管这部分钱物的重要原因。

但这道诏令在执行中遇到一个问题，熙丰变法时期，朝廷设有府界提举常平司主管常平仓事务②，在元祐初这次废罢提举常平司的过程中，府界提举司同样遭到废罢。它主管的钱谷交给了开封府界主管机构——府界提点诸县镇官管理，而这是不利于常平钱谷保管的，因此，三月时，三省长官对此提出异议：

> 昨罢诸路提点刑狱司管勾（李焘言：罢提刑司管勾当考，不知初置此管勾何事，恐是管勾常平。此有脱字。）而开封府界遂令提点司主之，窃虑钱物久而侵紊③。

因而朝廷下诏："开封府界置提点刑狱官一员，依诸路提点刑狱职事，仍以叶温叟为之。罢提举府界盗贼司。"④《宋史》亦载：元祐元年

---

① （宋）李焘：《续资治通鉴长编》卷368，元祐元年闰二月丙申，中华书局2004年版，第8877页。
② （宋）李焘：《续资治通鉴长编》卷223，熙宁四年五月庚子，中华书局2004年版，第5418页。
③ （宋）李焘：《续资治通鉴长编》卷372，元祐元年三月癸酉，中华书局2004年版，第9011页。
④ （宋）李焘：《续资治通鉴长编》卷372，元祐元年三月癸酉，中华书局2004年版，第9011页。

三月,"癸酉,置开封府界提点刑狱一员"①。结合上引闰二月废罢提举司,将常平等职事交与提刑司管辖的诏令,及此后诸路提刑司的职责来看,这里被罢除的肯定不是提刑管勾,而是常平管勾。正因为开封府界没有了提举常平官,三省担心日久之后,府界提点司会侵占常平钱谷,才增设了开封府界提刑司主管这部分钱物。同时把府界提举盗贼司也废除,其职事也由府界提刑司掌管。从此条诏令可以看出,府界提刑的职责"依诸路提点刑狱职事",首任开封府界提刑长官为叶温叟。

二 宋代开封府界提刑司与开封府界提点司的区别

有学者认为开封府界提点诸县镇和开封府界提刑为"同官而异名"②,从上述材料可以看出,两者的区分还是明显的。但为何会出现这种怀疑呢?大约是由于"提点开封府界诸县镇公事"这一官职的别称、简称,引起了这种疑问。李焘《续资治通鉴长编》记载府界提点诸县镇公事司的起源:(真宗景德三年三月)"是月,始命朝臣提点开封府界诸县镇公事,其后,又增置一员"。但其又怀疑景德二年(1005)所设的"提点开封府界刑狱、钱帛"正是提点诸县镇官之始,于是又说:"《实录》二年十二月,尝记命高继忠等提点府界刑狱、钱帛,疑此即置官事始也。"③李焘进行的推测是有道理的,因为掌管刑狱、钱帛正是提点诸县镇最重要的职责,《宋史》也记载:"提点开封府界诸县镇公事,掌察畿内县镇刑狱、盗贼、场务、河渠之事"④,故而"开封府界提点诸县镇"最初的官名应就是"开封府界提点刑狱、钱帛",后来其职能扩展,名称发生了改变。但是,宋人仍有以"开封府界提点刑狱"或"开封府界提刑"来称呼它的。

哲宗朝以前开封府界提点司的职能与诸路提刑司职能有相似之处。

---

① (元)脱脱:《宋史》卷17《哲宗本纪一》,中华书局1977年版,第321页。
② 李之亮编:《宋代路分长官通考》,巴蜀书社2003年版,第1324页。
③ (宋)李焘:《续资治通鉴长编》卷62,景德三年三月己巳,中华书局2004年版,第1393页。
④ (元)脱脱:《宋史》卷167《职官志七》,中华书局1977年版,第3971页。

如大中祥符二年（1009），朝廷就提出："宜令开封府界提点县镇公事杨侃、李允恭往来察举诸县刑狱，如事未尽理，有所淹系，并取案牍，躬亲录问。"① 察举诸县刑狱，很容易让人误认为其是提刑。宋人也有认为提点与提刑两司职能相当，如哲宗时吕陶所说："祖宗以来虽极详慎，然犹恐有司失实而冤者无告，故祥符中诏置纠察一司以统制之，如诸路之有提刑、诸县之有提点也。"② 再有，府界提点官自来任提刑资序人。故而，真宗朝到哲宗元祐元年之前，在没有明确提出设立开封府界提刑司的诏令之前，是不存在"府界提刑"这一官职的。当时的宋人是将"开封府界提点诸县镇官"别称为"府界提刑"或"府界提点刑狱"。这在宋哲宗朝以前史书中不乏佐证，如宋真宗大中祥符五年（1012）六月，"提点刑狱府界段惟几发中牟县夫二百修马监仓"③。裴煜，字如晦，英宗"治平中以开封府提刑知苏州"④。神宗元丰六年（1083）七月，因"开封府界诸县螟虫猥多，……宜令提点刑狱范峋亲督人夫速蠲除之"⑤。而实际上，从史料分析来看，这些记载的都是"开封府界提点官"的事迹。如上面材料的同一时段，大中祥符五年八月，又有"提点开封府县镇公事段惟几，言畿县夏租，民乏二麦，望许以秋稼折纳"⑥。元丰六年七月，又有"提点开封府界诸县镇公事范峋奏……"⑦等记载。其中有的时间只隔几天，记录的应是同一人的同一任职。故从宋真宗到神宗这一段时期内有关"开封府界提点刑狱"的记载，实际讲述的是"开封府界提点诸县镇官"的活动，此时两者或可称为"同官而异名"；但哲宗朝确实新创

---

① （宋）佚名，司义祖整理：《宋大诏令集》卷201《令府界提点往来察举诸县刑狱诏》，中华书局1962年版，第746页。
② 曾枣庄，刘琳主编，《全宋文》卷1592《奏为乞复置纠察在京刑狱司并审刑院状》，巴蜀书社1994年版，第131页。
③ （元）脱脱：《宋史》卷177《食货志上五》，中华书局1977年版，第4296页。
④ （宋）梅尧臣：《梅尧臣集编年校注》，上海古籍出版社2006年版，第268页。
⑤ （宋）李焘：《续资治通鉴长编》卷337，元丰六年七月癸丑，中华书局2004年版，第8117页。
⑥ （宋）李焘：《续资治通鉴长编》卷78，大中祥符五年八月乙卯，中华书局2004年版，第1781页。
⑦ （宋）李焘：《续资治通鉴长编》卷337，元丰六年七月己酉，中华书局2004年版，第8116页。

立了"开封府界提刑司",此后记载的"府界提刑司"与"府界提点诸县镇"是两个机构,不能混为一谈。

三 宋代开封府界提刑司的主要职能

搞清了宋代开封府界提点官与提刑官的差别,下面我们就来具体分析一下哲宗朝开封府界提刑司的主要职责和作用。哲宗朝元祐元年(1086)三月,开封府界提刑司设立后,分割了府界提点诸县镇官的部分权力,同时对之发挥重要监督职能。府界提点刑狱官品级与诸路提刑相同,为正六至从七品,其选任人员也多为担任过诸路提刑的官员[①]。元祐元年七月,朝廷还为开封府界提刑司置检正官一员,为提刑司属官[②],职责如诸路提刑检法官,掌复核州县狱案。此外,开封府界提点司与诸路提刑司之间可互相荐举属官[③],体现了其职责上的相似性。宋代开封府界提刑司其职能主要有以下几个方面:

其一,掌管府界常平仓,借贷常平钱谷、赈救灾民。开封府界提刑司是因废府界提举司而立,故而提举司的主要职能就是其职能的重要组成部分。元祐元年三月,开封府界提刑司刚设立不久,左正言朱光庭就提出利用各地现有的青苗钱籴买粮食,充实常平仓,朝廷诏:"户部指挥府界、诸路提点刑狱司,相度合收籴准备数目……保明闻奏。"[④] 八月,又命令府界和诸路提刑司"自今后常平钱谷,令州县依旧法籴粜,其青苗钱更不支俵"[⑤]。管理常平仓,负责组织籴粜常平钱谷就成了府界提刑

[①] (宋)李焘:《续资治通鉴长编》卷372,元祐元年三月癸酉,中华书局2004年版,第9011页。

[②] (宋)李焘:《续资治通鉴长编》卷382,元祐元年七月丁巳,中华书局2004年版,第9299页。

[③] (清)徐松辑,刘琳、刁忠民、舒大刚点校:《宋会要辑稿》选举28之28,上海古籍出版社2014年版,第5802页。

[④] (宋)李焘:《续资治通鉴长编》卷372,元祐元年三月乙亥,中华书局2004年版,第9017页。

[⑤] (宋)李焘:《续资治通鉴长编》卷384,元祐元年八月辛卯,中华书局2004年版,第9366页。

司的重要职责。

同时，府界提刑司还负责借贷常平粮种，如元祐三年（1088）二月，朝廷诏："开封府界自冬至春阴雪，民间有愿借粮种者，令提刑司量度户等第给贷讫，具数以闻。"① 而在开封府界地区发生灾害时，府界提刑司要负责以常平仓钱谷赈灾，并将灾情上报中央。如元祐元年三月诏："府界并诸路提点刑狱司，躬访州、县灾伤，即不限放税分数及有无披诉，以义仓及常平米谷，速行赈济，无致流移。"② 总之，掌管常平仓，发放借贷常平钱谷、检灾、赈灾是府界提点刑狱司的重要职能之一。

其二，监察、审判府界地区刑狱案件。诸路提刑司以监察、审理地方刑狱案件为主要职责，府界提刑司亦不例外。其对于府界刑狱的监管主要表现在灾害发生时到诸县镇亲临视察，催理决狱。如哲宗元祐元年（1086）十二月，朝廷因"久愆时雪，虑刑狱淹延"，故而命"在京委刑部郎中及御史台刑察官，开封府界令提点刑狱司，诸路令监司分案催促结绝"③。六年十二月，又因久旱而诏"在京委刑部郎中及御史一员，开封府界令提点刑狱，诸路州军令监司催结见禁罪人"，同时还规定"内府界徒以下罪人罪状明白，不该编配，及申奏公事或虽小节不圆，不碍大情，并许决讫以闻"④。令府界提刑和诸路监司决狱的同时，对于徒以下罪行给其一定的自由审判裁定权。

在日常时期，府界提刑与开封府知府、府界提点诸县镇可分工合作，分头决理府界地区刑狱。如元祐二年六月时，权知开封府钱勰就上奏："近制……诸县禁囚。虑诸县惧见点检，以不圆公事便行申解，遂差推、判官将带人吏及法司一名，与府界提刑分诣诸县催促决遣。"他又指出：

---

① （清）徐松辑，刘琳、刁忠民、舒大刚点校：《宋会要辑稿》食货68之45，上海古籍出版社2014年版，第7968页。

② （宋）李焘：《续资治通鉴长编》卷373，元祐元年三月癸未，中华书局2004年版，第9037页。

③ （宋）李焘：《续资治通鉴长编》卷393，元祐元年十二月戊申，中华书局2004年版，第9577页。

④ （宋）李焘：《续资治通鉴长编》卷468，元祐六年十二月庚午，中华书局2004年版，第11184页。

"近者朝廷添置提刑,与提点司系监司两员,逐时巡按,不容留滞。"① 可见,在开封府界提刑司设立后,加强了对开封周边地区司法监管,其与提点司在监察、催结诸县狱讼中发挥了重要作用。同时,开封府界提刑司还要负责每年末申报狱中死囚数,上报中央,"仍开析因依申刑部,内数多者申尚书省"②。这样,开封府界提刑司对于府界地区刑狱案件的及时清理和司法审判的公正、监狱管理等方面负有重要管理职能。

其三,调查、治理府界地区水患、修造河渠。东京开封由于地处中原,周边河渠纵横,极易发生水患。开封府界提刑司设立后,治理水患也成了其重要职责。在治水的过程中,府界提刑可以打破府界辖区的限制,协调周边诸路地方政府共同治理。如元祐四年(1089),开封府大雨,造成水患,朝廷"差府界提刑罗适计会京西、淮南,按行水利"。六月,知陈州胡宗愈请求开凿古八丈沟,分决蔡河之水,"由颍、寿界直入於淮,则沙河之水虽甚汹涌,不能雍遏"。朝廷下诏:"罗适依胡宗愈所奏,仍兼提举淮南,四路接连,合治水利。"③ 从而表明,由于河渠治理的整体性,使得开封府界提刑司在治理本地区水患时,难免涉及其他周边路分,因而令其提举共同治理。从中可见府界提刑司在调查、治理水患,修造河渠中也发挥了重要的作用。

其四,负责封桩府界地区阙额禁军请受。此职能也是比照诸路提刑司而设立的。宋朝禁军因战死或逃亡后,会产生阙额。而国家往往继续为这部分军兵发放俸禄,以待日后补充兵源后支付。这部分财物需要地方机构进行监管,府界地区亦不例外。元祐三年二月,枢密院言:"封桩阙额禁军请受,诸路皆隶提刑司,惟开封府界令提举出卖解盐官管勾。今府界已置提刑司,乞检会施行。"朝廷诏"令提刑司管勾"④。这样,

---

① (清)徐松辑,刘琳、刁忠民、舒大刚点校:《宋会要辑稿》刑法 5 之 28,上海古籍出版社 2014 年版,第 8518 页。

② (清)徐松辑,刘琳、刁忠民、舒大刚点校:《宋会要辑稿》刑法 6 之 57,上海古籍出版社 2014 年版,第 8562 页。

③ (宋)李焘:《续资治通鉴长编》卷 429,元祐四年六月乙丑,中华书局 2004 年版,第 10376 页。

④ (宋)李焘:《续资治通鉴长编》卷 408,元祐三年二月庚辰,中华书局 2004 年版,第 9926 页。

在设立府界提刑司后,比照诸路提刑司的职能,封桩阙额禁军请受钱物也由其掌管,使开封府界提刑司具备了更多的财政职权。

其五,检查朝廷诏令的执行情况。国家制度在执行中往往会走样,各级官府"上有政策,下有对策",为了自己的政绩和本地的利益,宋代地方官府不认真执行朝廷诏令的情况也很常见。开封府界提刑司设立后,也负责督察朝廷各种诏令的具体执行情况。如元祐二年(1087)正月,朝廷下令:"明堂赦书条目甚多,皆所以宽恤下民。深虑吏奉诏不虔,其诸路转运司、开封府界提点刑狱司分按所部,纠不如令者。即监司违慢,令互察以闻。"① 故而通过府界提刑司的督促,有利于开封府界诸县认真执行朝廷赦令,宽恤商贾百姓,维护首都周边地区的安定团结。

此外,在取消王安石变法时期设立的府界提举盗贼司后,开封府界提刑司对于府界地区的治安也负有一定的监管职责,但主要还是由府界提点诸县官来管理。

四 宋代开封府界提刑司的废罢及原因

总之,宋哲宗朝,开封府界提点刑狱司在设立后,其在常平钱谷管理和发放、赈救灾民、催决刑狱、修造河渠、治理水患、封桩钱物、监管朝廷诏令执行等方面都发挥了重要的作用。因而,它的设立加强了开封府周边地区的社会治理,为保证北宋首都的和平稳定做出了重要的贡献。同时其对于缓解开封府界提点诸县官等其他政府机构的工作压力,加强对这些机构、官员各方面的监督也起到不可忽视的作用。

但就在开封府界提刑司在宋代政治、社会生活中发挥越来越重要作用的时候,元祐八年(1093)九月,垂帘八年的高太后去世,压抑了多年的宋哲宗终于亲政。在宋哲宗的主导下,北宋王朝一反元祐时期所为,立即着手恢复宋神宗时期的各项政策,并定新年号为"绍圣",元祐时期所行之法多被废除,政治局势发生大的逆转。绍圣元年(1094)闰四月

---

① (宋)李焘:《续资治通鉴长编》卷394,元祐二年正月壬申,中华书局2004年版,第9604页。

三日，朝廷下诏："元祐罢提举官，遂于府界置提刑司，今提举官已复，提刑司可罢。①"这样，宋代开封府界提点刑狱司在设立了近九年之后，终被废除。

宋代开封府界提刑司的兴废，与哲宗朝新旧党争密切相关。正是在司马光等旧党官僚上台，废除了开封府界提举常平司的情况下，才设立了府界提刑司来填补它的管理空缺。在设立的九年之中，开封府界提刑司在财政、民政、司法、监察等领域发挥了作用，有效分担了府界提点诸县镇等机构的负担，加强了开封府周边地区的治理，作用突出，功效显著。但这样一个机构却没能长期存在下去。它的废除，正是在高太后病死，哲宗亲政，新党上台后"绍述先帝之圣政"，坚决反对"元祐更化"中各项措施的结果。由于新旧党争的激烈，双方均失去了平和的心态，一方做出的决断、创立的制度，另一方就要反对，不管是否合理，是否有利于国家的统治和长治久安。宋哲宗朝，党争的冲突是非常激烈的，当政者决策的轻率和混乱对当时国家治理造成极为恶劣的影响。宋代开封府界提刑司是符合实际治理需要的机构，但仍无法逃脱被废除的命运。此后，其职能被开封府界提点官、府界提举司分割。

宋朝开封府界提刑司设置时间虽然有限，但它的设立，有效地增强了首都开封府周边地区的治理，对促进这一地区司法公正、灾害赈救、水利修造、国家法令执行、社会治安稳定等都具有积极的历史作用，因而是一个发挥了重要作用的行政机构。它的设立，对宋朝京畿地区行政制度建设和该地区治理也提供了有益的尝试，对宋徽宗、钦宗朝乃至南宋初京畿路提刑司的复置也具有深远的历史影响。

（文章原刊于《河南大学学报》2008 年第 3 期）

---

① （清）徐松辑，刘琳、刁忠民、舒大刚点校：《宋会要辑稿》职官 43 之 7，上海古籍出版社 2014 年版，第 4114 页。

王安石变法时期提刑司之研究

"王安石变法"和其所代表的神宗一朝，是唐宋变革的赓续和修正时期，也是宋朝历史一个重要的转折时期。20世纪以来，它成为中外宋史学者研究的重点和热点，成果蔚为大观。学界对于宋代一些地方政府机构在此次变法中的作用也进行了论述[1]。但对于宋代掌管诸路司法、监察事务的重要机构——提点刑狱司，其在王安石变法中的制度变化和所发挥的重要作用，前人尚无专门论述。事实上，转运司、提举常平司、提刑司作为路级三监司，都是变法的重要参与者，提刑司也为变法措施在地方路、州、县的落实执行做出了重要贡献[2]。在王安石变法十余年国家改革过程中，提刑司等诸多地方政府角色发生明显的变化和转型，值得学界认真研究。本文试从提刑司这一路级司法、监察机构入手，选取王安石变法这一特定改革时期，分析国家改革过程中地方政府角色的变化，不当之处敬请指正。

---

[1] 如许怀林：《北宋转运使制度述论》，载《宋史研究论文集》，河南人民出版社1984年版，第287—318页；宋炯：《宋代提举常平司的沿革与财政体系的变化》，《安徽史学》2002年第1期，第2—8页。

[2] 对于宋代路级区划性质，学界看法不一，大体有"监察区""行政区""监察区向行政区过渡时期"等几种观点，参见苗书梅：《宋代地方政治制度史研究述评》，载包伟民主编：《宋代制度史研究百年（1900—2000）》，商务印书馆2004年版，第133—164页。笔者赞同宋代的"路"为州县之上地方正式一级行政管理区划，参见拙文：《从提点刑狱司制度看宋代"路"之性质》，《中国历史地理论丛》2008年第3辑，第37—45页。

一　王安石变法对路级提刑司制度的改革

　　治平四年（1067）正月，英宗皇帝病逝，太子赵顼即位，是为神宗皇帝。从熙宁二年（1069）二月任命王安石为参知政事，拉开了变法的帷幕，至熙宁九年（1076）十月，王安石第二次罢相为止，为变法改革的第一个时期。此后，神宗撇开王安石等人，"断自宸衷，锐意改之"，亲自主持了元丰时期的各项变法改革，是为变法改革的第二个时期，这场十一世纪的变法改革对于当时和后世均产生了重要的影响。

　　在熙宁初年，变法拉开序幕前，当政者就已经开始对提点刑狱司制度进行改革，熙宁元年（1068）正月，神宗下诏复武臣提刑，"序内外官次"[1]。此后，武臣提刑的权力有扩大的趋势。同年二月诏：武臣、文臣提刑"今后奏举选人充京官、职官，并据诸路元条合举人数，各举一半，更不连状"[2]。武臣提刑因而获得了单独举荐官吏的权力。

　　熙宁二年（1069）二月，神宗任命王安石为参知政事，三年，升任宰相，主持新法改革。王安石等当政者变法之初，就认为提刑官中"武臣罕习吏文，多不足以察举所部人才，及其才或可用为兵官，而夺之以为此职，皆非因人任使之意"。故于当年十一月，"罢诸路提刑武臣"。"时人甚以为便"[3]。为了富国强兵，与其让武臣提刑在这里费力地熟悉各种法律条文，还不如让他们去当兵官，效力疆场。此后，在熙宁年间武臣提刑一直废而不置。值得一提的是，熙宁变法的主持者——王安石本人在嘉祐三年（1058）就曾担任过江南东路提点刑狱官[4]，虽只在任八个月，但在此及以前地方任官的经历为其后来的变法改革积累了丰富的资本，在提刑卸任后不到一个月，王安石就献上著名的长达万言的《上仁

---

[1]　彭百川：《太平治迹统类》卷30，台北新文丰馆出版公司1986年版，第727页。
[2]　（清）徐松辑，刘琳、刁忠民、舒大刚点校：《宋会要辑稿》选举28之6，上海古籍出版社2014年版，第5789页。
[3]　（元）脱脱：《宋史》卷14《神宗本纪》，中华书局1977年版，第272页。
[4]　（宋）李焘：《续资治通鉴长编》卷187，嘉祐三年二月丙辰，中华书局2004年版，第4504页。

宗皇帝言事书》①，极陈当世之弊，提出了变法改革的主张。这与其在提刑等地方官任上的所见所闻应不无关系。此后，王安石变法改革涉及了提刑司制度的许多方面，主要包括以下几方面：

1. 收提刑官选任权于中书，降低选任资格。熙宁三年（1070）六月诏："罢遂州知州任满除提点刑狱指挥，依旧中书选差人。旧制知遂州抚驭有方，边界宁静，代日除提点刑狱，至是罢之。"②将遂州知州代还例除提刑的特权废除，将所有提刑的选任权收归中书。此后，变法派为将拥护、认真执行新法的官员选为提刑等监司，降低选任的资格，"皆选年少、资浅、轻俊之士为之"，甚至用选人"以权发遣处之，有未尝历亲民即为监司者"③。这样，提刑官的选任资格定得极低，"是否支持新法"成为选用的主要依据。不拘一格选用人才虽有利于打破完全以资格任人的弊端，有利于新法的推行，但同时也会给一些别有用心之人以可乘之机，危害新法。总体上看，王安石变法，起用新进为监司，更利于改革措施推进，防范保守派在地方上阻碍新法，其实际效果也是有利有弊的，并非全无实效。但缺乏稳定的官员升迁资序和选用标准，确有其弊，非长久之计。

2. 对于提刑等监司的考核制度进行改革。出于对监司推行新法作用的重视，熙宁三年七月（1070）诏令中书籍记转运、提刑等外官功过。五年六月，废除了"显同虚设"的考课院，由中书直接全面负责对提刑等监司课绩的考察④，《长编》记载："方是时，上励精政事，至诚恻怛之意，见于命令，每第课考，等高者迁官进擢，而为治无状则罚必行……复诏中书籍记中外官司功过，岁终及应除用，比较进拟。……惟

---

① （宋）李焘：《续资治通鉴长编》卷188，嘉祐三年十月甲子，中华书局2004年版，第4531页。

② （宋）李焘：《续资治通鉴长编》卷212，熙宁三年六月甲子，中华书局2004年版第5144页。

③ （宋）司马光著，王根林点校：《司马光奏议》卷36《乞罢提举官札子》，山西人民出版社1986年版，第389页。

④ （宋）李焘：《续资治通鉴长编》卷218，熙宁三年十二月己巳，中华书局2004年版，第5671页。

监司等入上下即取旨升黜。"① 改由中书考察提刑课绩后，一入上等或下等，即行赏罚升黜，可见朝廷对监司切责之深，政绩要求之严。此后，神宗元丰年间改革官制，取消中书，以三省代之。这样，提刑等监司的课绩考察又没有了主管部门。元丰三年（1080）四月，权御史中丞李定就指出："奉行朝廷法令以致之民者诸路监司，而无钩考之法。今御史台分察官司违慢。若推此法以察诸路监司，宜无不可者。以户按察转运提举官，以刑按察提点刑狱，如此则内外官司各勤职事，朝廷法令不至隳废。②"朝廷从之。此后提刑司的考课工作改由御史台负责。御史台刑案考核提刑司，专业性更强，胜过中书全面的考课。

3. 提刑司长官开始配备属官。熙宁六年（1073）三月，"置诸路提点刑狱司检法官各一员，从检正中书五房公事吕惠卿请也"③。此前，曾任河东提刑的高赋也曾奏请"诸道提点刑狱司置检法官"④，他指出："自罢武臣以来，多止一员，兼河渠、盗贼，而刑书繁多，省阅不给，若委之吏，则为大弊。请逐路置检法官，以专平谳疏驳。"⑤ 可见，当时为提点刑狱官配备属官已成为变法者的共识，它可以分担提刑官司法复核方面的许多负担，成为日后提刑司的主要属官之一。此后元丰三年（1080）八月，神宗受机构省并、减少财政开支等政策的影响，曾"罢诸路提点刑狱司检法官，见任者听满任"⑥。但这并非明智的举动。检法官废除后，给提刑司司法职能的行使带来诸多不便。故而在大规模官制改革结束后，元丰六年（1083）正月诏："诸路提点刑狱司各置检法官一

---

① （宋）李焘：《续资治通鉴长编》卷234，熙宁五年六月己酉，中华书局2004年版，第5671页。
② （宋）李焘：《续资治通鉴长编》卷303，元丰三年四月乙卯，中华书局2004年版，第7387页。
③ （宋）李焘：《续资治通鉴长编》卷243，熙宁六年三月戊辰，中华书局2004年版，第5925页。
④ （元）脱脱：《宋史》卷426《高赋传》，中华书局1977年版，第12703页。
⑤ （宋）王称：《东都事略》卷112《循吏传》，齐鲁书社2000年版，第974页。
⑥ （宋）李焘：《续资治通鉴长编》卷307，元丰三年八月己亥，中华书局2004年版，第7456页。

员。"① 这实际上是对此前神宗自己错误政策的一种弥补，也充分表明了检法官的重要性。它的设立，为提刑司制度的完善和职能的充分发挥做出了重要的改进，成为宋代提点刑狱司制度的重要组成部分。

4. 提刑司获得对死刑案的复核裁定权，成为一路最为重要的司法机构。北宋前期，刑部设大辟案审核地方死刑案件。提刑司设立后，对州军死刑案件也负有监察职责，但没有终审裁定权。元丰年间改革改变了这种局面，朝廷将无疑难死刑案件的复核裁定权下放到诸路提刑司，如宋末马端临所说："官制既行，审刑院、纠察司皆省，而归其职于刑部。四方之狱，非奏谳者，则提点刑狱主焉。"② 从元祐时情况也可证明这一点，元祐元年（1086）五月刑部言："旧刑部覆大辟系置详覆司，自官制行，详覆案归逐路提刑司，刑部不复详覆，亦不置吏。"③ 这表明元丰改制后，刑部详覆案废除，提刑司从刑部手中夺得了无疑难死刑案的执行决定权。这样，有利于减轻刑部的复核负担，提高了案件审理、复核、执行的效率。其他非奏谳、非死刑的地方案件也由提刑司主管复核。这样，提刑司成为一路最为重要的司法机构。哲宗时，朝廷为加强对提刑司的监督，刑部复置详覆案，审查提刑司详覆的结果，但亦是死刑执行后每季抽摘三分而已④。

5. 武臣提刑的复置。这是受神宗皇帝对军队、保甲制度改革影响的结果。熙宁时期，王安石对募兵制进行了改革，力图恢复"兵农合一"的古制。开始推行保甲制度，用以在广大农村加强统治力量，镇压各地的起义和盗贼。神宗主持的元丰改革以富国强兵为目标，故而对于"兵农合一"的保甲制度非常重视，希望能达到以保甲代正兵、"削募兵骄

---

① （宋）李焘：《续资治通鉴长编》卷332，元丰六年正月乙未，中华书局2004年版，第8000页。
② （元）马端临：《文献通考》卷167《刑考六》，中华书局2011年版，第5002页。
③ （宋）李焘：《续资治通鉴长编》卷377，元祐元年五月壬戌，中华书局2004年版，第9163页。
④ （宋）李焘：《续资治通鉴长编》卷377，元祐元年五月甲子，中华书局2004年版，第10031页。

志，省养兵财费"①的目的。提刑司主管地方治安，在打击盗贼的过程中对各地保甲日益倚重。后来神宗开始用提刑司来管理各地保甲，元丰元年（1078）二月诏："仍以诸路义勇、保甲隶提点刑狱司。"②但以文臣提刑统领保甲，难尽其力。于是三年六月，恢复武臣提刑。时诏："河北、河东、陕西路各选文武官一员提举义勇、保甲。武臣提举义勇、保甲兼提点刑狱……自今五路提点刑狱准此。"③恢复了熙宁时废除的武臣提刑。但值得注意的是，这次武臣提刑的复置，并非是全国性的，而只集中在河北、河东、陕西地区的五个路分，而且武臣提刑主要职责就是训练管理保甲，其次才是负责提刑司事务，这也是与当时的周边形势和神宗的战略设想有密切关系的。

通过以上王安石变法的改革可以看出，这一时期是宋代提点刑狱司制度发展一个关键时期，通过对提刑司长官设置、选任、考课等方面的改革，使这一制度更加完善。特别是提刑检法官的设立和地方死刑复核权的获得，使提刑司在宋代司法体系中的位置更加凸显，其司法职能也得以更充分地发挥。提点刑狱司在路级政区和民众心目中的地位也更重要。

二　诸路提刑司在王安石变法中角色的转型

"王安石变法"是北宋中期全面的改革运动，变法包含多方面的内容，而以"富国""强兵"为中心，其中比较重要的、在当时社会影响巨大的改革项目包括青苗法、免役法、农田水利法、保甲法、保马法等，这些法令的制定与推行均与路级提刑司有密切的关系，使其突破了原有地方"司法官"的固有角色，广泛参与到新法的制定和推行中。

---

① （宋）李焘：《续资治通鉴长编》卷221，熙宁四年三月丁未，中华书局2004年版，第5391页。

② （宋）李焘：《续资治通鉴长编》卷288，元丰元年二月己巳，中华书局2004年版，第7046页。

③ （宋）李焘：《续资治通鉴长编》卷305，元丰三年六月丙午，中华书局2004年版，第7424页。

1. 推行青苗法中的作用。青苗法又称常平新法，是王安石等当政者针对旧有的常平仓制度进行的改革。一年分两次发放青苗钱谷，要收取20%的利息。但胜过城乡居民青黄不接时去借高利贷，也胜于旧有的常平仓制度。仁宗时期，常平仓就由提刑司监管①，在神宗青苗法推行之初，提刑司在管勾常平仓，发放青苗钱过程中发挥了重要作用。如熙宁二年（1069）九月，制置三司条例司言："今欲以常平、广惠仓见在斛斗，遇贵量减市价粜，遇贱量增市价籴。"朝廷诏："仍令提点刑狱司依旧管辖，毋得别以支用。"② 这样，提刑司在行新法之初负责起了常平仓发放青苗钱、收还利息工作。

其后，设立提举常平司，专门管理各地的青苗钱发放工作。但提刑司在推行青苗法中仍发挥了重要的作用。它负责对借贷青苗钱中的不法行为进行监督，如熙宁三年（1070）正月诏令：青苗钱发放中，如有"追呼均配抑勒，反成搔扰"者，"其令诸路提点刑狱官体量觉察，违者禁止立以名闻。敢沮遏愿请者，案罚亦如之"③。在监督的过程中，提刑司又逐渐参与到各地青苗事务中。原因在于，熙宁初年提举常平司设立后，遭到了守旧派官员的极力反对，请求将其废罢，用旧法管理常平仓，不收利息。因而王安石变换策略，用一些路分的提刑官兼领提举司事，推行新法。至熙宁六年（1073），朝廷下诏：令"诸路转运使副、判官、提点刑狱不兼提举常平仓者，并兼提举"④。这显然是当政者为了推行常平新法、加强路级监司对州县青苗法的推行而采取的措施。从而可见提刑司在执行青苗法中的重要作用。

2. 管勾免役、助役法事。王安石改变过去轮充差役的办法，实行募役法。令五等人户并出免役钱，原不服役的官户、寺观户等出助役钱。

---

① （宋）李焘：《续资治通鉴长编》卷151，庆历四年七月丙戌，中华书局2004年版，第3672页。

② （清）黄以周辑，顾吉辰点校：《续资治通鉴长编拾补》卷5《神宗二年》，中华书局2004年版，第235页。

③ （清）黄以周辑，顾吉辰点校：《续资治通鉴长编拾补》卷7《神宗三年》，中华书局2004年版，第297页。

④ （宋）李焘：《续资治通鉴长编》卷244，熙宁六年四月庚辰，中华书局2004年版，第5935页。

这有利于中小地主和富裕农民摆脱差役制度的危害，同时对官户等征收役钱，增加了国家财政收入。提点刑狱司在征收免役、助役钱中发挥了重要作用。如熙宁四年（1071）初，"两浙路提点刑狱王庭老、提举常平张靓率民助役钱多至七十万"①。同时，为制定各地征收役钱的切实可行的标准，朝廷令"诸路监司各定助役钱数"，提刑司也在其列。如熙宁五年（1072），司农寺言："已定京东路役法，……若雇钱及役使重轻尚有未尽，委转运、提点刑狱、提举司详具申寺。"朝廷从之②。同时，提刑司在减免助役钱，安抚地方的过程中也发挥重要作用。如六年十二月，提刑官陈枢就奏请："两浙第五等户约百万，出役钱裁五六万缗，钱寡而所敷甚众，且第五等旧无役，请得蠲免。"诏除之。③ 再如九年时，广南东路提刑许懋奏请："潮州海阳、潮阳两县居民舍及田稼为飓风吹海潮所害。上三等户秋料、役钱，乞与倚阁；四等已下户秋料、役钱，依条取旨放免外，有丁米乞全免。其合应副广西军须，并与全免。"④ 朝廷从之。灾害地区民户免役钱的减免，有利于生产恢复和社会稳定。总之，提刑司在免役、助役钱征收标准的制定、到具体征收再到灾害时役钱的减免等方面都发挥了重要作用。

3. 农田水利法执行中的作用。王安石变法时期，朝廷大力兴修水利，恢复、新建了大量的河渠、塘泊，开垦了众多农田荒地。提刑司在神宗朝以前就已兼领各地的河渠修造公事⑤，在这个变法革新的时代，其为农田水利法的推行也做出了重要的贡献。提刑司要实地调查水利兴修可行性、提出建议。如熙宁三年（1070），命"提点河北刑狱王广廉相度漳河

---

① （宋）李焘：《续资治通鉴长编》卷222，熙宁四年四月壬午，中华书局2004年版，第5414页。

② （宋）李焘：《续资治通鉴长编》卷240，熙宁五年十一月癸亥，中华书局2004年版，第5834页。

③ （宋）李焘：《续资治通鉴长编》卷248，熙宁六年十一月戊寅，中华书局2004年版，第6055页。

④ （宋）李焘：《续资治通鉴长编》卷279，熙宁九年十一月癸酉，中华书局2004年版，第6824页。

⑤ （宋）李焘：《续资治通鉴长编》卷189，嘉祐四年四月戊辰，中华书局2004年版，第4559页。

等水利以闻"①。又如五年，权发遣河北西路提刑公事李南公奏请开"沧州北三堂等塘泊"②。提刑官身处地方，因而提出的建议更具可行性。在河渠修筑成功后，提刑司也要进行复核，以防修河官员欺诈，如熙宁七年（1074）十月诏："兴修农田、水利应赏者，监司申司农寺，于邻路差官；余官及诸色人，委提刑司于别州县选官覆案保明。"③ 这些都表明了提刑司在调查、监督地方水利兴修情况时的贡献。此外，提刑司也亲自督造地方河渠塘堤的兴修，如熙宁八年闰四月，秦凤等路提刑郑民宪言："于熙州南关以南开渠堰引洮水，并东山直北通流下至北关，并自通远军熟羊寨导渭河至军溉田，乞募夫开修。"④ 朝廷同意其建议，令调查，如可实行即动工兴修。此后，熙宁九年时，朝廷再度强调提举常平司对新法事务的主管地位，同时规定河渠"非为农田兴修者，依旧属提点刑狱司"⑤。实际上，提举司一司无法统领众多新法事务，此后元丰时期提刑司在各类水利兴修过程中还是发挥了重要作用的。

4. 对地方市易法执行的作用。为平抑市场价格，限制投机，促进商业繁荣，熙宁五年（1072），变法派推出了市易法。在京城和沿边、内地各大城市设立了市易司，负责给商人借贷资金并收购其无法脱手的货物。提刑司对于各地市易法的制定和执行也负有重要责任。如熙宁六年三月，朝廷下诏令"提点秦凤等路刑狱张穆之与熙州官吏制置市易条约以闻"⑥。同时，提刑司还要负责指挥沿边地区的市易司和商人入中粮草，熙宁九年朝廷诏："永兴等路提点刑狱刘定、提举常平等事马瑊，除本路经费钱

---

① （宋）李焘：《续资治通鉴长编》卷214，熙宁三年八月甲戌，中华书局2004年版，第5208页。

② （清）徐松辑，刘琳、刁忠民、舒大刚点校：《宋会要辑稿》兵28之13，上海古籍出版社2014年版，第9215页。

③ （宋）李焘：《续资治通鉴长编》卷257，熙宁七年十月乙丑，中华书局2004年版，第6269页。

④ （宋）李焘：《续资治通鉴长编》卷263，熙宁八年四月壬寅，中华书局2004年版，第6434页。

⑤ （宋）李焘：《续资治通鉴长编》卷279，熙宁九年十二月甲午，中华书局2004年版，第6834页。

⑥ （清）徐松辑，刘琳、刁忠民、舒大刚点校：《宋会要辑稿》食货37之17，上海古籍出版社2014年版，第6813页。

外,并辇置近边州军,召商人及市易司于熙、河二州入中粮草。"①如果各州市易司计置的物货、场务,不依照规定收商税,"并许勾当官申提举司牒提刑司根究,依法治之"②。同时,如果官府部门拖欠市易司钱物,提刑司也要负责催督。如元丰四年(1081)二月,令广南东路提刑督促本路转运司归还拖欠广州市易司的钱财,限"一年了绝"③。如果提刑不认真执行,也会受到惩罚④,可见朝廷对其推行市易法的倚重。

5. 对金、银矿产品等专利品的监管。王安石变法时期,国家对矿产品实行更加严格的专卖制度。⑤ 对其监管经营过程中,提刑司也发挥了重要的作用。熙宁二年(1069)十月,诏:"应江南等路提点银铜坑冶司所辖金银场冶收到金银课利,今后并依久例尽数入内藏库,……及仰提点坑冶司每年据场冶申到所收金银细数,攒写为一帐,申三司拘催内藏库钱帛案。"如果不系江南等路提点坑冶司所辖路分,"仰本路提点刑狱司依此施行"⑥。提刑司对于矿冶业的监管亦从此时开始。此后一些路分提刑司开始负责将本路的矿产量编帐籍供三司案问并督运上京。不仅如此,提刑司开始插手到矿冶检踏、生产、向中央申报矿额等多个方面,如熙宁八年,广南西路提刑许彦先"独差官管勾告发坑冶"⑦。十年,令广西提刑司"兴置广源州等处金银坑冶"⑧。此外,在熙宁十年以前,永兴、

---

① (宋)李焘:《续资治通鉴长编》卷273,熙宁九年二月癸卯,中华书局2004年版,第6685页。

② (清)徐松辑,刘琳、刁忠民、舒大刚点校:《宋会要辑稿》食货37之25,上海古籍出版社2014年版,第6819页。

③ (宋)李焘:《续资治通鉴长编》卷311,元丰四年二月庚辰,中华书局2004年版,第7546页。

④ (清)徐松辑,刘琳、刁忠民、舒大刚点校:《宋会要辑稿》食货37之30,上海古籍出版社2014年版,第6822页。

⑤ (清)黄以周辑,顾吉辰点校:《续资治通鉴长编拾补》卷4《神宗熙宁二年》,中华书局2004年版,第158页。

⑥ (清)徐松辑,刘琳、刁忠民、舒大刚点校:《宋会要辑稿》职官27之26,上海古籍出版社2014年版,第3724页。

⑦ (宋)李焘:《续资治通鉴长编》卷266,熙宁八年七月癸亥,中华书局2004年版,第6522页。

⑧ (宋)李焘:《续资治通鉴长编》卷280,熙宁十年正月己卯,中华书局2004年版,第6856页。

秦凤等西北路分的提刑司也监管着本路的银、铜坑冶、铸钱等职事。从变法开始，提刑司开始了对矿冶业的监管，这有利于促进生产并防止国家财政税收的流失。

6. 对保甲法的执行。王安石等当政者力图加强保甲在地方治安中的作用。提刑司在保甲法推行之初就已参与其中。如熙宁六年（1073）十二月诏："诸路安抚司，依转运、提点刑狱、提举司，随本路分定州军提举教阅义勇、保甲。"① 这表明提刑等司对保甲的校阅还早于此时。神宗亲自主持变法后，专用提刑司来管勾各地保甲，元丰元年（1078）二月诏："仍以诸路义勇、保甲隶提点刑狱司，开封府界隶提点司。"② 对于保甲的校阅和指挥就成了诸路提刑司的重要职责之一。为更有效地监管保甲，三年六月，恢复武臣提刑主管保甲教阅工作。后设立了专门的提举保甲司，由武臣提刑兼管，保甲的训练质量进一步提高。同时对于那些不能胜任校阅保甲的提刑官，朝廷也及时予以更换，如元丰三年七月诏：河北西路提刑杜常与秦凤等路提刑李深对调岗位，令杜常主持秦凤等路保甲训练工作③。同时，提刑司官员还对保甲制度提出自己的修改意见，使之更加完善。元丰二年十月，"立水居船户五户至十户为一甲相纠察救助法。从福建提点刑狱司请也"④。这样，在东南水居的船户也建立了保甲制度，使地方治安管理制度更加严密。在王安石保甲法的制定和推行中，提刑司是发挥了极为重要监管职责的。

7. 对保马法的监管。由于与辽、西夏作战，骑兵的优势明显，故而变法当政者针对军马饲养中的问题，提出了保马法的改革措施，主要实行于河北等北方路分。由政府购买军马，民户饲养，降低了马的死亡率，节省资金。提刑司在保马法中也发挥了重要作用，主要表现在对各地保

---

① （宋）李焘：《续资治通鉴长编》卷248，熙宁六年十二月乙酉，中华书局2004年版，第6060页。

② （宋）李焘：《续资治通鉴长编》卷288，元丰元年二月己巳，中华书局2004年版，第7046页。

③ （宋）李焘：《续资治通鉴长编》卷304，元丰三年五月辛未，中华书局2004年版，第7436页。

④ （宋）李焘：《续资治通鉴长编》卷300，元丰二年九月癸卯，中华书局2004年版，第7308页。

马法执行提出修改意见和主持购买军马等方面。如元丰初年，京东东路提刑霍翔指出："齐、淄等州民号多马"，当地产的母马占三分之一，"骨格亦高大，可备驰突之用"①。因而请求招募民养母马供军用，并免除养马户的各种赋役，他自己在禹城县还做了试点，获良马颇多，经过朝廷调查后，认为"实便公私"，于是采用了霍提刑的建议，在京东路开始实行以"民出自养母马供军用"的新政策。这是对保马法的改进与扩展。此外，如元丰六年（1083）时广南西路提刑对马战之术和马军训练等问题，也提出了自己的意见②，表明了提刑司对保马法监管职责。同时，提刑司对于政府军马的购买也发挥了重要作用，如熙宁年间曾令"知熙州王韶都提举熙河路买马，权提点刑狱郑民宪同提举"③。同时，提刑在将各地买的军马运送上京也负有监管职责，如元丰六年，朝廷令买牝壮马上京，"令诸路差提点刑狱官，开封府界差提点官"④。

8. 对军器监法的执行。为改变军器制造粗劣的状况，变法派于熙宁六年设立了军器监，负责武器的生产和都造，并为各地的都作院提供制作的法式。从元丰初年，诸路提刑司开始负责各地都作院军器制造的监管工作。如元丰元年（1078）六月诏："诸路都作院，委枢密院选差本路提点刑狱官一员提举点检。"⑤ 相关例子也很多，如元丰五年十一月，令提点刑狱监永兴军都作院，十二月又任命更多监司："秦凤等路以提点刑狱吕温卿，京东西路以转运判官吕孝廉，淮南西路以提点刑狱王瑜，江南东路以提点刑狱高复，江南西路以提点常平等事蹇序辰"⑥ 等。可见提刑司在催督各地武器制造中是发挥了重要作用的。同时，提刑司还负责

---

① （宋）李焘：《续资治通鉴长编》卷343，元丰七年二月，中华书局2004年版，第8238页。

② （宋）李焘：《续资治通鉴长编》卷332，元丰六年正月壬寅，中华书局2004年版，第8137页。

③ （宋）李焘：《续资治通鉴长编》卷254，熙宁七年六月丁卯，中华书局2004年版，第6205页。

④ （宋）李焘：《续资治通鉴长编》卷338，元丰六年八月甲子，中华书局2004年版，第8143页。

⑤ （宋）李焘：《续资治通鉴长编》卷290，元丰元年六月丁卯，中华书局2004年版，第7092页。

⑥ （宋）李焘：《续资治通鉴长编》卷331，元丰五年十二月壬戌，中华书局2004年版，第7986页。

督买制造武器用的材料,并将不法的情况汇报中央。如元丰六年(1083),经荆湖南路提刑奏请,避免了已采买的五万桑木弓材因尺寸误差被舍弃的问题①,从而为国家节省了大量财物。对于暂时不用的武器,提刑司也有封桩管理职责,如元丰七年十一月诏:"太原府封桩二十将器甲什物,未有官专提举,致经略司时有假借出入。宜差提点刑狱官提举,即非奉朝命支借者,依擅支封桩钱物法。"②这样,在宋朝武器采买、制造、保管等方面,提刑司都具有重要的作用。

以上我们考察了诸路提刑司在王安石变法中"富国""强兵"等诸项改革措施中所发挥的作用和角色的转型,从中可以看出其对新法的推行贡献是很大的。但值得注意的是,王安石变法时期变法与反变法派的激烈斗争,对于提点刑狱司在新法中作用的发挥也产生了重要影响。提点刑狱司作为路级管理机构,掌握在变法派或反变法派手中情况是完全不同的。如果被变法派官员掌握,就会成为推动变法革新的重要动力;如果被反对派或者贪赃枉法的官员掌握,就会成为沮坏新法、危害百姓的工具。事实上,在整个新法的推行中,反对或沮坏新法的提刑官也大有人在③。此外,监司官员更换太频,"方谙知利害又已移领他路,使好进之人,因缘苟简,不肯竭力以图实效"④ 等,这些问题的产生为新法变革的推行和实际作用的发挥设置了一些障碍。但从整体上看,王安石变法时期改革者还是比较好地控制和利用了提点刑狱司等路级机构来为新法服务的。

结　语

从以上两个方面可以看出,十一世纪这场著名的"王安石变法"与

---

① (宋)李焘:《续资治通鉴长编》卷334,元丰六年三月癸卯,中华书局2004年版,第8042页。

② (宋)李焘:《续资治通鉴长编》卷350,元丰七年十一月癸亥,中华书局2004年版,第8389页。

③ (宋)李焘:《续资治通鉴长编》卷321,元丰四年十二月甲寅,中华书局2004年版,第7737页。

④ (宋)李焘:《续资治通鉴长编》卷239,熙宁五年三月辛丑,中华书局2004年版,第5831页。

路级提刑司等地方政府机构有着密切的关系。变法时期，改革者出于推行新法的需要，对诸路提点刑狱司相关制度作了多方面的改革和修正，使其更加完善，如降低提刑官的选任标准、严格考核制度、配备属官、增加武臣提刑等，使之更符合推行新法的需要。同时，由于变法的开始，路级提刑司被赋予了更多的职权，特别是"富国、强兵"的主要变法目的，使得提刑司财政和军事、治安方面的职权得到极大的增强，从而使其原有"司法、监察官"的角色发生明显转型。这些变化对于此后提刑司制度的发展产生了重要的影响。同时，提点刑狱司也为这场变革做出了自己的重要贡献，从始至终，它都是变法革新者用来制定、执行、监督各项新法的得力助手，为新法在地方州县的推行做出重要贡献。从这场变法运动可以看出，通过制度改革和角色转型，路级提刑司已是司法、监察、财政、军事等诸多职权兼顾的"多面手"，成为宋朝地方统治体系中不可缺少的一个环节，为宋朝国家机器的正常运转、改革措施的推行和地方社会的稳定做出了不可磨灭的贡献。

（文章原刊于《河北大学学报》2009年第3期）

宋代河北路弓箭社研究

学术界对于宋代弓箭社的研究由来已久，早在20世纪30年代，日本学者长部和雄在《关于宋代的弓箭社》（载《史林》24卷第3期，1939年）一文中，对宋代弓箭手作了初步的探讨，其重点探讨了作为乡兵弓箭社，但并未关注其最初的民间结社性质。国内学者对宋代弓箭社的关注则相对较晚，直到近些年才取得了一定的研究成果[①]。但多是从体育史及结社组织的角度，重点探讨了弓箭社作为一个民间武术会社组织性质。但由于各自研究侧重点的不同，对宋代弓箭社未能作一个较为全面、深入的探讨。此外，全是民等人将宋代弓箭社与弓箭手相混淆，致使诸多观点仍有待进一步商榷。本文试在前人研究的基础上，对宋代河北等路分弓箭社作一个较为全面、深入的探讨，谬误之处，诚请方家匡正。

宋代弓箭社与弓箭手，看似相同，但二者却是两个不同的组织。二

[①] 主要成果有：1. 史江《宋代军事性会社及其形成背景、特点及社会功能初探》（载《四川大学学报》2003年第2期）一文对宋代军事性会社的形成背景、特点和社会功能作了初步探讨。2. 周杨波的《宋代绅士结社研究》（中华书局2008年版，第80—94页）专列一节对宋代绅士武装类型、凝聚力和战斗力、历史意义和影响等问题进行了研究。3. 谭景玉的《宋代乡村组织研究》（山东大学出版社2010年版，第384—410页）对宋代民间自保武装的发展和组织形式以及民间自保武装与国家的关系作了初步的探讨。4. 王昆仑《河北弓箭社考略》（载《山东体育学院学报》第25期第11卷，2009年11月）一文对宋代河北弓箭社的起源、性质、特征以及升降沉浮的历史原因作了较为深入的探讨。5. 全是民：《宋代"弓箭社"对保家安境的功用探微》一文，突出强调了弓箭社保家安境的历史作用，但因将弓箭社与弓箭手相混淆，致使文中诸多观点有待进一步商榷。6. 林友标在《苏轼与弓箭社探析》（载《体育文化导刊》2010年第2期）一文中通过对史料的分析，探析了弓箭社组织方式、成员情况以及历史意义。

者都是宋代乡兵之一,并列于《宋史》卷一九〇《兵志四·乡兵》之中。但在宋人记载中,又因常把弓箭社的成员称之为弓箭手,致使后人常把二者相混淆。关于二者的不同之处,宋人薛季宣曾指出其差异:"弓箭社,系并边民户,家出一兵,共司警捕者,庞籍、苏轼帅定武日尝整齐之;弓箭手,系陕西民兵、蕃落、熟户系并边熟蕃,曹玮帅秦州日所经理者。"① 从中可以看出,弓箭手主要存在于陕西沿边地区,人员构成包括当地民兵和少数民族部落武装,而弓箭社主要存在于河北、河东等路分,以沿边地区民户为主。

一　弓箭社的起源及创置背景

据《宋史》记载:"弓箭社。河北旧有之。熙宁三年十一月,知定州滕甫乞下本路依旧制募弓箭社,以为边备。从之。"② 这是时任定州知州滕甫为加强边备而招募人员组建弓箭社,从招募办法"仿旧制"可知,在此之前定州等沿边地区已存在经官府认可的弓箭社或类似组织。从滕甫的上书中亦可证实,据《长编》载其奏论:"今河北州县近山谷处,民间各有弓箭社及猎射等户,习惯便利,与夷人无异。乞下本道州县,令募诸色公人及城郭、乡村百姓有武勇愿学弓箭者为社,每年春,长吏就其射处劝诱阅试之。从之。"③ 由此可见,在熙宁三年(1070)滕甫募民组建弓箭社之前,民间已经存在由民众"私建"的弓箭社。

民间私结为弓箭社究竟起源何时,《宋史》及滕甫在上书中皆未言明,仅谓之以"旧制""旧有之"。然而,苏轼在元祐八年(1093)知定州任上的上奏中,为我们提供了一些线索。他在上书中说:"今河朔西路被边州军,自澶渊讲和以来,百姓自相团结为弓箭社,……先朝名臣帅定州者韩琦、庞籍,皆加意拊循其人,以为爪牙耳目之用,而籍又增损

---

① (宋)薛季宣:《浪语集》卷16《朝辞札子二》,文渊阁四库全书,台北商务印书馆1986年版,第1159册,第283页。
② (元)脱脱等:《宋史》卷190《兵四》,中华书局1997年版,第4725页。
③ (宋)李焘:《续资治通鉴长编》卷217,熙宁三年十一月乙卯,中华书局2004年版,第5285页。

其约束赏罚。"① 苏轼在奏疏中所提及的韩琦、庞籍先后于庆历七年（1047）和嘉祐二年（1057）出任定州知州。韩琦是宋仁宗近臣，在他调任定州之前，在陕西任职负责对西夏的防御工作，熟悉边务。韩琦调任定州后，自然会对当地的边防进行整顿。虽无直接史料证明他对弓箭社加以组织利用，但从其后在知并州（今太原）时可略窥一二。皇祐五年（1057），韩琦知并州时，对并州当地弓箭社采取默认其发展、纵容其存在的态度。南宋人赵善璙对他在太原时的做法记述道："太原土风喜射，民间有弓箭社。公（韩琦）在太原，不禁亦不驱，故人情自得，亦可寓武备于其间。"② 韩琦去职后，宋相继政，他"下令籍（弓箭社）为部伍，仍须用角弓。太原人贫素只用木弓，自此有卖牛置弓者，人始骚然矣。"③ 宋相改变了韩琦"不禁亦不驱"默许弓箭社存在的做法，转而积极整编弓箭社，但又因他对装备要求过高，引起了民众的不满。

庞籍为韩琦之师，他于嘉祐二年（1057）出任定州知州，他在任期间对弓箭社"因其故俗立队伍将校，出入赏罚，缓急可使"④，又制定了"弓箭社社约"，并得到了宋仁宗的批准。从韩、庞二人对弓箭社加以组织利用可知，在庆历、皇祐以前，弓箭社就已经存在于民间。那么，苏轼关于弓箭社源于"澶渊讲和"的说法是否能够成立？

所谓的"澶渊讲和"是指发生在宋真宗景德元年（1004）十二月的宋辽在澶州议和，即"澶渊之盟"。"澶渊之盟"后的近百年时间里，宋辽双方相安无事。然而虽未发生大规模冲突，但宋辽关系却十分微妙，辽国对宋朝的威胁依旧存在。此外，契丹流寇入宋境劫掠、扰民事假以及边民间的纠葛却时有发生。为维持和议局面，对于这种小规模的冲突边防驻军却不便直接出面解决。苏轼多次强调应在不使辽国心生疑虑的

---

① （元）脱脱等：《宋史》卷190《兵四》，中华书局1977年版，第4725页。
② （宋）赵善璙：《自警编》卷6，文渊阁四库全书，台北商务印书馆1986年版，第875册，第395页。
③ （宋）赵善璙：《自警编》卷6，文渊阁四库全书，台北商务印书馆1986年版，第875册，第203页。
④ （宋）朱熹撰，朱杰人、严佐之、刘永翔等主编：《朱子全书·三朝名臣言行录》卷9《内翰苏文忠公》，上海古籍出版社、安徽教育出版社2002年版，第20册，第670页。

前提下加强边防，他在上奏中说："臣若（对沿边禁军）严加训练，书夜勤习，驰骋坐作，使耐辛苦，则此声先弛，北虏疑畏，或至事生。……若进取深入，交锋两阵，犹当杂用禁旅，至于平日保境备御小寇，即须专用极边人士。"① 南宋《庆元条法事类》明文规定："诸结集社众，阅习武艺者，……教头及其为首人，徒二年余，各杖一百。"② 那么在宋政府严厉取缔民间结社习政策下，河北路沿边民众何以能突破政府藩篱"相结为社"并得到政府的默认呢？其原因在于河北路沿边地区"两属地""两属户"的存在。宋太宗端拱年间，宋廷蠲免雄州、容城等河北沿边部分州县的民税，辽朝则乘机在这些地区开始征收赋税，由此出现了"两属户"，这些地区则成为"两属地"③。"两属户"虽同时向宋辽双方纳税服役，但管辖兵民事宜则主要由宋方负责。由于这一区域的特殊性，且地处边境之要冲，宋辽双方在征收赋税的同时都十分注意争取"两属户"人心，常常蠲免赋税、赈济灾民。这一宽松的政治环境，是民众能够突破政府藩篱自发"结社"并得到政府默许的重要原因。

此外，弓箭社在产生后的一个较长时间中逐步发展，至宋仁宗庆历、皇祐年间（1040—1054）达到一定的规模，并被宋廷招募为民兵，如魏了翁所说："国朝之兵，自太祖定海内不过十有二万。至太宗以后日增月益，极于章圣。而西有灵之患，北有契丹之难，然且不过五十余万。且所用皆正兵。至康定、庆历而后，正兵增至百万，乃又有河北、河东忠义，陕西保捷，河北弓箭社……是正军之外，创募民兵。"④ 弓箭社只有在政府默认而非取缔政策下，才能得以发展，且发展到一定规模时才能被政府所承认并招募为民兵。

---

① （宋）苏轼，孙凡礼点校：《苏轼全集》卷36《乞增修弓箭社条约状二首》，中华书局1986年版，第1024页。
② 杨一凡、田涛主编，戴建国点校：《中国珍稀法律典集·庆元条法事类》，黑龙江人民出版社2002年版，第924页。
③ 注：关于"两属户""两属地"的形成、产生的原因等问题，参见安国楼《宋辽边境的"两属户"》（载《中国史研究》1991年第4期）及李宪《北宋河北雄州的两属地》[载《南京大学学报（社会科学版）》1993年第3期]。
④ （宋）魏了翁：《鹤山全集》卷之93《家塾再试策问一道》，文渊阁四库全书，台北商务印书馆1986年版，第1173册，第392页。

综上所述,"澶渊之盟"后,边防驻军不便出面直接解决小规模冲突,河北路的宋辽边境地区的民众出于自保及防御辽军南下骚扰,民众自发地"相结为社"。至宋仁宗庆历、嘉祐年间,弓箭社发展到一定的规模,韩琦、庞籍等一些有识之士开始对其加以改造、利用,试图将其纳入官方的管理之内。

二 河北诸路弓箭社的发展和演变

弓箭社作为一个民间武装团体,一旦被纳入官府的控制之内,也就失去了原来的独立性,其发展也会受到统治者意识的影响。历史条件的不同,统治者对弓箭社的态度也不尽相同。随着宋朝国势以及宋辽、宋金关系的变化,宋廷对弓箭社时而加以整编利用,时而罢废。

(一) 神宗熙宁、元丰年间的弓箭社

熙宁三年(1070),在知定州滕甫的建议下,宋廷开始募民入弓箭社。但至熙宁五年(1072)宋神宗欲修河北弓箭社时,宋廷内部为此展开讨论。冯京认为:"河北义勇十八万自足,何须做弓箭社?"[1] 而王安石却认为:"河北义勇收人户不尽,河北有许多地,有许多人,何故只令十八万人习兵为义勇,而不可令尽习兵?"[2] 最终,宋神宗听从了王安石的建议,保存了弓箭社。

此次辩论后,弓箭社虽得以保留,但随着保甲法推行地域的扩大,弓箭社也面临着被改编纳入保甲的命运。仅在辩论一年后,即熙宁五年(1073),河北西路转运、提点刑狱、提举司言上书请求:"参定真定府路义勇、保甲新法,旧管强壮人皆系乡兵及缘边州军弓箭社,亦籍姓名巡

---

[1] (宋) 李焘:《续资治通鉴长编》卷238,神宗熙宁五年九月己酉,中华书局2004年版,第5795页。

[2] (宋) 李焘:《续资治通鉴长编》卷238,神宗熙宁五年九月己酉,中华书局2004年版,第5795页。

防把截，乞并行废罢，依义勇、保甲编排"①，此建议得到了宋廷的采纳。然而，虽然宋廷下令罢废弓箭社，但因"公私相承，元不废罢"②。苏轼对此记载较为详尽："昨于熙宁六年行保甲法，准当年十二月四日圣旨，强壮弓箭社并行废罢。又至熙宁七年，再准正月十九日中书札子圣旨，应两地供输人户，除元有弓箭社强壮义勇之类，并依旧存留外，更不编排保甲。看详上件两次圣旨，除两地供输村分方许依旧置弓箭社，其余并合废罢。"③可见，熙宁六年（1074）后，朝廷虽下令罢废河北弓箭社，但并未真正废除，弓箭社依旧作为民间武装存在，只是弓箭社人户兼充了保甲人户，而其发展也受到一定冲击，"岁久法弛，复为保甲所挠，渐不为用"。

（二）宋哲宗年间的弓箭社

元祐八年（1093），苏轼任定州知州，他于当年十一月先后两次上奏乞增修弓箭社条约，并在上书中提出了条约的具体内容。苏轼如此积极整顿弓箭社，这与当时定州等沿边地区的军政边防和社会治安状况有着紧密的关系。首先，宋辽边境的宋朝驻军军政废弛。当时定州驻军"法令不行，禁军日有逃亡，聚为盗贼，民不安居"④，"将校不法，乞取敛掠，坐放债负。身既不正，难以戢下，是致诸军公然饮博逾滥。三事不禁，虽上禁军无不贫困，轻生犯法，靡所不至"⑤。其次，辽国政局动荡，盗贼众多，波及宋境。苏轼在上奏中言："显见契丹见今兵困于小国，调发频并，民不堪命，聚为盗贼。虽邻境多故，实中国之利，必无渝盟之

---

① （宋）李焘：《续资治通鉴长编》卷249，神宗熙宁六年十二月乙未，中华书局2004年版，第6063页。
② （宋）苏轼著，孙凡礼点校：《苏轼全集》卷36《乞增修弓箭社条约状二首》，中华书局1986年版，第1025页。
③ （宋）苏轼著，孙凡礼点校：《苏轼全集》卷36《乞增修弓箭社条约状二首》，中华书局1986年版，第1025页。
④ （宋）苏轼著，孙凡礼点校：《苏轼全集》卷36《乞降度牒定州禁军营房状》，中华书局1986年版，第1021页。
⑤ （宋）苏轼著，孙凡礼点校：《苏轼全集》卷36《乞降度牒定州禁军营房状》，中华书局1986年版，第1022页。

忧，然盗贼充斥，彼自不能制，其余波末流，必延及吾境。"① 再次，当时宋朝边防驻军数量少且边境地理形势不利于防守。苏轼在上书中说："臣窃见西山之下，定、保之间，山开川平，无陂塘之险，澶渊之役，敌自是深入。见今本路只有战兵二万五千九百余人，分屯八州、军，若有警急，尚不足于守，而况战乎？"②

虽然苏轼的建议并未被宋廷采纳，但苏轼在上奏之前就已在其职权范围内对弓箭社进行整顿。他在上书中说："臣已戒饬本路将吏，申严赏罚，加意拊循其人去讫，辄复拾用庞籍旧奏约束，稍加增损，别立条目。"③ 苏轼的这些措施取得了一定的效果，苏辙引用定州人的话说："定人言：'自韩魏公（即韩琦）去，不见此礼至今矣。'"④ 虽进行局部整顿，但因其建议并未得到宋廷的采纳，弓箭社依旧保持熙宁六年（1074）被官方罢废而又在民间得以保留的状态。宋廷对弓箭社虽未完全取缔，但也未对其进行有效管理。

（三）徽宗朝及两宋之际的弓箭社

宋徽宗时期，伴随着宋朝局势的动荡，宋廷也加快了对弓箭社整编的步伐。大观三年（1109），高阳关路弓箭社人按《政和保甲》和《保甲格》被宋廷收编。⑤ 政和六年（1116）十二月下诏："河北路有弓箭社县分，已降指挥，解发异等。所有逐路县令、佐，候岁终教阅了毕，仰帅司比较。每岁具最优最劣各一县，取旨赏罚，以为劝沮，仍著为令。"⑥

---

① （宋）苏轼著，孙凡礼点校：《苏轼全集》卷36《乞增修弓箭社条约状二首》，中华书局1986年版，第1033页。
② （宋）苏轼著，孙凡礼点校：《苏轼全集》卷36《乞增修弓箭社条约状二首》，中华书局1986年版，第1033页。
③ （宋）苏轼著，孙凡礼点校：《苏轼全集》卷36《乞增修弓箭社条约状二首》，中华书局1986年版，第1026页。
④ （宋）苏辙著，陈宏天、高秀芳点校：《苏辙集·栾城后集》卷22《亡兄子瞻端明墓志铭》，中华书局1990年版，第1125页。
⑤ （清）徐松辑，刘琳、刁忠民、舒大刚点校：《宋会要辑稿》兵1之12，上海古籍出版社2014年版，第8608页。
⑥ （清）徐松辑，刘琳、刁忠民、舒大刚点校：《宋会要辑稿》兵1之14，上海古籍出版社2014年版，第8608页。

将弓箭社整编的优劣与地方官吏的赏罚相挂钩。由此,地方官吏走上了一条"诱民入社"来减少磨勘年限的道路。其中最为突出者就是京东西路提点刑狱梁扬祖,他在宣和四年(1122),向朝廷奏请:"乞劝诱民户充弓箭社。继下东路,令依仿招诱。"① 这种"诱民入社"做法,虽扩大了弓箭社的规模,但也加重了民众负担,使得民怨沸腾,不久就遭到群臣抨击。宋廷乃于宣和七年(1125)二月下诏:"并依奏,梁杨祖落职。其禁兵器,令安抚司指挥逐州军并拘收入官,弓箭社人依指挥放散。"② 但不久之后,随着金兵南下,李纲上书请求重新整编弓箭社,他在上奏中说:"今河东、河北之地既为金人之所践蹂,豪杰强壮多依山寨以相保聚,……然陕西之民素困于支移、折变,宜一切蠲免。而系保甲之籍者,依新法团结以二千五百人为一军,差正副统制官揔之以时训练。……京东西有弓箭社,亦皆可仿此推行,如合圣意,乞降旨三省措置。"③ 但李纲的建议并未付诸实施,至建炎元年(1127)六月时,"河北、京东巡社乡民结集以御金贼。诏以忠义巡社为名,隶安抚使"④。可见,至两宋之际,河北、京东等地的弓箭社已被新的民间结社组织——"忠义巡社"所代替。

三 弓箭社的规模、地域分布与组织框架

关于弓箭社的规模,在弓箭社尚未纳入官方管控之内前,其规模无从可考。元祐时期弓箭社的规模,苏轼在上书中道:"今已密切取会到本路极边定、保两州,安肃、广信、顺安三军,边面七县一寨,内管自来团结弓箭社五百八十八村六百五十一火,共计三万一千四百一十一人。"⑤

---

① (清)徐松辑,刘琳、刁忠民、舒大刚点校:《宋会辑稿》兵1之14,上海古籍出版社2014年版,第8609页。
② (清)徐松辑,刘琳、刁忠民、舒大刚点校:《宋会辑稿》兵1之14,上海古籍出版社2014年版,第8609页。
③ (宋)李纲著,王瑞明点校:《李纲全集》卷25,岳麓书社2004年版,第676页。
④ (元)马端临《文献通考》卷156《兵考八》,中华书局2011年版,第4665页。
⑤ (宋)苏轼,孙凡礼点校:《苏轼全集》卷36《乞增修弓箭社条约状二首》,中华书局1986年版,第1026页。

宋徽宗时，地方官吏在"以入社民众多为攻"的标准下，大量"诱民户充弓箭社"，使得弓箭社的规模急剧膨胀。宣和七年（1125）臣僚上奏言："近者东路（指京东东路）之奏，以数计至二十四万一千七百人，又奏续劝诱三千八百二十八人，又奏武艺长优十一万六千余人，并已就绪，且云比之西路，仅多一倍。"① 当时仅京东东、西两路弓箭社人数就有35万之多。但这仅是量的增长而非质的提高，弓箭社的战斗力并未因其规模的扩大而增强，诚如当时臣僚所言："审如所奏，山东之寇，何累月淹时未见殄灭哉？则其所奏二十四万与十一万，殆虚有名，不足以捍贼明矣！"② 但不久之后，随着宋廷下令解散弓箭社以及金兵南下，弓箭社人数大为减少。靖康二年（1127），李纲在上奏中说："调发防秋之兵，大槩有五：一曰系将兵，二曰不系将兵，三曰土兵，四曰民兵，……民兵：弓箭社、刀弩手之类是也，不过一万人。"③

关于弓箭社的地域分布，由于史料有限，我们只能从现存的史料中略窥一二。由前述关于弓箭社演变概况可知，弓箭社最初源于河北、河东等路的宋辽边境地区。至宋仁宗时，其存在的地域范围向内地扩展，如韩琦知并州时倡导整编当地的弓箭社。神宗熙宁年间，弓箭社仍主要分布在河北、河东等沿边地区，且以"河北近山谷处"④ 最为集中。滕甫募民入社后，弓箭社由"近山谷处"的乡村扩展至"城郭"。宋哲宗时期，弓箭社主要分布在定州、保州、安顺、广信、顺安等沿边州军⑤。宋徽宗时，由于宋廷大力整编弓箭社，使其地域分布范围大为扩展，由河北、河东路的沿边地区扩展至京东东路和京东西路。

关于弓箭社的成员选拔方式。在弓箭社诞生初期，其成员主要来自

---

① （清）徐松辑，刘琳、刁忠民、舒大刚点校：《宋会要辑稿》兵1之14，上海古籍出版社2014年版，第8609页。
② （元）脱脱：《宋史》卷190《兵四》，中华书局1977年版，第4726页。
③ （宋）李纲著，王瑞明点校：《靖康传信录》卷3，《李纲全集》，岳麓书社2004年版，第1598页。
④ （宋）李焘：《续资治通鉴长编》卷217，熙宁三年十一月乙卯，中华书局2004年版，第5285页。
⑤ （宋）苏轼著，孙凡礼点校：《苏轼全集》卷36《乞增修弓箭社条约状二首》，中华书局1986年版，第1026页。

于当地的百姓,选拔的方式是"户出一人"。苏轼在上奏中说:"今河朔西路被边州军,自澶渊讲和以来,百姓自相团结为弓箭社,不论家业高下,户出一人。"① 但当弓箭社被纳入官方的管控时,其成员的选拔方式也随之改变。熙宁三年(1070),滕甫整编弓箭社时,采用"募诸色公人及城郭乡村百姓有武勇愿学弓箭者为社"② 的办法,将百姓"自结为社"的办法改为招募。苏轼知定州时向朝廷建议:"依见今已行体例,不拘物产高下,丁口众寡,并每户选强壮一丁,充弓箭手。"③ 可见,自熙宁至元祐年间,弓箭社虽被纳入官方的管控之内,但成员的选拔方式依旧承袭了弓箭社成立之初"户出一丁"的方式。

至宋徽宗时,"户出一丁"为"诱民入社"所取代。当时有臣僚奏言:"窃见京东、西路昨于宣和四年缘西路提点刑狱梁杨祖奏请乞,劝诱民户充弓箭社。继下东路,令依仿招诱。若如立法之意,不过使乡民自愿入社者阅习武备,为御贼之具尔。如邀功生事之人,唯以入社之民众多为功,厚诬朝廷督责州县,取五等之籍甲乙而次之,悉驱之入社,岂问其愿与否也。"④ 地方官吏"诱民充弓箭社"的做法改变了以往民众入社自愿原则,带有很大的强制性。

弓箭社作为北宋乡兵的一种,其组织架构较其他乡兵组织较为简单。在弓箭社作为一个民间组织独立于官方之外时,弓箭社的领导者是由社员"自相推择家资武艺众所服为社头、社副、录事,谓之头目"⑤。元祐八年(1093),苏轼在拟定弓箭社条约中,也是"每社置社长、社副录事各一名为头目"⑥,此外"每社及百人以上,选少壮者三人,不满百人者

---

① (元)脱脱:《宋史》卷190《兵四》,中华书局1977年版,第4726页。
② (宋)李焘:《续资治通鉴长编》卷217,熙宁三年十一月乙卯条,中华书局2004年版,第5285页。
③ (宋)苏轼著,孙凡礼点校:《苏轼全集》卷36《乞增修弓箭社条约状二首》,中华书局1986年版,第1026页。
④ (清)徐松辑,刘琳、刁忠民、舒大刚点校:《宋会要辑稿》兵1之14,上海古籍出版社2014年版,第8609页。
⑤ (宋)苏轼著,孙凡礼点校:《苏轼全集》卷36《乞增修弓箭社条约状二首》,中华书局1986年版,第1024页。
⑥ (宋)苏轼著,孙凡礼点校:《苏轼全集》卷36《乞增修弓箭社条约状二首》,中华书局1986年版,第1027页。

选二人，不满五十人者选一人，充急脚子"①。

社内成员分工明确，社长、社副、录事作为弓箭社的主要领导者，须是"有物力或好人材事艺众所推服者"② 担任，他们的职责主要有三：一是教习武艺，即在农事余暇之时"切提举阅习武艺，务令精熟齐整，如无盗贼，非时不得勾集"③。二是维护地方治安。如"社头目抄上当巡人姓名"，"遇出入经宿以上，须告报本社头目及邻近同保之人"④。三是管理日常财物、赏罚。"社内所纳罚钱，令社长等同共封记主管，须遇社会合行酬赏者，方得对众支给破使，即不得衷私别作支用。"⑤

"急脚子"的职责有二：一是探报盗贼。急脚子"专令探报盗贼。如探报不实，及稽留后时有误捕捉者，并申官乞行严断"⑥。二是唤集社员。"如社内一两村共为一火，地理稍远，不闻鼓声去处，即火急差急脚子勾唤。"⑦ 至于弓箭社的一般成员，他们除要在农闲时学习武术、备战盗贼外，还需要轮差夜巡应对突发事件、维护地方治安。弓箭社使用的武器装备由成员自己准备，主要包括"置弓一张、箭三十只、刀一口。内单丁及贫不及办者，许置枪及捍棒一条"，同时要保证武器装备精良可用，"弓箭不堪施放，器械虽有而不精，并罚钱二百"⑧

---

① （宋）苏轼著，孙凡礼点校：《苏轼全集》卷36《乞增修弓箭社条约状二首》，中华书局1986年版，第1027页。

② （宋）苏轼著，孙凡礼点校：《苏轼全集》卷36《乞增修弓箭社条约状二首》，中华书局1986年版，第1027页。

③ （宋）苏轼著，孙凡礼点校：《苏轼全集》卷36《乞增修弓箭社条约状二首》，中华书局1986年版，第1027页。

④ （宋）苏轼著，孙凡礼点校：《苏轼全集》卷36《乞增修弓箭社条约状二首》，中华书局1986年版，第1027页。

⑤ （宋）苏轼著，孙凡礼点校：《苏轼全集》卷36《乞增修弓箭社条约状二首》，中华书局1986年版，第1028页。

⑥ （宋）苏轼著，孙凡礼点校：《苏轼全集》卷36《乞增修弓箭社条约状二首》，中华书局1986年版，第1027页。

⑦ （宋）苏轼著，孙凡礼点校：《苏轼全集》卷36《乞增修弓箭社条约状二首》，中华书局1986年版，第1027页。

⑧ （宋）苏轼著，孙凡礼点校：《苏轼全集》卷36《乞增修弓箭社条约状二首》，中华书局1986年版，第1027—1028页。

四 宋政府对河北诸路弓箭社的管控与优奖

(一) 宋政府对弓箭社的管控

弓箭社形成之初，它作为一个民间结社组织，宋廷仅是对其存在采取默认态度，并未加以管控。此时弓箭社的管理，主要在于社头等社内成员进行自我约束，即"私立赏罚，严于官府。分番巡逻，铺屋相望，若透漏北人及本土强盗不获，其当番人皆有重罚"①。

由于弓箭社的战斗力和抗辽保家的目的，使宋廷在承认其存在的基础上，设立了一套运行机制和管理体系来约束弓箭社日常活动，以便将弓箭社置于国家的管控之下。韩琦、庞籍等先后帅定州者"皆加意拊循其人，以为爪牙耳目之用"②。尤其是庞籍，不仅对弓箭社"立队伍将校"③，而且"增损其约束赏罚"④，即制定了弓箭社规约。规约的内容不仅包括组织架构、成员职责和日常制度。关于组织架构、成员职责前文已述，在此不再赘述。日常制度的主要内容，现兹录如下：

> 逐社各置鼓一面，如有事故及盗贼，并须声鼓勾集。若寻常社内声鼓不到者，每次罚钱一百。如社内一两村共为一火，地理稍远，不闻鼓声去处，即火急差急脚子勾唤。若强盗入村，声鼓勾唤不到，及到而不入贼者，并罚钱三贯。如三经罚钱一百，一经罚钱三贯，而各再犯者，鼓送所属严断。
>
> 如能捉获强盗一名，除依条支赏外，更支钱二十贯。如两次捉获依前支赏外，仍与免户下一年差徭。如三次以上，更免一年。无差徭可免者，各更支钱十贯折充。如获窃盗一名，除依条支赏外，

---

① (宋)苏轼著，孙凡礼点校：《苏轼全集》卷36《乞增修弓箭社条约状二首》，中华书局1986年版，第1025页。
② (元)脱脱：《宋史》卷190《兵四》，中华书局1977年版，第4726页。
③ (宋)苏轼著，孙凡礼点校：《苏轼全集》卷36《乞增修弓箭社条约状二首》，中华书局1986年版，第1025页。
④ (元)脱脱：《宋史》卷190《兵四》，中华书局1977年版，第4726页。

更支钱二贯。以上钱，用社内罚钱充，如不足，并社众均备。

逐社各人，置弓一张、箭三十只、刀一口。内单丁及贫不及办者，许置枪及捍棒一条。内一件不足者，罚钱五百。弓箭不堪施放，器械虽有而不精，并罚钱二百。若全然不置者，即申送所属，乞行勘断。

逐社每夜轮差一十人，于地分内往来巡觑，仍本县每季给历一道，委本社头目抄上当巡人姓名。有不到者，罚钱二百。如本地分失贼，其当巡人委本社监勒依条限捕捉。限满不获，送官量事行遣。其所给历，除每季纳换及知佐下乡因便点检外，不得非时取索。

弓箭社人户，遇出入经宿以上，须告报本社头目及邻近同保之人，违者罚钱三百文。

社内遇捉杀贼盗，因斗致死，除依条官给绢外，更给钱一十贯付其家，被伤重者减半，并以系省钱充。

社内所纳罚钱，令社长等同共封记主管，须遇社会合行酬赏者，方得对众支给破使，即不得衷私别作支用。

社内遇丰熟年，只得春秋二社聚会，因便点集器械，非时不得乱有纠集搔扰。[1]

这些日常制度，囊括了探报敌情、警时应对策略以及相关的赏罚措施等，使宋廷加强了对弓箭社的管控。

元祐八年（1093），苏轼知定州时，"戒饬本路将吏，申严赏罚，加意拊循其人，辄复拾用庞籍旧奏约束，稍加增损，别立条目"[2]。进一步加强对弓箭社的管控，以便发挥其维护地方社会治安的作用。至宋徽宗宣和七年（1125），宋廷下诏："（弓箭社）其禁兵器，令安抚司指挥逐州军并拘收入官。"[3] 靖康元年（1126）二月，宋廷更进一步要求："河

---

[1] （宋）苏轼著，孙凡礼点校：《苏轼全集》卷36《乞增修弓箭社条约状二首》，中华书局1986年版，第1027—1028页。

[2] （元）脱脱：《宋史》卷190《兵四》，中华书局1977年版，第4726页。

[3] （清）徐松辑，刘琳、刁忠民、舒大刚点校：《宋会要辑稿》兵1之14，上海古籍出版社2014年版，第8609页。

北、京东西弓箭社、射生户，预行团集，仍具的确人数申枢密院"①，加强对弓箭社的控制，以防其成为反抗朝廷的潜在力量。

（二）宋政府对弓箭社的优奖

弓箭社作为北宋乡兵的一种，在抵御辽国和维护地方治安上起着重要的作用，然而宋廷给予其的优待条件与同是乡兵的陕西、河东等地的弓箭手的待遇相去甚远。苏轼在上书中说："臣窃谓陕西、河东弓箭手，官给良田以备甲马，今河朔沿边弓箭社，皆是人户祖业田产，官无丝毫之给，而捐躯捍边，器甲鞍马，与陕西、河东无异，苦乐相辽，未尽其用。"② 因此，他认为应给予弓箭社一定的优待，主张"弓箭社人户，今后更不充保甲，仍免冬教"③，同时"免折科，间复赎罪免役，岁以五十缗赏其尤异者"④，但他的建议并未得到宋廷的采纳。至北宋末年，随着金兵南下，为激发弓箭社抵御金兵的积极性，李纲认为应给予弓箭社更多优待，"支移、折变宜一切蠲免"⑤，但"会纲去位，皆不果行。至是黄潜善、汪伯彦共议，悉罢纲所施行者"⑥。给予弓箭社优待的建议再一次被搁置起来。

此外，宋廷对弓箭社成员中贡献突出者给予破格的提拔。如元丰三年（1080）十月，"北平县尉、殿直张挺申，分捕贼人徐德，内弓箭社副长冉万射中徐德，冉铁球因斩其首。……诏：冉铁球与三班差使，冉万

---

① （宋）徐梦莘：《三朝北盟会编》卷44《靖康中帙》，上海古籍出版社2008年版，第331页。

② （宋）苏轼著，孙凡礼点校：《苏轼全集》卷36《乞增修弓箭社条约状二首》，中华书局1986年版，第1027页。

③ （宋）苏轼著，孙凡礼点校：《苏轼全集》卷36《乞增修弓箭社条约状二首》，中华书局1986年版，第1027页。

④ （宋）苏轼著，孙凡礼点校：《苏轼全集》卷36《乞增修弓箭社条约状二首》，中华书局1986年版，第1031页。

⑤ （宋）李纲，王瑞明点校：《李纲全集·梁溪集》卷63《乞籍陕西保甲京东西弓箭社免支移折变团结教阅札子》，岳麓书社2004年版，第676页。

⑥ （宋）李心传撰，胡坤点校：《建炎以来系年要录》卷8，建炎元年八月己卯，中华书局2013年版，第233页。

三班借差。"①

五 弓箭社与中央、地方官吏的关系

(一) 弓箭社与中央的关系

弓箭社作为民间自卫武力组织，其成员主要来自当地民众，其经费主要由民众自筹（除官方给予一定的经济优待外），它相对于强壮、义勇等其他乡兵组织而言，具有较大的独立性。也正是这种独立性，使其发展及其与中央政府的关系上显得更为复杂、曲折。

澶渊之盟后，宋朝为维持和议局面，边境驻军不直接参与解决双方边民冲突和捉捕盗贼。出于保家御寇的目的，河北、河东等宋辽边境地区民众自结为弓箭社。当弓箭社发展到一定规模时，宋廷内部的一些有识之士看到其在防备辽国和维护边境秩序上的积极作用，便试图对弓箭社加以管控、利用，如庞籍制定弓箭社规约。宋神宗时，在变法图强的背景下，宋廷积极整编弓箭社，如滕甫募民充弓箭社。但当宋辽关系较为缓和，辽国对宋朝威胁相对较小时，宋廷对弓箭社的管控力度也相对减弱，甚至下诏解散弓箭社，仅是默认其存在，熙宁六年至宋哲宗时期的弓箭社就是如此。

虽然中央政府有权整编弓箭社，并将其纳入其管控之内，但因弓箭社不成建制，难以使用，故在北宋时期国家对弓箭社并也无调度指挥权，正如滕甫所言："缓急虽不可调发，亦足以捍御"②。但至两宋之际，伴随金兵南下，国家进入紧急状态，宋廷中央试图对弓箭社进行节制调度，以抵御金兵南下。南宋人薛季宣说："弓箭社，弓箭手、蕃族、熟户为之，罗落他路迭戍，悉受节度。"③

---

① （清）徐松辑，刘琳、刁忠民、舒大刚点校：《宋会要辑稿》兵 12 之 8，上海古籍出版社 2014 年版，第 8837 页。

② （宋）李焘：《续资治通鉴长编》卷 217，熙宁三年十一月乙卯，中华书局 2004 年版，第 5285 页。

③ （宋）薛季宣：《浪语集》卷 16《朝辞札子二》，文渊阁四库全书，台北商务印书馆 1986 年版，第 1159 册，第 283 页。

此外，弓箭社虽被纳入国家的管控之内，并成为宋廷防备辽国和维护地方治安的主要力量之一，但由于弓箭社具有较强的独立性，对于来自宋廷中央的诏令也并非一一执行。当宋廷中央诏令与弓箭社地域民众利益背道而驰时，其地方性就显现出来，表现为对宋廷中央的反抗性和排斥性。熙宁五年（1073），当宋廷下诏罢废弓箭社时，弓箭社并未依诏就地解散，而是"公私相承，元不废罢"[①]。宋徽宗时，当地方官吏"诱民入社"甚至是将民众强行编入弓箭社时，"民不堪其劳，则老弱转徙道路，强壮起为盗贼"[②]，成为宋朝统治的反抗力量。

（二）弓箭社与地方官吏的关系

弓箭社与地方官吏的关系最为突出的是，宋徽宗时，将弓箭社的优劣程度与地方官吏的磨勘、赏罚相挂钩。大观三年（1109）宋廷下诏："弓箭社人依保甲法推赏。准《政和保甲格》比较最优县令、佐各减磨勘三年，巡检减磨勘二年，最劣县分令、佐各磨勘三年，巡检展磨勘二年。若到任不及半年应赏罚者，并减半。即不经管勾聚教者，不在比较之限。"[③] 通过对纳入宋廷管控范围内的各县弓箭社进行比较，来衡量弓箭社整编的优劣程度，从而对县令、佐及巡检等县级官吏的磨勘年限进行增减。政和七年（1116），宋廷再度下诏："河北路有弓箭社县分，已降指挥，解发异等。所有逐路县令、佐，候岁终教阅了毕，仰帅司比较。每岁具最优最劣各一县，取旨赏罚，以为劝沮，仍著为令。"[④] 再次重申了大观三年（1109）的诏令，并要求县令、佐"解发异等"。

县级官吏负责管理弓箭社的一些日常事务，如弓箭社的夜巡，"本县每季给历一道，委本社头目抄上当巡人姓名。有不到者，罚钱二百。如本地分失贼，其当巡人委本社监勒依条限捕捉。限满不获，送官量事行

[①] （宋）苏轼著，孙凡礼点校：《苏轼全集》卷36《乞增修弓箭社条约状二首》，中华书局2004年版，第1025页。
[②] （元）脱脱：《宋史》卷190《兵四》，中华书局1977年版，第4730页。
[③] （清）徐松辑，刘琳、刁忠民、舒大刚点校：《宋会要辑稿》兵1之14，第8609页。
[④] （清）徐松辑，刘琳、刁忠民、舒大刚点校：《宋会要辑稿》兵1之14，第8609页。

遣。其所给历，除每季纳换及知佐下乡因便点检外，不得非时取索。"①

此外，弓箭社常与巡检、县尉等负责基层治安的官吏"并肩作战"，并成为他们在维护地方治安上的重要助手。"弓箭社人户，为与契丹为邻，各自守护骨肉坟墓，晓夜不住巡逻探伺。以此巡检县尉，全籍此人为耳目肘臂之用。"②

结　语

北宋时期，河北等路分的弓箭社在防备辽国和协助政府处理边境地区突发事件上，起着重要的作用，宋人对此有着充分的认识。苏辙言："北边久和，边兵不试，临事有不可用之忧，惟沿边弓箭社与寇为邻，以战射自卫，尤号精锐。"③ 他在与友人刘仲冯的信中，对于弓箭社在防御边境小贼上所起的作用道："邻近诸路，皆时有北贼，小小不申报者尤多，民甚患之。惟武定一路绝无者，以有弓箭社人故也。"④ 南宋人吕祖谦对弓箭社评价尤高，他说："本朝之兵，往往弓箭社常得力。所谓弓箭社者，盖近远居人自结为保社，故能出力自战，此先王之遗意也。"⑤ 他认为正是由于弓箭社是民众自愿组建的保社，所以他们能够"力战"而取胜。与吕同时代的薛季宣也曾高度赞誉弓箭社，他说："弓箭社与夫保甲、保马之政，功效大验，载谍具存。"⑥ 黄震曾将弓箭社和沿边驻军、保甲进行比较，他说："谓战兵尚不足于守，谓保甲不可驱之于战，惟弓

---

① （清）徐松辑，刘琳、刁忠民、舒大刚点校：《苏轼全集》卷36《乞增修弓箭社条约状二首》，第1028页。

② （清）徐松辑，刘琳、刁忠民、舒大刚点校：《苏轼全集》卷36《乞增修弓箭社条约状二首》，第1028页。

③ （宋）苏辙著，陈宏天、高秀芳点校：《苏辙集·栾城后集》卷22《亡兄子瞻端明墓志铭》，中华书局1990年版，第1125页。

④ 曾枣庄，刘琳主编：《全宋文》第87册，上海辞书出版社2006年版，第403页。

⑤ （宋）吕祖谦，黄灵庚、吴战垒主编：《吕祖谦全集·书说》卷5，浙江古籍出版社2008年版，第3册，第98页。

⑥ （宋）薛季宣：《浪语集》卷16《朝辞札子二》，台北商务印书馆1986年版，第278页。

箭社人户与强虏为邻，自守骨肉坟墓，皆处必争之地，世世结发与虏战。"①

虽然弓箭社在保家御虏上起着重要的作用，但元祐以后，北宋各地民兵大多趋于衰落之势，弓箭社也难保齐全。南宋人王应麟对元祐以后北宋民兵之状描述道："国朝籍群国及旁塞之民与丁壮以备战守，曰义勇、弓箭社、保毅、寨户、土丁、弩手、峒丁、枪手、弓箭手、敢勇、蕃兵，各因其方名之，通谓乡兵。元祐以降，民兵亦衰。"② 在各地民兵走向衰落的大背景下，弓箭社却在宋徽宗时因宋廷的积极整编以及地方官吏的"诱民入社"下，其规模和地域分布范围都有极度的扩大，弓箭社得到了进一步发展。但此时的弓箭社已是落日余晖了，"诱民入社"的做法以及弓箭社管理体系的混乱为其走向衰亡埋下了祸根。随着金兵的南下，河北、京东等地沦为金国的领土，弓箭社也逐渐淡出了历史的舞台。

（文章原刊于《河北大学学报》2017年第2期）

---

① （宋）黄震撰，张伟、何忠礼主编：《黄震全集·黄氏日钞》卷62《读文集·赴定州以不得上殿朝辞遂上书劝处静观动守安稳万全之策》，浙江大学出版社2013年版，第1905页。

② （宋）王应麟：《玉海》卷139《兵制》，广陵书社2003年版，第2597页。

下 编
地方政府行政成本

宋代地方政府"时间成本"损耗及治理

任何政府的行政活动都会占用一定的时间来完成，然而每一项行政活动均应有其完成的时间限度。如果超越了这一限度，必然会影响政府的行政效率，影响政府下一步工作环节的完成和整体行政机制的运转。现代学者有对政府行政时间成本作了概念界定，认为行政时间成本，即"行政管理过程中资源闲置和非必要的时间浪费所蕴含的价值损失"[①]，并提出了行政时间成本的四个特征：稀缺性、价值性、不可替代性、可核算性。从这一定义出发，时间成本的特点是"闲置"和"非必要"，也就是负面的时间代价。依照这一标准，两宋时期，地方政府在行政活动中由于各种原因而耗费了大量的时间成本，而为了弥补这些损失，减少成本损耗，中央和地方政府也采取了多种举措对这些问题加以治理。学术界对宋代地方政府行政制度的弊病多有论及，但对"时间成本"这一概念和研究角度尚未有人提及，对相关成本的损耗及治理方面关注亦不多。以下试就此问题加以探讨。

一 宋代地方政府"时间成本"损耗的表现

宋代地方政府分为路、州、县三级，各层级又设置多个不同机构，整套地方行政机构在运行中效率低下，"时间成本"损耗巨大，在中国历

[①] 陈晓春、曾滔：《行政时间成本论述》，《长白学刊》2010年第2期，第74页。

史上显得非常突出。其损耗主要表现在以下几个方面：

第一，公文往来迟滞，决策迟缓，"时间成本"损耗严重。宋代路、州、县各级政府间公文往来积滞现象较突出，从而影响了行政效率，造成时间成本损耗。对于因地方行政层级增多而带来的公文迟滞的问题，司马光在有关常平仓粮的收籴论述中有非常深切的认识："常平之法，公私两利。此乃三代之良法也。向者有因州县阙常平籴本钱，虽遇丰岁，无钱收籴。又有官吏怠慢，厌籴粜之烦，虽遇丰岁，不肯收籴。……又有官吏虽欲趁时收籴，而县申州，州申提点刑狱，提点刑狱司申司农寺取候指挥，比至回报，动涉累月，已至失时，谷价倍贵。是致州县常平仓斛斗有经隔多年，在市价例终不及元籴之价，出粜不行，堆积腐烂者。此乃法因人坏，非法之不善也。"① 官府收籴粮食，须逐级上报，在获批之后才能着手收买，由此浪费了大量的时间，导致不能把握住市场机会，购买不到低价位粮食，正应了现代学者对行政时间成本的定义，即"非必要的时间浪费所蕴含的价值损失"②。除了救灾之外，地方日常行政活动也存在时间成本损耗问题。例如，北宋末，汪藻在德兴县《谯楼记》中感叹，为什么地方官廨修建如此困难？许多应该修缮的建筑因未得到及时修缮，最终彻底废坏坍塌。"异时尺椽寸甓之役，县常听之州，州常听于部使者。吏幸岁月可引而去，则曰：'吾尝有请矣，如不我报何？'其以怠而止者十尝四五也。"③ 许多好的建议从县里公文报送上去，经过几道环节就杳无音信，因长官决策迟缓，良法美意化为泡影。同样的议论，在南宋庆元府任职的黄震也曾言之："承平之弊，每遇一事，遍牒诸司，互为程督，继又传生枝节，反牒帖添差通判听等处追督，诸司责其违慢，自此诸司各以符移而归之州，州则合诸司之符移而归之县，县则尽以诸司、本州之符移而归之民，极而至于民，则无复可以转行推托之

---

① （元）马端临：《文献通考》卷21《市籴考二》，中华书局2011年版，第627页。
② 陈晓春、曾滔：《行政时间成本论述》，《长白学刊》2010年第2期，第74页。
③ （清）孟庆云修、杨重雅纂：同治《德兴县志》卷9《谯楼记汪藻》，《中国方志丛书》，成文出版社1975年影印本，第1485页。

地，家破人亡，乱阶由此。"① 这种因地方政府行政层级的增多，公文往复的烦琐，所消耗的时间成本几乎动摇了地方统治的根基，致使南宋丧乱。

第二，地方政府部分岗位空缺或人员更替频繁，导致相关事务处理积滞，行政效率低下。宋代边远地区或者一些基层的职位往往会出现官员长期空缺，行政事务无专人管理，时间成本损耗严重的情况。如北宋名臣陈襄在神宗朝新法实施后，奏报中即提到当时地方基层官员岗位空缺时言之："臣所领审官东院契勘近日合入亲民资序官七十余员，知县阙次八十余处，全然差注不行。"② 时人大多宁肯担任闲职，也不愿出任政务繁剧的县令，导致"今来任知县人不减五十余员，并正任监当人又自有九十余员，其监当阙次只有十处，不惟县道阙人，兼监当待次人无由发遣。"③ 大量的地方事务因废弛而不兴。这种现象在此后一直存在，如宋钦宗靖康元年（1126年），因大量州县递铺兵卒"类多空缺，而州县恬视，不以填补，至有东南急递文书委弃在邮舍厅庑之下数日无人传者。且如福建路有经半月、二十日杳无京报"④，大量的政府文书难以及时送达，大大影响了相关朝廷公务的处理和信息沟通。此外，一些地方政府职位人员更代频繁，迎来送往，无心政事，对所管理事务不熟悉，极易导致行政效率低下。北宋中期此类现象就已出现，如宋仁宗朝至和二年（1055年），范镇言："恩州自皇祐五年秋至去年冬，知州凡换七人，河北诸州大率如此，欲望兵马练习，固不可得"⑤。两年多的时间，竟更换

---

① （宋）黄震撰，张伟、何忠礼主编：《黄震全集·黄氏日钞》卷77《申省乞免诸司委送》，浙江大学出版社2013年版，第2195页。

② （宋）陈襄：《古灵先生文集》卷17《理会吏部资序札子》，宋集珍本丛刊，线装书局2004年版，第8册，第788—789页。又见（明）黄淮、杨士奇编：《历代名臣奏议》卷160《理会吏部资序札子》，上海古籍出版社2012年版，第2099页。

③ （宋）陈襄：《古灵先生文集》卷17《理会吏部资序札子》，宋集珍本丛刊，线装书局2004年版，第8册，第788—789页。又见（明）黄淮、杨士奇编：《历代名臣奏议》卷160《理会吏部资序札子》，上海古籍出版社2012年版，第2099页。

④ （清）徐松辑，刘琳、刁忠民、舒大刚点校：《宋会要辑稿》方域10之41，上海古籍出版社2014年版，第9484页。

⑤ （宋）李焘：《续资治通鉴长编》卷178，至和二年二月乙卯，中华书局2004年版，第4319页。

了七位知州，大大短于三年一任的制度规定。州官更易快速，难以熟悉地方工作，因而导致军务废弛。

第三，地方政府官员行政决策失误，浪费无形的"时间成本"。地方政府决策失误往往损失的不仅仅是政府的有形物资和钱货，在诸如灾民救助、河渠防洪、盗贼治理等方面还可能损失大量的时间成本，其损失的政府行政成本是双重的，因而给政府行政运转造成的无效损耗也是双重的。如北宋熙宁七年（1074年）十二月，宋神宗下诏，指责河北路转运司在修建赵州城池中的决策失误，"访闻见修赵州城所用夜义、散子、木植，转运司于定州城壕四面采斫，不惟枉费脚乘、船运，重成劳扰，兼恐将来本州修城自要使用"①。河北路转运司在赵州修建城池，却要从数百里之外的定州城池周边采伐树木，这不仅耗费了大量的木材运输费用，同时也耗费了大量的时间成本，也为将来定州城池的修筑材料的缺失埋下隐患。但宋神宗只是责令其改正错误，却未追究因转运司的失误给河北路所造成的有形和无形行政成本损失。再如，南宋地方政府救灾问题，一些州县政府对于灾害赈济的时间把握不好，决策失误，在八月开始收接有关灾害诉告的文状，"至九月则检放，至十月则抄札。又有检放未实而再覆实检放者，亦有抄札未实而再覆实抄札者，往往多至十一月而后定"。之后上报路级诸司和朝廷，申请动用救灾储备，分发百姓，"然后官司行救荒之政，下劝分之令，虽至十二月，民犹有未得食者"②，实际上，百姓的收成从六、七月份灾情状况就可以大致判定，而州县官府完全不考虑实际情况，坚持将这套行政程序走完，至少需四个月，正是由于决策的失误，浪费了大量的时间成本，造成许多百姓得不到救济，乃至有的百姓无辜死亡。

第四，部分地方政府官员缺乏时间观念，办事拖拉，浪费大量时间成本。两宋时期，导致地方政府行政效率低下，时间成本高昂的最重要原因之一就是相当数量的地方官员缺乏时间观念，不以官府的公共管理

---

① （宋）李焘：《续资治通鉴长编》卷258，熙宁七年十二月壬辰，中华书局2004年版，第6306页。

② （清）徐松辑，刘琳、刁忠民、舒大刚点校：《宋会要辑稿》食货58之24，上海古籍出版社2014年版，第7370页。

事务为意，办事拖拉，推三阻四，导致大量事务被积滞，大量的宝贵时间被毫无意义地消耗掉。一些地方官员对私人事务的关注远远超过对于官府公共事务的热情，因私害公，占用过多的公务时间，导致公务废弛。如《默记》所载："刘原父就省试，时父立之为湖北转运使。按部至鄂州，与郡守王山民宴于黄鹤楼，数日不发，谓守曰：'吾且止此，以候殿榜，儿子决须魁天下。'……来日，殿榜到州，原父果第二名。"① 从这样一个小的故事中，人们获知的不只是"知子莫若父"，同时也看到刘立之为了等待儿子的殿榜，竟然在鄂州停留多日，宴会享乐，严重超过了监司按郡如无特殊情况，每地停留不得过三日的朝廷法令。这样就影响到其巡查其他州郡，必然造成政务废弛和时间成本的无效消耗。还有一些地方官员耽于享乐，不理政务。"郡县长吏间有连日不出公厅，文书讼牒多令胥吏传押，因缘请托，无所不至，乡民留滞，动经旬月，至有辨讼终事而不识长官面者。如此，则岂能尽民之情、宣上之德！"② 这种懒政、怠政官员的存在，严重影响了官府在民众中的公信力，同时造成大量事务废弛，时间成本损耗严重。

第五，地方政府官吏故意拖延时限，贪赃谋私。两宋时期，一些地方官吏办事拖拉的原因在于，有的故意刁难当事人，希望从中以权牟利；一些有权势的犯罪官员、豪强借拖延案件审理，上下营求，以求脱罪。在这种权力寻租的拉锯战中，大量的时间成本被无效消耗。这种情况在地方司法领域尤为常见。宋高宗绍兴四年（1134 年）九月，右司谏赵霈指出："比来在外刑狱例常淹延，考其奏案，原其情犯，有法当论死，初无可疑者，奈何吏缘为奸，以狱为市，意在纵释，以故久而不决。使已死之魄，冤抑而不得达，被苦之家，怨愤而不得申，将何以召和气乎？"③ 他还在奏状中举例说，建康府百姓王绂等因失牛而报私怨杀死 13 人，被

---

① （宋）王铚撰：《默记》卷中，中华书局 1981 年版，第 34—35 页。
② （清）徐松辑，刘琳、刁忠民、舒大刚点校：《宋会要辑稿》职官 47 之 30，上海古籍出版社 2014 年版，第 4282 页。
③ （宋）李心传撰，胡坤点校：《建炎以来系年要录》卷 80，绍兴四年九月己巳，中华书局 2013 年版，第 1515 页。

处以凌迟,"后因审问,乃辄翻异,今踰一年"①。婺州豪民厉景忻因盗贼发,为求赏钱,杀害无辜平民,"昨体究诣实,后来勘鞫,两经翻异,今踰二年"②。这些人都是背负杀害平民性命的重罪,而地方官吏"二狱久而不决,皆欲迁延免死,则死者何其不幸哉!"③ 不仅毫无行政效率可言,更是肆意践踏法律。吏治腐败,是导致宋代行政低效率的重要原因之一。

二 宋代地方政府"时间成本"损耗高昂的原因

宋代地方政府在行政管理中"时间成本"损耗高昂,其原因是多方面的,总结起来,可以概括为制度因素和人为因素两个层面。

(一) 制度层面原因造成的损耗

第一,宋代地方政府设置了路、州、县三个行政层级,每个行政层级中又设置了多个机构和官员,这就无形中增加了许多管理成本,极易导致机构间职权交叉和互相冲突,导致决策过程延长,行政时间成本增加。例如,路一级除了转运司之外,陆续增设了提点刑狱司、提举常平司;在路级机构中除了转运使,又增设了转运副使、转运判官、同提刑;在州、县政府机构中,除了知州、知县,又设置了通判、县丞、主簿等官员,以此分散转运使、知州、知县的职权,各级之间相互制约,势必耗费大量时间成本。这种因机构太多导致的效率低下问题,两宋以来不断遭到士大夫的抨击。例如,两宋之际的吕好问曾指出:"臣窃见比年以来,诸路杂科监司猥多,司分既异,所行不复相照,各执己见,意在必行。事相牵连,首尾相戾,文移如雨,督责如火。官吏书纸尾之不暇,矧能及民事乎?"④ 南宋孝宗朝王师愈在《论监司党局札子》指出:"比

---

① (宋) 李心传撰,胡坤点校:《建炎以来系年要录》卷 80,绍兴四年九月己巳,中华书局 2013 年版,第 1516 页。
② 同上。
③ 同上。
④ (宋) 赵汝愚撰:《宋朝诸臣奏议》卷 67《上钦宗论杂科监司不可不尽罢》,上海古籍出版社 1999 年版,第 746 页。

来诸路监司罔推公心，多徇私意，各党其局，不相照应。凡有施行，一可一否，从转运司则取怒于提刑司，从提刑司则或获罪于提举司，遂使州县难于遵承。……十羊九牧，犹未足以况也。……为郡守者欲行一事，欲下一令，动辄掣其肘，而吏卒挠政，未可胜举。稍加绳治，交斗衅隙，郡守必至斥去而后已。"① 如此"十羊九牧"而"不相照应"，路级机构数量的增多和相互掣肘，给地方州县行政效率的提升和无形时间成本的降低，造成了严重的障碍。

第二，宋代地方官员任期日益缩短，更易频繁，从而导致部分岗位空缺和新任官员不熟悉工作业务，导致行政效率迟缓，时间成本增加。有宋一代，往往是"诏墨未干而改除，坐席未温而易地，一人而岁三易节，一岁而郡四易守，民力何由裕？"② 实际上，浪费的何止是迎送、接待官吏的费用，同时大大损害了政府行政时间成本，导致相关政务的废弛。造成岗位空缺的原因很多，地域偏远或俸禄待遇偏低是主要的两个方面，难以吸引官员的兴趣。诸如四川、两广等边远之地，往往是"士大夫惮川陆之险，郡邑员阙十四五，官有废事，吏不任责。"③ 这种现象在两宋始终存在，却难以解决。

第三，宋代地方官员尤其是州县官员，一人身兼多职，分身乏术，这种制度设计也是导致地方行政效率低下的重要原因。宋代地方行政中，一方面是权力分散，多个机构共享一种管理职能，如司法、财政职权，路级各机构都要涉及到相关管理职责；另一方面却是一个机构的行政长官身兼多个职务，分身乏术，导致其最核心的工作业务反而无法认真履职，事务废弛，时间成本损耗。司马光在上书反对保甲法时，对诸路"悉罢三路巡检下兵士及诸县弓手，皆易以保甲"的做法提出反对意见："主簿兼县尉，但主草市以里；其乡村盗贼，悉委巡检，而巡检兼掌巡按

---

① （明）黄淮、杨士奇撰：《历代名臣奏议》卷145《论重郡守之权疏王师愈》，上海古籍出版社2012年版，第1904页。
② （元）脱脱等：《宋史》卷395《庄夏传》，中华书局1985年版，第12052页。
③ 谢飞、张志忠、杨超著：《北宋临城王氏家族墓志》所载《宋故中奉大夫太原王公墓志铭》，文物出版社2009年版，第43页。

保甲教阅，朝夕奔走，犹恐不办，何暇逐捕盗贼哉？"①他认为，这样一来，地方巡检都将主要精力放在训练教阅保甲身上，根本没有更多时间和精力来认真抓捕盗贼。宋徽宗朝大观二年（1108），曾让有矿藏的县中知县都兼管矿冶事务，规定考核中"与正官一等赏罚"，三年（1109），又下诏令知县"应有冶处，知县每月一次到冶监点检催督，如违杖一百。"②由于有考核指标和任务，导致相当数量的知县都把主要精力放在矿冶的开采和冶炼中，而导致其他行政公务的荒废，耗费大量时间成本，引起官民不满。一些精力不济的州官、县令只能委任胥吏，从而导致狱讼积滞，吏缘为奸。

第四，宋代中央的一些制度设计会影响地方行政机构的运行效率。如在司法领域，一些文明先进的制度设计被过分滥用，反而走向其反面，影响地方政府行政效率和时间成本。如宋朝中央所倡导的翻异别勘制度，对于保证犯罪嫌疑人的权利，避免因法官徇私或误判而导致的冤假错案的出现具有一定效用。但是，宋代司法中大大突破了唐代翻异三推结案的制度，达到五推乃至七推，一些司法案件在实际审判中犯人反复翻异，迫使地方各级司法机构不断重新委派官员进行重审，耗费了大量的时间成本。如淳熙十四年（1187），刑部尚书葛邲言："（民妇）阿梁因与叶胜同谋，杀夫程念二，叶胜身死在狱，今已九年，节次翻异，凡十差官勘鞫，已降指挥处斩。既差官审问，又行翻异，复差江东提刑耿延年亲勘。"③通过十一次差官审理，都难得出一致的司法结论，不断推翻重来，这其中耗费了多少司法审理机构的人力、物力，也造成了司法审理机构时间成本的浪费！再如过分优待犯人的问题，宋真宗天禧四年（1020），朝廷规定："自今天下犯十恶、劫杀、谋杀、故杀、斗杀、放火、强劫、正枉法赃、伪造符印、厌魅咒诅、造妖书妖言、传授妖术、合造毒药、

---

① （宋）李焘：《续资治通鉴长编》卷355，元丰八年四月己丑，中华书局2004年版，第8495页。

② （清）徐松辑，刘琳、刁忠民、舒大刚点校：《宋会要辑稿》职官43之123，上海古籍出版社2014年版，第4173页。

③ （清）徐松辑，刘琳、刁忠民、舒大刚点校：《宋会要辑稿》刑法6之40至41，上海古籍出版社2014年版，第8553页。

禁军诸军逃亡、为盗罪至死者，每遇十二月，权住区断，过天庆节即决之；余犯至死者，十二月及春夏，未得区遣，禁锢奏裁。"这样一来，地方州府要花费大量的人力、财力、物力来供养那些应该被处置的犯人，还要"厚加矜恤，扫除狱房，供给饮食、薪炭之属，而严防护，无致他故"①。同时规定，在每年十二月及冬夏不能断遣犯人，这些优待罪犯的举措影响司法审理进程和效率。

（二）人为因素造成的损耗

宋代地方政府行政效率低下，人为因素在其中亦起到重要作用。诸如文书迟滞、决策效率低下，固然有制度因素的影响，但同时官员、胥吏这些"人的因素"在其中也起到重要作用，或存在行政能力低下、懒政、怠政的问题，或从中牟利、贪污腐败，多种人为因素导致宋代地方政府"时间成本"损耗高昂。如宋太宗淳化五年（994），邢州散参军廉成式被河北转运使李若拙差往通利军推勘公案，"近七十日尚未了当"，经过核实，廉成式本人"元是犯事人，若拙不合抽差"。可见，其能力已不被认可，朝廷因而令"转运司疾速别差官替"②。再如，宋代一些需要外出执行公务的管理活动中，部分官员往往推三阻四，不愿执行。"或托故在假，身不行而委官以代之。被委小吏，请托避免，动涉月日，莫肯就道，慢命不虔，于此为甚。"③ 从而导致大量时间成本的浪费和事务的废弛。一些地方官吏利用司法权力，大肆牟利，颠倒黑白。如宋孝宗隆兴二年（1164），中书门下省也奏论，"访闻广州县鞫狱，推吏受赃，往往指教罪人翻异，移司别勘，累岁不决，使干连无辜之人枉被刑禁，间有死亡，甚失朝廷好钦恤之意"④。宋理宗时，监察御史程元凤在奏状中

---

① （元）马端临：《文献通考》卷166《刑考五》，中华书局2011年版，第4983页。
② （清）徐松辑，刘琳、刁忠民、舒大刚点校：《宋会要辑稿》刑法3之52，上海古籍出版社2014年版，第8420页。
③ （清）徐松辑，刘琳、刁忠民、舒大刚点校：《宋会要辑稿》刑法2之77，上海古籍出版社2014年版，第8325页。
④ （清）徐松辑，刘琳、刁忠民、舒大刚点校：《宋会要辑稿》刑法3之84，上海古籍出版社2014年版，第8439页。

感叹："今罪无轻重，悉皆送狱，狱无大小，悉皆稽留。或以追索未齐而不问，或以供款未圆而不呈，或以书拟未当而不判，狱官视以为常，而不顾其迟，狱吏留以为利，而惟恐其速。"① 狱官、狱吏为了渔利，故意拖延时间，等待罪犯家属的贿赂送上门来。在这种情况下，行政效率的迟滞现象不止，也就不难理解了。

不仅如此，一些中央官吏的贪腐和对地方官吏的吃拿卡要，也是导致地方上报公文处理迟缓、行政效率低下的重要原因。在公文传递中，"六曹猾吏倚法为奸，贿赂公行，则洗垢吹毛，曲为沮抑"；"凡此积有岁年，胥吏舞文，惟有力者往往缘奸而得志，孤寒寡援者一归于无可奈何，近者胥吏因循，不以为事，日趋于废弛"②。一些中央政府部门官员工作态度消极、敷衍拖沓，导致地方政府呈报上来的公文迟迟得不到回复，文移往复，行政效率因此大打折扣，无端耗费了地方政府大量时间成本。在种种因素影响下，地方官吏更加无心于政务，或上行下效，从而导致地方政府政务积滞、行政时间成本被大量地无效消耗。

三 宋代地方政府"时间成本"损耗问题的治理举措

宋朝政府面对地方行政运行中所产生的"时间成本"损耗这一日益突出的问题，也出台了一系列的防治举措，既有制度层面的法令规章，也有执行层面的奖惩、考核，从多种渠道来防治地方政府"时间成本"消耗难题，并在一定时期内取得一些成效。具体看来，相关举措主要可分为以下几类：

（一）减少行政环节和公文流转，创新改革制度，提高行政运行效率

针对地方政府行政管理中出现的时间成本上升、人浮于事、效率低

---

① （元）脱脱等：《宋史》卷201《刑法志三》，中华书局1977年版，第5015页。
② （清）徐松辑，刘琳、刁忠民、舒大刚点校：《宋会要辑稿》刑法3之23至24，上海古籍出版社2014年版，第8404—8405页。

下等问题，宋朝政府积极通过减少文书流转中间环节，以提高行政效率。比如，宋神宗熙宁七年（1074）六月，朝廷针对地方州军城池修造缓慢的问题，发布诏令提出，"诸州军职事申禀所属修造城橹、军器申经略司，军政训练都总管或钤辖司，合用物料，转运司外，更不禀监司，其事不由逐司，亦不供报，经略等司不提振及措置不当，监司具奏"①。通过明确路级诸司职责分工，减少文书转呈，以加快州军建筑进程。又如，南宋孝宗淳熙十三年（1186），臣僚奏报中提到的地方州军上报朝廷的奏裁案件，诸路提刑司只应接收副本，但是其往往责令州军"皆令申上，俟其看详之后，方许闻奏。"② 这样做本是为增加复核，避免错判，但因官员能力不足，"力不逮志，竟成淹滞，至有一郡之狱凡十八案申上，累月不报，遂致一路之狱积四百余件，终岁待报而不决。"③ 因而，朝廷责令州军遵守旧制，"合应奏者，州郡径自照条闻奏，不必俟宪司回报，庶使狱无淹滞。"④ 借以减少提刑司对州县狱案文书的审批制约，从而节约时间成本，减少狱案积滞。宋代灾害发生后，在一定条件下允许地方官府在未经上报监司或中央的情况下，可先动用常平仓、义仓、省仓等施以救助，减少因文书流转而造成时间延误，避免人、财、物的损失。

有的官员在行政过程中不断总结经验，力矫弊政，以改变文书运作中的混乱状态，为提升行政效率做出了贡献。宋宁宗朝时江南西路转运使周湛发现，"州县簿领案牍，淆混无纪次，且多亡失，民诉讼无所质，至久不能决。"他对此作出厘革，"湛为立号，以月日比次之"⑤，为相关文书排定出一个合理的次序，便于官吏查找，从而提高了行政效率。由于成效显著，朝廷遂将其法颁下诸路，普遍推广。又如，宋理宗朝时提刑官孙子秀发现，州县狱讼积滞，因而改进与州县文书往来的管理办法，"创循环总匣属各州主管官，凡管内诸司报应皆并入匣，一日一遣，公移则又总实于匣以往。"由于责任落实到人，且督促及时，大大提高了行政

---

① （宋）李焘：《续资治通鉴长编》卷254，中华书局2004年版，第6209页。
② （元）马端临：《文献通考》卷170《刑考九》，中华书局2011年版，第5106页。
③ 同上。
④ 同上书，第5107页。
⑤ （元）脱脱等：《宋史》卷300《周湛传》，中华书局1977年版，第9967页。

效率,"于是事无小大,纤悉毕具"①。诸如此类创新性举措,使得一些实际工作有了抓手,从而为提高行政效率,避免空发议论,提供了相应解决之道。

(二) 改革制度设计,细化法令规章,提高行政效率

针对地方政府一部分官员行政决策缓慢,效率低下等问题,宋朝政府开始将相关法令制度加以细化,以便于实际监督考核,从而有助于提高行政效率。早在宋太祖朝制定《刑统》时,已对诸多地方行政事务处理作出时限之规定,如"诸公事应行而稽留,及事有期会而违者,一日笞三十,三日加一等,过杖一百,十日加一等,罪止徒一年半。即公事有限,主司符下乖期者,罪亦如之。"②又如,"诸用符节事讫,应输纳而稽留者,一日笞五十,二日加一等,十日徒一年。"③再比如,有盗贼作乱,"其受首谋反、逆、叛者,若有支党,必须追掩,不得过半日。及首盗者,受经一日,不送随近州县,及越览余事者,减本罪三等。"④押送犯人,"诸徒、流应送配所,而稽留不送者,一日笞三十,三日加一等,过杖一百,十日加一等,罪止徒二年。"⑤如此等等。这些法规条令的制定,对于督促地方官员认真履职,加快行政运转速度,具有一定的积极作用。有宋一代,统治者时常针对新出现的问题,细化法令规范,促进地方政府行政运转速度。宋太宗太平兴国六年(981),朝廷就立法督促地方官及时决狱,"乃建三限之制,大事四十日,中事二十日,小事十日,不须追捕而易决者无过三日"⑥。有了案件性质和审理时间的限定,从而为督促地方政府官员加快断案和监司监察监督提供了依据。宋神宗熙宁中,针对官员赴任,沿途宴会宾客,占用士兵时间过久的问题,朝

---

① (元)脱脱等:《宋史》卷424《孙子秀传》,中华书局1977年版,第12665页。
② 刘俊文:《唐律疏义笺解》卷10,中华书局1996年版,第781页。
③ 同上书,第833页。
④ 刘俊文:《唐律疏义笺解》卷24,中华书局1996年版,第1652页。
⑤ 刘俊文:《唐律疏义笺解》卷30,中华书局1996年版,第2092页。
⑥ (宋)李焘撰:《续资治通鉴长编》卷22,太平兴国六年三月己未,中华书局2004年版,第491页。

廷明确规定，"官员合破诸军迎接者，计合到任日，除往还驿程前一月发遣；送还者除程占滞毋得过一月"①。从而有助于避免差派士兵的州军长期无兵可用，训练废弛的问题。南宋通过立法，对各级地方官员承接朝廷和上级事务的情况作出了考核时间规定："县官每月终具所承定夺事目，画一开坐被受年月日，若干件已回申，若干件见索按、已未索到，结无漏落文状申本县，类申本州，本州类申逐司。如此，一阅尽在目前，易为督责，不惟下情无壅，且可以察官吏之能否。"② 这样法令细化之后，就能够比较清楚地看出一州一县对待上级差派事务的处理结果，有利于提高行政效率，节省时间成本。

（三）精简机构和行政人员，提高行政效率

宋代地方行政机构众多，冗官横行，也是导致政府行政效率低下，无形成本损耗过多的原因之一。故政府通过精简机构和行政人员，以提高行政效率。需要指出的是，精简机构和行政人员，可以有效调控地方政府各类行政成本，对于有形成本的缩减效果非常明显，同时也可以有效控制时间成本等无形成本。

如宋徽宗崇宁年间，曾大规模缩减地方官员数量，崇宁五年（1106）正月诏曰，"比降手诏，以冗员猥多，虽略曾裁损，其数尚繁。所有提举盐香、矾茶、买木、学事、水利等司并县丞、教授、市易官之类，宜子细相度，如徒费廪禄，于事无益，即可罢者之、可兼者并省之，并疾速条具闻奏，务在简易，利及公私。州县免困文移，市户获宽须索。其诸路提举盐香、矾茶、学事、买（本）［木］、水利等司并罢，内盐香、矾茶、学事各令监司一员兼领。其万户以上事繁县分县丞并大郡及可置市易处依旧外，余并罢。诸州教授双员减一员，余远小养士不多去处并罢，

---

① （宋）李焘撰：《续资治通鉴长编》卷266，熙宁八年七月己卯，中华书局2004年版，第6529页。

② （清）徐松辑，刘琳、刁忠民、舒大刚点校：《宋会要辑稿》刑法3之27，上海古籍出版社2014年版，第8406页。

令出身一员兼领"①。一道诏令废罢了提举盐香、提举学事、县丞、州学教授等大量地方官员，"州县免困文移，市户获宽须索"，缩减了地方大量行政经费支出，减省文书往来，降低时间成本。但遗憾的是，之后的政治进程被逆转，大量闲散官员职位复置，实际上对地方行政影响有限。又如，南宋初年，宋高宗政权漂泊不定，为了缩减冗费，曾对当时中央和地方的机构和官员进行精简。《玉海》记载："建炎元年，李纲言省冗员以节浮费，七月己亥诏：'省台、省、寺监官，减学官、馆职之半'。三年四月庚申又减，以常平事归提刑，绍兴八年十二月复市舶事归转运，三年五月复，罢诸州分曹置掾，县户不满万勿置丞"②。包括提举常平司、提举市舶司、诸州僚属、县丞等在内的大量地方官员和机构被省并，以缩减政府开支，有助于解决无形行政成本问题。两宋时期，除了转运使常设外，提点刑狱司、提举常平司以及其他一些路级机构均在不同时期曾遭到废罢，其中对提高行政效率的考量占据了重要位置。其他如州军减省通判、教授、散官，县减省县丞、主学等，均对于减省地方政府时间成本有所裨益。

（四）加强监督和奖惩，减少行政运行效率低下的问题

对于已有相关法令制度约束，而地方官员在实际执行中行政缓慢的问题，宋朝政府主要通过加强督促引导，加之法令惩处的办法，以提高行政效率。如宋高宗绍兴十三年（1143），朝廷针对地方处理案件迟缓的问题，发布诏令，派官员催督。"令大理寺选差寺丞一员，前去荆州取勘知雍州俞儋冒请遥郡全俸事，仰一就催结湖南北、广西见禁淹留公事，余路令刑部、大理寺体访措置催促。"③翌年，再次令刑部督查地方，加快案件审理进程。"刑部将半年以上未结绝公事开具名件，行在委本部，

---

① （清）徐松辑，刘琳、刁忠民、舒大刚点校：《宋会要辑稿》职官8之7，上海古籍出版社2014年版，第3234—3235页。
② （宋）王应麟：《玉海》卷127《建炎省官》，广陵书社2016年版，第2359页。
③ （清）徐松辑，刘琳、刁忠民、舒大刚点校：《宋会要辑稿》刑法3之80，上海古籍出版社2014年版，第8436页。

外台委所属监司,量事轻重,责限催促结绝。"① 宋光宗绍熙二年(1191),朝廷针对州县拖延不支付弓手雇钱的问题,责令"本州专一委任官,计一岁雇钱之数,从所委官拘催役钱,按月支给,具申本州,庶免拖欠。"② 要求令各州派专人监察,加快支付进程。

同时,宋廷对地方行政过程中迁延迟缓,效率低下的官员予以惩处,以儆效尤。如宋高宗绍兴二十九年(1159),庐州、无为军巡辖使臣张显祖在任不法,"减克铺兵衣粮、请受钱物入己,致军兵怨愤,无所畏惮,住滞递角文字"。朝廷责令将"张显祖先次放罢,送邻州疾速取勘,具按闻奏"③。又如,宋孝宗隆兴二年(1164),两广州县鞫狱,推吏受赃,案件久拖不决,无辜之人牵连被害。宋廷因而责令提刑司常切觉察,"具当职官吏姓名按劾闻奏"④。通过对延误时限的司法官吏进行问责,有助于提升地方行政效率。

(五) 加强官员选任和考核,提高行政运行效率

在两宋时期的史籍中,记述了一些具有共性的州县状况。由于前任的怯懦无能,导致案卷堆滞,公务废弛,而在后任清强官员到任后,破除痼疾,极大提高了行政运行效率。例如,宋仁宗朝,刘沆通判舒州,"州有大狱,历岁不决,沆诣治,数日而决之"⑤。宋神宗朝,王安礼"以翰林学士知开封府,事至立断。前滞讼不得其情,及具按而未论者几万人,安礼剖决,未三月,三狱院及畿、赤十九邑,囚系皆空。"⑥ 南宋时,周宪知浙川县"前政公事不决,公到,迎刃而解,公事决遣无留,

---

① (清) 徐松辑,刘琳、刁忠民、舒大刚点校:《宋会要辑稿》刑法3之81,上海古籍出版社2014年版,第8436页。

② (清) 徐松辑,刘琳、刁忠民、舒大刚点校:《宋会要辑稿》兵3之31,上海古籍出版社2014年版,第8673页。

③ (清) 徐松辑,刘琳、刁忠民、舒大刚点校:《宋会要辑稿》方域11之15,上海古籍出版社2014年版,第9497页。

④ (清) 徐松辑,刘琳、刁忠民、舒大刚点校:《宋会要辑稿》刑法3之84,上海古籍出版社2014年版,第8438—8439页。

⑤ (宋) 谢维新撰:《古今合璧事类备要》后集卷76《郡官门·通判》,上海古籍出版社1992年版,第342页。

⑥ (元) 脱脱等:《宋史》卷324《王安礼传》,中华书局1977年版,第10555页。

凡片言一狱得其情伪，人人心服，老胥猾吏屏息听命，邑以大治"①。从这些历史记载中可以看出，由于地方社会事务的繁杂性和官员个人能力的差异，导致一些州县在缺乏行政能力的官员治理下，相关事务多年乃至十余年难以处理完毕。而选任或改任有能力的官员后，这种情况遂大为改观。由此也可以看出，选拔干练、清强的官员对于地方政府行政效率的提升和无形成本的缩减，具有多么大的作用与意义。

除把好选人、用人这道关卡之外，宋朝政府还通过考核指标的设定和具体考核成绩，来引导地方官吏积极认真地履职，以避免行政过程中出现的损害政府无形行政成本的问题。比如，宋太祖朝，增置县尉，出台捕盗考核条款："颁《捕贼条》，给以三限，限各二十日，三限内获者，令、尉等第议赏；三限外不获，尉罚一月奉，令半之。尉三罚、令四罚，皆殿一选，三殿停官。令、尉与贼斗而能尽获者，赐绯升擢。"② 宋太宗朝，置审官院和考课院，考核京朝、幕职州县官课绩。并发布诏令规定："郡县有治行尤异、吏民畏服、居官廉恪、莅事明敏、斗讼衰息、仓廪盈羡、寇盗剪灭、部内清肃者，本道转运司各以名闻，当驿置赴阙，亲问其状加旌赏焉。其贪冒无状、淹延斗讼、逾越宪度、盗贼竞起、部内不治者，亦条其状以闻，当行贬斥。"③ 针对岗位人员更代频繁，政务废弛的问题，宋廷在仁宗嘉祐六年（1061）颁布了《久任诏》，使地方政府"所在守令得人。使久其任。则能奉行朝廷之意。"④ 宋徽宗朝，朝廷鉴于久任的重要意义，因而规定"监司、郡守三载成任方替，不许替成资阙"⑤。《庆元条法事类》中有不少关于激励地方官员认真履职的考核条款，从而有利于保证地方官员认真履职，减少不作为给政府带来的时间成本损耗。

---

① （宋）谢维新撰：《古今合璧事类备要》后集卷79《县官门·知县》，上海古籍出版社1992年版，第377页。

② （元）马端临：《文献通考》卷39《选举考十二》，中华书局2011年版，第1153页。

③ （元）脱脱等：《宋史》卷160《选举志》，中华书局1977年版，第3758页。

④ （宋）佚名，司义祖整理：《宋大诏令集》卷第162《久任诏》，中华书局1962年版，第615页。

⑤ （宋）佚名，司义祖整理：《宋大诏令集》卷第164《监司郡守自今三载成任不许替成资阙诏》，中华书局1962年版，第628页。

四 结语

宋代地方政府行政管理中出现了诸多"时间成本"消耗问题，这其中既有体制、机制方面的问题，也有人员素质方面的问题。尽管这些问题在前代曾不同程度地存在，而在宋代这样一个地方行政层级增多、机构数量和官吏数量增多的时期，其问题尤为突出。宋朝统治者通过减少公文流转、精简机构和人员、加强监督奖惩、细化规章制度、完善官员选任考核机制等方式进行补救，一些部门和地方官员还制定了许多创新性举措，在一定时期一定程度上提高了行政运行效率，减少了"时间成本"损耗。但是整体上还是无法扭转宋代地方行政运行效率低下、时间成本日益高昂的态势，故一再导致士大夫的批评。这其中的问题颇值深思。宋代地方行政体系具有强烈的自我扩张能力，常常在公文压缩、机构撤并、人员精简后，又以各种理由加以恢复，如果统治者没有坚持原则立场，则往往导致这种精简效能被湮没。正如南宋士大夫王之道上奏《乞重命令无使朝行夕改札子》中所言：

> 减官所以省费，并县所以省事，在今实当务之急也。而减官未几，旋又增置，如减司户一员，而增兵马都监与指挥十数员是也。并县未几，旋又复置，如舒州之并宿松、无为之并巢县，曾不一年再复是也。若以为官不可减、县不可并，不当以一人之言、一己之意而遽行之；若以为官在所减、县在所并，不当以一人之言、一己之意而遽改也。一减而十增，适所以重费；昨并而今复，适所以多事。不识汉光武之减吏十九、并县四百，其在当时，亦闻增复者有几耶？[①]

因而，王之道请求朝廷出命谨慎，令出必行，不能因为一人一时的

[①] （宋）王之道撰：《相山集》卷21《乞重命令无使朝行夕改札子》，宋集珍本丛刊，线装书局2004年版，第40册，第482页上。

建议而随意改变。在制定政策时要谨慎，在执行政策和制度时要坚决，不能朝令夕改，造成执行者思想混乱，给反对者提供恶劣的先例。但执行法令不严，成为当时的通病。如宋宁宗朝《庆元令》曾对地方官府受理民众词讼和处理时限作出法定约束："诸受理词诉限当日结绝，若事须追证者，不得过五日，州郡十日，监司限半月。有故者除之，无故而违限者听越诉。"[①] 但实际并未很好地执行，狱讼积滞、拖延时限现象严重。宋宁宗嘉定中，"今州县、监司理对民讼，久者至累年，近者亦几一岁，稽违程限，率以为常"[②]。法令执行不严，有法不依，缺乏强有力的监督机构，故法令约束力和强制力日益松弛，这一问题在宋代特别是两宋中后期更为突出。制定法令和推行法令的人不能坚持原则，因而导致地方行政日益迟滞，效率低下，政治生态环境恶化，时间成本损耗问题日益严重，其中的教训颇值得今人重视。

（文章原刊于《河北学刊》2020年第2期）

[①] （清）徐松辑，刘琳、刁忠民、舒大刚点校：《宋会要辑稿》刑法3之40、41，上海古籍出版社2014年版，第8414页。

[②] （清）徐松辑，刘琳、刁忠民、舒大刚点校：《宋会要辑稿》刑法3之41，上海古籍出版社2014年版，第8414页。

论宋代地方政府行政成本问题的特点及启示

"行政成本"是现代行政学、管理学中涉及到的一个概念。作为一个由经济学界引进而来的词汇①，自其产生和影响扩大之后，中外学者从多个角度和层面对其进行了定义，但迄今尚未出现学界普遍认同的权威界定②。

---

① 参见罗振宇等著《降低行政成本，建设节约型政府——对西部地区县级政府行政成本的研究》，四川大学出版社2012年版，第1页。该书提出：成本是产品生产中所耗费的各项费用的总和，其中包括生产资料，也包括工资开支等。政府行政成本，是对企业产品成本概念的借用，但二者内涵并不完全相同。

② 在此概念产生之前，人们对于政府的成本问题已有诸多探讨，开始认识到政府作为公共管理和服务机构，其活动也要占用和消耗各种经济资源，政府也是有成本的。如19世纪马克思、恩格斯在评价资产阶级"廉价政府"的时候，就对巴黎公社所采取的缩减公职人员、军队费用的做法颇为赞赏，认为巴黎公社实现了"廉价政府"的目标，即用尽可能少的行政资源，实现最优化的行政管理（马克思、恩格斯：《马克思恩格斯选集》，人民出版社1972年版，第1卷，第467页）。1887年，美国的威尔逊在《行政学研究》这篇著名的论著中也提出，行政学研究的目标之一就是政府"在于发现政府如何以最少的资金和精力为代价，并以最大可能的效率来做这些恰当的事"（［美］竺乾威、马国泉编：《公共行政学经典文选》，复旦大学出版社2000年版，第7页）。20世纪80年代之后，随着政府绩效评估在世界各国的广泛应用，社会各界开始重视政府投入和产出之间的绩效问题，更加关注政府行政成本问题。美国也在1993年颁布了《从繁文缛节到结果导向：创造一个少花钱多办事的政府》方案。近年来，国家政府、社会各阶层的重视使得学界对于行政成本问题的研究日益热烈，相关论著众多，对"行政成本"概念和内涵的界定日益科学化（参见陈自强：《1995—2005年中国国内行政成本问题研究综述》，《贵州民族大学学报》2013年第3期、何晴：《中国行政成本经验研究文献综述》，《首都经贸大学学报》2014年第2期）。

结合近些年来学界关于"行政成本"概念的归纳和分析,并根据宋代历史的实际情况,我们在这里对政府"行政成本"的概念做出狭义和广义的界定:狭义的政府"行政成本"是指政府机构用于自身建立和运转的费用,包括修建政府建筑、购买办公设备和发放人员工资、公务接待、差旅等诸项费用之和。广义的政府"行政成本",即政府机构用于自身组织及运转的费用,以及政府在社会公共管理事务中所支出的费用[①]与因行政行为失当给政府声誉、环境等造成的损失等隐性成本和无效成本之和。此定义兼顾了显性和隐性成本、货币与非货币成本、有效与无效成本等分类标准[②]。宋代虽无行政成本的说法和概念,但宋代地方政府机构数量之多、官员之众、耗费钱物之广,在中国古代历史上是非常突出的,宋代官员对之有相当认识。朱熹曾提出泉州的日常收支情况:"泉之为州旧矣,其粟米、布、缕、力役之征,岁入于公者,盖有定计,禄士廪军,自昔以来量是以为出,不闻其不足也。有不足则不为州久矣"[③]。蔡戡也说路级监司一岁的费用,"凡除一监司,概以中数,岁费三万缗;公帑万缗,迎送万缗,俸给五千缗,兵卒券食五千缗。贤者居之,所费止此"[④]。县里同样有大量花销,"官有修造而欲献助,郡有迎送而欲贴陪。以至一邑之内,有县官、吏胥之请给,县兵、递铺之衣粮,乃科以不可催之钱,界以未尝有之米"[⑤]。他们点出了宋代地方政府狭义行政成本的主体部分,即地方官吏、兵卒俸禄、公务接待、迎送费用等。而因经费不足所进行的横征暴敛、肆意扰民等行为所造成的政府公信力损失、官民关系紧张等问题就成为政府广义的行政成本的组成部分。

为防范唐五代藩镇割据、"君弱臣强"之弊,宋代统治者大力削弱地方政府权力,"事为之防,曲为之制",同一层级设立多个机构,权力分

---

① 此费用不含政府管理人员直接耗费的工资、接待、差旅等费用。
② 赵爱英、李晓宏:《政府行政成本与绩效研究》,中国社会科学出版社2009年版,第28—30页。
③ 郭齐、尹波点校:《朱熹集》卷74《策问》,四川教育出版社1997年版,第3878页。
④ (宋)蔡戡:《定斋集》卷2《乞选择监司札子》,文渊阁四库全书,台北商务印书馆1986年版,第1157册,第587页。
⑤ (清)徐松辑,刘琳、刁忠民、舒大刚:《宋会要辑稿》职官48之24,上海古籍出版社2014年版,第4321页。

散,互相监督,导致地方上机构重叠、官员冗滥、决策缓慢,加之官员素质有限,奢侈浪费日益严重,对国家政治、经济、军事造成极大损害。需要指出的是,宋初就开始施行中央集权的财政体制,收夺地方财权,不断增加上供朝廷的钱物数量和种类,地方官自主决策的空间极为有限。在此情形下,宋代地方财政经费不足,地方官员在有限的财权和财政支出中,仍然出现了监司官员"日事燕游,每会不下百余千"①,以及知州上任时"舟舆器用,靡不备具,多至五六千缗,少亦不下三四千缗"②的奢侈享乐现象。总的来看,宋代地方政府行政成本问题呈现出以下五方面的特点,这些问题及宋代政府相关应对策略也对我们当前调控政府行政成本问题提供了一定的启示和借鉴。

一 地方政府行政成本存在"精简——膨胀"反复循环的"怪圈"

周镇宏、何翔舟《政府成本论》一书中对中国古代的官僚体制和冗官问题进行了探讨,提出随着中国封建社会随着政府行政管理层级的增多、官僚机构的膨胀,政府成本存在"精简—膨胀—再精简—再膨胀的'循环圈'"③。如果从宋代地方政府行政成本规模的发展来看,确实也符合这一论断,存在"怪圈"现象。真宗咸平四年(1001)二月,知金州陈彭年在上书中回忆自己在真宗初年担任苏州通判之时,"知州乔维岳疾病,独臣与判官崔端共事。次任寿州通判日,知州乔维岳丧亡,支使甘鸿渐差出,独臣与推官陆文伟同官。此时区分狱讼,行遣文书,皆得及期,亦无阙事"④。当时连同知州,一州之官不过三员。仅仅过了四年,

---

① (宋)李光:《庄简集》卷11《论孙觌札子》,宋集珍本丛刊,线装书局2004年版,第34册,第17—18页。
② (清)徐松辑,刘琳、刁忠民、舒大刚:《宋会要辑稿》职官47之33,上海古籍出版社2014年版,第4284页。
③ 周镇宏、何翔舟:《政府成本论》,人民出版社2001年版,第158—160、164—168页。
④ (宋)李焘:《续资治通鉴长编》卷48,咸平四年二月壬戌,中华书局2004年版,第1048页。

"今苏州知州、通判外,有职事官三员,寿州知州、通判外,有职事官四员。官既众,事益烦",官员数量由三员增加到五员、六员。官员人数的增加也意味着增加了大量为官员服务的胥吏和役人,"增将吏之徇参,添簿书之拥滞"。① 到了熙宁时期,沈立所作《越州图序》中提到越州 8 县共有"府县官属五十二员,厢禁军一十二指挥,军府职吏共二百三十人"。② 按照每县 5 名县官计算,8 县总共 40 员,越州本州官达到了 12 人,已经远超当年苏州、寿州州级官员人数规模。至南宋孝宗隆兴年间,情况就更加严重了,胡铨以江南西路为例,载"如吉州小郡,而兵官七八人,幕职、郡掾六七人,酒官、税官四五人。赣州虽号剧郡,兵官至十余人,幕职、郡掾八九人,酒官、税官六七人。……隆兴大府,兵官宜倍于他州,而幕职、郡掾、酒官、税官亦复称是"。③ 像吉州这样的小州,州级官员已经有 20 多员,更大一些的赣州、隆兴府,其官员规模就更加庞大。从州一级机构的比较中可以看出两宋地方官员人数日益增长的趋势,两宋官员之总数的逐渐攀升同样可以反映这一点。④ 虽然政府一直在致力于裁减地方冗官,如太祖开宝三年(970)"裁减西川州县官,以户口为率,差减其员。旧俸外月增给五千"。⑤ 神宗熙宁中省并真定府

---

① 同上。

② (宋)孔延之:《会稽掇英总集》卷 20《越州图序》,文渊阁四库全书,台北商务印书馆 1986 年版,第 1345 册,第 167 页。

③ (明)黄淮、杨士奇编:《历代名臣奏议》卷 162《乞减省冗官员数奏》,上海古籍出版社 1989 年版,第 2123 页。

④ 从两宋官员总数的比较中同样可以反映这一点,元丰三年,曾巩在上奏神宗讨论经费问题中曾提到:"景德官一万余员,皇祐二万余员,治平并幕职、州县官三千三百余员,总二万四千员。"(宋)曾巩:《曾巩集》卷 30《议经费札子》,中华书局 1984 年版,第 451 页。到了徽宗宣和元年,官员数量之众达到两宋之最,"今吏部两选朝奉大夫六百五十五员,奉直大夫至光禄大夫二百九十员,横行右武大夫至通侍大夫二百二十九员,修武郎至武功大夫六千九百九十一员……选人在部者一万六千五百四十二员,小使臣二万三千七百余员,吏员猥冗,注拟不行,而仕途塞矣。官秩既进,俸亦随之。"官员总数合计四万七千七百五十二员。《宋会要辑稿》职官 1 之 35 至 36,上海古籍出版社 2014 年版,第 2957 页。到了南宋理宗宝祐四年,情况同样非常,地狭官冗,时监察御史朱熠言:"境土蹙而赋敛日繁,官史增而调度日广,景德、庆历时以三百二十余郡之财赋,供一万余员之奉禄;今日以一百余郡之事力,赡二万四千余员之冗官,边郡则有科降支移,内地则欠经常纳解。欲宽民力,必汰冗员。"(元)脱脱等:《宋史》卷 44《理宗本纪四》,中华书局 1977 年版,第 858 页。

⑤ (元)脱脱等:《宋史》卷 158《选举志》,中华书局 1977 年版,第 3697 页。

28 县官吏、役人 3000 多员①，南宋高宗绍兴三十一年（1161），减省诸路监司冗员，减省"属官二十四员、使臣二百余员、吏卒二千余人"②，但实际结果却是官员越裁越多，地方政府规模及自身运行费用越来越大。不仅体现在地方官员数量和俸禄开支，所谓地方行政活动中用于公务接待的相关费用、公共设施修建成本等，只要加以考察，无不存在"怪圈"现象，其中的原因何在？

郭正忠在 20 世纪 80 年代提出："自从秦汉专制主义中央集权的政治制度创立以来，封建政府的官僚机构一朝比一朝庞大，其官吏数额一代多于一代"，并且特别以宋代为例指出："总体上看，宋代官僚的冗滥趋势，并未受到有效的遏制"。他认为这是一种历史发展规律，不以人的意志为转移，"两宋曾举行十余次大规模的裁汰冗员活动。其中有几次实行得异常认真。然而，从总体上看，宋代官僚的冗滥趋势，并未受到有效的遏制"③。而宋代官冗的原因有四个方面：一是封建经济发展的产物，经济发展带来赋税收入的增加，从而为官吏的烦冗和寄生生活提供了土壤。二是当时官僚特权诱惑的产物。三是地主阶级各阶层利害角逐，不断获得相对平衡的产物，官冗是这种角逐所引起的权力再分配达到新的平衡的结果。四是官员冗滥也是秦汉以来君主专制政治制度发展演化的产物。这些原因基本上可以解释为何两宋地方政府存在"精简—膨胀—再精简—再膨胀"的"怪圈"。

除上述原因之外，还有两方面原因值得注意。首先，物价增长是推动地方政府行政成本规模增长的重要原因。汪圣铎的《北南宋物价比较研究》一文对该问题做出了很好的分析，提出米价、银价、绢帛等各类商品的价格，南宋大约均是北宋的 3 倍。④ 由此我们可以推知，宋代地方

---

① （宋）李焘：《续资治通鉴长编》卷 246，熙宁六年七月庚午，中华书局 2004 年版，第 5985 页。

② （宋）李心传撰，胡坤点校：《建炎以来系年要录》卷 195，绍兴三十一年十二月辛丑，中华书局 2013 年版，第 3832 页。

③ 郭正忠：《中国古代官僚机构的膨胀规律及根源——兼析两宋官冗的社会背景》，《晋阳学刊》1987 年第 3 期，第 59—64 页。

④ 汪圣铎：《北南宋物价比较研究》，载邓广铭、漆侠主编：《宋史研究论文集》，河北教育出版社 1989 年版。

官府行政活动所需要的米、绢帛、薪炭、建筑材料、雇佣人力费用、办公用品等价格必然也会提高,其所耗费的政府行政成本必然也会增加,这些因素是历史发展中必然而合理的因素。正如宋高宗所言:"祖宗成宪固当谨守,至于今昔,事有不同,则法有所不行,亦须变而通之。自元丰增选人俸至十千二百,当时物价甚贱。今饮食、布帛之价,比宣和间犹不啻三倍,则选人何以自给,而责以廉节难矣。"① 如果能够充分探讨物价变化趋势与地方政府成本上涨之关系,则会有助于我们理解这一"怪圈"现象的出现。

其次,人口增长、社会管理需求增加也是地方政府行政成本规模扩大的合理原因之一。随着两宋时期社会经济的繁荣发展,人口的大量增殖,相应的社会管理事务势必会增加,而相应的行政成本支出亦随之增长。正如仁宗朝韩琦所说:"养兵虽非古,然亦自有利处。议者但谓不如汉、唐调兵于民,独不见杜甫《石壕吏》一篇,调兵于民,其弊乃如此。后世既收拾强悍无赖者,养之以为兵,良民虽税敛良厚,而终身保骨肉相聚之乐,父子兄弟夫妇免生离死别之苦,此岂小事?"② 与此同时,宋代地方政府利用雇募的厢军承担了大量原来普通民户承担的杂役、矿冶开发、河渠治理、城池修造等事务,使民众得以休养生息,安心生产,在一定程度上节约了民力,促进了经济发展。虽然地方政府行政成本因此而扩张,但也有所回报。也就是说,宋代地方行政成本"怪圈"其实也包含着顺应社会发展的合理成分。

因而需要强调的是,地方政府行政成本规模并非越小越好,而应是与社会经济、管理需求发展相适应,过高或者过低均不合适。除去地方官府为安顿闲散冗官、追求享乐增加的官员、胥吏人数及俸禄支出之外,随着社会管理职能和物价的增长,官吏、兵丁人数和俸禄水平也应随之增长,并保持一定的合理比例,这部分成本不能被认为是无效成本,而应是地方政府合理行政成本之一。

---

① (宋)熊克:《皇朝中兴纪事本末》卷25,绍兴三年五月辛酉,国家图书馆出版社2005年版,第526页。

② (宋)罗大经:《鹤林玉露》乙编卷4《养兵》,中华书局1983年版,第180页。

二　地方政府行政成本消耗的地域性差异较大

宋代地方政府行政成本具有非常明显的地域性特点，这主要是由地方政府可支配的财政收入所决定的。漆侠曾提出宋代经济发展的地域性差异，他将全国的市场分为"以汴京为中心的北方市场，以东南六路为主、苏杭为中心的东南市场，以成都府、梓州和兴元府为中心的蜀川诸路区域性市场，以永兴军、太原和秦州为支点的西北市场" 4 个板块。① 以此为基础，继续细分，当时地方政府行政成本消耗的地域基本可分为 6 个地区：河朔地区、东南地区、西北地区、两湖地区、四川地区、两广地区。以下分别列举例证来对比分析这些地区行政成本规模的差异。

河朔地区是当时国家统治者极为看重的地区，也是军队驻扎密集、军费开支浩大的地区，故而这一地区物产、人口虽丰，但赋税多用于供军，本地财政开支规模有限。真宗咸平六年六月，朝廷在嘉奖北方三路转运使副的诏令中就提到："诏河北、河东、陕西转运使副，按行边陲，经度军费，比之他路，甚为劳止，其月俸可给实钱"。② 欧阳修《论河北财产上时相书》中也提到："独河北一方，兵民所聚，最为重地。而东负大海，西有高山，此财利之产，天地之藏，而主计之吏，皆不得取焉。"③ 转运使不得取的原因就在于这些赋税都被用于供军了。又如苏辙在《京西北路转运使题名记》中记载："惟京西于诸路，地大且近……出入数千里，土广而民淳，斗讼简少，盗贼希阔"，说明当地民风淳朴，治理不难，但接下来话锋一转，"然其壤地瘠薄，多旷而不耕，户口寡少，多惰而不力，故租赋之入于他路为最贫。每岁均南馈北，短长相补，以给军

---

① 漆侠：《中国经济通史·宋代经济卷》，经济日报出版社 1999 年版，第 1074 页。
② （宋）李焘：《续资治通鉴长编》卷 55，咸平六年六月辛酉，中华书局 2004 年版，第 1201 页。
③ （宋）欧阳修：《欧阳修全集》卷 118《论河北财产上时相书》，中华书局 2001 年版，第 1827 页。

吏之奉，故转运使之职，于他路为最急"①。可见，在该地区为官，仍需要为满足本地官吏、军兵行政经费支出而劳心费力。而当时的南京应天府，"南京素号要会，宾客往来无虚日，一失迎候，则议论蜂起"②。这同样给在当地为知府者提出了很大的精力和经费方面的挑战。

东南地区自唐代以来经济日益发展，随着商贸活动的往来，人口日益繁盛，大中城市不断涌现，唐朝就有"扬一益二"之称。而宋代的建康府、临安府、庆元府等均为富甲一方的大藩府，因而地方行政经费相对充裕。《萍州可谈》记载："杭州繁华，部使者多在州置司，各有公帑。州倅二员，都厅公事分委诸曹，倅号无事，日陪使府外台宴饮。东坡倅杭，不胜杯酌，诸公钦其才望，朝夕聚首，疲于应接，乃号杭倅为'酒食地狱'。"③ 扬州同样如此，迎送往来不绝，公务接待开支浩大，苏轼曾说："窃以扬于东南，实为都会，八路舟车，无不由此，使客杂还，馈送相望，三年之间，八易守臣，将迎之费，相继不绝，方之他州，天下所无。"由于朝廷给定的额定公使钱只有 5000 贯，远远不足使用，"使客数倍于杭州。杭州公使钱七千贯。而本州止有五千贯，显是支使不足"。④ 因而他建议增长为 7500 贯，以满足实际需要。而当地其他一些交通要道上的州军也把主要精力用于往来迎送，"至如真、楚、泗州之类，虽云繁剧，然民事至少，宾客实多，大抵能饰厨传，即为称职。官满之日，往往擢为监司"。⑤ 看来，这些地区州县大量的行政经费都用于公务接待，被无偿损耗了。

两湖地区经济在当时仍较为窘迫，每年向朝廷上供的数额很少，仅能自足。一些州军的行政经费甚至比不上东南的一些大县。陆游在《入蜀记》中就记载：乾道六年（1170）八月十八日，"食时方行，晡时至黄

---

① （宋）苏辙：《苏辙集》卷 23《京西北路转运使题名记》，中华书局 1990 年版，第 397—398 页。

② （宋）欧阳修：《欧阳修全集》附录卷 2《先公事迹》，中华书局 2001 年版，第 2634 页。

③ （宋）朱彧：《萍州可谈》卷 3，中华书局 2007 年版，第 166 页。

④ （宋）苏轼：《苏轼文集》卷 35《申明扬州公使钱状》，中华书局 1986 年版，第 985—986 页。

⑤ （宋）司马光：《司马光集》卷 23《论因差遣例除监司札子》，四川大学出版社 2010 年版，第 611 页。

州，州最僻陋少事。杜牧之所谓'平生睡足处，云梦泽南州'……州治陋甚，厅事仅可容数客，倅居差胜"①。另载归州"州仓岁收秋、夏二料，麦粟粳米，共五千余石，仅比吴中一下户耳"。② 叶适在向宁宗上的奏章中提到："然湖南漕司岁计所入甚少，比江西才十之三四，比湖北才十之五六，曾不足以支本司一年之经用……今漕司索然穷匮者五六年矣，除凑足交头之外。每遇新旧交易，使者与属官聚议，搏手无以具接送之费。臣比取乏诸郡，小歉虽先事讲求荒政，终不能有所捐贷，为诸司之倡。"③ 可见，由于湖南地区行政经费的困窘，已经严重影响到了灾害的赈救，更不用说官员上任举行的迎送仪式费用了。

西北地区，如秦州、延州等地，由于驻扎大量军队，当地政府用于犒赏军队、迎送使节的费用也非常多，往往不足。仁宗朝薛奎知秦州，"州宿重兵，经费常不足，奎务为俭约，教民水耕，谨商算。岁中积粟三百万，征算余三千万，核民隐田数千顷，得刍粟十余万"④，使得当地的行政经费状况有了改观。胡寅《斐然集》中也记载："汉中土瘠民贫，州郡岁计常不足。"⑤

两广地区在宋代仍属于经济待开发地区，人口不繁，财政状况不佳，且往往是官员贬谪和罪犯流放之地，故而该地区政府的行政成本规模一般不大，自给困难。仁宗庆历中，卢革知龚州时上奏："岭外小郡，合四五不当中州一大县，无城池甲兵之备，将为贼困，宜度远近并省之"。⑥ 徽宗政和元年（1111），广南西路经略安抚司奏："勘会本路管下龚、白二州各管一县，税租不足官兵支费。"⑦ 由于二州租税不足以养活官员、士兵，为了节约行政成本，只得将这两州废除，各存留一县。南宋高宗

---

① （宋）陆游：《陆游集·入蜀记》卷4，中华书局1976年版，第2439页。
② （宋）陆游：《陆游集·入蜀记》卷6，中华书局1976年版，第2457页。
③ （宋）叶适：《叶适集》卷1《上宁宗皇帝札子》，中华书局1961年版，第3页。
④ （元）脱脱等：《宋史》卷286《薛奎传》，中华书局1977年版，第9630页。
⑤ （宋）胡寅：《斐然集》卷26《朝请郎谢君墓志铭》，中华书局1993年版，第582页。
⑥ （元）脱脱等：《宋史》卷331《卢革传》，中华书局1977年版，第10669页。
⑦ （清）徐松辑，刘琳、刁忠民、舒大刚点校：《宋会要辑稿》方域7之19，上海古籍出版社2014年版，第9416页。

绍兴六年，广东梅州同样因为户口税赋太少，"官兵馈食，民无所出"①被迫废并为县，只保留知县以及监税、巡检，以减少行政成本支出。北宋徽宗时期设置的广西平州、安州也由于官多民少，经费不能自给，在南宋初年被废并。《鹤林玉露》载广西自3岁小儿就开始征收"丁钱"，朝廷虽加取缔，但效果不佳，其作者就认为广右"诸郡多藉此为岁计，往往名除而实未除也。大概近来州郡赋税失陷，用度月增，其无名之征，未必皆官吏欲以自肥，往往多为补苴支撑之计。朝廷若欲除无名之征以宽民，须是究是一郡盈虚，有以补助之，使岁计不乏，然后实惠乃可及民"。②这一苛捐的征收，确实也有两广地区财政收入困难，致使地方官员难以为继而不得已为之的因素。

四川地区，同样由于地处偏远，消息闭塞，官员不愿赴任。正如绍兴十二年（1142）六月，成都府路安抚使张焘所言："成都僻在一隅，去行在万里，所辟官属，少有愿就之人"。③但成都等大州仍然拥有较为雄厚的经费实力，在地方行政活动中拥有较大的自由支配度。绍兴末年，富元衡为利州路提刑官，"蜀旧例，监司交馈不下数千缗，元衡悉拒不纳。再移湖北，专以平反为心。隆兴中召还，中途遇盗，行李为之一空，帅李师颜馈以匣金，元衡不启，缄谢绝之"。④但离开成都周边之后，利州路、梓州路等地均较为贫困，地方政府经费困难。

需要说明的是，宋代地方州府有分类制度，如按照户口划分，宋代的州沿唐制，分辅、雄、望、紧、上、中、中下、下八等。一般4万户以上为上州，3万户以上为中州，不满2万户为下州，在中、下州之间又有中下州之称。除三等之分外，因军事或政治地位轻重不等，州又有雄、望、紧之别。元丰间有三雄、十七望、八紧。这些雄、望、紧的大州即

---

① （清）徐松辑，刘琳、刁忠民、舒大刚点校：《宋会要辑稿》方域7之15，上海古籍出版社2014年版，第9413页。
② （宋）罗大经：《鹤林玉露》丙集卷5《广右丁钱》，中华书局1983年版，第326页。
③ （清）徐松辑，刘琳、刁忠民、舒大刚点校：《宋会要辑稿》选举31之6，上海古籍出版社2014年版，第5842页。
④ 正德《姑苏志》卷49《人物志七》，天一阁藏明代方志选刊续编，上海书店出版社1990年版，第14册，第233页。

使地处经济落后地区，仍然拥有较为充足的行政经费，也是地方官员普遍愿意赴任的处所。

三　机构运行成本与地方社会公共支出存在结构性偏差

地方政府机构要保持正常运行，有相关运行成本，包括修建人员办公的场所、提供人员工资、奖金、福利等经费，还要有办公支出经费，如公务招待费、差旅费、办公设备、交通工具购置费和劳动力雇佣费等。① 它与狭义的行政成本基本相同。如果从广义的行政成本角度来观察两宋地方政府，就会发现这部分行政成本在两宋时期地方政府成本支出中所占比重越来越大。其中，人员经费已经成为地方政府需要首先解决的问题，为了解决这一问题，甚至可以数十年不维修或者重建官廨。②

地方政府行政运行成本比重的增大，从北宋仁宗朝开始。《建炎以来朝野杂记》记载："诸州军资库者，岁用省计也。旧制，每道有计度转运使，岁终则会诸郡邑之出入，盈者取之，亏者补之，故郡邑无不足之患。自军兴，计司常患不给，凡郡邑皆以定额窠名予之，加赋增员，悉所不问，由是州县始困。"③ 就是说，宋朝前期地方行政成本支出采用了动态管理的办法，由转运使负责调剂余缺；与西夏开战之后，转运是为了满足军事作战需要，对地方行政经费采用了定额制管理，地方如增加官员，则不予补充赋税，因而行政运行成本问题日益突出。英宗治平二年（1065），司马光上奏："臣近蒙恩给假至陕州焚黄，窃见缘路诸州仓库钱粮，类皆阙绝，其官吏军人料钱、月粮，并须逐旋收拾，方能支给。窃

---

① 参见罗振宇等著：《降低行政成本，建设节约型政府——对西部地区县级政府行政成本的研究》，四川大学出版社2012年版，第19页。

② 如正德《袁州府志》卷13《军资库记（宣和七年七月十五日）》一文中提到袁州"于江西虽支郡，岁所出纳，无虑数十万计，而库之厅事，败椽朽栋，气象弗严，每风雨暴至，则有覆压之虞"，第18页。

③ （宋）李心传：《建炎以来朝野杂记》甲集卷17《诸州军资库》，中华书局2007年版，第394页。

料其余诸州，臣不到处，亦多如此。"①宋徽宗时期臣僚王黼也说："今天下郡县仓廪多空，至有不能具三二月之储者。若加之以师旅，因之以饥馑，虽有智者不能为谋矣。"②从整体上看，北宋地方财政状况好于南宋，且从对救灾赈灾、城市建设、社会救济等方面的重视及其效果来分析，地方社会公共支出（直接用于民生部分）的缩减在北宋时期尚未形成趋势，但至南宋时期则日趋严重。

南宋初年庆元府，"庆元一郡而添差四十员，尽本府七场务所入，不足以给四十员总管之俸，其间有五十年不徙任者，计其俸入钱二十余万缗，米十余万斛。扬州，会府也，岁输朝廷钱不满七八万，而本州支费乃至百二十万缗，民力安得不困"。③孝宗淳熙八年（1181），宰辅也上奏："平江府添差归正等官及拣汰使臣等一岁请给。自乾道八年以来，每岁计支二十余万贯。"④ 20万贯的耗费已远超一些小州军的岁计。这样一来，所谓的地方冗官冗费主要是由这些闲官造成，解决官员、兵丁吃饭问题成为当时诸多地方州府的首要任务。⑤

光宗时期，叶适在奏状中提到："试即士大夫而问今天下之县曰，'某可为欤？某不可为欤'？其不可为者十居八九矣。又试即士大夫而问

---

① （宋）李焘：《续资治通鉴长编》卷204，治平二年三月己丑，中华书局2004年版，第4954页。

② （明）黄淮、杨士奇：《历代名臣奏议》卷268《论财用奏》，上海古籍出版社1989年版，第3500页。

③ （宋）李心传：《建炎以来朝野杂记》甲集卷17《诸州军资库》，中华书局2007年版，第394页。

④ （清）徐松辑，刘琳、刁忠民、舒大刚点校：《宋会要辑稿》兵16之4，上海古籍出版社2014年版，第8936页。

⑤ 仁宗朝，王安石就说："其下州县之吏，一月所得，多者钱八九千，少者四五千。以守选、待除、守阙通之，盖六七年而后得。三年之禄，计一月所得乃实不能四五千，少者乃实不能及三四千而已，虽厮养之给亦窘于此矣！"参见《临川先生文集》卷39《上仁宗皇帝言事书》，《王安石全集》第5册，复旦大学出版社2017年版，第758页。后虽经几次增俸，但到南宋时期，随着物价的增长，仍然存在州县低级官员俸禄不足且拖欠的问题。如《夷坚志》载"俸入不能给妻孥。汝州鲁山县亦有三鸦镇镇官一员，俸入不能给妻孥。官况萧条，地多塘泺。舍蒲藕鱼鳖之外，市井绝无可买，前后监司未尝至。有运使行部，从吏导之过焉。入其治，则官吏已悉委去，无簿书可寻诘。徘徊堂上，顾纸屏间题字尚湿，试阅之。乃小诗曰：'二年憔悴在三鸦，无米无钱怎养家，每日两餐唯是藕，看看口里出莲花'，运使默笑而去"。（宋）洪迈：《夷坚志》丁志卷17《三鸦镇》，中华书局1981年版，第682页。

今天下之州曰，'某可为欤？某不可为欤'？其不可为者十居六七矣。又问其'不可为者何事欤'？曰：'月桩、板帐钱尔，经总制、上供尔，归正人、官兵俸料尔。'"① 可见，南宋中期已经有百分之八九十的县和百分之七八十的州都为上供朝廷的经费和本地官兵、闲官的俸禄而烦恼，这一比例远远超过了北宋时期，从侧面反映了南宋地方政府财政匮乏以及机构运行成本所占比重日益扩大的事实。黄榦在汉阳军知军任上，计算了本地每年的赋税收支情况，"本军每岁苗米但有二千硕余，官兵请给却管七八千硕"②，超出其收入的三四倍，连满足其日常运转开支都不足，更无力支付其他费用。

与此同时，两宋地方政府用于地方社会公共支出方面的费用（如教育、医疗、卫生、城市建设、道路改造、水利兴建等房屋经费）却日渐萎缩。如前述司马光所说的京西、陕西诸路仓廪空虚，"臣闻国无三年之蓄，曰国非其国。今窘竭如此，而朝廷曾不以为忧，……臣伏见陈、许、颍、亳等州，止因去秋一次水灾，遂致骨肉相食，积尸满野，此非今日官吏之罪，乃乡时官吏之罪也"③。由于地方政府千方百计筹措来的经费都发给官吏、兵丁作为俸禄，仓廪空虚，无法筹集经费救灾。南宋时期赵汝愚任台州知州，曾经详细地给宰相计算了台州本地的财政收支情况，"郡中府藏殚竭，逋负上供及诸司钱物与夫官吏俸给之属，几二十万缗。凡利源所入，不过三事：酒、税与折苗耳。"而当地私酿盛行，官营酒务"今环城内外私造酒曲者二千余家，三务监官六员，终日所收本息才数十千，不充官吏之费"④。由此可见，上供、送使、欠官吏俸禄已将近20万贯，故知州只能先想办法解决这几个问题。虽然"城有七门，大火之后，五门犹未建立，四壁圮坏，私货出入者，与履平地无异。北军数十人无

---

① （宋）叶适：《叶适集》卷15《应诏条奏六事》，中华书局1961年版，第840页。
② （宋）黄榦：《勉斋集》卷30《申朝省罢筑城事》，文渊阁四库全书，台北商务印书馆1986年版，第1168册，第340页。
③ （宋）李焘：《续资治通鉴长编》卷204，治平二年三月己丑，中华书局2004年版，第4954页。
④ （宋）林表民：《赤城集》卷2《上宰执论台州财赋书》，文渊阁四库全书，台北商务印书馆1986年版，第1356册，第628页。

屋庐可居，但月给房缗百余千，俾与百姓杂处"，景象令人唏嘘，但官员们"不暇远图，朝夕汲汲，惟贡赋之不入"①。只能汲汲于牟利，以保证机构正常运行。朱熹、曹彦约等在担任地方官时，也多因经费不足而申请朝廷免于招纳土兵，"本州财计仰给于转运使者，钱缗七万，帛匹八千一百，绵两一万七千，一郡岁计粗可了办……招募之费且未暇问，赏赐盐菜钱且未暇问，一岁为米当用五千四百斛。水旱且未暇问，厥今本州米额一岁不过五六千斛耳。办三百土兵之粮，是复有一辰州之米而后可也"②，极力反对招纳新兵。理宗朝孙梦观也以其在宣州任职的经历作为例证来说明州县之窘困，宣州"所入多则十万余石，少则六七万石。若并以斛面而输之，农寺、总制所以苦不足而截上供，以充府用者，止万余石。官兵请给，宗子孤遗归养、济囚粮，杂支乃至六万余石。移东补西，委难支吾"。每年供府使用的税粮仅1万石，而实际需要的官兵粮饷、宗子请给要6万石，仅此一项，就差了5万石。③ 在此情况下，地方政府难以再顾及其他方面的问题，很多时候不得不求助于地方上的富民大姓，将这部分成本转嫁。④

甚至，地方政府会为了满足机构运行成本的需要而挪用本应用于社会公共事业支出的费用，导致地方社会建设与经济发展水平和赋税收入不相适应。《宋史》载："景祐中，淮南转运副使吴遵路言：'本路丁口百五十万，而常平钱粟才四十余万，岁饥不足以救恤。愿自经画增为二百万，他毋得移用……'后又诏：天下常平钱粟，三司转运司皆毋得移用。不数年间，常平积有余而兵食不足，乃命司农寺出常平钱百万缗助三司

---

① （宋）林表民：《赤城集》卷2《上宰执论台州财赋书》，文渊阁四库全书，台北商务印书馆1986年版，第1356册，第628页。
② （宋）曹彦约：《昌谷集》卷11《辰州议刀弩手及土军利害札子》，文渊阁四库全书，台北商务印书馆1986年版，第1167册，第117页。
③ （宋）孙梦观：《雪窗先生文集》卷1《癸丑轮对第二札》，宋集珍本丛刊，线装书局2004年版，第85册，第387页上。
④ 参见林文勋：《宋代富民与灾荒救济》，《思想战线》2004年第6期；宋燕鹏：《南宋地方官学的修建与士人参与》，《安徽师范大学学报》2012年第1期；宋燕鹏等：《南宋桥梁的修建与士人参与》，《山西师大学报》2013年第1期；祁琛云：《宋代民间力量及其在地方建设中的贡献》，《中原文化研究》2017年第5期等。地方官府经费不足，客观上促使地方豪强、士大夫、富民等阶层的兴起，他们在地方公共事业中的话语权日益扩张。

给军费。久之，移用数多，而蓄藏无几矣。"① 这样一来，储存在地方上主要用于救助灾害的常平钱物，大多被中央或地方政府以供养军队的名义移用了。乾道八年，户部侍郎杨俟又提出地方上义仓粮食被挪用的情况："义仓在法夏秋正税斗输五合，不及斗者免输，凡丰熟县九分以上即输一升。令诸路州县岁收苗米六百余万石，其合收义仓米数不少，间有灾伤，支给不多。访闻诸州军皆擅用，请稽之。"② 南宋淳熙九年，衢州知州因"坐擅借兑常平义仓米给官兵俸料"而被降一官，但仍保留职位。③ 同年，前福建提举常平周颉上奏了储存于地方的常平仓运行中存在的几个问题，"一曰公吏非时借请，二曰选人支破接送雇人钱，三曰给散乞丐孤贫米"④。从中可以看出，常平仓所储存的钱物成为当地官吏解决行政运行成本问题的重要支柱，借请俸禄、迎送雇人钱等都从这里占借，严重影响了其平抑地方物价、救助灾民的主要职能。总体上看，宋代赈灾效果显著，各级赈灾举措及相关制度较为完备，但也不能排除上述部分地方政府滥用赈灾钱物以满足日常行政开支的问题出现，这也影响了宋代灾害赈救的实际效果。

四　显性行政成本的有限性与隐性行政成本的无限扩张

所谓显性成本和隐性成本，是一组相对的概念，显性成本主要指能够看到的、可用货币衡量的物质资料、人工劳力等费用；隐性成本则主要指无形的或者难以用货币衡量的成本消耗。宋代地方政府行政成本的另一特点就是显性成本的有限性和隐性成本的无限扩张。

南宋时期蔡戡说路级监司一岁费用约3万贯，"凡除一监司，概以中

---

① （元）脱脱等：《宋史》卷176《食货志上》，中华书局1977年版，第4276页。
② （元）脱脱等：《宋史》卷176《食货志上》，中华书局1977年版，第4290页。
③ （清）徐松辑，刘琳、刁忠民、舒大刚点校：《宋会要辑稿》职官72之35，上海古籍出版社2014年版，第4987页。
④ （清）徐松辑，刘琳、刁忠民、舒大刚点校：《宋会要辑稿》职官43之40，上海古籍出版社2014年版，第4131页。

数,岁费三万缗;公帑万缗,迎送万缗,俸给五千缗,兵卒券食五千缗。贤者居之,所费止此"。这只是显性成本里所包括的监司官员俸禄、公务活动经费、兵卒俸禄、差旅费用等,但实际花费不止于 3 万贯,那些隐藏的隐性成本部分又包括什么呢? 蔡戡认为:"不才者抑又甚焉。多取头子钱者有之,抑卖公库酒者有之,科买土产物者有之。巡历之馈遗宴设,吏卒之取乞批支,盖非一端,州县之扰可知也,而又迁易不常,费用不赀。且以湖北漕言之,淳熙三年迄今五六年间,凡送迎三十余次。如此,漕计安得不匮,民力安得不困乎?"① 由此看来,搜刮民财、强制配卖公使库酒营利钱、科买民众土产等隐形成本,既损害了地方政府在民众心目中的公信力,过多的迎送活动和奢侈的宴会也耗费了地方政府大量的行政成本。

在公使钱方面,我们或可更清楚地看出地方政府显性成本与隐性成本的差异。李心传载:"公使库者,诸道监帅司及州军、边县与戎帅皆有之。盖祖宗时以前代牧伯皆敛于民,以佐厨传,是以制公使钱以给其费,惧及民也。然正赐钱不多,而著令许收遗利,以此州郡得以自恣。"朝廷每年规定的州军正额公使钱数量并不大,"随州郡大小立等,岁自二百贯至五千贯止"②。由于规定地方政府可以利用营利补贴公使经费不足,于是地方州郡"开抵当、卖熟药,无所不为,其实以助公使耳"。这样一来,宋代地方政府公务接待方面的隐性成本数额就远远超出了显性成本的规定,"公使苞苴,在东南而为尤甚。扬州一郡每岁馈遗,见于帐籍者,至十二万缗。江浙诸郡,每以酒遗中都官,岁五六至,至必数千瓶。淳熙中,王仲行尚书为平江守,与祠官范致能、胡长文厚,一饮之费,率至千余缗。时蜀人有守潭者,又有以总计摄润者,视事不半岁,过例馈送皆至四五万缗"③。扬州一地每年用于馈赠的经费高达十二万贯,平江知府一顿饭要吃掉 1000 贯,这些费用足以抵得上一些小的州军 1 年的行政经费开支。而这种大规模的奢侈所带来的无效成本却并未体现于扬

---

① (宋)蔡戡:《定斋集》卷 2《乞选择监司札子》,文渊阁四库全书,台北商务印书馆 1986 年版,第 1157 册,第 587 页。

② (宋)李焘:《续资治通鉴长编》卷 219,熙宁四年春正月乙酉,中华书局 2004 年版,第 5328 页。

③ (宋)李心传:《建炎以来朝野杂记》甲集卷 17《公使库》,中华书局 2007 年版,第 395 页。

州正赐公使钱账目上，因而朝廷法令中所规定的扬州当地公使钱5000贯的数字已经不具有实际意义了。

宋代地方政府行政成本为何会出现显性的行政成本规模有限，而隐性的行政成本日益增高的局面呢？笔者认为其原因主要在于：宋初统治者为了加强中央集权、弱化地方藩镇势力，采取了"制其钱谷，收其精兵"的策略，将地方政府大量的税收所得均纳入中央财政体系，地方上只保留维持本地官吏、兵丁俸禄和非常之需的很小一部分经费，地方合规的财政规模有限。乾德二年（964），太祖用赵普的建议，"始令诸州自今每岁受民租及筦榷之课，除支度给用外，凡缗帛之类，悉辇送京师"。[①] 三年三月，再次重申此诏命，"申命诸州，度支经费外，凡金帛以助军实，悉送都下，无得占留"[②]。这样就极大地改变了中唐以来中央势力单弱，地方藩镇财力庞大的局面。原来的地方赋税，上供、送使、留州，朝廷只得1/3，2/3的赋税留在了本州和本道节度使手中。但宋初太祖的诏命直接将地方上维持行政运行费用之外的经费全部收走。虽然各地所收份额并不相同，[③] 但中央肯定占据了赋税收入中的大多数，导致地方无财，其显性的行政成本必然也是有限的。

之后，根据国家财政需求和战争局势，中央政府日益增加对地方财政税收的侵夺力度，如王安石变法时期设置的无额上供钱、朝廷封桩钱，南宋初年推行的经总制钱、版帐钱等，更是使地方政府手中无余财，社会治理能力日益弱化。正如南宋大儒朱熹所说："本朝鉴五代藩镇之弊，遂尽夺藩镇之权，兵也收了，财也收了，赏罚刑政一切收了，州郡遂日就困弱。靖康之祸，虏骑所过，莫不溃散。"[④] 宁宗朝名臣魏了翁也说，

[①]（宋）李焘：《续资治通鉴长编》卷5，乾德二年十二月，中华书局2004年版，第139页。

[②]（宋）李焘：《续资治通鉴长编》卷6，乾德三年三月，中华书局2004年版，第152页。

[③] 如南宋乾道年间江西四郡"赣岁入米十三万斛，而上供才三万，袁岁入米十一万，而上供才五万，则上供数少而州用数多。临江岁入十二万，而止留一万，筠岁入八万六千，而留止数之碏，则上供数多而州用数少"。《胡詹庵先生文集》卷29《兴国军太守向朝散墓誌铭》，引自刘琳、曾枣庄主编：《全宋文》卷4330，第196册，第140—141页，上海辞书出版社、安徽教育出版社2006年版。

[④]（宋）黎靖德撰，王星贤点校：《朱子语类》卷128《本朝二》，中华书局1986年版，第3070页。

"以承平之久，郡国犹有不会之财，犹有留州之缗，可以为招兵缮城之费，可以为一方缓急之备，然犹凛凛若此。矧熙宁而降，括财利以弱州郡，则益不暇为国远虑。籍禁卒，罢招填，并军额，桩窠籍，分系将不系将，则尺籍虽阙，亦不暇补矣。"① 假使地方官府有财力可以募兵，可以铸造兵器和训练军队，就不会出现几十人就能横行于地方数路之间的荒唐现象。

为了满足地方实际行政运转的成本需求，填补因中央收走经费导致地方经费不足的问题，满足官吏、兵丁及各项事务需求，只能采取一切合理、非合理的手段来解决行政成本不足的问题，这样一种需求扩大的趋势必然导致非合理手段的滥用，最终导致隐性的无形和无效成本日益扩大，原来朝廷所允许的显性的合理成本反而变得不那么显著。

五　地方政府非合理解决行政成本问题的手段日益增多

宋代地方政府为解决行政成本问题，可谓绞尽脑汁，合理的手段以及非合理手段均予以采用。合理的节支手段包括精简机构、缩减人员、缩减支出项目及采用"以工代赈"等新举措节约经费的手段。合理的增收手段包括招纳流亡、增殖垦荒、发展工商业、增加茶盐酒的售卖、向中央申请经费等。同时也可以通过加强立法、监察、考核以及官员选任等管理举措来提升机构运转效率，提高决策的科学性，缩减行政成本。

在这些方面，宋代也有不少成功的扭转地方行政经费困境的例证。光宗绍熙三年（1192），王正功差知澧州，到任后，"帑庾枵然，廪禄累月不给"。他通过节省浮费，裁汰冗员，审查账目，稽查贪官，扭转了财政困局，使得"郡计无乏。及期而用颇裕"。财政宽裕之后，乃从邦人之请，修建了一座壮观宏伟的澧阳楼，"前俯大江，巨丽轩豁，遂为一方伟观"②。

---

① （宋）魏了翁：《鹤山先生大全文集》卷15《奏论州郡削弱之弊》，四部丛刊本，上海商务印书馆1936年版，第13页。

② （宋）楼钥：《楼钥集》卷107《朝请大夫致仕王君墓誌铭》，浙江古籍出版社2010年版，第1842页。

又如南宋宁宗朝永春县令黄瑀在上任后采取了增收节支的举措，收到良好的财政和社会效果。面对田地荒芜、民力凋敝的局面，他首先核实田地亩数及税赋数额，减少隐田漏税现象，接下来采取优惠政策招纳流民归业，"不一岁，流庸尽复，赋入再倍其初"。再者，他对政府接待经费痛加裁抑，"凡例所当得公廨钱，悉输之官。到罢挈家，当计庸受直，亦不取。至于燕游馈遗之费，又皆一切屏绝。而钩考出内，则必以身亲之，吏无得容其奸，于是廪有余粟，库有余钱①。"原来残破、破败的永春县变成了仓廪丰足、库有余钱的地方。

地方官只要不侵蚀中央利益，或将自主决断上报中央批准，便可有所作为。不少地方官做出彰显后世的业绩，也与其灵活运用中央对地方管控、合理增收节支有关。只是合理途径毕竟成效很慢，官员自己也很辛苦，还冒着得罪地方富民、豪强、官宦之家的风险，因而在宋代还存在着另一套具有非合理性、但同样有效的解决地方行政成本问题的手段。不合理的增收手段包括苛捐杂税搜刮民财、行政罚款、搜刮下级机构财赋、挪用他处钱物、向民间借贷、经营地方性营利机构等，不合理的节支手段包括占借下级官吏、役人，无偿役使民众、兵丁，转嫁成本给富商、僧道等。这方面的例子也不胜枚举，我们仅举几种类型的材料加以说明。

制定苛捐杂税、搜刮民财，是解决地方行政成本问题的重要途径，朱熹曾针对县衙科剥勒索民众等问题提出警告，"今一县之内有令有丞，有簿有尉，号为'四衙'，杂出文引，别置木牌，各立程限，尽令趁赴。申展缴押，需索百出，多创名色，立为定例，分文不可违少。如押到则有到头钱，缴引则有缴跋钱，展限钱定限，常限所用之钱，复有多寡。又有批朱、缝印、日酲之类。一引状之出，乞取动是数项，稍有稽违，则枷锢棰楚，无所不至。且以保正一身，岂能遍受诸衙督责？"②看来当地政府各机构为了解决经费不足问题，费尽心思想出诸多征税名目。宁

---

① （宋）真德秀：《西山先生真文忠公文集》卷24《永春大夫御史黄公祠记》，宋集珍本丛刊版，线装书局2004年版，第76册，第168页。

② （宋）朱熹撰；朱杰人、严佐之、刘永翔主编：《朱子全书·晦庵先生朱文公文集》卷99《约束不得搔扰保正等榜》，上海古籍出版社、安徽教育出版社2002年版，第4605页。

宗朝蔡戡也深有地方为官经验，指出州县官在征收二税及其他税收时附带征收的大量苛捐杂税，"今二税之内，有所谓暗耗，有所谓漕计，有所谓州用，有所谓斛面。二税之外，有所谓和买，有所谓折帛，有所谓义仓，有所谓役钱，有所谓身丁、布子钱。此上下之通知也。于二者之中，又有折变，又有水脚，又有糜费，有隔年而预借者，有重价而折钱者。其赋敛烦重，可谓数倍于古矣……其色不一，其名不同，各随所在有之，不能尽举"①。大量苛捐杂税的出现，无疑是为了满足地方州县日常行政转运和行政者自身所需，其中也反映了州县在中央财权集中，地方财税被极大程度压榨下的无奈之举。正如张栻所说："今日州郡财赋，大抵无余。若取之不已，而经用有阙，则不过巧为之名以取之于民耳。"② 中央侵夺州县财赋，州县行政经费不足，只得再向民众聚敛，如此便形成一个恶性循环。

　　将成本转嫁给民众或者僧道，也是地方政府缩减成本支出的重要途径。南宋初年，随州有一座名为大洪山崇宁保寿禅院的寺院，"寺帑之富，过于一州"，知州李昌言贪婪豪横，凡是地方政府有需要花钱的地方，都会向寺院摊派，"凡百须所仰，尽取办焉，僧不堪命"③。又如北宋以来，各州府均役使富裕的民户主管公使库。仁宗朝益州同样如此，"两蜀地远而民弱，吏恣为不法，州郡以酒食相馈饷，倚前治厨传，破家相属也"④，导致大量民众破产。朱熹在《契勘汀州约束不得搔扰保正等榜》中提到："今来县道略不加恤，应干敷买物件必巧作名目，公然出引，令保正、副买办。如修造廨舍、迎送官员、整葺祠宇、置造军器，似此之类，其名不一。竹木瓦砖、油添麻苎等物，例以和买为名，不曾支给分文。又如役使工匠、科差人夫、勒出钱米、陪备供输，椎剥肌髓，

---

① （宋）蔡戡：《定斋集》卷5《论州县科扰之弊札子》，文渊阁四库全书，台北商务印书馆1986年版，第1157册，第609页。
② （宋）杨万里撰、辛更儒笺校：《杨万里集笺校》卷116《张左司传》，中华书局2007年版，第4437页。
③ （宋）洪迈：《夷坚志》三志辛卷4《李昌言贪》，中华书局1981年版，第1412页。
④ （宋）苏轼：《苏轼文集》卷17《赵清献公神道碑》，中华书局1986年版，第518页。

至此为甚。"① 如此看来，南宋时期在县为官，修造官廨、迎送官员、制造军器、出外办案等相关费用全部由保正买单，又有工匠、人夫免费服役，几乎不需要县财政出什么钱，县官不但不难做，反而十分逍遥。这不仅仅是汀州一地的特例，在其他史料中也有不少类似记载。

占借官吏、兵丁或侵夺下级财税也是两宋地方政府常用的节约本级行政成本的手段之一。真宗朝，诸州知州还延续前朝遗风，离任时携带侍从及兵丁赴新任，这样必然有碍原机构人员使用，因而朝廷多次发布诏令，对此加以禁止，咸平二年三月诏："节度、观察、防御、团练使、刺史如别知州府或掌兵处，止许役使本任公人，不得更于本使镇处抽取。"② 景德元年（1005）五月又规定："诸州节度、观察、防御、团练使、刺史以本郡兵随行给使者以三年为限。"③ 徽宗政和六年（1116），朝廷诏令："应诸路监司不得抽取县镇公人充本司吏职，见供职人并放罢，违者以违制论。监司互按以闻。"④ 但是这一风气似乎没有得到扭转，上级机构还是不断从下级机构无偿抽调人员，而一些下级官员也将此借调视为自己晋升官职的一个机会而拼命钻营，以致南宋宁宗嘉定中，仍然是"今之仕于县者，则以贰令、簿、尉为卑贱，而必欲入郡之签厅；仕于州者，则以职曹、监当为尘冗，而必欲摄（诸）[路]之幕属。经营结托，无所不至"⑤。如此一来，本级机构无人值守，事务废弛，必然影响行政运转效率。

至于地方政府，上级侵夺下级财税的事例也并不罕见。徽宗宣和中，"太原帅率用重臣，每宴飨费千金，取诸县以给，敛诸大谷者尤亟"。太

---

① （宋）朱熹撰；朱杰人、严佐之、刘永翔主编：《朱子全书·晦庵先生朱文公文集》卷99《约束不得搔扰保正等榜》，上海古籍出版社、安徽教育出版社2002年版，第4605页。
② （清）徐松辑，刘琳、刁忠民、舒大刚点校：《宋会要辑稿》仪制4之13，上海古籍出版社2014年版，第2367页。
③ （清）徐松辑，刘琳、刁忠民、舒大刚点校：《宋会要辑稿》仪制4之13，上海古籍出版社2014年版，第2367页。
④ （清）徐松辑，刘琳、刁忠民、舒大刚点校：《宋会要辑稿》职官45之11，上海古籍出版社2014年版，第4238页。
⑤ （清）徐松辑，刘琳、刁忠民、舒大刚点校：《宋会要辑稿》职官62之57，上海古籍出版社2014年版，第4752页。

原知府公然将下辖的诸县作为承担自己奢侈宴会消费的买单者。① 朱熹也曾谈论地方苛捐杂税道:"今日有一件事最不好:州县多取于民,监司知之当禁止,却要分一分!此是何义理!"② 此话说得虽然直白,却明确指出了当时地方官场的两大弊病:一是州县苛敛于民;二是监司一旦得知这一苛敛税目,即要分一杯羹。这样也导致两宋时期一些州郡往往假托账目,四处藏钱,不令监司知。高宗和李椿年对话时就说:"朕在河朔,亲所备见,监司所至,不恤州郡有无,尽行划刷,州郡往往藏钱,不令监司知。"③ 可见,统治者对地方政府上下级之间这种紧张的财政关系也是清楚的,但这种局面的形成,主要还是由于中央政府无限额地向地方政府征敛赋税,导致压力层层传递。正如南宋初年士大夫霍蠡所言:朝廷一有调度,"举以其数责之漕司,漕司责之州,州责之县,县责之民。民不胜其求,不得不为巧避之术。……今为县者非不知民有巧避之术,为州、为监司、为户部者亦非不知州、县、监司皆有妄取侵用之数,而上下相蒙,莫或谁何"④。然而,地方政府和民众大量的钱物没有变成推动政府运行和社会治理的有效行政成本,却落入贪官污吏之手,成为无效成本。无效行政成本太高,也是两宋经济虽然发达,却不能将财富优势转化为国力优势的重要原因之一。

结语　宋代地方政府行政成本问题对当今的启示

宋代地方政府在历史发展中因行政活动而产生的诸多成本问题及其特点对当今地方行政成本的调控也具有一定的启示和借鉴作用。

第一,地方政府行政成本的规模并非越小越好,它应该与经济发展

---

① (元)脱脱等:《宋史》卷448《郭永传》,中华书局1977年版,第13205页。
② (宋)黎靖德撰,王星贤点校:《朱子语类》卷111《朱子八》,中华书局1986年版,第3560页。
③ (宋)李心传撰,胡坤点校:《建炎以来系年要录》卷87,绍兴五年三月壬辰,中华书局2013年版,第1667页。
④ (清)徐松辑,刘琳、刁忠民、舒大刚点校:《宋会要辑稿》职官44之46至47,上海古籍出版社2014年版,第4228页。

和社会管理需求相适应。一味单纯追求压缩行政成本可能适得其反，显性成本虽被压缩，但可能会出现"精简—扩张—再精简—再扩张"的"怪圈"。更令人担心的是，会出现隐性成本日益升高的问题，诸如服务意识和水平的退化，人员离职、贪赃、私征杂税等。行政成本规模适度，要求中央与地方财政之间应有合理的平衡，地方财政规模不应被压缩得太小，否则难以正常运转。宋代地方行政中所涌现的诸多经费不足以及由其导致的横征暴敛、科配百姓等现象，往往是中央政府财政制度方面的问题。中央留给地方的财政经费不足，原本应由中央支付的大量冗滥官员（如宗室官、添差官）之俸禄被转移给地方，加之因行政事务日繁所增加的厢兵和胥吏之俸禄无着落，导致地方官府的胡乱作为，反而损害了政府形象，加剧了官民矛盾。

第二，在控制地方政府有形行政成本的同时，应注意控制其无形成本和无效成本。地方政府人员的编制、工资水平、"三公"费用等均是监察和审计的重点，需要长期不懈地加以治理。地方政府人员的行政效率、行政能力、决策水平等无形因素应予以监督，并通过多种手段解决机构间的手续复杂、效率低下等问题，以此来节约时间成本。不单纯将经济指标作为地方政府的优先考核指标，而应将生态指标等纳入地方政府的重要考核项目，重视地方政府行政决策对生态环境所造成的长期的成本影响。通过监督、审计、责任追究等措施，加强对各种违法乱纪行为的追究和防控，减少地方政府决策失误，从而降低公信力成本。

第三，加强相关制度建设，防范制度建设和执行中"过犹不及"的问题，防止一种举措走向其反面。现代地方政府行政成本改革，可通过建立科学的公共预算、完善集中采购、国库统一支付、会计集中核算、电子商务、公务接待、公务用车、公务员待遇等制度逐步加以解决。但在制度的制定和执行中，也要注意适度，防止走向其反面。宋代法令制定中有"因时立法，固无封执"的传统，[①] 本意即是希望法令与社会发展相适应，防止与实际情况脱节，但在实际使用中却出现了"一人唱之即

---

① （宋）李焘：《续资治通鉴长编》卷47，咸平三年十二月壬申，中华书局2004年版，第1037页。

行，一人沮之即止"的问题，① 法令多变，朝令夕改，反而令各级政府难以执行，无所适从。又如宋代法令出台不允许地方官府大肆修缮官廨，反而纵容一部分官吏放任官廨破败，不加以及时修缮，本有几十年寿命的建筑可能在十几年内就坏掉。各项制度都有其内在合理性，但也有不足，需要在实践中不断探索和检验。

第四，针对不同地区、不同层级的地方政府做出不同的行政成本规模限定。过于追求全国一致，地区差异缩减，可能不利于解决相关问题。在认真调研的基础上，深入了解各地区具体情况，从而在人员编制、工资水平、"三公"费用等方面做出一定的差异化规定，或许更符合实际治理需要。另外，不同层级的地方政府机构之间的行政职能、服务范围和对象均有较大差异，所以在其标准制定上也应有所差异。

第五，严格执行法令，保持对贪赃腐败、虐民扰民行为的高压治理态势。宋代惩治贪赃最为后人诟病的一点就是太过从轻。"罪至极法者，率多贷死"，② 法令虽然有规定，但往往通过各种诏令，从轻、减轻对相关士大夫和有功高官的惩处。犯罪成本过低，达不到惩前毖后的目的，也是两宋官员贪赃、侵吞公私财产的重要原因。因而需要保证法令在执行中的前后一致，不曲法用情，失信于民。同样，针对地方政府奢侈浪费、渎职怠政、扰民乱政等无效成本的治理和巡视，应保持长期的监督和审计。不断提高监管者自身的法律素养和道德品质，通过长期治理来赢得民众的信任和地方官员的理解，创造出有利于控制地方行政成本的社会舆论环境，使之成为地方为官者的固有思维。长期坚持下来，必然会有效地节约和控制地方政府行政成本。

（文章原刊于《中国经济史研究》2018 年第 5 期）

---

① （明）黄淮、杨士奇：《历代名臣奏议》卷 30《立政之本在信命令》，上海古籍出版社 1989 年版，第 403 页。
② （元）脱脱等：《宋史》卷 210《刑法志三》，中华书局 1977 年版，第 5019 页。

行政成本问题与宋代地方
政治制度研究

宋代地方政治制度研究是宋史研究领域中的一个传统领域，自20世纪二三十年代张家驹、聂崇岐等专家学者进行探索以来，已经走过了近百年的发展历程。苗书梅曾在《宋代地方政治制度研究述评》[1]对此进行了总结。邓小南也在《走向"活"的制度史——以宋代官僚政治制度史研究为例的点滴思考》一文提出应该增强问题意识，关注制度运作的"过程"，注重制度制定与运行中的各种"关系"。"既包括一制度与它制度相互之间的外在关系，也包括决定制度本身性质的内在关系。制订制度的人、形成制度的过程、制度的规定与实施，无不反映着形形色色的利益关系，正是各类关系与制度本身之间形成的'张力'，决定着制度运行的实际曲线。"[2]而借助其他学科领域相关概念及理论体系，同样也可给传统政治制度研究提供新的启发和借鉴。笔者近年来主要从事宋代地方政府行政成本相关问题研究，故就此问题发表一些浅见，请诸位专家批评指正。

---

[1] 苗书梅：《宋代地方政治制度研究述评》，包伟民主编：《宋代制度史研究百年（1900—2000）》，商务印书馆2004年版。

[2] 邓小南：《走向"活"的制度史——以宋代官僚政治制度史研究为例的点滴思考》，包伟民主编：《宋代制度史研究百年（1900—2000）》，商务印书馆2004年版。

一 "行政成本"的概念界定

"行政成本"是现代政治学、行政学、管理学中涉及到的一个概念，它作为一个较新的由经济学界引进而来的词汇①，学界对其内涵的认识并不确切，因而自此概念产生和影响扩大之后，中外学者从多个角度和层面对其进行定义，相关讨论一直不断，迄今也并未出现学界普遍认同的权威界定。

在此概念产生之前，人们对于政府的成本问题已有诸多探讨，开始认识到政府作为公共管理和服务机构，其活动也要占用和消耗各种经济资源，政府也是有成本的，如何限制政府自身占用过多资源，而将其用于服务社会，就成为专家学者探讨的重要论题。如19世纪马克思、恩格斯在评价资产阶级"廉价政府"的时候，就对巴黎公社所采取的"从公社委员起，自上至下一切公职人员，都只应领取相当于普通工人工资的薪金。国家高级官吏所享有的一切特权以及支付给他们的办公费，都随着这些官吏的消失而消失了"及取消常备军等做法颇为赞赏，认为"国家必须限制自己的开支，即精简机构，缩小其规模，尽可能减小管理范围，尽可能少干预公民社会方面的事务"②，巴黎公社实现了所有资产阶级革命提出但没有真正实现的"廉价政府"的目标，即用尽可能少的行政资源，实现最优化的行政管理，并认为这是未来国家政府管理的方向。恩格斯在《家庭、私有制和国家起源》中论及国家税收与管理费用问题时也指出："维持经费越少的政府及其官员，必然是最受国民拥护从而也是最为理想的政府及官吏"。1887年，美国的威尔逊在《行政学之研究》这篇著名的论著中也提出，行政学研究的目标之一就是政府"在于发现政府如何以最少的资金和精力为代价，并以最大可能的效率来做这些恰

---

① 参见罗振宇等著《降低行政成本，建设节约型政府——对西部地区县级政府行政成本的研究》，四川大学出版社2012年版，第1页。该书提出：成本是产品生产中所耗费的各项费用的总和，其中包括生产资料，也包括工资开支等。政府行政成本，是对企业产品成本概念的借用，但二者内涵并不完全相同。

② 马克思，恩格斯：《马克思恩格斯选集》，人民出版社1972年版，第1卷，第467页。

当的事"①。20世纪70年代西方新公共管理运动兴起后,开始对传统政府的浪费、低效、规模庞大、管理宽泛等问题进行改革,英国政府采取了一系列举措改革政府部门,强调投入和产出的比率,追求绩效,缩减政府规模和成本。到了20世纪80年代之后,随着政府绩效评估在世界各国的广泛应用,社会各界开始重视政府投入和产出之间的绩效问题,更加关注政府行政成本问题。美国也在1993年颁布了《从繁文缛节到结果导向:创造一个少花钱多办事的政府》方案,使整个政府降低成本,提高效率。加拿大、新西兰、澳大利亚等国也纷纷对政府成本过高问题进行改革。②

我国改革开放以来,邓小平、江泽民、朱镕基等多位党和国家的领导人都对政府行政成本过高问题提出批评,也为精简机构和人员进行了多轮改革,但是政府行政成本过高的问题仍一直难以根治。国内学界较早关注和探讨行政成本问题的代表性学者有王庆仁、谭桔华、李志君、焦建国、普永贵、卓越等。如王庆仁教授在1997年就开始撰文提出应该重视对行政成本问题的研究,并提出行政成本的定义是"行政管理工作中为完成一定的有效行政行为所消耗的人力、物力、财力的总和,所作出的可以用货币度量的价值牺牲"③。谭桔华认为:"政府行政成本应该是政府在一定时期内为履行其职能而进行的各种活动所付出的费用之和。包括人员经费、办公费、会议费、公车费、差旅费、招待费、通讯费、机关大楼维护、装修费、绿化管理等费用"④。李志君认为:行政成本即"各级行政机关及施行预算管理的其它机关(指列入行政编制并接受财政拨款的社会团体和未列为行政编制但完全行使行政管理职能的单位)、政党组织为履行其职能而发生的资金消耗"⑤。普永贵认

---

① [美]威尔逊:《行政学之研究》,中共中央党校出版社1987年版。
② 参见罗振宇等著《降低行政成本,建设节约型政府——对西部地区县级政府行政成本的研究》,四川大学出版社2012年版。
③ 王庆仁:《行政决策成本与行政成本决策》,《中国行政管理》1997年第4期、《应该重视对行政成本问题的研究》,《中国行政管理》1999年第10期。
④ 谭桔华:《降低政府行政成本途径探讨》,《行政与法》2000年第2期。
⑤ 李志君:《对行政成本的思考》,《辽宁财税》2000年第2期。

为：'行政成本是指国家权力机构的执行机关在一定时期内，为履行其行政职能，实现行政目标，在行政管理中所支付的费用的总和。'[1] 卓越认为：'行政成本可以定义为政府组织在社会提供公共服务，生产公共产品的活动过程中投入的人力、财力和物力资源'[2]。焦建国等认为：'行政成本是政府产出即向社会提供一定的公共服务所必须的行政投入或耗费的资源'[3]。

随着2002年党的十六大报告首次提出："进一步转变政府职能，改进管理方式，推行电子政务，提高行政效率，降低行政成本"，十七大、十八大报告均对政府行政成本问题给予高度关注，十八大报告更是提出"推进政府绩效管理，严格控制机构编制，减少领导岗位职数，降低行政成本"的要求，党和国家、社会各阶层的重视使得学界对于行政成本问题的研究日益热烈，相关论著、学位论文众多[4]，对"行政成本"概念和内涵的界定日益科学化。

现阶段政治学、行政学、经济学、管理学诸多领域的学者对"行政成本"概念界定体现出几个方面的特点：

一是注意区分广义和狭义的行政成本，如谭桔华认为：广义的政府行政成本"是政府在一定时期内为社会提供公共服务，生产公共产品的活动而付出的，包括政府内部运行成本，社会公共事务管理成本以及政府决策和行为成本在内的成本之和"。狭义的概念为政府行政成本主要是为了维持政府机构运转所产生的费用，即政府机构内部为了维持运转，在一定时期内付出的费用之和[5]。有的学者甚至更为细致地区分了广义、

---

[1] 普永贵：《有效控制行政成本的保障机制研究》，《攀登》2001年第4期。
[2] 卓越：《行政成本的制度分析》，《中国行政管理》2001年第3期。
[3] 焦建国，许正中：《推进行政改革，降低行政成本》，《国家行政学院学报专刊》2002年，第52页。
[4] 相关成果仅笔者搜集到的博硕士论文达100余篇，论文400余篇，著作十余部。可参见卫刘华：《新时期我国行政成本研究：回顾与展望》，《中共济南市委党校学报》2006年第4期；陈自强：《1995—2005年中国国内行政成本问题研究综述》，《贵州民族大学学报》2013年第3期。
[5] 谭桔华：《政府行政成本简论》，湖南大学出版社2005年版，第3页。

中义、狭义等众多大小内涵不等的概念①。

二是注意区分显性行政成本和隐性行政成本、直接成本和间接成本，即政府行政活动直接的资金消耗和政府转嫁给社会的成本及行政行为对社会、对未来的间接的影响等。或者将行政成本划分成货币形态和非货币形态，再将货币形态成本划分成人力资源成本、物资成本和管理成本，非货币形态成本细分成机会成本、社会成本和生态成本②。有的学者将政府行为对于时间、环境、社会道德、舆论的影响也列入政府行政成本，使其概念较为全面，但实际难以统计和测算③。

三是将"行政成本"从"政府成本"中剥离出来，避免将"行政成本"概念无限扩大而难以量化探讨的问题④，如董娟认为："由于当前政府成本、行政成本及行政管理成本在概念表述上缺乏统一的标准，从而导致以上概念相互间存在着概念模糊不清，混淆混用的现象……有必要对这三个概念重新进行梳理和辨析"⑤，她认为政府成本涵盖范围最广，为行政成本和行政管理成本之和。郭婕也认为：行政成本与财政支出的概念也不应混同，只有用于政府本身的行政活动的资源是行政成本，而政府能够支出但用于其他方面的支出不属于行政成本的范畴，而是政府行使对社会资源的再分配权力，如公共支出中的文化教育经费就不应属于行政成本的范围⑥。张国庆、赵园园也都认为："行政成本的基本要义

---

① 欧阳昌永：《广西行政成本问题研究》，《经济研究参考》2009年第17期。小范畴的概念为政府自身运行所开支费用，相当于行政管理费、外交支出、公检法司支出、以及基本建设支出和事业费中用于行政部门的支出，预算外资金用于行政部门的支出。中等范畴概念指政府自身运行费及决策开支费用，大体相当于全部财政支出。大范畴的概念除了上述费用外，还包括政府行政决策所付出的代价，政府部门办事效率所付出的代价。

② 岳海鹰等：《行政成本的界定及控制途径》，《社会科学家》2005年5月增刊。

③ 毛日清：《政府行政成本辨议》，《江西行政学院学报》2006年第2期；朱慧涛等：《行政成本概念鉴辨与重构》，《中国行政管理》2008年第1期。

④ 事实上，现阶段行政学、管理学界研究成果多是在概念表述时对"行政成本"的含义界定宽泛，而在具体数据统计和分析中，难以实证分析，仍采用"行政管理费"这一固有统计数据来说明行政成本的上升，以偏概全，实证分析仍较为缺失。参见陈自强《1995—2005年中国国内行政成本问题研究综述》，《贵州民族大学学报》2013年第3期。

⑤ 董娟：《政府成本·行政成本·行政管理成本概念之辨析》，《延边大学学报》2008年第6期。

⑥ 郭婕：《行政成本研究的理论前提》，《行政与法》2006年第6期。

是在于度量国家财政支出之于政府及公务人员直接和间接花费与公民和社会公益性直接和间接花费的比例①","加大社会建设的紧迫性决定了行政成本必须尽快得到控制,财政支出必须向社会建设倾斜。因为行政成本的失控严重影响了和谐社会的构建"②。这些学者倾向于对狭义的行政成本即行政机构本身所耗费的费用进行考察,社会公共事务支出不属于行政成本。但是这一界定并未得到学界普遍认同,仍有大量学者认为政府行政成本应包括社会公共事务支出,广义政府行政成本包括公共工程、教育医疗等开支③。与此同时,学界也有大量以"政府成本"为对象的研究论著④,也对政府行政成本进行了有益的探索。赵爱英等《政府行政成本与绩效研究》也认为:"政府行政成本可称为政府成本或行政成本",认为两者无实际区别⑤。

四是深化了对行政成本内部结构的分析,将政府行政成本区分为有效成本和无效成本,合理成本和非合理成本。摆正其在行政成本中的地位,认识到这两方面均是行政成本的组成部分,"不仅包括行政过程中的正常成本,也要包括行政过程中的非正常、不合理、不合法导致的成本,不仅包括行政作为发生的成本,也应包括行政不作为引发的成本"⑥。认识到行政成本中有必须的投入和额外的消耗,不应只注意到中国政府行政成本量的增长,这其中也包括因政府职能扩展、物资价格上涨而造成

---

① 张国庆等:《革新观念与明列规范:新时期中国政府降控行政成本的现实选择》,《湖南社会科学》2009 年第 3 期。
② 赵园园:《政府与社会博弈视角下行政成本控制的新思路》,《云南行政学院学报》2010年第 1 期。
③ 刘晓斌:《我国公共管理中行政成本控制与政府效率提高——欧债危机的警示》,《企业研究》2012 年第 5 期;罗文剑:《政府支出偏好于地方政府行政成本治理——基于 J 地政府 1998—2010 年面板数据的分析》,《理论导刊》2013 年第 1 期。
④ 袁峰:《机构改革——降低政府成本》,《党政论坛》1998 年第 6 期;周镇宏、何翔舟:《政府成本论》,人民出版社 2001 年版;许正中等:《降低和优化政府成本》,国家行政学院出版社 2008 年版等。
⑤ 赵爱英、李晓宏:《政府行政成本与绩效研究》,中国社会科学出版社 2009 年版。
⑥ "乡镇政府行政成本研究"课题组:《降低行政成本的几个理论问题》,《经济体制改革》2005 年第 3 期。

的合理的成本上涨①。应注意其内部结构的比例和变化，应该反对的是额外的非合理的成本诸如腐败奢侈浪费所造成的消耗②。

通过以上对近些年来学界关于"行政成本"概念的归纳和分析，结合宋代历史研究的实际情况，我们在这里也对政府"行政成本"的概念作出狭义和广义的界定：狭义的政府"行政成本"是指政府机构用于自身建立和运转的费用，包括修建政府建筑、购买办公设备和发放人员工资、公务接待、差旅等诸项费用之和。广义的政府"行政成本"即政府机构用于自身组织及运转的费用，以及政府在社会公共管理事务中所支出的费用与因行政行为失当给政府、社会、环境等造成的损失、破坏等隐性成本和无效成本之和。本定义兼顾了显性和隐性成本、货币与非货币成本、直接和间接成本、有效与无效成本、制度内和制度外成本、可变成本与固定成本等分类标准③。

行政成本研究范围涉及广义与狭义的地方政府"行政成本"，古代政府行政成本研究可以以狭义的"行政成本"为主要研究对象，主要探讨其政府本身公务人员消耗的资金、人工、物料等有形资产。同时可以以广义的政府"行政成本"为参照对象。由于广义的行政成本诸如对社会、环境、道德舆论的影响难以量化分析，主要以文字描述和定性分析为主。但是这一新的研究视角可以促使我们去重新审视和判断以往历史研究中的史料，对其作出新的解读和认识。这可能也是历史学研究蕴含无穷魅力的原因之一。

此外，鉴于学界对政府行政成本具有"社会公益性""非营利性"的一致认识，"决定了政府在行政过程中所耗费的资源及投入不属于经济投资范围，以满足社会公众公共利益为目的，不以从中获利为目的"④，因

---

① 赵园园：《政府与社会博弈视角下行政成本控制的新思路》，《云南行政学院学报》2010年第1期。

② 杨滕原：《行政成本居高不下：制度原因与社会感知——对"中国政府行政成本居高不下"现象的一个分析思路》，《贵州社会科学》2013年第2期；赖先进：《政府行政成本的结构与治理问题研究》，《国学行政学院学报》2013年第4期。

③ 赵爱英、李晓宏：《政府行政成本与绩效研究》，中国社会科学出版社2009年版，第28—30页。

④ 赵爱英、李晓宏：《政府行政成本与绩效研究》，中国社会科学出版社2009年版，第26页。

而对于宋代地方政府所投入茶、盐、酒等禁榷专卖品生产经营中的大量钱物可以不纳入探讨范围。但是对于这部分政府资产投入和支出效益等，可以纳入另一研究范围即宋代官营经济成本问题研究，在这一领域中专家学者已经进行了很多有益的探索，如魏天安先生《宋代官营经济史》、李晓先生《宋代政府购买制度研究》等①。

二 行政成本问题对拓展宋代地方政治制度研究的意义

宋代虽无行政成本的说法和概念，但宋代地方政府机构数量之多、官员之众、耗费钱物之广，在中国古代历史上是非常突出的，许多史学家也对此有深刻的批评，宋代"三冗"问题（冗官、冗费、冗兵）之突出，官僚社会之典型，为历代之最。宋代统治者为防范唐五代藩镇割据、"君弱臣强"之弊，大力削弱地方政府权力，"事为之防，曲为之制"，同一层级设立多个机构，权力分散，互相监督，导致地方上机构重叠、官员冗滥、决策缓慢，加之官员素质有限，奢侈浪费日益严重，对国家政治、经济、军事造成极大损害。宋代地方政府行政成本问题之突出，值得深入研究，具体看来，这一问题的研究，具有以下几方面的意义。

（一）对宋代财政史研究范围的突破

首先，宋代地方政府行政成本问题的研究范围与财政史研究范围并不完全一致，狭义的行政成本概念主要是指政府财政支出中用于政府自身组织、建设、运行的费用，范围小于财政支出，但成本问题研究对于这部分行政管理经费的研究和分析较之更为细致；广义的地方政府行政成本概念包括财政支出中除了营利性经营和对外军事战争支出的其余部分支出，并向外延伸包括了非货币形态的由政府行政行为而对社会、道德舆论、环境等方面的影响，研究范围较财政史更加广泛。

---

① 魏天安：《宋代官营经济史》，人民出版社2011年版；李晓：《宋朝政府购买制度研究》，上海人民出版社2007年版。

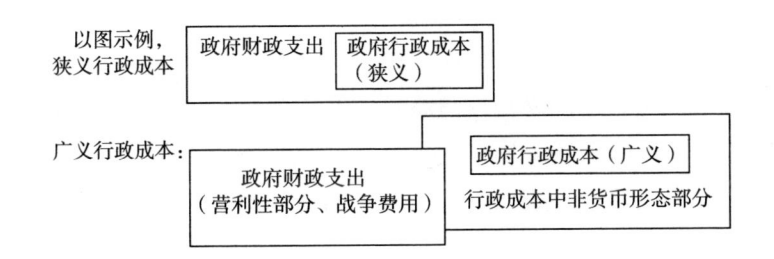

```
以图示例，     ┌─────────────┬──────────────┐
狭义行政成本： │ 政府财政支出 │ 政府行政成本 │
               │             │   （狭义）   │
               └─────────────┴──────────────┘

广义行政成本：        ┌──────────────────┬──────────────────┐
               ┌──────┤  政府行政成本（广义）                │
               │政府财政支出│         │                      │
               │(营利性部分、战争费用) │ 行政成本中非货币形态部分 │
               └──────┴──────────────┴──────────────────┘
```

其次，财政史研究更加关注财政收入支出项目、金额以及政府相关财政管理制度。而行政成本问题研究除了分析统计支出项目、金额及政府应对策略外，还要关注行政成本数额前后变化，与社会公共建设支出的比例关系，特别是与政府行政绩效的关系。对于政府行政成本的衡量，既有"量"的考察，也有"质"的评测。行政管理经费和财政支出数额是比较容易考证和分析的标准，这是对于行政成本"量"的衡量。而对于这部分经费投入是否有效，只能通过行政绩效进行衡量，这其中包括经济、效率、效能（情况改善）、公平、民主五个方面[1]。学界已有研究认为，政府绩效与行政成本呈递减式曲线变动关系，即随着政府行政成本的增加，政府提供的公共物品和服务也随之增加，社会满意度提高，政府绩效增加。但公共物品超量提供，政府行政成本过度增加后，政府绩效会出现下降[2]。宋代行政成本与绩效的关系，是否也是如此，有没有自身特点，值得深入考察。比如宋代地方政府灾荒救助问题，如果官员没有做好调研和预案，救灾中往往会出现"好心办错事"的问题，政府投入的资金、物料难以发挥实际效果，如果只从财政史或者灾荒史的角度考虑，对相关史料的解读难免有不周全之处。如北宋程颐就举例说：

---

[1] 赵爱英、李晓宏：《政府行政成本与绩效研究》，中国社会科学出版社2009年版，第142—143页。许正中等学者提出另外一套绩效评价体系，对于政府行政成本的衡量，可以通过财政支出数额、行政管理费数额、环境变化等进行衡量，而行政绩效主要通过政治指标体系（权威性、群众监督机制、回应性、程序公正性）、经济指标体系（国民经济指标、产业结构、通货膨胀率、就业率与失业率）、社会指标体系（人均收入及增长率、社会贫富分化程度、社会保障体系、社会治安状况、生态环境）和科教文卫指标体系（科技发展水平、教育发展水平、文化事业、卫生和防疫）来进行行政成本—绩效的分析。

[2] 赵爱英、李晓宏：《政府行政成本与绩效研究》，中国社会科学出版社2009年版，第163—164页。

"数年前,一亲戚为郡守,爱恤之心,可谓至矣。鸡鸣而起,亲视俵散,官吏后至者,必责怒之,于是流民歌咏,至者日众。未几谷尽,殍者满道。"① 这位郡守没有考虑到灾情的长期性和救助人群的数量,导致灾粮不足,反而在人群大量聚集后,更易造成人员死伤,正如程颐所说的:"愚常矜其用心,而嗤其不善处事。救饥者,使之免死而已,非欲其丰肥也。"② 南宋孝宗朝,赵汝愚也弹奏永福知县在没有做好事先调查的情况下,将官仓米"擅作常平米出籴,其减价太低,又措置无术,六月二十日,有男子、妇人、小儿约五千余人拥并入县,互相蹂践,至林全等死者七人、伤者一人"③。"其间有奉职失当,致百姓有无辜而死者",这位知县好心办了坏事,造成人员在领取灾粮中因拥挤踩踏而死伤,淳熙十年(1183),也发生了合、昌州荐饥,"民就振,相蹂死者三千余人"④,这样的惨剧一再出现,耗费了政府大量的财物的同时,灾情没有得到解除,甚至引发了新的问题,不利于政府社会公信力的提升。政府投入没有收到应有的效益,造成了有形与无形行政成本的双重损耗。

此外,对于宋代地方政府行政成本数额的统计和估测也是以往学界较少进行的,史料中往往是中央与地方数字混在一起,地方相关统计数字较为贫乏,如果对此方面数字进行探讨分析,也有其一定学术价值。

(二) 对宋代政治史研究新视角、新方法的探索

传统政治史研究侧重于政治事件和政治制度的分析,对于政府行政成本过高问题也主要是从冗官冗费的角度进行探讨,忽视了政府职能扩展、社会管理和服务对象扩大及物价变动所造成的合理成本上升。宋代是中国古代典型的官僚社会,"皇帝与士大夫共治天下"。宋代地方逐渐形成路、州、县三级行政体制。为防范地方政府长官独断,统治者不断

---

① (宋)程颐、程颢撰:《二程文集》卷9《赈济论》,文渊阁四库全书,台北商务印书馆1986年版,第1345册,第684页。
② (宋)程颐、程颢撰:《二程文集》卷9《赈济论》,文渊阁四库全书,台北商务印书馆1986年版,第1345册,第684页。
③ (明)黄淮、杨士奇:《历代名臣奏议》卷183《按永福知县高栗罗源县尉龚史良奏》,上海古籍出版社1989年版,第2408页。
④ (元)脱脱等:《宋史》卷67《五行志五》,中华书局1977年版,第1465页。

增加与之同级的官员，相互制约。从中央到地方，官员多至四万余人，这使得宋代地方政府的行政成本大大超过前朝，宋朝人口规模、经济发展水平也超越前代，因而地方政府为完成各项行政任务的耗费十分巨大，对宋代地方行政中所耗费的人力、财力、物力成本进行系统研究，区分其有效成本与无效成本，显性成本与隐性成本，合理成本与非合理成本，具有重要的学术价值。同时，把现代行政学、管理学理论与宋代历史相结合，开创新的研究视角，通过用现代行政成本理论、方法来分析宋代地方政府所面对的成本问题，提出新的观点，对于宋代地方行政制度在中国古代地方行政制度史上的地位，也能够有更为深刻准确的认识。

宋代在中国历史上也是一个以冗兵、冗官、冗费而著称的王朝，大量的资金、人力、物力被消耗于政府实际治理成效之外，官员冗滥、机构设置叠床架屋，机构运行效率低下，在中国古代官僚社会中极为典型。宋代虽无"行政成本"一说，但却存在相关问题，宋人头脑中也有"成本管控"的意识，如设置一州一县，人口数量和纳税钱物能否养活这些官员？所缴纳的赋税够不够屯驻军队？增设机构和官员，能否确有实际治理效能？这些都是他们需要考虑的问题。正如端拱二年（989）士大夫王禹偁在给宋太宗的奏书中所说："如臣旧知苏州长洲县七千余家，自钱氏纳土以来，朝廷命官，七年无县尉，使主簿兼领之，未尝阙事；三年增置县尉，未尝立一功。以臣计之，天下大率如是。臣请黜陟庶僚，并省群吏，贤者得以陈力，不肖者得以归耕。诚能省去三千员，减俸数十万，以供边备，宽民赋，亦平戎之大计也。"① 这些成本问题，在中央任职的官员需要考虑，在地方任职的各级官员更是需要算计，宋代地方政府数量庞大，地方各级官员、吏人数量日益膨胀，为了维持机构运转所耗费的各项有形和无形成本也越来越高。宋代的相关问题及政府对策值得学界重视和研究。

（三）本问题的研究具有一定的现实借鉴意义

古今有相通之处，"以史为鉴，可以知兴替"，历史学的价值在于"求真"和"致用"。"致用"不是将历史简单地与今天比附，也不是将

---

① （宋）李焘：《续资治通鉴长编》卷30，端拱二年正月癸巳，中华书局2004年版，第673页。

历史知识作为实用工具。"历史学的实践性主要不是体现在它对现实的直接作用，而是通过对历史的认识，明了我们生存的文化根脉，明了我们漫长的发展路径，从而向社会和公众提供更多的经验和智慧①"。党的十八大以来，中央连续出台多项治理政府行政成本过高问题的重要举措，2013年1月，习近平总书记发表关于厉行勤俭解决、反对铺张浪费、打击贪腐等治理行政成本问题的讲话，3月，全国两会后李克强总理也向中外媒体郑重提出："本届政府任期内，政府性楼堂馆所一律不得新建，财政供养人员只减不增，公费接待、公费出国、公费购车只减不增"等"约法三章"。7月中央办公厅印发的《关于党政机关停止新建楼堂馆所和清理办公用房的通知》，并出台了改进工作作风、密切联系群众的"八项规定""六条禁令"，体现了本届政府治理"三公"经费，限制政府行政成本过高问题的坚强决心②。研究宋代地方政府行政成本的构成及其为解决行政成本过高问题所采取的举措，总结其经验教训，亦有其积极意义，可为解决当今地方政府行政成本问题提供历史借鉴，为建立规范、协调、廉洁、高效的现代服务型政府做出贡献。

如关于政府行政成本的规模，政府行政成本的规模并非越小越好，它应该与经济发展和社会管理需求相适应。一味单纯追求压缩行政成本可能适得其反，显性成本可能被压缩，但是，可能会出现"精简—扩张—再精简—再扩张"的"怪圈"，更令人担心的是，会出现隐性成本日益升高的问题，诸如服务意识和水平的退化，人员离职、贪赃、私征杂税等问题。行政成本规模应该适度，这也要求中央与地方财政之间有合理的平衡，地方财政规模不应被压缩得太小，否则难以正常运转。

再如在注意控制地方政府有形行政成本的同时，也注意控制其无形成本和无效成本。地方政府人员的编制、工资水平、"三公"费用等均是监察和审计的重点，需要长期不懈地加以治理。同时也应该注意监督地方政府人员行政效率、行政能力、决策水平等无形因素，通过多种手段

---

① 编者按：《纪念贺昌群先生诞辰一百一十周年》，《中国史研究》2013年第4期。
② 参见新华网2013年1月24日、《中国纪检监察报》2013年7月24日、《新京报》2013年7月24日、《人民日报》2013年7月29日、新华网2013年8月8日、《人民日报》2014年1月15日等。

解决机构间的手续复杂、效率低下等问题,节约时间成本。同时不单纯以经济指标为唯一地方政府优先考核指标,要将生态指标等纳入地方政府的重要考核项目,要重视地方政府行政决策对生态环境所造成的未来长期的成本影响。同时还要通过监督、审计、责任追究等措施加强对各种违法乱纪行为的追究和防控,减少地方政府决策失误,降低公信力成本。诸如此类,等等,历史上各个朝代控制行政成本规模的措施和经验、教训都可以为我们提供有益的借鉴。

三 本问题相关研究简况及展望

宋代地方政府行政成本问题的研究,涉及政治制度、财政、法律、教育、公共工程建设、医疗、军事等多个领域,相关研究成果或多或少均涉及行政成本问题,此外,现代行政成本问题研究论著中,也有部分成果简单综述了古代政府行政成本状况,而其他断代史研究中,也有以"成本"或"行政成本"为题进行探索的文章,具有启发意义,以下分类对几方面的成果,进行总结和分析。

(一)现代行政成本问题相关成果

谭桔华在《政府行政成本简论》一书中提出:"中国历史上的统治者中也不乏为维护其统治地位,高度重视财政状况及成本问题,并经多次改革,努力控制和降低成本,缓解财政危机的。"并以宋代行政成本问题为例,认为宋初君权集中,中央地方各级机构重复设置,互相分权,导致"国家机构的庞杂重叠,冗官泛滥,政令不畅,效率低下,并且虚耗国家财力,再加上皇室奢侈,冗兵日众,连年战争,更使财政入不敷出,国家经济受到影响,甚至危及政权的稳定"。从庆历新政到元丰改制,再到南宋初年大规模的机构裁并,"每次变法、改革都与节约财政开支、缓解财政危机有关"[①]。周镇宏、何翔舟在《政府成本论》一书中对中国古代的官僚体制和冗官问题进行了探讨,提出"封建官僚队伍的不断扩大,

---

① 谭桔华:《政府行政成本简论》,湖南大学出版社 2005 年版,第 11—12 页。

既表现在官员绝对数量的增加，也体现于官民比例的缩减","宋朝开国时，官僚骨干队伍人数只有 13000 人，仁宗时为 20000 人，哲宗时已达 28000 人","官僚者阶层的比重自西汉以来越来越大，官民比重由西汉的 1：7945 人变为清朝的 1：911，这就是'十羊九牧'的官僚之患"，此外，本书还对中国封建社会行政管理层级的增多、官僚机构的膨胀也进行论述，指出中国历史上存在"精简—膨胀—再精简—再膨胀的"循环圈"①。孙玮的硕士论文《当前我国职务消费问题研究》中，对中国古代诸王朝官员职务消费科目、数量标准等进行了考证，并总结出："在中国封建社会的后期，职务消费大大超出了官员的名义收入，越来越成为权势集团不愿割舍的既得利益。"② 魏捷先《宋代绩效考评及其当代价值》认为宋代的绩效考评制度较为完善，标准、内容、程序、方法等制定较为合理，考评相关监督约束机制较为完善，监督与考核相互制约，突出地方政府绩效考评在整个政府考评体系中的地位，同时也存在考绩权力高度集中、标准定性有余定量不足、重年资轻能力等问题③。

此外，还有一些短论、杂文，也对宋代及各个朝代的行政成本问题诸如官员俸禄、高薪养廉、公费用餐、裁汰冗员、精简机构等予以关注，但多是托古喻今，对古代相关问题研究有限④。

---

① 周镇宏、何翔舟：《政府成本论》，人民出版社 2001 年版，第 158—160、164—168 页。
② 孙玮：《当前我国职务消费问题研究》，天津财经大学学位论文 2008 年，第 10—13 页。
③ 魏捷先：《宋代绩效考评及其当代价值》，湘潭大学硕士学位论文 2008 年，第 21—23 页。
④ 此类文章数量较多，如王大为：《"十羊九牧"与行政成本》，《中国公务员》1999 年 4 期、关山远：《古代的三公消费》，《人才资源开发》2013 年第 3 期；张鸣：《省官不如省事》，《共产党员》2012 年 2 月（上）；孙雅彬：《北宋衙门种菜抵御通胀》，《青年商旅报》2011 年 5 月 17 日；陈新元：《从"公廨钱"说开去》，《财务与会计》1988 年第 10 期；孙崇政：《从两宋官冗说开去》，《中华魂》2000 年第 3 期；张晓峰：《宋代公务员最幸福》，《政府法制》2009 年第 19 期；佚名：《北宋高薪未能养廉》，《政府法制》2010 年第 36 期；韩丰聚：《我国古代官吏的裁冗》，《领导科学》1987 年第 7 期；冯铁金：《我国古代精简机构裁汰冗员事例》，《中国公务员》2003 年第 4—9 期；李晓巧：《古代官场的自费项目》，《文苑》2012 年第 4 期；母冰：《古代年终奖怎么发》，《北京日报》2012 年 1 月 5 日；刘亮：《古代官员的工作餐》，《人才资源开发》2013 年第 3 期；翟文：《哪个朝代公务员薪饷最高》，《百姓生活》2011 年第 1 期；周冉：《唐宋高官也蜗居》，《政法法制》2010 年第 23 期；王子今：《淘汰冗员：历代改革的尝试》，《学习时报》2005 年 1 月 31 日；阎泽川：《宋代的公款接待》，《国学》2012 年第 9 期；孙存准：《宋代如何反"公款吃喝"》，《政府法制》2012 年第 36 期。

(二) 其他断代史研究中关于"成本""行政成本"的论著

严耀中《魏晋南北朝时期历史演变中的"成本"因素》一文认为，魏晋南北朝历史发展演变中的许多现象，诸如门阀政治、民族融合中的语言文字、田制与专役户制度、军事斗争等，其中都蕴含着"行政成本"这个看不见的手，它在历史演变中发挥着无形的作用。进而发挥认为：历史上南北方战争，之所以北方胜多负少，军队后勤供应所花成本高低不同，也是重要原因。而儒家思想的"德治""贱讼"，可以减少民众和官府花费的大量精力、物力，"都是为了减轻行政成本的政策理念"，"成本意识之所以在中国社会政治生活中在'自然而然'地起作用，一个重要的原因是民众在生活中所采取的实际态度"[1]。温春来《行政成本、汉夷风俗与改土归流——明代贵州贵阳府与新贵县设置始末》通过明代贵阳府与新贵县设置过程的考察，探讨了明王朝在南方少数民族地区拓展统治权力时所面临的行政成本方面的制约问题。提出设置流官意味着行政经费的大量增加，驻军费用、建设衙门官舍、官员薪俸等花费大量经费，财政的困难也是中央政府长期不愿改设流官的重要原因[2]。谢元鲁《论唐宋社会变迁中平等和效率的转换》一文提出：唐宋社会经济制度演变的特点是在经济制度与运行方式上由注重平等转向注重效率，在政治制度的运行方面则是由注重效率到注重平等。唐代后期至五代中央政权统治能力的下降、社会经济的发展和转型、思想文化多元化的趋势以及宋代统治集团为保证制度的稳定性的需要，是唐宋之际政治行政领域由效率向公平变迁的内在动力。但是，在唐宋社会演变过程中，政治与经济变革的无法协调，终究使唐宋的变革最终停滞，"高度的中央集权又必然导致行政事务的低效率与社会交易成本的上升，导致无法持久地发展"，"而且官僚集团的低效率及庞大的财政支出，使社会总效益减少更

---

[1] 严耀中：《魏晋南北朝时期历史演变中的"成本"因素》，《南京晓庄学院学报》2011年第3期。

[2] 温春来：《行政成本、汉夷风俗与改土归流——明代贵州贵阳府与新贵县设置始末》，《中山大学学报》2004年第5期。

为严重，经济制度的改良终于在政治制度的制约下出现停滞"①。王永兴《论唐代前期行政管理的较高效率与法制的关系》②、韩国磐《从颜真卿告身谈到唐代行政效率》③ 两篇文章均是以唐代官府文书为观察视角，通过文书的奏报、批复、下发时间来观察唐代官府的行政效率，提出唐代前期政府的行政效率是比较高的，官府相关制度得到比较好的执行，而这与唐代法制的严格健全有密切的联系。王家范曾归纳了中国古代消费的特征："国家军事—行政消费大大超过社会个体成员的消费，非生产人口的消费大大超过生产人口的消费，生活性消费大大超过生产性消费，奢侈性消费大大超过正当性消费。"④ 也对研究古代行政成本问题具有启发意义。

此外，有关中国古代政治制度、地方财政、官员俸禄、三冗（冗官、冗兵、冗费）问题、州县省并、机构精简、社会公共管理等方面的论著均或多或少涉及行政成本问题，但专门研究此问题的成果还是比较少见的。

（三）宋史领域相关研究成果

中外学界对宋代地方政府行政成本问题虽无系统研究，但许多领域的论著均涉及到这一问题，主要包括财政史、政治制度史、法制史、社会史、教育史、军事史等，特别是对于宋代"三冗"问题、地方官员俸禄、公使钱问题、官廨修建、官员数量统计、财政收支等领域问题，均涉及到了宋代地方政府的行政成本问题，由于文章篇幅有限，不再一一列举⑤。学界在对此问题的研究，存在以下几方面的不足：一是研究视角的不同，以往研究多是在研究宋代财政、政治制度、军事等某一领域或

---

① 谢元鲁：《论唐宋社会变迁中平等和效率的转换》，《四川师范大学学报》2006年第2期。
② 王永兴：《论唐代前期行政管理的较高效率与法制的关系》，《北京大学学报》1985年第3期。
③ 韩国磐《从颜真卿告身谈到唐代行政效率》，《人文杂志》1988年第1期。
④ 王家范：《中国历史通论》，华东师范大学出版社2000年版，第232页。
⑤ 相关领域研究现状可参见包伟民主编：《宋代制度史研究百年（1900—2000）》，北京：商务印书馆，2004年版中对于宋代地方政治制度史、财政史相关研究的回顾。

现代行政成本问题时涉及到宋代地方政府的行政成本问题，没有专门从"行政成本"的角度就此问题进行探讨。二是由于研究视角的不同和材料的限制，以往研究对宋代整体或中央政府相关成本问题探讨多，对地方政府相关成本问题探讨较为薄弱。三是程度不均衡，对某些领域成本探讨较少，如公务成本、隐性成本、无效成本等。四是现代理论与史料结合不充分，对行政成本与地方行政制度、行政绩效的关系考察不够。因而此问题还有很大的探索空间，有待学界进一步深入研究。

我们未来可以从多个方面对此问题进行探讨，一是加强对政府各方面有形成本损耗钱物的统计和分析。二是对政府投入成本与收益的综合考量。三是考察宋代不同历史时期、不同地域政府成本投入的变化与对比研究。四是对政府无形成本、无效成本问题的研究。五是对宋代君臣关于行政成本管控思想的考察。

（文章原刊于包伟民、戴建国主编：《开拓与创新：宋史学术前沿论坛文集》，中西书局2019年版）

唐宋地方高层政区变革述论

中国古代政治制度史和历史地理学研究的前辈学者均已指出宋代的"路"与唐代的"道"的前后相因的继承关系，认为它们是中古时期地方州、县二级行政体制向元代行省出现后的地方三级乃至多级行政体制转变的过渡时期[1]，但对于唐"道"与宋"路"的性质是监察区还是行政区，还存在不同认识，对于从唐"道"到宋"路"的具体变革历程和两者的差异认识还不够全面[2]。笔者认为，唐"道"与宋"路"二者字面意思相近，都是州县之上的地方高层统治区，职能却有同有异，正是在对唐"道"的继承与变革中，诞生出了宋代"路"级行政区划层，才为路级监管机构的出台奠定了基础。

一　唐代"道"制发展、变革的历程

历代统治君主都希望实现对地方的有效控制和管理，采取什么样的形式和每一级政区的管理幅度大小成为他们反复思考和实践的问题，在无数次的试错中他们一直在寻找最有效的管理方式。唐初统治者意识到

---

[1] 曹尔琴：《宋代行政区划的设置及分布》，《中国历史地理论丛》1992年第3期；白钢：《中国政治制度通史·总论卷》，人民出版社1996年版；郭峰：《唐代道制改革与三级制地方行政体制的形成》，《历史研究》2002年第6期；王恩涌主编：《中国政治地理》，科学出版社2004年版等，第44页。

[2] 相关成果有贾玉英：《对唐宋时期"道""路"制度的几点认识》，《宋史研究论丛》第七辑，河北大学出版社2006年版。

了仅靠地方州（郡）县二级行政体制，中央是无法对如此大的管辖区域实现有效治理的。如唐太宗贞观十三年（639），全国有州三百五十八，县一千五百五十一，次年，克高昌，设西、庭二州及六县①，此后，随着唐王朝对州县区划的调整、合并及对少数民族地区征战所设立的羁縻州、府，到唐玄宗天宝元年（742），"天下声教所被之州三百二十一，羁縻之州八百"②。如果不在此之上设立一级统治区划，中央政府的行政幅度未免太大，难以及时有效地处理来自地方的各种事务，也无法对地方进行有效管理，此一点乃是唐代设立"道"级区划以监督管理州、县的历史必然性。

唐初，道作为一种区域，大致有四种划分③，一是沿北周之制，行台省统领的区域，如武德年间陕东道大行台、兰州道、襄州道行台；二是作为行军路线的道，如引月道、定襄道，大体按行军方位、作战地点命名，长官称某道行军总管；第三即是对内地广大州、县进行监察的"道"；第四是军事防御区域，如武德中分关中为十二道，开元间边境置八道节度使等。前两种性质的"道"在唐初存在时间不长，此后废而不用，长期存在的就是监察区的道和军事区的道，此一点，与宋代转运、提刑诸司所辖的监管区的"路"与安抚使所辖的军事区的"路"划分颇为相似。唐太宗贞观初年，为加强对州县的控制、管理，省并过滥的州县的同时，又因山河形势，将全国划分为关内、河南、河东、河北、山南、陇右、江南、剑南、岭南十道监察区，即贞观十道④，"贞观十道的名称和地理区划范围经此次确定便成为定制，以后直到景云——开元改革以前，百余年时间里，一直在唐代的政治事务中处于主导概念的地位，极大地改变并影响了时人的地理观念和行政管理思想。"⑤ 道的设置，主要是为了便于加强对各地官员的监察考课，但此时并未设立统一的道一

---

① （后晋）刘昫：《旧唐书》卷38《地理一》，中华书局1975年版。
② （宋）司马光：《资治通鉴》卷215《唐纪三十一》，天宝元年春正月，中华书局2011年版，第6847页。
③ 俞鹿年：《中国政治制度通史·隋唐五代卷》，人民出版社1996年版，第224页。
④ （后晋）刘昫：《旧唐书》卷38《地理一》，中华书局1975年版。
⑤ 郭锋：《唐代道制改革与三级制地方行政体制的形成》，《历史研究》2002年第6期。

级管理机构，朝廷仍以遣使按察的方式，依十道分巡天下，对地方官员进行监控管理。此后，为监察地方的便利，睿宗景云二年（711），又分山南为东西两道，"又自黄河以西，分为河西道"①，增加为十二道。开元二十一年（733），对十二道再进行了划分，增京畿道于关内，增都畿道于河南，将江南道分为江南东道、江南西道、黔中道，取消河西道，这样，天下共被分为十五道，分道之后，"各置采访使以六条检察非法，两畿以中丞领之，余皆择贤刺史领之，非官有迁免则使无废更，惟变革旧章，乃须报可，自余听便宜从事，先行后闻。"② 这次对于监察区"道"的区划的调整是一次比较彻底且具有重要历史意义的道制改革，在使"道"一级管理幅度更趋合理的同时，也确立了采访使对地方事务的监督、管理权。他们的治所固定在了所部大州，代表中央派驻地方，可以更有效地监督地方官吏，"道"级监察区长官、治所、行政权的确定为这一级区划向实际的一级行政区过渡奠定了基础。开元时期的道制改革，在改善国家行政管理方面所起的作用也是比较明显的，由于采访使固定于地方，监察权和处置权明确，使得地方行政的运转效率得到提高，吏治也更清明，为唐玄宗统治前期"开元之治"的出现也起到重要的推动作用③。此一时期的监察区的"道"从管理幅度来看，与宋代的"路"级政区是最为接近的了，采访使的权力甚至比宋代提刑、转运等诸司的权力更大。

唐代前期军事性的"道"对宋代路制也产生了重要的影响，但主要限于对边区"安抚使路"的影响，对于"转运使路"的影响相对较小。然而唐玄宗天宝十四年（755）"安史之乱"的爆发使这种情况发生改变。"安史之乱"成为唐王朝由盛转衰的转折点，许多从前被隐蔽的矛盾暴露出来，冲击着唐王朝的统治。同时，战争的爆发，促使了这个王朝社会政治、经济、文化、官僚制度等诸多方面的变革，在地方行政制度方面，这场变乱使唐代前期两种并行发展的"道"制受到了巨大的冲击，在中

---

① （后晋）刘昫：《旧唐书》卷40《地理三》，中华书局1975年版，第1639页。
② （宋）司马光：《资治通鉴》卷213，开元二十一年十月，中华书局2011年版，第6804页。
③ 参郭锋：《唐代道制改革与三级制地方行政体制的形成》，《历史研究》2002年第6期。

央王朝无力对地方进行有效管理的情况下，唐王朝为了维护自己的统治，对军事性"道"与监察性"道"制进行了相应的改革，其对宋代路制的影响也更加深刻。

"安史之乱"后，唐朝开动了所有的战争机器，变和平体制为战时体制，为适应战争时期调动地方军队和物资及朝廷、地方公文往来的方便，唐肃宗对开元以来的十五道采访使制度进行改革，乾元元年（758）四月十一日肃宗下诏：

> 近缘狂寇乱常，每道分置节度，其管内缘征遣及文牒兼使命来往，州县官非不艰辛，若更加采访，转益烦扰，其采访使置来日久并诸道黜陟使便宜且停，待后当有处分。（其年改为观察处置使）①

《旧唐书》亦称："至德之后，中原用兵，刺史皆治军戎，遂有防御、团练、制置之名，要冲大郡皆有节度之类，寇盗稍息，则易以观察之号"②

这表明，为平定战乱，唐王朝被迫将原来仅设于边地的节度使设于内地诸道，统兵作战，先后设立的如山南东道、江南东道、江南西道、黔中道、淮西道节度使等等。道内原有采访使统领州、县，文移往来烦扰，州县无所适从，故将采访使废除，战乱稍息后又改设观察使或观察处置使领民政。战争的因素使得军事区"道"与监察区的"道"的长官开始走到了一起，并逐渐显现军区长官节度使等对监察区长官的统治优势。事实上，无论是原先的采访使，还是后设的观察使，都无法有效制约原军事长官对道级政权独揽的必然结果。正如马端临所说："盖唐制：一道兵政属之节度使，民事属之观察使，然节度多兼观察，又各道虽有度支、营田、招讨、经略等使，然亦多以节度使兼之，盖使名虽多，而主其事者，每道一人而已。"③战乱平定后节度使、都防御使、都团练使、

---

① （元）马端临：《文献通考》卷61《职官考十五》，中华书局2011年版，第1842页。
② （后晋）刘昫：《旧唐书》卷38《地理一》，中华书局1975年版，第1389页。
③ （元）马端临：《文献通考》卷61《职官考十五》，中华书局2011年版，第1843页。

防御使、团练使等军事长官均例兼任本道观察使，将一道的军事、行政、财政、监察等大权集于一身，北方地区常以节度使兼任原监察道的长官观察使，东南战乱未及的各道则由团练使、防御使等兼任，经常合两者之名为节度观察使或团练观察使等[1]，作为道一级行政实体的长官，观察使与节度使等职掌基本上没什么区别，都是一个官员的不同称呼。这样，观察使的监察区的道和节度使的军管区的道（方镇）也就合二为一了，唐代中后期，逐渐形成了一种凌驾于地方州县之上的拥有广泛的权力的实体性的"道"亦即藩镇。

除了应对战争，被迫将两种不同的道级体制结合在一起之外，唐朝统治者在战乱期和战乱平定后还一直在对道级区划的统辖范围进行改革。总的来看，由于军事割据的影响，道的统辖范围越来越小，数量却越来越多，从开元时划分的十五道监察区发展到地方实体性的四十余道藩镇区。"至德之后，改采访使为观察，观察皆并领都团练使，其僚属随事增置，分天下为四十余道，大者十余州，小者二三州，各因其山川区域为制，诸道增减不恒，使名沿革不一"[2] 可以看出，因为战乱，打破了唐王朝原有的对地方的有效的监督、管理体系，而在战争结束之后，唐政府并没有真正地消灭藩镇割据势力，而只是达成了一种妥协，被迫设立的融政治、军事、监察等职能于一体的"道"即藩镇实体已无法消除，只能通过增加它的数量来削弱其总体实力，以达到控制、利用大多数藩镇，分化、打击少数割据藩镇的目的，更有效地维护中央集权的统治。这时朝廷主要通过分设于诸道的盐铁转运、度支的下属机构——巡院，通过增加其监察职能来对地方进行监控，但效果不理想[3]。

---

[1] 周振鹤：《中央与地方关系史上的一个侧面——两千年地方政府层级变迁的分析（上）》，《复旦大学学报》1995 年第 3 期。

[2] （唐）杜佑：《通典》卷32《州牧刺史》，中华书局1984 年版，第889 页。

[3] 贾玉英先生《唐宋时期路道制度变革论略》认为宋路源于唐代后期地方巡院，而非后期的地方实体性"道"，笔者有不同看法，毕竟巡院的辖区划分基本依当时的实体性道划分，而未单独划分新的财政性的道。宋初亦以道作为地方区划的划分，这基本上是唐末五代藩镇"道"的延续，宋代的"路"与唐代的道还是有相当的渊源关系的，唐后期巡院只是宋初路制改革时借鉴的一个重要方面。贾玉英：《对唐宋时期"道""路"制度的几点认识》，《宋史研究论丛》第七辑，河北大学出版社2006 年版。

关于唐代后期藩镇发展状况及其历史影响，前辈学者已有深入研究，此不多论①。总之，唐代中期之后的道制改革，不像前期那样是一种主动的、有计划的改造与调整，而是一种应对客观形势的被迫的调整，这些改革对于维持唐王朝的统治和与地方的均势发挥了重要的作用，但其造成的恶劣影响也是显而易见的，藩镇统领之道对地方州、县拥有了绝对的控制权，大大影响了唐后期中央集权体制，正如《新唐书》中所说：

> 由是方镇相望于内地，大者连州十余，小者犹兼三四，故兵骄则逐帅，帅强则叛上，或父死子握其兵而不肯代，或取舍由于士卒，往往自择将吏，号为留后，以邀命于朝，天子顾力不能制，则忍耻舍垢因而抚之，谓之姑息之政。②

由于唐王朝对地方行政缺乏有效的监控手段，各道藩镇产生明显的分裂现象，中央王朝与地方藩镇的战争连年不断，唐王朝也越来越虚弱。这种君弱臣强、割据混战的局面一直延续到唐末黄巢起义后中央政权被推翻。

五代时期，沿袭唐朝旧制，地方上"道"仍为中央与地方之间的一级行政实体，节度使仍为本道实际统治者③，由其兼领的职务如本道观察、处置、水陆转运、管内营田等使，五代藩镇割据态势不亚于唐朝中后期，屡屡发生地方藩镇篡夺中央政权的例子，"道"级区域的行政化、军事化、地方化的情况与唐朝前期所划分"道"用以监察地方的初衷背道而驰，相去越来越远了。唐朝中后期乃至五代"道"制的发展历程及由此产生的恶果对宋初地方政治制度建设产生了重要的影响。他们发现并克服了唐后期道制发展过程中的许多弊病后，为宋朝路制的发展方向和发展规模奠定了基础。

---

① 参见张国刚先生相关著述。
② （宋）欧阳修等：《新唐书》卷50《兵志》，中华书局1975年版，第1329页。
③ 参考俞鹿年《中国政治制度通史·隋唐五代卷》，人民出版社1996年版，第239页。五代道的设置情况可参看张家驹：《宋代分路考》，《禹贡半月刊》1935年第4卷第1期。

二　宋初道、路制度转变的过程

在经历了唐末五代藩镇割据的混乱征战后，宋太祖赵匡胤通过和平政变的手段从后周手中取得了北方地区的大好江山，从而奠定了以后赵宋三百多年统治基础。历史的发展是不能割断的，各种政治制度的发展尤其如此。宋初统治者在立国后，虽然也在思考采取何种形式来对地方进行有效的控制和管理。但在宋初南征北伐的过程中，仍承袭唐、五代旧制，对以各节度使辖区仍称之为"道"，以"道"作为地方最高的行政区划。如

（建隆元年（960）十月），"有司请据诸道所具版籍之数，升降天下县望"。[①]

（建隆三年（962）春正月）己巳，命淮南道官吏发仓库以赈饥民。[②]

（建隆三年二月）癸巳，命诸道州府依法断狱，毋得避事，妄奏取裁，违者量罪停罚[③]。

（建隆三年十一月）癸亥，诏：群臣使诸道，无得私有请托。违者当有其罪[④]。

（建隆四年（963）七月九日），诏：诸道刺史，职在养民，所宜敦劝，各令储蓄，以备凶荒[⑤]。

[①]（宋）李焘：《续资治通鉴长编》卷1，建隆元年十月壬申，中华书局2004年版，第26页。

[②]（宋）李焘：《续资治通鉴长编》卷3，建隆三年春正月己巳，中华书局2004年版，第60页。

[③]（宋）李焘：《续资治通鉴长编》卷3，建隆三年二月癸巳，中华书局2004年版，第61页。

[④]（宋）李焘：《续资治通鉴长编》卷3，建隆三年十一月癸亥，中华书局2004年版，第74页。

[⑤]（宋）佚名，司义祖整理：《宋大诏令集》卷184《长吏令佐告谕敦劝储蓄诏》，中华书局1962年版，第670页。

（乾德三年（965）五月）辛未诏：诸道州府，先发遣前资幕职、令录等到阙，已经引对者各放还。①

从以上这些例子可以看出，宋初，"道"作为对地方州、县进行管理的行政区划，仍是广泛存在的。此外，在行军作战或平定诸国后，也增设新的道，如"乾德元年（963），春正月庚申，以山南东道节度使兼侍中慕容延钊为湖南道行营都部署，枢密副使李处耘为都监，遣使十一人发安、复、郢、陈、澶、孟、宋、亳、颍、光等州兵会襄阳，以讨张文表。"② 开宝四年（971）八月："诏广南道伪汉诸宫库务所有课役户并还本属州县仍给复二年"③ 此外，尚有财政性的道，淳化四年（993）闰十月，设总计使，"陈恕为之判，左右计事、左右计使分判十道事，分天下为十道，曰河南、河北、河东、关西、剑南、淮南、江南东、西、两浙、广南道，东京为左计，西京为右计，各置判官领之。五年七月诏给御前印纸考课以别能否④"，这与唐代前期所设监察区的道，区划大小相差不多，当时行政性区划的道或许与此相差不远。

但经历了唐末五代藩镇割据的变乱，宋朝统治者是不会让行政实体性的道的长官长期拥有广泛权利的，在平定各地叛乱，完成对诸国的统一进程中，宋朝君臣一直在采取措施削弱各道藩镇长官的权力，加强中央集权。一段非常经典的话经常被引用来表现宋初君主积极寻求措施来削弱地方藩镇的权力，"初上（太祖）既诛李筠及重进，一日召赵普问曰：'天下自唐季以来，数十年间帝王凡易八姓，战斗不息，生民涂地，其故何也，吾欲息天下之兵，为国家长久计，其道何如？'普曰：'陛下之言及此，天地人神之福也，此非他故，方镇太重，君弱臣强而已，今

---

① （宋）李焘：《续资治通鉴长编》卷6，乾德三年五月辛未，中华书局2004年版，第153页。
② （宋）李焘：《续资治通鉴长编》卷4，乾德元年正月庚申，中华书局2004年版，第81页。
③ （宋）李焘：《续资治通鉴长编》卷12，开宝四载八月甲申，中华书局2004年版，第270页。
④ （宋）王应麟：《玉海》卷186《淳化总计使》，广陵书社2016年版。

所以治之,亦无他奇巧,惟稍夺其权,制其钱谷,收其精兵,则天下自安矣'。语未毕,上曰:'卿勿复言,吾已喻矣。'"[1] 从此宋朝开始了削夺地方藩镇权力的过程,采取了一系列的手段收回了藩镇对地方财权、兵权、人事任免权的控制,同时,将一部分重要的州县直隶京师,至太宗时则彻底取消了藩镇对支州、支郡的控制权,《长编》记载:"始唐及五代节镇皆有支郡,太祖平湖南始令潭、朗等州直属京,长吏得自奏事,其后大县屯兵亦有直属京者,兴元之三泉是也。(太平兴国二年八月)戊辰,上纳瀚言,诏邠、宁、泾、原、鄜、坊、延、丹、陕、虢、襄、均、房、复、邓、唐、澶、濮、宋、亳、郓、济、沧、德、曹、单、青、淄、兖、沂、贝、冀、滑、卫、镇、深、赵、定、祁等州并直属京,天下节镇无复领支郡者矣。"[2] 这样,虽然节度使名义上是一道的长官,却无财、无兵,实际上也只是一大州长官而已。

但是宋代君臣仍面临和唐初君主相似的困境,虽然废节度使之权,将天下州郡的控制权收归中央,但宋州郡的数量超过三百,大致与唐代中后期持平,如果再取消道级区划,中央将直接面对来自众多州郡的事务,中央政府的行政幅度未免太大,难以及时有效地处理来自地方的各种事务,也无法对地方进行有效管理。在此情况下,必须将收归的权力进行再分配,下放一部分权力,故而,宋代"路"这样一种既继承"道"的传统又具有自己特色的新的对州县的地方监督、管理层诞生了。

宋太祖时期,是"路"制的萌芽时期,路最初只如其字面本义,概念与道接近,彼此可互换,如

> 建隆元年六月"辛卯,德音:降死罪囚流以下原之,潞州近城三十里内勿收今年田租,诸路州府寺院经显德二年停废者勿复置,当废未毁者存之。"[3]

---

[1] (宋)李焘:《续资治通鉴长编》卷2,建隆二年七月,中华书局2004年版,第49页。
[2] (宋)李焘:《续资治通鉴长编》卷18,太平兴国二年八月,中华书局2004年版,第411页。
[3] (宋)李焘:《续资治通鉴长编》卷1,建隆元年六月辛卯,中华书局2004年版,第17页。

其后数月，建隆元年（960）十月，即又出现"有司请据诸道所具版籍之数，升降天下县望。"①的记载，从前后文意相看，此处"道"与"路"并无本质上的差别，只是一个区划的不同称呼而已。此外，行军作战的路线也被称做"路"，如乾德二年（964）冬征讨后蜀时称西征军北路军、东路军统帅分别为凤州路都部署、归州路副都部署等等，与前论军事性的道有相似之处。

但在此后太祖、太宗朝的历史发展过程中，道与路的含义的差别逐渐明显起来，路级区划逐渐有了自己的特点。请看下面的材料，

[乾德五年（967）二月] 庚戌，建隆观火，置感义军于耀州。导江县令源铣、主簿郭彻坐赃污抵极刑。诏诸路转运使以其事布告属吏，咸使知戒。②

[开宝八年（975）十二月]，诏：有司重详定推状条样，颁于天下，凡三十三条。御史台、开封府、诸路转运司或命官鞫狱即录一本付之，州府军监长吏及州院司寇院悉大字揭于板，置听事之壁。③

[太平兴国五年（980）二月] 丙午，京西转运使程能上言：诸道州府民事徭役者未尝分等，虑有不均，欲望下诸路转运司差官定为九等，上四等户令充役，下五等户并与免。诏令转运使躬亲详定，勿复差官④。

[雍熙二年（985）七月] 庚申，诏：诸路转运使及诸州长吏专切督察，如仓官吏等依时省视仓粟，勿致毁败，其有计度支用外设

---

① （宋）李焘：《续资治通鉴长编》卷1，建隆元年十月壬申，中华书局2004年版，第26页。

② （宋）李焘：《续资治通鉴长编》卷8，乾德五年二月庚午，中华书局2004年版，第192页。

③ （宋）李焘：《续资治通鉴长编》卷16，开宝八年十二月，中华书局2004年版，第356页。

④ （宋）李焘：《续资治通鉴长编》卷21，太平兴国五年二月丙午，中华书局2004年版，第472页。

法变易，或出粜借贷。①

[雍熙四年（987）九月] 诏：诸路知州、通判并监当物务京朝官、使臣不得出城迎送转运使。从河北转运使刘蟠请也。②

[淳化二年（991）九月] 庚子，以右谏议大夫权御史中丞王化基为御史中丞，化基尝慕范滂揽辔澄清之志，献"澄清略"，言五事……望令诸路转运使副兼采访之名，令觉察部内州府监军长吏，澄清一部，见其实效，到阙日待以殊常不次之命，置以殿廷侍从之名，所贵顾问，知四方之事。抑亦劝外官之求治也。③

通过以上几则材料可以看出，宋初"路"也是广泛存在的，而且这些对于"路"的记载大都和转运使有密切关系，可见宋代路制的发展与成型，转运使在其中发挥了重要的作用。关于转运使制度，前辈学者已有相当研究④，总的看来，它与唐代的水陆运使和后期的巡院有密切的关系，在五代时期，改设水陆转运使，方面转运使、计度转运使，负责运送军用物资和地方财赋税收。宋初在统一各国的战争中，也设立了各地转运使。乾德元年（963），宋太祖以沈义伦为京西（一疑为陕西）道转运使，韩彦卿为淮南道转运使，诸道置转运使始于此⑤。此后，在加强中央集权、转输地方财赋的过程中，各地负责财政税收的转运使就逐渐成为当地的财政首脑，逐渐形成中央三司——诸路转运使的财政体系。转运使所统辖的州县财政区划开始以"路"为名，乾德四年春正月时曾下诏：令三司"若在省曾遍咨谋，事犹未决，即许牒逐路转运使问其利害，

---

① （宋）李焘：《续资治通鉴长编》卷26，雍熙二年七月庚申，中华书局2004年版，第596页。

② （宋）李焘：《续资治通鉴长编》卷28，雍熙四年九月，中华书局2004年版，第640页。

③ （宋）李焘：《续资治通鉴长编》卷32，淳化二年九月庚子，中华书局2004年版，第721—722页。

④ 郑世刚：《北宋的转运使》，《宋史研究论文集》，河南人民出版社1984年版；许怀林：《北宋转运使制度略论》，《宋史研究论文集》，河南人民出版社1984年版；包伟民：《宋代地方财政史研究》，上海古籍出版社2001年版；汪圣铎：《宋代转运使补论》，《中国史研究》2004年第1期。

⑤ （宋）王应麟：《玉海》卷182《乾德转运使》，广陵书社2016年版。

其转运司承受公文亦准此。"①，即是明确了转运使对一路财政事务的管理权，这样，"路"的含义转变为主要代表转运使所管辖的地方财政区划，宋初转运使路对于唐五代时期诸道巡院制度有重要的借鉴，但宋转运使路已有独立的辖区划分。有时转运司所辖之地有时仍以"道"为名，如

> 乾德四年（966），正月诏：诸道转运使如见三司行下公事有不便于民者，许直具事状以闻，不得隐避。②
> 开宝九年（976）十一月（太宗已即位）诏诸道转运使各案举部内知州、通判、监临物务京朝官等，以三科第其能否③。

这表明宋初地方高层政区仍处于一个逐步调整、尚未定型的时期。

此后，由于藩镇的势力的削弱，及其对州、县管理、支配权的丧失，在州县和中央政权之间道级区划出现长官权力真空，转运使由于其对一路财政的统领，自然而然地填补了这个空缺，这样转运使就成为藩镇的替代者④，其权力由财政领域扩大到了对一路的其他一些事务的监管，如，

> ［太平兴国五年（980）六月］己巳，诏：诸路转运使、诸州除旧编敕外所授宣敕并依次编录，长吏以下职官受代日递相交付，从潭州兵马监押马知节所奏也。⑤
> ［太平兴国六年（981）正月］乙巳，诏曰：百里之长字民之要官也。今县邑广而阙员多，选曹拘以常调，历年未补，非所以振淹土惠吾民也，适变通方，宜从新制。其令诸路转运使下所属州，令

---

① （宋）李焘：《续资治通鉴长编》卷7，乾德四年春正月，中华书局2004年版，第165—166页。
② （宋）李焘：《续资治通鉴长编》卷7，乾德四年春正月，中华书局2004年版，第166页。
③ （宋）李焘：《续资治通鉴长编》卷17，开宝九年十一月，中华书局2004年版，第385页。
④ 参见汪圣铎《宋代转运使补论》，《中国史研究》2004年第1期。
⑤ （宋）李焘：《续资治通鉴长编》卷21，太平兴国五年六月己巳，中华书局2004年版，第477页。

长吏择其见任判司簿尉之清廉明干者,具以名闻。当驿召引对,授以知县之任焉。①

[太平兴国六年(981)三月]癸丑,诏曰:峡路转运使言知渝州路宪、知开州郐士尧、知达州张元等弛慢不治,并已冲替,宜令诸路转运使察部下官吏,有罢软不胜任、怠慢不亲事及渎货扰民者,条其事状以闻。当遣使按鞫,其清白自守、干局不苛亦以名闻,必加殊奖。②

这样,转运使行政权越来越大,所领的财政性的"路"随着中央统治者下放到路的行政性事务越来越多,财政区划"路"的性质也逐渐发生了改变,逐渐变为了地方一层具有监督加行政性职能的政区。唐末五代的"道"在宋初不是被废除了,而是融入到新的"路"制之中。虽然,即使没有宋初的转运使及其所辖的路,宋政府必然也会采取一种其它形式来填补藩镇被废除后中央与地方州县间行政联系的空缺,但是,转运使所领的财政性路的出现和发展,仍具有重要的历史意义,它为宋朝路制的发展奠定了基础,甚至可以说,宋初的路制就是以转运使所辖的财政区的路为基础而创立的。在太祖、太宗统治时期,各地转运使路的调整非常频繁,正如彭百川所述,"国初,罢节镇统支郡,以转运使领诸路事,其合别未有定制,京西或为两路,又为陕府西北路,淮南分为西路,江南分为东、西路,荆湖两路或通置一使,两浙或为东北路,其西南路实兼福建,剑南初曰西川,后分陕路,西川又分东、西路,寻并之。"③ 此外如"太平兴国二年(977),分陕西河北、陕西河南两路,各置使一员。又有陕府西北路,后皆并焉。"④

---

① (宋)李焘:《续资治通鉴长编》卷22,太平兴国六年正月乙巳,中华书局2004年版,第488页。

② (宋)李焘:《续资治通鉴长编》卷22,太平兴国六年三月癸丑,中华书局2004年版,第490页。

③ (宋)李焘:《续资治通鉴长编》卷42,太宗至道三年十二月,中华书局2004年版,第901页。

④ (清)徐松辑,刘琳、刁忠民、舒大刚点校:《宋会要辑稿》食货49之2,上海古籍出版社2014年版,第7094页。

至太平兴国末年，宋应有京东、京西、河北、河北南、陕西、淮南、江南东、江南西、荆湖北、荆湖南、西川、峡路、广南、两浙、两浙西南、河东等十六路，宋朝路制的雏形基本形成了①，转运使也在这一路制的改革中拥有了更多的监察、行政权力。

此后，太宗统治时期，又对各路进行了局部的调整，到了至道三年（997），终于推出了在唐代道制和宋初转运使路基础上融合而成的新的比较成熟的路级政区制度，确立了对地方州县的新的监督控制体制，《长编》记载了这次路制划分的结果：

> 是岁，（至道三年），始定为十五路，一曰京东路，二曰京西路，三曰河北路，四曰河东路，五曰陕西路，六曰淮南路，七曰江南路，八曰荆湖南路，九曰荆湖北路，十曰两浙路，十一曰福建路，十二曰西川路，十三曰峡路，十四曰广南东路，十五曰广南西路。②

此后，宋朝对于州县之上的地方高层区划统称之为"路"，"道"不再具有唐末五代宋初时节度使所辖地方行政区划的含义，而是"路"的别称。其后，以转运司为主的路分区划与转运司的财政区划紧密相关，但又略有差异，即路分区划并不完全等于财政区划③。在此基础之上，宋朝的历代君主都对路分区划范围和路的数量进行了相应的调整，以更符合自己的统治需要，同时在路这一级地方高层政区基础上，先后增设了提点刑狱司、提举常平司及其他路级政权机构。"路"这个地方高层政区的出现，为宋代路级监管制度的创立和发展，奠定了坚实的基础。

三 唐代"道"制到宋代"路"制的变革表现

宋代新创立的"路"与唐代的"道"，相同之处在于同为对地方州县

---

① 李昌宪：《宋朝路制研究》，《国学研究》第九卷，北京大学出版社2002年版。
② （宋）李焘：《续资治通鉴长编》卷42，至道三年十二月末附，中华书局2004年版，第901页。
③ 包伟民：《宋代地方财政史研究》，上海古籍出版社2001年版，第18页。

进行监督控制管理的地方高层区划,具有中央与地方联系的纽带的作用,唐道与宋路都是以自然地理加行政、监察几个标准作为划分区划的基础。但宋代路制与唐代道尤其是唐朝中期以后的道制相比,也发生了巨大的变革,其变革主要表现在以下四个方面。

(一)宋代路级区划数量较唐中后期有明显减少,统辖范围扩大。地方高层政区的数量,取决于其统辖州县的数量和统辖的地区范围,过多或过少都不合理。唐代中期以后,因各地藩镇割据,朝廷被迫增加道的数量,减少各道的管辖范围,以减少其对朝廷的威胁,这时的道增加到四十多个。宋代统治者打破了藩镇对州县的控制,消除了地方割据的威胁。唐中后期中央面对四十多个地方高层政区,行政幅度仍属过大,对于实现及时、有效的行政决策与地方控制仍比较困难,故而宋朝统治者吸取了唐朝的教训,在打破藩镇割据后对于新的地方高层政区路的设立更加合理,更符合实际统治的需要。北宋转运司所辖路级区划,一般在十八路至二十二路之间,北宋末宣和时,领土最大,路级政区加上新增的燕山府路和云中府路,也不过二十六路①,南宋时则因领土面积缩小,故大部分时间在十五至十六路之间。宋代地方高层政区的设置数量,是经过长期检验的,是比较符合统治者实际统治需要的,这与唐代前期道的设置数目,也大体相差不远。

(二)宋代路级政区制始终坚持军事、民事分治的原则。唐朝中期,因"安史之乱"的爆发,将原设于沿边的节度使等军事长官普遍增设于内地诸道,并在原有的军权之外又赋予了一道的行政、监察等权力,在"安史之乱"结束后节度使兼任观察使等名目,成为一道的最高首脑,节度使所领的道也成为割据性的藩镇,这给宋代统治者留下了深刻的印象,故而宋朝从上到下,始终坚持军、民分治的原则,在路级地方高层政区不设统一的军、政首脑,正如神宗时彭汝砺上神宗疏中所称:"今天下县有令、郡有守、列郡有提刑、有转运、有发运,所治者财谷而已,兵事有不与也。有安抚、钤辖、有总管、经略,所制者兵而已,而民事或不

---

① (元)脱脱等:《宋史》卷85《地理志一》,中华书局1977年版,第2095页。

与也①。"即使在北宋末和南宋战乱纷扰的情况下,路级长官都没有长期、合法地集一路的兵、财、民、行政大权于一身,各监司、帅司所辖"路"的区划也多少有些出入,故而宋代的路制始终是一种复合式的结构形式。

(三) 宋代路级行政区划实行分职管理、多头领导的原则。这实际上也是针对唐末五代藩镇割据的弊端而实行的,为防止转运使成为新的割据藩镇,宋朝统治者不断增设新的路级机构,分化转运司的权力,他们和转运司之间没有统属关系,职责上有交叉的地方,也有各自专门的职掌,各路级机构间还互相监督,共同听命于中央政府。分职管理,多头领导的原则,分化了地方高层政区长官的权力,有效地防止了唐末五代藩镇割据的重现。

(四) 宋代路级政区对州、县的管辖权不完全。唐朝中后期,形成割据的藩镇对于所辖州郡有的完全管辖权,道级政区下的州、郡被称为"支州""支郡"。行政公文运行上,朝廷政令只下达到道,再由各道长官下达执行,州县的奏陈也只得通过道的长官才能上达到中央,出现"制勅不下支郡,刺史不专奏事"②的局面,此外,道的长官也拥有对州县官员的监察权、奏辟权、选官权摄权等权力,总之,这时的道已是州县之上的一级行政实体,甚至超越了一个正常行政层级所应有的权力,一些藩镇事务中央也无法过问。宋初统治者以史为鉴,太祖时期就逐渐削弱藩镇对州县的控制权,太宗时彻底消除了节度使对支州、支郡的控制,使得天下的州军直属京师,"长吏得自奏事"③,这样,州、县与朝廷的联系更加密切,有效地防止了割据局面的出现。路级政区设立后,地方州军仍保持着直接向朝廷奏事的权力,路级政区对州、县事务、州县官员的直接处理权仍比较有限。这样,就形成了中央和路级政区对州、县的

---

① (宋)赵汝愚编:《宋朝诸臣奏议》卷65《上神宗论安抚领使如古之州伯》,上海古籍出版社1999年版,第724页。

② (宋)欧阳修:《新五代史》卷26《孔谦传》。传曰:"制勅不下支郡,刺史不专奏事,唐制也。租庸直帖,沿伪梁之弊,不可为法,今唐运中兴,愿还旧制。诏从其请。"中华书局2015年版,第281页。

③ (宋)李焘:《续资治通鉴长编》卷18,太平兴国二年八月,中华书局2004年版,第410页。

双重领导，故而，路级政区虽为地方的高级政区，州县的每一项具体职责都对应路的一个机构负责，但路级政区对于州县的管辖权仍是不完全的。

总之，宋代路级政区是继承、变革唐代道级政区的产物，是统辖州县的地方高层政区，它的出现与完善，对于宋代地方政治制度的发展具有重要的历史意义，为宋代路级政监管制度的创立和发展，奠定了坚实的基础。

论唐宋地方高层政区监管体制的变革

一 序言

唐宋时期中国封建社会的政治体制发生一系列重要的变化，这些变化是唐宋变革的重要组成部分。其中地方监管体制的变化是重要内容之一，前辈学者已经做过相关研究①。但对于地方高层政区如唐代的"道"与宋代的"路"级政区监管体制的变化过程、主要特点以及监管机构性质的判定仍有进一步谈论的空间。我们认为，唐末时期地方高层政区监管体制发生了明显的变化，具体看来，就是由唐初的朝廷派遣使臣到地方按察而转变为固定使职官员于地方进行按察，同时这些固定于地方的使职官员随着处理地方事务的增多，有向地方行政机构转化的明显趋向，这两种转化在宋王朝统治中后期已经完成。笔者不揣淡陋，在前贤研究基础上试就此问题进行探讨，不当之处敬请指正。

二 唐朝前期地方高层政区监管体制的确立

唐朝初年，地方行政管理为州县二级制，无州县之上一级地方高层

---

① 齐涛：《巡院与唐宋地方政体的形成》，《文史哲》1991年第5期，曹尔琴：《宋代行政区划的设置及分布》，《中国历史地理论丛》1992年第3期。郭峰：《唐代道制改革与三级制地方行政体制的形成》，《历史研究》2002年第6期。贾玉英：《唐宋地方监察体制变革初探》，《史学月刊》2004年第11期等。

政区，这时中央对于州县的监管主要采取两种方式，一种是朝廷临时派遣使臣到地方按察，另一种是御使台定期差遣御史出巡监察①，实际上监察御史对州县的巡按也可看作是一种特殊的遣使按察，只不过派遣的是专司监察的官员。到贞观元年（627），唐太宗在省并州县，整顿地方行政秩序的时候，才分天下为十道，重新划分了全国的地方高层行政区划和州县归属，但这时道的设置，没有治所，无统一的人员编制，主要是为了便于加强对各地官员的监察，朝廷仍采用遣使按察的方式，依新划分的十道分巡天下，对地方官员进行监控管理。贞观八年（634）正月，乃命李靖与太常卿萧瑀等凡十三人为诸道黜陟大使，"分行天下，察长吏贤不肖，问民间疾苦，礼高年，赈穷乏，起淹滞，俾使者所至，如朕亲睹。"② 黜陟大使是唐代使职差遣较早的记载之一，也是唐初遣使于诸道按察的有力证明。同月又有观风俗使的记载，从遣使的目的和遣使的人名看，当为对黜陟大使的另一种称呼③，贞观十七年（643），因天旱曾议遣十七道巡察使，但被谏议大夫褚遂良以扰民为由谏止。贞观二十年（646）正月，遣大理卿孙伏伽等二十一人为巡察使，"以六条巡察四方，多所贬黜举奏。"④ 天授二年（691）发十道存抚使，以右肃政御史中丞知大夫事李嗣真等为之，举朝有诗相送。⑤ 唐高宗神龙二年（706）二月，选左右台内外五品已上官识理道、通明、无屈挠者二十人分为十道巡察使，"二周年一替，以廉按州部"⑥。至睿宗景云二年（711）六月，将十道巡察使废除，"改置按察使，道各一人"⑦。按察使的发展比较曲折，曾多次废置。玄宗开元元年（713）九月，又"复置右御使台，督察诸州，罢诸道按察使"⑧，翌年二月复置十道按察使。开元四年（716）闰十二

---

① 贾玉英：《唐宋地方监察体制变革初探》，《史学月刊》2004年第11期。
② （宋）司马光等：《资治通鉴》卷194，贞观八年正月，中华书局1956年版，第6105页。
③ （宋）王溥：《唐会要》卷77《观风俗使》，上海古籍出版社2006年版，第1669—1670页。
④ （宋）王溥：《唐会要》卷77《巡察按察巡抚等使》，上海古籍出版社2006年版，第1670页。
⑤ 同上书，第1672页。
⑥ 同上书，第1674页。
⑦ （唐）杜佑《通典》卷32《州牧刺史》，中华书局1988年版，第888页。
⑧ （宋）司马光等《资治通鉴》卷210，开元元年九月，中华书局2011年版，第6687页。

月,再罢十道按察使①,开元八年五月,再置十道按察使,此后,十道按察使在开元十年被省废,开元十七年复置②。

从最初的黜陟大使到存抚使再到十道巡察使、十道按察使,使名虽有差别,但都代表中央对地方进行监察、赈抚,都是临时性的遣使按察体制,他们在地方都无固定的治所,职权范围由中央临时确定,差遣制度还不完备。巡察使、按察使较前几种使职虽在任期上固定了一些,但距离固定化、地方化的地方高层使职按察体制仍有一段的距离,从开元年间十道按察使的频繁地废置情况来看,唐朝中央统治者对于其对地方的监督、控制效果也是不太满意的,只是还没有找到更好的替代遣使按察体制的新的体制,但伴随唐代道级行政体制的改革,这种局面的改变正在酝酿之中。但从以上诸种遣使按察官的职能方面看,与宋代路级监司的执掌还是有一定渊源关系的。

三 唐朝中后期,五代地方高层政区监管体制的演变

开元二十一年(733),十五道采访使的设立,对于唐代道制和地方监控机制的发展是一个具有里程碑意义的新开端,史载:开元二十一年,唐玄宗"分天下十五道,每道置采访使"③,"以六条检查非法,两畿以中丞领之,除皆择贤刺史领之,非官有迁免则使无废更,惟变革旧章,乃须报可,自余听便宜从事,先行后闻"④。采访使以各道大州的刺使兼领,以六条察州、县各种违法行为,改变了以往的临时遣使按察地方的监控体制,它是被固定设置于道级地方高层政区的使职,代表了唐代中期使职固定化、地方化的发展趋势。采访使的治所固定于所部大州,代表中央派驻地方,可以更有效地监督地方官吏,提高监督的效率,减少

---

① (宋)司马光等《资治通鉴》卷211,开元四年闰十二月,中华书局2011年版,第6725页。
② (唐)杜佑《通典》卷32《州牧刺史》,中华书局1984年版,第888页。
③ (后晋)刘昫等撰:《旧唐书》卷38《地理一》,中华书局2011年版,第1385页。
④ (宋)司马光等《资治通鉴》卷213,开元二十一年十月条,中华书局2011年版,第6804页。

因使者往来对地方造成的骚扰。使职的固定化、明确化,有利于明晰道级地方高层区划与州县的统属关系。同时赋予了采访使更多的行政处置权,除了变革旧章等大事外,一般性的事务采访使可便宜从事,先行后闻。此前,唐朝虽有"道"这一监察层级,但朝廷并未设立固定的监察长官,朝廷只是依"道"遣使按察地方。十五道采访使的设置,明确了"道"级监察区长官、治所、行政权力的范围,为这一级区划从监察区向实际的一级行政区过渡奠定了基础,同时也表明了唐代地方高层政区对州县的监管方式由"朝廷遣使按察"转入了"固定使职于地方进行按察"的新阶段,遣使按察成为了一种对地方按察的辅助手段。"固定使职于地方进行按察"对于宋代路级监司制度的设立产生了深远的影响,可以说,它的设立和发展,成为后来宋朝统治者设立路级各个监司官、帅司官的取法之源。①

采访使在随后的历史发展中,对州县的事务管辖越来越多,权力也越来越大。其势力的发展引起朝廷的警觉,天宝九载(750)三月,玄宗下敕:"本置采访使,令举大纲,若大小必由,是一人兼理数郡。自今以后,采访使但访察善恶,举其大纲,自余郡务,所有奏请,并委郡守,不须干及。"② 令采访使不得以监察为由干预州县事务,力图约束采访使在地方势力的发展。但"安史之乱"的爆发,打乱了唐朝地方高层政区的改革步伐,使得唐朝中央对地方正常的监控体制遭到破坏,道级政区长官的权力不受约束地发展起来,而唐朝为应付战争的需要,给道级长官追加了更多的权力,助长了道级区划割据倾向的进一步加剧。正如前文所述,因战争的爆发,原沿边的掌军的节度使被普通设置于内地诸道,由于战时军权的扩张,节度使掌握了一道内的政治、军事、监察等诸多权力,采访使被废除,改设观察使,朝廷的本意,希望节度使掌管一道的军政事务,观察使掌管一道的民政、监察等事务,但事实上战争结束后,节度使、防御使、团练使等军事长官兼任了观察使,从而使得一道的军、民、财、监察等大权归于一人,形成了藩镇割据的局面。道级地

---

① 郭峰:《唐代道制改革与三级地方行政体制的形成》,《历史研究》2002 年第 6 期。
② (唐)杜佑:《通典》卷 32《州牧刺史》,中华书局 1984 年版,第 888 页。

方高层政区长官虽然继续监控州县，但朝廷已无法有效地约束藩镇，节度使也不同于之前的使职按察官，成为一道的行政首脑，开元二十一年后形成的固定使职于地方进行按察的监控体制出现了问题。

"安史之乱"后，伴随着朝廷赋役制度的改革，出使郎官、巡院官等新的使职出现①，继续代表中央对地方进行监控。其中出使郎官中央使职，朝廷临时派遣监察地方，在各道无固定治所，故可看作唐朝前期遣使按察地方的延续。而盐铁转运、度支巡院固定驻守于诸道，监控地方比较便利，延续了"朝廷固定使职于地方进行按察"的制度，在对地方州县的监督、控制中巡院发挥了尤为重要的作用。唐代盐铁转运、度支诸道巡院的财政收支系统与道巡诸路转运使制度有直接的渊源关系，对诸道初路制建设也道巡诸重要的使制。巡院又称分巡院、盐院②，是唐中叶后设置的盐铁转运、度支诸使下辖的固定于诸道的财赋微调机构。宝应元年（762），刘晏为户部侍郎、度支盐铁转运使，始置巡院，"自江淮以来达于河、渭，其后逐及缘边，诸道亦置之。③"巡院长官为知院官，地位高者为之则称留后。巡院初设时主要以征收财赋为主，并未明文规定其监察职能，但其财政使职中最初至少包括监察贪赃官员的职责④，随着财政使职权限的逐步扩大，巡院的监察职能也逐渐扩大，朝廷因藩镇割据，道级监察官指挥失灵，也有意识地利用巡院来作为新的中巡院发官，宪宗元和四年（809）十二月十二日敕："远处州使，率情违法，台司无由尽知，转运使、度支悉有巡院，委以访察当道使司及州县，有两税外榷率及违格勅文法等事状报台司"⑤，扩大了巡院监督州县和当道使臣的权力，此后，巡院的监督范围扩大到藩镇，州刺史的各种违法行为的揭发，并开始参与对刺史政绩的考核。这里尤为值得一提的是唐后期

---

① 贾玉英：《唐宋地方监察体制变革初探》，《史学月刊》2004 年第 11 期。
② 齐涛：《巡院与唐宋地方政体的形成》，《文史哲》1991 年第 5 期。
③ （宋）司马光等：《资治通鉴》卷 234，贞元八年八月注文，中华书局 2011 年版，第 7535 页。
④ 参考俞鹿年：《中国政治制度通史·隋唐五代卷》，人民出版社 1996 年版，第 288 页。
⑤ （宋）司马光等：《资治通鉴》卷 234，贞元八年八月注文，中华书局 2011 年版，第 7535 页。

诸道巡院的提点刑狱之责。① 巡院使最初即有缉捕私盐贩的职责，并直接对私盐贩进行独立的审判与处罚。为防止冤案，元和三年九月大臣奏："诸州府盐铁使巡院应决私盐死囚，请州县同监决，免有冤滥。"② 获得朝廷的批准。此后，巡院对诸州县一般的刑狱案件的决理也逐渐增多，唐文宗开成时，据刑部尚书殷侑开奏：盐铁转运、度支等使下职事（包括巡院）"悉得以公私罪人诸州县狱寄禁，或自致房收系，州县官吏不得闻知，动经岁时，数盈千百。"③ 可见巡院处理州县刑狱案件之多。唐代后期，巡院还似乎成为了州与中央御使台之间的一级司法机构，文宗太和四年（830）八月，御使中丞魏谟奏："诸道州府百姓诣台诉事，多差御使推勘，臣恐烦劳州县，先请差度支、户部、盐铁院官带宪衔者推勘。"④ 可见巡院司法御权已扩展到一道的所有上诉案件。此外，巡院还负责案件审判、朝廷法律执行情况的监督，如文宗开成元年（836）八月，下令诸道巡院及朝廷遣使察防地方州县官员，"如有贪残黩货，枉法受赃，冤诉不伸，拷答无罪，有一于此，具状以闻，当加以峻刑，投诸荒裔。"⑤ 开成五年（840）十二月，中书门下乞均天下强盗死刑罪的惩罚标准，委度支、盐铁巡院、出使郎官、御史等察访州县执行情况，"所冀巽懦者政无宽纵，刚猛者刑不至残，各奉朝章，法归划一"⑥。巡院的监督，有利于保持地方司法的公正、清明。

  总的看来，巡院的出现，填补了采访使、观察使等因藩镇体制的出现而无法按察地方的空缺，它驻扎于地方，监督州县，发挥中央与地方联系纽带的作用。唐朝中后期的诸道巡院制度延续了"朝廷固定使职于地方进行按察"的制度，对于宋代地方高层政区监控方式的确立有重要的影响，其对一道刑狱的监管权与宋代提点刑狱司的职责有众多相似之处，巡院虽未发展成专门的地方高层司法监管机构，但为宋代路级专职

---

① 参考齐涛：《巡院与唐宋地方政体的形成》，《文史哲》1991 年第 5 期。
② （宋）王钦若：《册府元龟》卷 474《奏议五》，凤凰出版社 2006 年版，第 5368 页。
③ （宋）王钦若：《册府元龟》卷 467《举职》，凤凰出版社 2006 年版，，第 5277 页。
④ （后晋）刘昫等撰：《旧唐书》卷 18 下《宣宗本纪》，中华书局 2011 年版，第 627 页。
⑤ （宋）王溥：《唐会要》卷 68《刺史上》，上海古籍出版社 2006 年版，第 1428 页。
⑥ （宋）王溥：《唐会要》卷 39《定格令》，上海古籍出版社 2006 年版，第 834 页。

司法监察机构的出台提供了重要的历史经验。由于藩镇割据的影响，中央虽采取巡院按察、出使郎官、御使台出巡按察等多种手段，对于地方州县的控制效果仍不理想，但其制度对后世的影响却值得我们深入研究。

五代时期，沿袭中唐旧制，道为地方高层政区，节度藩镇体系仍未被打破。朝廷仍采取出使郎官和御使监察地方，并在各道设立巡院，负责财赋转运，并监控地方①，后随统治者的实际需求"罢巡院，置转运使"②，废巡院，置转运使的具体时间没有记载，当在中后期。这距离宋初设转运使于诸路监控地方体制的形成更近一步了。但此时，设置于地方的转运使主要为军队筹集粮饷的随军转运使，如水陆转运使、计度转运使等，多因事而设，事毕则罢，巡院的废除使得朝廷对地方的监控更加松弛，新设立的转运使对地方的监管权还十分有限，割据分裂局面阻碍了地方高层监控体制的发展，但五代地方转运使的设立，为宋初路级政区监控体制的创立提供了历史的机遇。

四 宋朝地方高层政区监管体制的形成和发展

宋初统治者有鉴于唐末五代藩镇割据之弊，采取各种措施消除藩镇的势力，取消了其对支州、支郡的控制权，中央与州郡之间建立了直接的统属关系。但实际上宋朝的统治疆域远远大于五代时各个国家，不设立中央和地方州县间的一级区划，中央政府的行政幅度太大，无法实现对地方的有效控制，故而必须建立新的地方高层政区，并恢复、加强地方高层政区对州、县的监控机制，重新确立中央与地方之间的正常秩序。宋初在创立"路"级地方高层政区过程中，原先只存在个别地区，未普遍设置的负责财赋转输的转运使被固定设置于地方诸路，并取代藩镇长官成为一路的财政、监察、行政首脑。正如吕祖谦所说："国初未尝有监司之目，其始除转运使，止因军兴，专主粮饷，至班师即停罢。"［太宗

---

① 贾玉英：《唐宋地方监察体制变革初探》，《史学月刊》2004年第11期。
② （宋）孙逢吉：《职官分纪》卷47《诸路转运使副判官》，中华书局1988年版，第840页。

太平兴国二年（977），罢节度使领支郡］"自是而后，边防、盗贼、刑讼、金箍，按廉之任皆委于转运使，又节次以天下土地形势，俾之分路而治矣。继增转运使判官，以京官为之，于是转运使于一路之事无所不总也"①。这样，转运使成为宋初地方行政制度改革中最先固定下来的地方高层使职，它代替五代废除的巡院，重新确立了对地方州、县进行监控的机制。宋初各路转运使的设置，取法晚唐、五代诸道巡院之意，五代废巡院，设立的地方转运使更与之有直接的继承关系，再向上追溯，唐前期派遣到诸道的黜陟使、承宣使等各种使职与开元二十一年之后固定于十五道的采访使亦与之有不可分割的渊源关系。

唐朝中央政府为实现对地方的有效管理，开始设立了监察区"道"。从唐太宗贞观元年十道按察区设立开始，道级区划逐渐实体化，对州县的监管方式也相应经历了由朝廷遣使依诸道按察—固定使职于诸道进行按察—藩镇实体形成，朝廷利用财政体系下诸道巡院取代诸道使职按察的三个阶段。诸道固定使职按察与诸道巡院按察严格意义上讲都是固定使职于地方进行按察，只不过，采访使是专门为按察地方而设立的诸道使官，而巡院则是先设于诸道，在财赋税收职能外而逐渐派生出的按察地方官职能。宋初诸路使职官员按察地方的方式，主要是借鉴了中唐时期"固定使职于诸道"进行按察的方式，唐朝前期的遣使按察和晚唐五代的诸道巡院按察对于宋代地方高层政区使职官员的产生亦有重要的影响，特别是由某一专属职能再派生出其他职能的使职设置方式，对于宋朝地方高层政区诸路使职的创立，有重要的影响。

宋代路级监察机构的职能，基本上融合了遣使按察、固定于地方的使职、巡院按察的诸种使职的职能，实际上，宋代高层政区监察机构，还保留了许多唐朝使职官员的痕迹。除了转运使、安抚使带"使"名外，提点刑狱、提举常平等机构官员名称也有相应的体现。比如，宋代提点刑狱司的长官称提点刑狱公事，副贰为同提点刑狱公事，从其名称可以看出，这并非传统的国家正式序列官员的名称，而是继承了唐代"以实际差遣为官名"的使职官员，宋朝许多士大夫也认为提刑为不带使名的

---

① （元）马端临：《文献通考》卷61《职官考十五》，中华书局2011年版，第1847页。

使职官员，如："（庆历三年五月）命转运、提刑并兼按察，参用欧阳修之言也，仍诏岁具官吏能否以闻，提点刑狱虽不带使名，并准此。"① 南宋时人更有为提刑加使名的议论，理宗朝权工部侍郎陈垲曾入奏，"请以从官仿古昔入从出藩之意，其从臣为诸路宪漕，则以提点刑狱使，转运使系衔，假之'使'名，示与庶官别"②。虽未获朝廷批准，但其中反映了宋人对提点刑狱司官员为使职系列官员的印象。从中可以看出，历史积淀因素对宋代地方高层政区监察制度的影响，唐前期的遣使按察与中后期固定于诸道的使职按察均与之有密切的关系。

同时，宋代地方高层监察机构，也并非只具有单一的监察职能，而是延续了唐朝中后期地方监察体制发展的趋向，随获取的行政职能的增多，逐渐向地方行政机构与监察机构的复合体转化。比如，宋真宗时，提刑司主要司职刑狱，因而考课主要以"如刑狱枉滥不能摘举，官吏旷弛不能弹奏，务从畏避者，置以深罪"③。即考核重点在刑赋和监察方面。仁宗嘉祐二年（1057）七月，知谏院陈旭请求加强对转运使、提点刑狱课绩的考核，并举其条目，"今举其切务有五，一称荐贤才，各堪其任；二按劾贪谬，修举政事；三实户口，增垦田；四财用充足，民不烦扰；五兴利除害。"④ 后"以所定条目施行。"⑤ 监察职责降为第二。宋神宗朝开始以七项标准考核路级监司，这七项为"一曰劝农桑，兴治荒废；二曰招流亡，增户口；三曰兴利除害；四曰劾有罪，平狱讼；五曰失案察；六曰屏盗贼；七曰举贤能。"⑥ 从中可见统治者对于发展生产的重视，对于监司的按察职能则放在第五项，看来并非是其最主要的职能了。哲宗

---

① （宋）陈均：《皇朝编年纲目》卷12，庆历三年五月，中华书局2006年版，第265页。
② （元）脱脱等：《宋史》卷425《陈垲传》，中华书局1977年版，第12683页。
③ （元）马端临：《文献通考》卷166，中华书局2011年版，第4981页。
④ （宋）李焘：《续资治通鉴长编》卷186，嘉祐二年七月辛卯，中华书局2004年版，第4484页。
⑤ （宋）李焘：《续资治通鉴长编》卷194，嘉祐六年八月，中华书局2004年版，第4712—4713页。
⑥ （清）徐松辑，刘琳、刁忠民、舒大刚点校：《宋会要辑稿》职官10之20，上海古籍出版社2014年版，第3290页。

朝亦是如此①。徽宗朝以及南宋，实行"十五事考校监司法"②，"奉行手诏有无违戾"成为第一项。"按察并失按察所部官犯赃，流以上罪及按察不当"降为第八项考核指标③。从两宋路级监司监察职责在考核排序位置的逐渐降低，我们可以看出，监察职责不再是路级监司最主要的职能，它们在此外的行政权力逐渐得到增强，这是适合于中央行政幅度和地方实际统治需要的。在路级监司行政权力逐渐增长的同时，宋代路级区划也逐渐完成了从监察区向行政区的过渡。

五 唐宋地方高层政区监管体制变革的主要特点

宋代地方高层政区的监管方式，对于唐五代地方高层政区监管方式既有继承，亦有变革，变革主要表现出以下几个特点。

1. 唐"道"为单一使职按察，宋"路"则为多个使职官员按察，监控力度更大。唐朝无论是中期的采访使、观察使还是后来的巡院，一道都是一种使职在行使按察大权，其监控能力毕竟有限，监察范围也不够广阔，监察的层面和反映到中央的问题有限，地方官员也容易和监察官员通同作弊，蒙骗中央。而宋朝吸取了唐朝藩镇割据的历史教训，在一道设立了多个使职长官，他们都拥有对地方的按察大权，多点监控监察的范围更加广阔，反映到中央的问题也更真实，更全面。

2. 唐诸道使职按察，职责较为笼统，宋代诸路使职按察，均有自己专门的某一方面职责，同时兼顾其他，监控力度更深。宋朝统治者取法晚唐巡院由对各道盐政、税收的监管而附加监控地方各方面问题的先例，对于设立的诸路监司，没有一个是笼统地规定他们按察地方的各个方面，而是分门别类地将税收、漕运、刑狱、盗贼、常平、钱谷等交给不同的

---

① （清）徐松辑，刘琳、刁忠民、舒大刚点校《宋会要辑稿》职官59之11，上海古籍出版社2014年版，第4644页。

② （清）徐松辑，刘琳、刁忠民、舒大刚点校《宋会要辑稿》职官59之19，上海古籍出版社2014年版，第4652—4653页。

③ （宋）谢深甫撰，戴建国点校：《庆元条法事类》卷5《考课》，黑龙江人民出版社2002年版，第69页。

使职进行监督加管理，这样，职责比较明确，有利于行政效率的提高。监督官员对所监督对象也有更深的专业知识，更容易发现监督范围内的问题，从而使监控力度更深，同时对于其他非本职责内领域的监控，有利于互相弥补缺漏，形成对州县事务的严密监控网。

3. 唐朝派遣到诸道的使臣，对其缺乏有效监控措施，宋朝则对路级官员建立了比较严密的按察机制。首先，一道多个使职的建立，形成了诸路监察官间的互察机制，他们有义务向朝廷汇报其他使臣的不法行为，不容易形成路与州官员通同作弊的恶果。同时，使职之间职能的相互交叉，发现了其他使职官员监控范围内的问题，本身就证明了这个官员的不称职，朝廷也会对其行政不作为情况进行惩罚。其次，中央的御史台、谏院等监察机构对诸路使臣的监督也较为严格，防止他们的不法行为。再次，地方州县对于诸路使臣的监控如有不同意见，也可上报中央，形成了下级对上级的反察机制。因此，对诸路使臣官员严密的按察机制，可以有效防范地方高层政区监控地方时的种种弊端。唐代的诸道使职，缺乏对其的有效监控，容易造成监控官员把持地方事务，形成割据、分散的力量，宋代建立的从中央到地方比较严密的按察机制对于防止地方各路长官形成地方割据势力，也具有重要的作用。

4. 从唐朝前期采访使到后期的巡院，再到宋朝设立的转运使、提点刑狱司等高层政区监察机构，随着地方任职的固定，监察职能外行政职能的增多，它们也逐渐向地方高层政区行政机构转化，这个转化在宋朝中后期就已经完成。宋朝的路级监司，是监察机构与行政机构的复合体。

总之，唐代地方高层政区监控方式的发展变迁，为宋初统治者设立诸路固定的使职奠定了设官取法的历史经验，他们开始利用路级使职官员来对地方进行有效监控，同时宋初统治者针对唐末五代藩镇割据的弊端，对于地方高层政区监控方式的改革，使得路级长官人数增多，形成互察机制。故而，唐五代地方高层政区监控方式的发展与变革为宋代地方高层政区监管体制的出台，奠定了重要的基础。

（文章原刊于韩国《宋辽金元史研究》2010 年总第 15 号）

从提点刑狱司制度看宋代"路"之性质

对于宋代"路"之性质，历来学界看法不一。有学者认为其是州县之上的一个正式行政层级和行政区划，宋代地方行政体系为路州县三级制①；有学者认为其只是朝廷设立的对州县进行监管的监察区，宋代地方行政体系为州县二级制②；亦有学者认为宋代的"路"是从监察区向行政区划过渡的中间形态③。本文通过对宋代路级重要的司法、监察机构——提点刑狱司所反映出的路级机构某些共性的特征，来探讨宋代"路"之性质，不当之处敬请指正。

宋代路制，确立于太宗统治时期。至道三年（997），朝廷废道改路，推出了比较成熟的路制，确立了以转运司为中心对地方州县新的监控体制，转运司"于一路之事无所不总"④。《续资治通鉴长编》记载了这次路制划分的结果：

> 是岁，始定为十五路，一曰京东路，二曰京西路，三曰河北路，四曰河东路，五曰陕西路，六曰淮南路，七曰江南路，八曰荆湖南

---

① 郑强胜：《略论宋代"路州县"三级政治体制》，《上海师范大学学报》1990年第1期；李昌宪：《宋朝路制研究》，《国学研究》第9卷，北京大学出版社2002年版。
② 苗书梅：《宋代官员选任和管理制度》，河南大学出版社1996年版。
③ 朱瑞熙：《中国政治制度通史·宋代卷》，人民出版社1996年版，第320页。
④ （元）马端临：《文献通考》卷62《职官考十六》，中华书局2011年版，第1871页。

路，九曰荆湖北路，十曰两浙路，十一曰福建路，十二曰西川路，十三曰峡路，十四曰广南东路，十五曰广南西路。①

此后宋朝为分化转运司权力，先后创立提刑司、安抚司、提举常平司等路级机构，分管一路司法、军政、常平钱物等，它们均在此路制的基础上确立了自己的监管区划。②

从两宋提点刑狱司制度发展的实际情况，笔者认为，宋代的"路"是州县之上的一个正式行政层级和行政管理区划。宋代地方行政体制为路—州—县三级行政体制，其原因主要有以下几个方面：

一 从提刑司制度看，宋代路级机构有较固定的行政管理区划

"宋代地方州县二级制"及"宋代路级管理层为过渡形态"的论者都认为："宋代州以上的路不是统一的行政区划，诸监司分路不一致。"③实际上，从两宋时期提刑司路辖区发展变化来看，宋代的路级机构有较固定的行政管理区划。宋朝历代路的数量和各司辖区范围，随着实际统治的需要处在不断变化之中，彼此有统一的行政地理基础。

北宋前期，提点刑狱司的路分区划基本与转运司路重合。宋真宗咸平四年（1001）三月，分"川、峡转运使为益、梓、利、夔四路"④，天禧四年（1020），江南路分为东、西两路⑤。因而转运司路分由太宗时期

---

① （宋）李焘：《续资治通鉴长编》卷42，至道三年十二月末附，中华书局2004年版，第901页。

② 宋人将转运司、提刑司、提举常平司统称为"监司"。《庆元条法事类》卷7《监司知通按举·名例敕》，黑龙江人民出版社2002年版，第128页。

③ 苗书梅：《宋代地方政治制度史研究述评》，包伟民主编：《宋代制度史研究百年（1900—2000）》，商务印书馆2004年版，第133—164页。

④ （宋）李焘：《续资治通鉴长编》卷48，真宗咸平四年三月辛巳，中华书局2004年版，第1052页。

⑤ （宋）李焘：《续资治通鉴长编》卷95，真宗天禧四年四月，中华书局2004年版，第2188页。

的15路增加为18路。所设提刑司路亦相应为18路。仁宗皇祐五年（1053），曾置京畿路，设京畿路转运司、提刑司①，此时提刑司管理区划增为19路，次年罢京畿路，复18路之制②。从神宗朝开始，出现了同为路级管理机构的转运司与提刑司、提举司之辖区不重合的现象。产生一个转运司路分为二个提刑司、提举司路的情况。神宗重用王安石，推行变法革新，此时的路制变动较大。到熙宁七年（1074）时，河北、陕西、京东、京西、淮南等路被分为两路，天下转运司共分23路，提刑司亦相应为23路③。神宗元丰元年（1078）正月，朝廷诏令：

  河北东西、永兴、秦凤、京东东西、京西南北，淮南东西路转运司，通管两路，以河北、陕西、京东、京西、淮南路为名，提刑、提举司仍旧分路。④

这表明，在元丰元年的时候，为增加转运司财政的统筹规划，已经分化的河北、陕西等地区10个路又合并为5路，全国转运司路的数量变为了18个，而提刑司、提举司为分部按察的方便，所辖路分没有合并，仍为23路，从而与转运司路开始出现不一致的现象。

徽宗崇宁四年（1105）五月，复置京畿路和京畿转运、提刑司⑤。重和元年（1118），改梓州路为潼川府路⑥。故在北宋末年，提刑司辖区应为24路。

---

① （宋）李焘：《续资治通鉴长编》卷176，至和元年三月壬申，中华书局2004年版，第4255页。
② （宋）李焘：《续资治通鉴长编》卷181，至和二年十月己丑，中华书局2004年版，第4378页。
③ 李昌宪：《宋代路制研究》，《国学研究》第9卷，北京大学出版社2002年版，第89—128页。
④ （宋）章如愚：《群书考索》卷60《地理·州郡》，中华书局1992年版，第812页。
⑤ （元）脱脱等：《宋史》卷20《徽宗本纪二》，中华书局1977年版，第373页。
⑥ （清）徐松辑，刘琳、刁忠民、舒大刚点校：《宋会要辑稿》方域5之6，上海古籍出版社2014年版，第9353页。

南宋初年，山河沦陷，河北，河东诸路均已陷落①。宋高宗朝，为了对剩余地区进行更有效的统治，路级机构辖区的调整也非常复杂。到绍兴十一年（1141）南宋签订"绍兴和议"后，宋金边界确定，"东画长淮，西割商秦之半，以散关为界"②。南宋时期的提刑司路分也基本确定，其中包括两浙东、西路，荆湖南、北路，江南东、西路，广南东、西路，淮南东、西路，京西南路、福建路、成都府路、利州路、潼川府路、夔州路共16个路分。其中"淮南东、西路转运司并为一路，仍以淮南转运司为名，依旧置转运判官二员，所有提刑司职事亦两路通管"③。即淮南地区提刑司路虽然存在，长期实行的却是转运判官兼领提刑司的统治方式。两浙地区也是转运司统辖一路，而提刑"两浙分东、西路，置提点刑狱"④。此后，提刑司辖区为16路的制度一直沿袭到了南宋末年。

综上可见，北宋前期，提刑司的管理区划基本与转运司重合。从神宗朝开始出现了一个转运司路分为二个提点刑狱司路的情况。到北宋末期，随着国土面积的增大，提刑司路数达到历史的最高峰。南宋时期，提刑司路在两浙、淮南地区长期与转运司路不重合，但仍是以一转运司路分为两提刑司路。

历代统治者会根据实际需求对转运、提刑等司管辖路的数量作出调整。出现两路转运司合二为一的情况，而"提刑、提举司仍旧分路"⑤的现象，这是符合实际统治需要的。如果违背了这种需要，强行追求路级机构管理区划的统一，势必不能长久。如哲宗元祐元年（1086）反变法派上台后，司马光请求尽罢诸路提举常平司，"提点刑狱分两路者合为一

---

① （宋）李心传撰，胡坤点校：《建炎以来系年要录》卷31，建炎四年二月丁亥，中华书局2013年版，第719页。

② （元）脱脱等：《宋史》卷85《地理志一》，中华书局1977年版，第2095页。

③ （清）徐松辑，刘琳、刁忠民、舒大刚点校：《宋会要辑稿》食货49之44，上海古籍出版社2014年版，第7119页

④ （元）脱脱等：《宋史》卷26《高宗本纪三》，中华书局1977年版，第493页。

⑤ （宋）章如愚：《群书考索》卷60《地理门·州郡类》，中华书局1992年版，第936册，第812页。

路，共差文臣两员"①，朝廷从之②。这样，提刑司路与转运司路重合，又变为 18 路。但不久，弊端就显现出来了。元祐二年（1087），中书省言：河北、陕西等地并路后，提刑司因"州县阔远，遇有盗贼刑狱公事，公移稽滞，督捕巡查不得专一"③。朝廷不得不下令重新分路治事，提刑司路又恢复为 23 路。职责的不同导致转运司路与提刑司、提举司路不重合，但这是符合行政需要的。较大的行政区划可增加转运司财政的统筹规划，较小的行政区划可避免提刑司因路途遥远出现缉捕盗贼、查办刑狱难以及时的弊病。同样的，安抚使等司路分的划分也有各自军事、财政目的④。但各司所辖的"路"还是以转运司路为基础的，再划分一路内州军以确立新路。故而宋代路级诸司行政管理辖区是较为固定的，并且有统一的行政地理基础，不存在打破大的行政区划，重新圈定州军确立"路"的情况。

二 从提刑司制度看，宋代路处于一定的地方行政层级中

是否处于一定的行政层级中，是确立这一区划是否构成一级行政区划的重要标志。"宋代地方州县二级制"的论者认为：宋代"路与州级机构之间不是上下级统属关系，不能形成统一的管理局面"⑤。事实上，从宋代提刑司制度看，宋代的路是州县之上的一个行政层级，州军各项事务都要对路级某一机构负责。路、州长官之间有明确的统属关系，使宋代地方行政正常运行。

如真宗朝复置提刑司时就规定："诸色词诉、逐州断遣不当，已经转

---

① （宋）李焘：《续资治通鉴长编》卷 368，元祐元年闰二月，中华书局 2004 年版，第 8235 页。
② （宋）李焘：《续资治通鉴长编》卷 371，元祐元年三月壬戌，中华书局 2004 年版，第 8947 页。
③ （宋）李焘：《续资治通鉴长编》卷 400，元祐二年五月丁巳，中华书局 2004 年版，第 9747 页。
④ 李昌宪：《宋代路制研究》，《国学研究》第 9 卷，2002 年，第 89—128 页。
⑤ 张德昌：《宋代路制简论》，《信阳师范学院学报》1985 年第 3 期，第 74—82 页。

运司批断未允者,并收接施行。"① 即规定提刑可以审理州县已审的上诉案件,《宋史》中也写道:"各路提点刑狱司,岁具本路州军断过大辟申刑部,诸州申提刑司。"② 这些都表明,提刑司在设立后,即是州县之上一个司法监管层级,州军相关事务要由其负责。

此后提刑司所拥有的民政、治安、财政等诸多职能,也均体现了其在州县之上行政层级的特性。如水利兴修方面,仁宗朝庆历五年(1045)规定:地方官如打算兴修水利,须"先具所见利害于画地图申本属州军及转运或提刑司",提刑等司委官体量核实后,再"结罪申转运、提刑司体量允当,方下本属州军,计夫料饷粮,设法劝诱"。如果"官吏敢擅开修,不预申本属,不得理为劳绩……仍劾事端施行"③。这样,就明确了路级提刑、转运司在地方水利建设中的审核决断权,保障水利兴修的慎重。

再如宋朝对籍没盗贼、犯人财产也规定:"财产不应籍没而籍没者徒二年,即应籍没而不申提刑司审覆及虽申而不待报者杖一百……着为令。"④ 财物封桩中也是"充朝廷封桩物者,州限十日具数申提点刑狱司,检查拘收"⑤,"不依限申提点刑狱司检查拘收者,杖八十"⑥。

对赋税的征收也是提刑司的重要职责,"其州郡所收无额上供钱物,依法并隶提刑司拘收。具帐供申起发"⑦。南宋经总制钱的催收,高宗朝就规定:"诸路提刑司每季终拘催州县起发经制钱赴行在","若稍有违

---

① (宋)佚名,司义祖整理:《宋大诏令集》卷161《置诸路提刑诏》,中华书局1962年版,第610页。
② (元)脱脱等:《宋史》卷200《刑法二》,中华书局1977年版,第4992页。
③ (清)徐松辑,刘琳、刁忠民、舒大刚点校:《宋会要辑稿》食货61之93至94,上海古籍出版社2014年版,第7501页。
④ (宋)李心传撰,胡坤点校:《建炎以来系年要录》卷172,绍兴二十六年五月丁巳,中华书局2013年版,第3298页。
⑤ (宋)谢深甫撰,戴建国点校:《庆元条法事类》卷31《封桩》,黑龙江人民出版社2002年版,第478页。
⑥ (宋)谢深甫,戴建国点校:《庆元条法事类》卷31《封桩》,黑龙江人民出版社2002年版,第478页。
⑦ (清)徐松辑,刘琳、刁忠民、舒大刚点校:《宋会要辑稿》食货35之30,上海古籍出版社2014年版,第6773页。

慢，致有隐漏或不依限起发，提刑司官重行窜逐"①。经总制钱物帐"通判厅审覆后供申提点刑狱司，违限者徒二年"②。政府对财富的搜刮，惩罚措施的严厉，导致各级政府间：

> 为户部者又为之变符檄、急邮传，切责提刑司，提刑司下之州，州取办于县，转以相承，急于星火③。

正是在这种路—州—县之间正常的行政秩序，提刑司的指令在州县得到认真执行，才保证了国家财税的收入。其他转运、提举司分工与提刑司虽有不同，但与州县之间也有相类似的关系。如宁宗嘉定十一年（1218）十月臣僚所说："朝廷置部使者之职，俾之将明王命以廉按吏治，至于职事则各有攸司，婚田税赋则隶之转运、狱讼经总则隶之提刑，常平茶盐则隶之提举，兵将盗贼则隶之安抚。是以事权归一而州县知所适从，民听不贰而词讼得以早决。"④ 提刑、转运等司"事权归一"，州县才"知所适从"，这些都表明了宋代路级机构是地方行政层级中不可或缺的重要环节，路、州、县间形成了完整的地方行政体系。

同时，在当时宋人心目中，也多认为宋朝地方是三级行政管理体制。如仁宗朝大臣陈升之所说："生民休戚系郡、县之得失，今天下州三百，县一千二百，其治否，朝廷固不得周知，付之十八路转运使。"⑤ 哲宗朝范祖禹也说：

---

① （清）徐松辑，刘琳、刁忠民、舒大刚点校：《宋会要辑稿》食货35之20，上海古籍出版社2014年版，第6764页。

② （宋）谢深甫，戴建国点校：《庆元条法事类》卷30《经总制》，黑龙江人民出版社2002年版，第450页。

③ （宋）朱熹撰；朱杰人、严佐之、刘永翔主编：《朱子全书·晦庵先生朱文公文集》卷24《与钟户部论亏欠经总制钱书》，上海古籍出版社、安徽教育出版社2002年版，第21册，第1071页。

④ （清）徐松辑，刘琳、刁忠民、舒大刚点校：《宋会要辑稿》职官45之42至43，上海古籍出版社2014年版，第4255页。

⑤ （宋）赵汝愚：《宋朝诸臣奏议》卷67《上仁宗论转运使选用责任考课三法》，上海古籍出版社1999年版，第741页。

祖宗分天下为十八路，置转运使、提点刑狱。收乡长、镇将之权悉归于县，收县之权归于州，州之权归于监司，监司之权归于朝廷，上下相维，轻重相制，建置之道最为合宜①。

南宋杨万里也说："圣人之于天下，惟其有所甚疑，是故有所不疑。天下几路，一路几州，一州几邑，而圣人以一身临乎其上，以百吏分乎其下。"② 可见，无论北宋还是南宋，在实际事务处理或时人心目中，路都是州、县之上的一个行政层级，它是中央政府为缩减行政幅度，分权于地方的一种良好的治国策略的体现。

三 从提刑司制度看，宋代路级机构有一定的行政处置权

"宋代地方州县二级制"的论者认为：宋代路级转运、提刑等为朝廷派出的"监司"，他们的主要职能就是监察地方。把他们等同于西汉的"刺史"和唐朝的"采访使"等③。事实上，宋代虽然也有人将提刑等司称作"刺史"，但他们在地方上所拥有广泛地行政处置权是前代所无法比拟的。两宋时期，提刑司、转运司等作为州县之上的一级行政机构，具有对地方各类事务规划、组织、审批、决断的行政权力。在赈灾领域，提刑司的指挥决断影响着地方灾害救助的实际进程。如真宗朝吕夷简为两浙路提刑，时温州发生饥荒，"民欲隶军就廪食，州不敢擅募"，温州军事推官方偕"乃诣提点刑狱吕夷简曰：'民迫流亡，不早募之，将聚而为盗矣。'"吕夷简从之，临时决断，"籍为军者七千人"④。州军不敢实施的事情，提刑司可以临时决断，发挥处置权力。再如哲宗元祐五年

---

① （元）脱脱等：《宋史》卷337《范祖禹传》，中华书局1977年版，第10796页。
② （宋）杨万里：《诚斋集》卷90《千虑策·民政中》，文渊阁四库全书，台北商务印书馆1986年版，第1161册，第196页。
③ 苗书梅：《宋代地方政治制度史研究述评》，包伟民主编：《宋代制度史研究百年（1900—2000）》，商务印书馆2004年版，第133—164页。
④ （元）脱脱等：《宋史》卷304《方偕传》，中华书局1977年版，第10069页。

（1090）朝廷下诏令两浙路"相度准备来年赈济阙食人户"。该路提刑司在接受朝旨后，因希望节省籴买粮食的费用，"遍行文字，减勒官估。"并令湖州、杭州等停止籴买粮食，"却令苏州拨常平米五万石与湖州，又令秀州拨十万石与杭州"。除苏轼为知杭州兼本路钤辖，抵制了提刑司的指挥没有停止籴买外，"其余诸郡不敢有违"①。

在司法领域，提刑司可对本路州县上诉或疑难案件差派法官重新审理。北宋前期，"诸道州府军监诸色人诣阙披诉冤枉事，自来下诸路转运、提刑司差官置院推勘"②。仁宗庆历七年（1047）十月朝廷诏令，"今后应有诉冤枉事，中书置簿，籍其姓名、事件封状下本路转运司，如已经转运司即下提刑司，选清强官置院推勘。"③南宋高宗朝也规定："令杀人无证、尸不经验之狱，具案奏裁，委提刑审问。如有可疑及翻异，从本司差官重勘。"④孝宗乾道年间进一步规定，对于州奏报中央的大辟疑案，中央依条断后，犯人"临刑翻异或家属称冤"，不用再上报中央听候指挥，而是申"提刑司一面差官别勘"，同时"申省部照会"⑤。

同时，提刑对州县官员也具有一定行政处置权。差权摄官、对移官员任职、停职、停俸都是其常用的行政处罚手段。

差权摄官者如徽宗朝就规定："诸繁难县令阙，本路无官可考"，允许提刑等司"于罢任、待阙官内选年未六十、曾历县令无私罪、疾病及见非停替人权"⑥。

南宋高宗绍兴三年（1133），江西提刑司也说："诸州主管常平官，

---

① （元）苏轼：《苏轼文集》卷31《相度准备赈济第三状》，中华书局1986年版，第898页。
② （清）徐松辑，刘琳、刁忠民、舒大刚点校：《宋会要辑稿》刑法3之63，上海古籍出版社2014年版，第6827页。
③ （清）徐松辑，刘琳、刁忠民、舒大刚点校：《宋会要辑稿》刑法3之64，上海古籍出版社2014年版，第6827页。
④ （元）脱脱等：《宋史》卷201《刑法三》，中华书局1977年版，第5024页。
⑤ （清）徐松辑，刘琳、刁忠民、舒大刚点校：《宋会要辑稿》刑法3之86，上海古籍出版社2014年版，第8441页。
⑥ （清）徐松辑，刘琳、刁忠民、舒大刚点校：《宋会要辑稿》职官48之32，上海古籍出版社2014年版，第4330页。

在法许本司选差通判、幕职官充。"①《庆元条法事类》也规定：如果县令阙人，本处无县丞，"或不胜任，听本州见任许差官内选差权，阙，即申监司于他州选差"；如果巡检阙人，"提点刑狱司差官，先差本司缉捕盗贼"②。嘉泰元年（1201）浙东提刑司奏："在法，县尉阙官，许于寄居、待阙官内选差权摄，盖为警捕盗贼，其任稍重。"③

对移官员任职者，如宋神宗朝朝廷规定："河北、京东提点刑狱司体量贼盗多处州军长吏，如罢软不职及措置乖方并捕盗官不足任者，选官对替讫奏。"④ 即可对移州军长官和捕盗官。哲宗元祐元年朝廷令京东、西、淮南安抚、提刑等司"体量县尉老疾不任职之人，选官对移"⑤。南宋孝宗乾道七年（1171）七月，朝廷令提刑等诸司将"旱伤州县守令精加审量，如内有老谬不能究心职事之人，先次选择清强能吏前去对易"⑥。《庆元条法事类》中也规定，州司理、司法参军不职，知州、通判于本州内选人对移，"本州无可选者，申发运、转运、提点刑狱司于所部举换"⑦。

提刑暂停属下职务的记载，如胡颖任浙西提刑时，属下一县令老谬不职，被权知府所劾，胡判决："当职到任之初，正籍同僚相与协济，而有令如此，将何赖焉！若遽去之，又非尊老之意。请刘司法特暂权管县事两月……王知县且燕居琴堂。坐享廪禄，弗烦以事，惟适之安，岂不

---

① （清）徐松辑，刘琳、刁忠民、舒大刚点校：《宋会要辑稿》职官43之21，上海古籍出版社2014年版，第4123页。
② （宋）谢深甫撰，戴建国点校：《庆元条法事类》卷6《权摄差委》，黑龙江出版社2002年版，第101页。
③ （清）徐松辑，刘琳、刁忠民、舒大刚点校：《宋会要辑稿》职官48之82，上海古籍出版社2014年版，第4366页。
④ （宋）李焘：《续资治通鉴长编》卷280，熙宁十年二月壬午，中华书局2004年版，第6859页。
⑤ （清）徐松辑，刘琳、刁忠民、舒大刚点校：《宋会要辑稿》职官48之65，上海古籍出版社2014年版，第4357页。
⑥ （清）徐松辑，刘琳、刁忠民、舒大刚点校：《宋会要辑稿》瑞异2之24，上海古籍出版社2014年版，第2634页。
⑦ （宋）谢深甫撰，戴建国点校：《庆元条法事类》卷8《对移》，黑龙江出版社2002年版，第153页。

美欤！"① 这样，因知县年老，胡颖初上任，故没有将其按劾，而是停止职务，由州司法官权管。

阁俸即暂时停止俸禄发放，是对失职官员经济上的惩罚。路级提刑等监司对渎职的官员也采用这一惩罚手段。如刘克庄在江东提刑任上审理一诬枉大辟案件时，就因铅山县尉"误勘大辟公事，以平人为凶身，已免按劾，今兹所为如此，帖问，仍阁俸"②。在审理另一案件时，刘也责令县丞命保长追索财物，"再十日违，将县丞阁俸"③。这样经济上的处罚对地方俸禄微薄的官员来说，影响是很大的，有利于激励官员认真履行职责。

故而可见，提刑等路级监司对州县官有广泛行政管辖职权：

> 有许察其能否难易而随宜对换者，有许其对移而不得移充某官某职者，有许其体量老懦而便令致仕者，有虽许对换而放令离任不妨后人者。有遇其不职未差替人许其奏举以填现阙者，有遇阙无官可权许其选差罢任、待阙官者。着令甚明，其责皆在监司。④

甚至会出现监司"怒一令则对移以一丞，怒一丞则对移以一簿尉，怒一簿尉则对移以一监当官……姑以行牧守监司喜怒之私而已"⑤的极端现象。

可见，提刑司作为州县之上的一级行政机构，对于地方上众多事务还是有组织、指挥权力的。这些都体现了提刑等路级机构作为州县之上

---

① （宋）佚名：《名公书判清明集》卷2《县令老缪别委官暂权》，中华书局1987年版，第39页。

② （宋）刘克庄：《后村先生大全集》卷193《饶州司理院申张惜儿自缢身死事》，四部丛刊初编本。

③ （宋）佚名：《名公书判清明集》附录3《帖乐平县丞申乞贴巡尉追王敬仲等互诉家财事》，中华书局1987年版，第616页。

④ （宋）韩元吉：《南涧甲乙稿》卷10《看详文武格法札子》，文渊阁四库全书，总第1165册，第141页。

⑤ （宋）王炎：《双溪类稿》卷22《与潘徽猷》，文渊阁四库全书，台北商务印书馆1986年版，第1155册，第685页。

一级行政管理层的特性。由于宋朝是唐末五代藩镇割据后建立的王朝，为防止地方专权，故而对转运、提刑等路级机构限制很严，"紧紧恐其擅权而自用"①，同时许州县吏民向朝廷奏事，似乎路这一管理层是多余的，但从上面的诸多例证可见，地方上大量的超过一州一县的事务还是需要提刑等路级机构来组织、审批完成，宋朝中央也下放了大量行政权力到这一级管理者手中。

四 从提刑司制度看，宋代"路"级行政区划是从量变到质变逐渐形成的

"宋代路级管理层为过渡形态"的论者认为："宋代路级机构只具有中央派出机构的性质，代表朝廷对地方实行监督。这些机构的机制不断转换，路级诸司常常联合行动，表现出了宋代路由监察区向行政区转变的趋势，但路只是一种过渡性的行政区划。"② 在这里，持此观点的学者看到了宋代"路"级管理区划性质的变化，但他们仍认为这一变化在宋代没有完成。

实际上，宋代"路"的性质确实逐渐发生了变化，而且这一管理层在宋代已经由中央派出的"监察区"完成了向"行政区"的转变。宋代"路"级行政区划的形成，是伴随着转运、提刑等诸司行政权力的逐渐增加，其监察区的性质的变化而完成的。以提刑司为例，起初只掌管州县疑狱的监察和审理，后来扩大到司法、民政、治安、军事、财政、人事管理等诸多领域，"事务寖繁，权势益重"③。提刑司不仅仅对这些领域内的不法行为进行按察弹劾，还要负责规划、组织、协调、指挥实施等行政事务。这样，监察机构的性质就逐渐转变为行政机构，路的性质也就逐渐由监察区而转变为州县之上的行政区。南宋大儒吕祖谦曾指出：

---

① （宋）叶适：《水心别集》卷14《监司》，中华书局1961年版，第809页。
② 朱瑞熙：《中国政治制度通史·宋代卷》，人民出版社1996年版，第320页。
③ （元）马端临：《文献通考》卷61《职官考十五》，第559页。

> 提刑一司虽专以刑狱为事，封桩、钱谷、盗贼、保甲、军器、河渠，事务浸繁，权势益重。①

可见，宋人就已认识到了提刑司制度发展中的这一突出特点。提刑司作为继转运司后设立的重要路级机构，其除司法监察外的其它行政职能确有逐渐增多的趋势。

自宋真宗朝景德四年（1007）复设提刑司后，其就具有了和转运司相匹敌的司法和监察权，"诸色词讼、逐州断遣不当，已经转运司批断未允者，并收接施行。官吏贪浊弛慢者，具名以闻"②。其后提刑司兼管劝农司事务，民政方面的权力也日益增加③，提刑"凡农田事悉领之"④。仁宗朝废劝农司后，提刑官仍兼劝农使，后又兼"河渠修造公事"⑤，在水利、屯田等方面也发挥了重要的作用。此时的常平、广惠仓也主要由"逐路提点刑狱司专领之。"⑥ 同时自仁宗朝以后，提刑司在治安和军事方面职权也大大增加，如庆历三年（1043）九月就诏："诸路提点刑狱司，专管勾巡检盗贼公事。"⑦ 同时，提刑官要巡查州县器甲、城防、校阅兵士。在盗贼作乱或外敌入侵时，提刑司也要与转运、安抚等司共同制定作战计划，有时还要亲自领兵作战⑧。

在神宗皇帝与王安石推行变法改革过程中，因富国强兵的需要，各地经济、军事事务相对增多，提刑司的职权获得极大的发展。其在财政方面，不仅在青苗、免役、免行等新法措施执行中发挥了重要的监管作

---

① （元）马端临：《文献通考》卷61《职官考十五》，第559页。
② （宋）佚名，司义祖整理：《宋大诏令集》卷161《景德四年七月置诸路提刑诏》，中华书局1962年版，第610页。
③ （宋）李焘：《续资治通鉴长编》卷96，天禧四年八月，中华书局2004年版，第2212页。
④ （明）程敏政：《宋纪受终考三卷》，齐鲁书社1996年版，第736页。
⑤ （宋）李焘：《续资治通鉴长编》卷189，嘉祐四年四月，中华书局2004年版，第4559页。
⑥ （宋）李焘：《续资治通鉴长编》卷186，嘉祐二年八月丁卯，中华书局2004年版，第4488页。
⑦ （宋）李焘：《续资治通鉴长编》卷143，庆历三年九月壬辰，中华书局2004年版，第3459页。
⑧ （清）徐松辑，刘琳、刁忠民、舒大刚点校：《宋会要辑稿》兵12之5，上海古籍出版社2014年版，第8835页。

用，而且与提举常平司、州通判等开创了自转运司—知州外的第二条中央财税征调系统①。提刑司开始掌管着诸路财政账籍的审查，如元丰元年（1078）规定：诸路转运司账籍"送提点刑狱司驱磨保明，上中书点检，有不实科徒二年罪，……自今三年一供，着为令"②。同时对各地大量朝廷封桩钱物也具有监管和调拨职责③，财政权力空前增加。同时提刑司在治安、军事的职权也进一步增加。元丰元年（1078）时朝廷就令"诸路义勇、保甲隶提点刑狱司"④，明确了其对各地保甲校阅、监管职责。同时提刑司对于各地军器制造、军马供应等都具有一定的管理职能⑤，体现了其治安、军事职能的强化。同时，自元丰官制改革后，各路无疑难死刑案的复核裁定权也下放至提刑司，"罪状明白，刑法相当，郡申宪司以听论决，是谓详覆"⑥。使其成为执掌生杀大权的地方最重要的司法机构。

南宋时期提刑司在财政和治安、军事领域的职权进一步增加。对于苛捐杂税诸如经总制钱、无额上供钱的催收成为这一时期提刑司增加的最主要财政职能，"诸路提刑司所管拘催州县经总制钱，盖前代之所无"⑦。高宗绍兴十六年（1146）后更是以诸路岁取经总制钱来考核提刑官课绩⑧。此外，提刑司对于朝廷封桩钱物、职田钱等也负有主管职责⑨，使得它在财政领域的地位与转运、提举二司鼎足而立。而南宋时期因长

---

① 包伟民：《宋代地方财政史研究》，上海古籍出版社2001年版，第118页。
② （宋）李焘：《续资治通鉴长编》卷291，元丰元年八月庚午，中华书局2004年版，第7126页。
③ （宋）李焘：《续资治通鉴长编》卷283，熙宁十年六月己亥，中华书局2004年版，第6927页。
④ （宋）李焘：《续资治通鉴长编》卷288，元丰元年二月己巳，中华书局2004年版，第7046页。
⑤ （宋）李焘：《续资治通鉴长编》卷290，元丰元年六月丁卯，中华书局2004年版，第7092页。
⑥ （清）徐松辑，刘琳、刁忠民、舒大刚点校：《宋会要辑稿》刑法4之57，上海古籍出版社2014年版，第8477页。
⑦ （宋）朱熹撰；朱杰人、严佐之、刘永翔主编：《朱子全书·晦庵先生朱文公文集》卷14《延和奏札三》，上海古籍出版社、安徽教育出版社2002年版，第20册，第659页。
⑧ （元）脱脱等：《宋史》卷179《食货志下一》，中华书局1977年版，第4368页。
⑨ （清）徐松辑，刘琳、刁忠民、舒大刚点校：《宋会要辑稿》食货35之30，上海古籍出版社2014年版，第6773页。

期战乱，各地盗贼横行，提刑司在对内平定叛乱、对外抵抗侵略中也发挥了重要作用，宋末著名民族英雄文天祥起兵勤王，抗击元军，也正是"以江西提刑、安抚使召入卫"①。两宋时期提刑司对于本路官员除监察职责外，也逐渐获得了考课、举辟、对移等人事管理职权。提刑官还成为选人改官必要的"职司"举主②，其对州县事务的规划、审批、指挥执行等行政权力也日益增加。

从上可见，在两宋历史进程中，提刑司从真宗朝恢复设立时只具有司法、监察职权的机构发展到对本路司法、财政、民政等几乎所有领域事务都具有监管职责的重要路级机构，充分表明了路级管理层行政职权日益增多的历史趋势。

从两宋提刑司监察职责在考核指标中排列位置的变化，亦可以发现这一机构和路级区划性质变化的一些特征：宋真宗时，提刑司主要司职刑狱，因而考课主要以"如刑狱枉滥不能摘举，官吏旷弛不能弹奏，务从畏避者，置以深罪"③。即考核重点在刑狱和监察方面。仁宗嘉祐二年（1057）七月，知谏院陈旭请求加强对转运使、提点刑狱课绩的考核，并举其条目，"今举其切务有五，一称荐贤才，各堪其任；二按劾贪谬，修举政事；三实户口，增垦田；四财用充足，民不烦扰；五兴利除害"④。后"以所定条目施行"⑤。监察职责降为第二。宋神宗朝开始以七项标准考核提刑等监司，这七项为"一曰劝农桑、兴治荒废，二曰招流亡、增户口，三曰兴利除害，四曰劾有罪、平狱讼，五曰失案察，六曰屏盗贼，七曰举廉能"⑥。从中可见统治者对于发展生产的重视，对于监司的按察

---

① （元）脱脱等：《宋史》卷418《文天祥传》，中华书局1977年版，第12534页。
② （元）脱脱等：《宋史》卷169《职官九》，中华书局1977年版，第4042页。
③ （宋）佚名，司义祖整理：《宋大诏令集》卷161《景德四年七月置诸路提刑诏》，中华书局1962年版，第610页。
④ （宋）李焘：《续资治通鉴长编》卷186，嘉祐二年七月辛卯，中华书局2004年版，第4484页。
⑤ （宋）李焘：《续资治通鉴长编》卷194，嘉祐六年八月，中华书局2004年版，第4721页。
⑥ （清）徐松辑，刘琳、刁忠民、舒大刚点校：《宋会要辑稿》职官10之20，上海古籍出版社2014年版，第3289页。

职能则放在第五项,看来并非是其最主要的职能了。哲宗朝亦是如此①。徽宗朝以及南宋,实行"十五事考校监司法"②,"奉行手诏有无违戾"成为第一项。"按察并失按察所部官犯赃、流以上罪及按察不当"降为第八项考核指标③。

从两宋提刑等监司监察外其他职能的日益增多、监察职责在考核排序中位置的逐渐降低可以看出,监察职责不再是路级监司最主要的职能,路级机构除此外的行政权力逐渐得到增强,这是适合于中央行政幅度和地方实际统治需要的。在徽宗朝,监察职责已经在路级监司十五项考核指标中降到第八位。从统治者关注点的变化也可以看出,宋代监司行政权力逐渐增长的同时,宋代路级区划也逐渐完成了从监察区向行政区的过渡。

五 关于宋代"路"级区划没有统一权力中心的问题

"宋代地方州县二级制"的论者认为:"宋代的路级机构诸司并存,他们互不统属,没有形成统一的权力中心,其结果是造成一种不统一的管理局面。因而宋代路不是一级完整的行政政区。"④"宋代路级管理层为过渡形态"的论者也认为:"宋代的路还缺乏完全意义上的一路之长。"⑤事实上,有无统一的行政机构和权力中心,并非是认定一级区划是否为行政区划的必要条件。只要有一定的管辖范围,有一定数量的人口,处

---

① (清)徐松辑,刘琳、刁忠民、舒大刚点校:《宋会要辑稿》职官59之11,上海古籍出版社2014年版,第4644—4645页。

② (清)徐松辑,刘琳、刁忠民、舒大刚点校:《宋会要辑稿》职官59之19,上海古籍出版社2014年版,第4652页。

③ (宋)谢深甫撰,戴建国点校:《庆元条法事类》卷5《考课》,黑龙江人民出版社2002年版,第68页。

④ 苗书梅:《宋代地方政治制度史研究述评》,包伟民主编:《宋代制度史研究百年(1900—2000)》,商务印书馆2004年版,第133—164页。

⑤ 许怀林:《北宋转运使制度略论》,邓广铭主编:《宋史研究论文集》,河南人民出版社1984年版,第287—318页。

于一定的层级之中,有相对明确的边界,存在相应的国家政权机关和行政机关,行使国家权力①,就可以认定这一区划为一级行政区划。

例如,被后世认定为比较成熟的明清"行省"一级行政区划,其统治者为分化权力,弱化地方力量,仍是将其机构一分为三②。分为布政使司、提刑按察司、都指挥使司等,分掌民政、司法、治安等权力,与宋代地方权力的分化极为相似,应是宋代路级行政体制的直接承袭。明布政使每隔三年,"率其府州县正官,朝觐京师,以听察典"③,形成明确的三级行政体制。尽管后来为提高行政效率,强化领导权,设总督、巡抚制予以补充,形成事实上布、按等司为督、抚下属的关系,但仍以布、按等司所辖"省"为地方最高行政区划。当时基本上是以两到三省设一督、一到两省设一抚④,没有为总督、巡抚设立高于"省"的新的行政区划。但即便如此,由于总督、巡抚权力的强化,在中央政权削弱的情况下,没有了机构间的制衡,地方分裂趋势增强,清朝依然没有摆脱像唐朝后期那样的命运,"清朝之后,民国时期的军阀混战,从政治制度上说,正是清代督抚制度的流变"⑤。

因而可以说,宋代路级机构的分化和权力的分散,正是宋朝统治者借鉴唐末五代藩镇割据的教训而进行的成功的改革,是一种适时应变的举措。并非宋朝统治者认识不到权力集中则行政效率提高的益处,而是这种益处尚不能与中央集权、国家统一的益处相抗衡。宋真宗朝提刑司与转运司于一路同一州置司,但到仁宗朝后朝廷却两次下诏:"诸路提点刑狱司廨舍与转运使副同在一州者,并徙他州。"⑥ 其中分化地方权力,消除割据威胁的意图非常明显。故而,宋代路级机构众多,权力分离是统治者为实施国家对地方的控制,保持权力制衡的一种有效措施,它为

---

① 行政区划定义参周振鹤:《行政区划研究的基本概念与学术用语刍议》,《复旦大学学报》2001年3期;王思涌主编:《中国政治地理》,科学出版社2004年版,第37页。
② 吴宗国主编:《中国古代官僚政治制度研究》,北京大学出版社2005年版,第420—421页。
③ (明)张廷玉等:《明史》卷75《职官四》,中华书局1974年版,第1839页。
④ 吴宗国主编:《中国古代官僚政治制度研究》,北京大学出版社2005年版,第488—493页。
⑤ 吴宗国主编:《中国古代官僚政治制度研究》,北京大学出版社2005年版,第499页。
⑥ (宋)李焘:《续资治通鉴长编》卷114,景祐元年五月庚午;卷171,皇祐三年十一月乙丑,中华书局2004年版,第2676、4117页。

明清各代所沿袭，"其法暗合于唐，而制御之术益尽善矣！"① 故而，宋代的"路"，尤其是转运、提刑等各机构被赋予众多行政权力之后的路，应可被认定为是州县之上的一级正式的行政区划。机构和权力的分化并不代表着这一制度的不成熟和不完善，而恰恰是宋朝统治者吸取以往权力过分集中而出现的严重弊端而进行的改革，是一种适时应变的制度，并成为后世地方行政体制沿用的典范。

总之，从以上宋代提点刑狱司制度发展过程中所表现出的几方面特征分析可知，宋代的"路"尤其是被赋予大量行政权力后的"路"，无论从行政管理区划、行政管理层级、行政审批决断权等方面，都表现出了一级正式行政区的特征，而并非仅仅是一级监察区，或从监察区向行政区的过渡形态。宋代的"路"是一种权力多源化、分权制衡的新型地方行政体制，是宋代政治精英们为中国古代地方行政体制所做出的创新和贡献，其中的经验教训值得我们今人认真总结和借鉴。

（文章原刊于《中国历史地理论丛》2008 年第 3 期）

---

① （宋）赵彦卫：《云麓漫抄》卷 4，中华书局 1996 年版，第 69 页。

附录

论述朱熹和宋代理学的精品力作

——《〈近思录〉研究》评介

《近思录》是南宋著名理学大师朱熹和吕祖谦合作，从北宋"道学四子"周敦颐、程颢、程颐、张载著作中，选取"关于大体而切于至用者"622条，分类编纂而成的一部理学名著，被梁启超列为国学必读书之一，它影响中国、朝鲜半岛、日本学界800多年，并被翻译成德文和英文传入欧美等地区。

《近思录》既是一部古代哲学选辑书，更是一部理学入门教科书，是学习、研究宋元明清理学基本内容和框架体系的必读书。不仅如此，书中所论，不乏精华美谈，对于今后人修身养性、明理正心、提高素质，也颇有助益。但是，古人已感此书难懂，今人研读更加困难。因而姜锡东教授在前贤时哲诠释发明的基础上著成《〈近思录〉研究》一书（人民出版社2010年10月出版），将其心得体会奉诸学界诸贤，以求教而共勉。

从1175年《近思录》初稿修订、翌年刊印以来，对这部哲学名著进行注释、研究者，络绎不绝，各种论著，多达数百种。这些论著，各有特色，各有优缺点，总体上看，逐句逐段注释、解释性的论著多，研究性的论著少。最早对《近思录》展开研究的，正是本书的两位作者朱熹和吕祖谦。他们对这部书的篇章结构、主要内容、价值功能、研读方法做了简短概括性的论述。在日常教学、谈话、通信中，对《近思录》中部分卷次、条文做了解说。在朱熹之后，南宋后期研读《近思录》者，为数甚多，撰有专书者7人，都是注释类著作，其中，朱熹再传弟子叶采倾所作《近思录集解》，堪称翘楚。元明时代，无精品可言。清代成果，至少有十余种，多为注释性质。其中，茅星来《近思录集注》、江永《近思录集注》、施璜《五子〈近思录〉发明》，水平较高。近现代，在西方学术文化思想的强烈冲击下，中国学术文化迅速衰微下来，对《近思录》的研究也是如此。当代大陆和港台学者，出版或发表有关《近思录》的著作20余种，研究生论文两篇，专题论文十余篇，形成《近思录》研读史上一个新高潮。这一时期关于《近思录》的著作，大致包括五种类型，除出版《近思录》古注书影印本、《近思录》点校本、《近思录》注释本外，专题研究也有了一定进展，从《近思录》的成书时间、版本、传播情况的考察，到对思想内涵的整体把握，都体现了学术研究的新发展，所不足者，内容较为简略，许多问题未展开论述，也没有密切联系古今社会历史实际。

《〈近思录〉研究》一书共计17章，38万字。本书没有采用清朝、民国学者对《近思录》逐字逐句的解释性研究的方法，而是对《近思录》编纂背景、内容、结构、利弊、传播状况的分类研究。

考证翔实，新见迭出是本书的一大特点。在导论中，作者从直接动机和深层原因两个方面对《近思录》的编纂背景和动机做了考察，并确定《近思录》的编撰历经13年，成书于1175年。作者用力最多，篇幅最大的是本书前十四章，《近思录》原作缺少标题，从而给读者准确把握各卷精要造成阻碍。姜教授依照《近思录》十四卷体例编排，凝练诸卷内容，选取朱子原话作为标题，确定论述纲目，以"论道体"开篇，解析朱熹、吕祖谦确立这一治学根本的问题，之后分别解析了"为学大要""格物穷理""齐家之道""出处、进退、辞受之义""治国平天下之道""异端之学""圣贤气象"等各卷内容。书中提出：朱熹、吕祖谦编撰《近思录》，其架构和体系，虽然明显受到《大学》三纲领、八条目的启示和影响，但又有自己的创新和变异。而朱熹作为"综罗百代"的理学宗师，其著述虽丰富，但缺少系统性阐述，这为后人把握其思想精髓设置了障碍。姜教授认为，从朱熹对《近思录》的编纂，各卷探讨的主要内容及次序，可反映出其理学思想体系的概貌，可为我们今后进一步研究朱熹理学思想体系提供帮助。

科学严谨、分析深刻是该书的又一大特点。作者全面解读和分析评论了《近思录》诸卷中选录的文献，更深刻、更贴切地阐释了原文的思想内涵和历史价值，为读者更深刻精确地掌握这部儒家经典著作提供帮助，并据此厘清了理学"北宋五子"的思想体系。该书每章末都对应《近思录》各卷进行评论，指出北宋理学诸子思想的优点和时代局限。如针对宋代理学家"求理""倡道"的热潮，本书认为这是宋代哲学家倡导探索事物发展规律，遵守规律的表现。但是宋代理学家"求理"也有其不足，诸如重视普遍规律，轻视特殊规律，重主观努力，轻视客观功效，重礼仪教化，轻视法制建设，其理论缺乏层次性和系统性等。本书注意避免从思想到思想的研究，注意与古今社会实际相结合，注意用科学性、批判性的眼光来分析《近思录》一书中的思想精华和糟粕。姜教授认为，以孔孟程朱为代表的儒学无疑对中国历史进步发挥过重大积极作用，但中国在明清时期和近代的落后，它们是否也在其中发挥了重大的消极作用？它们的理论学说，是否存在根本性的重大缺陷和错误？我们决不能因为前贤们多次强烈反封建而对传统文化中的精华和真理置之不顾，也决不能由于时下强调弘扬传统文化，广建"孔子学院"而对传统文化中的糟粕和错误避而不谈，这些真知灼见对于我们重新研究、辨别、借鉴传统儒家经典提供指引和借鉴。

中外对比、视野广阔是本书的第三大特点。针对前人研究的不足，本书在第十六章中，搜集了日本、美国、德国、越南、韩国等世界各国所存《近思录》版本及研究情况，分析了《近思录》对东亚、欧美等国家和地区的影响。特别是借助韩国相关研究成果，搜集了86种朝鲜王朝流传下来的《近思录》研究著作，重点阐述了其对朝鲜半岛的影响。此外，作者针对《近思录》一书思想学说具有一定的普适性，价值较高而独特，海内外学习研究群体广泛，提出了现代人正确学习、研究《近思录》应该注意的一些问题，并对未来推广、普及《近思录》这部经典哲学名著提出了颇富创见的看法。正如姜教授在书中所说的："只要人们读书，总会得到一些感悟。读好书，读名著，感悟更多。一目十行地浏览，字斟句酌地精读，收获大不一样"。古今有相通之处，"以古为鉴，可以知兴替"，希望大家都来读一读《近思录》这部儒家经典著作，了解古人

"格物致知，诚意正心，修身、齐家、治国、平天下"的学问。《〈近思录〉研究》的问世，必将为我们更充分、准确地认识和利用这部经典名著，吸收传统儒家思想精华，构建21世纪中国和谐发展的精神文明家园提供支持和借鉴。

（文章原刊于《中国史研究动态》2011年5期）

探索中国古代国家政权与宗教关系的力作

——《宋代政教关系研究》评介

政府与宗教的关系,是当今世界各国关注的热点之一。研究古代的政教关系,以史为鉴,对处理好今天的政教关系,构建新时期和谐社会具有重要意义,因而具有较强的研究价值和社会价值。

东汉时期,佛教传入中国,道教自民间开始发展壮大,二者在中华大地开始传播和发展,对中国民众的影响日益广泛。也就是从那时起,国家政权与宗教的冲突和磨合也在不断进行中。佛教和道教中都存在有利于维护统治、保持社会和谐稳定的因素,同时也都存在着蔑视封建皇权,排斥封建礼教,不利于政权稳定的因素。因而中国历代统治者都对处理与这两种宗教的关系颇为重视,也制定和推行了许多政策。其中有积极加以利用,与佛、道二教和谐相处的例子,如南朝梁武帝萧衍笃信佛教,舍身侍佛,将佛教上升为国家精神信仰;也有如唐武宗、后周世宗等君主极力反佛反道,出台政策对其进行无情打击的情况。佛、道二教与国家政权的关系在中国封建社会中前期的历史发展中波折不断,冲突频现。

宋代是中国古代皇权加强的一个重要时期,从宋太祖开始就极力加强中央集权,消除藩镇割据势力。而宋代同样是文化繁荣,佛、道等宗教兴盛发展的时期。东汉至唐朝,佛教经典的翻译和研究是中国佛教信徒的重点,并形成各种宗派。而进入宋朝以后,佛教的发展更多体现在普世传播方面,社会影响力日益扩大;道教的发展亦是如此,不仅产生了新的教派，而且道教理论更加完善，对社会影响更加深远。宋代信仰佛、道的士大夫和普通民众数量之多更是超越以往任何朝代，儒释道三者的关系在官方的引导下日益定型。那么，为什么宋代佛、道等宗教的发展会出现这些新的变化？这一时期的国家政权与宗教的关系是怎样的？实是学界关心的一个重要问题，但是很长时期，学界缺少一部综合考察宋代国家政权与各宗教派别关系的系统性著作。河北大学汪圣铎教授长期关注此问题，潜心研究十余载，推出了探究宋代国家政权与宗教关系的力作——《宋代政教关系研究》（人民出版社，2010年）。该书煌煌70余万字，分为27章，全面详细论述了宋代国家政权与佛、道二教的关系。全书有以下几个突出的优点：

其一，结构宏大，体系严密。本书从结构安排上分为三大部分，第一部分：第1章至第7章，依时间顺序纵向考察宋代政教关系发展的进程，对宋朝自太祖以后历代君主与佛、道二教的关系都进行了详细的论析，某些时期的政教关系是前人未曾涉及的。本书特别对于宋真宗、宋徽宗、宋理宗等几位笃信佛教或道教的皇帝进行了重点探讨，阐明了宋朝历代统治者认清佛教、道教在社会上有相当影响和势力，因而对其有崇有抑、利用宗教为自己的统治服务的论点。

第二部分：第8章至12章，分析了宋朝君主对佛、道二教的态度及佛、道二教为适应社会变革所作的种种努力。提出了宋代的君主大都主张"平衡三教""三教调和"，主要是利用宗教为维护封建统治服务，少有狂热尊崇一种宗教而排斥其他的特点（263页）。而佛、道二教中的有识之士，也认识到必须与国家政权合作，对抗和对立是没有出路的，政教关系已趋于成熟和理性。他们为社会服务的手段包括：通过为皇家祝寿、祈冥福、主持坟寺及其他祈福禳灾活动为皇家效力，为百姓祈雨晴、保丰收、兴修地方公共工程、赈恤贫弱、收殓逝者，从而得到社会各阶层的认可。这与宗教界主动协调与官方关系的努力和政府政策的引导、调适是分不开的。

第三部分：第13章至27章。这是本书的重点，主要研究宋代政府在宗教管理方面的政策、制度，从出家僧道的管理到官府僧道官的选任，再到寺院宫观的管控、田产赋役制度的完备，突出了宋朝官方日益严密的宗教管理网络体系。本书注意点与面相结合，在研究整体宗教管理制度的同时，也对京师和地方的特殊类型寺观进行专题分析，如考察了皇家直接管理和控制的相国寺、开宝寺、玉清昭应宫、上清储祥宫及地方的天庆观、年号寺观、圣节寺观等寺观的经营状况及与官府的关系。

三大部分内容环环相扣，时间与空间结合，充分展现了宋代政教关系的全貌。

其二，突出"问题"意识，观点鲜明。由于宋代政教关系问题的重要性，前人对此关注颇多，如刘长东、黄敏枝、游彪、唐代剑、孔令宏、梁天锡等先生都曾对宋代佛教、道教管理制度和政策等进行过研究和考证。本书在撰写过程中，突出"问题"意识，论述相关问题并非面面俱到，而是积极针对前人观点予以回应，观点鲜明。如对于官府"恩度"僧道的问题，本书指出黄敏枝教授所著《宋代佛教社会经济史论集》中所列的恩度僧道表有较多问题，其所归纳的13种恩度僧道情形彼此有混淆重复现象，而认为应该将临时性普度与每年定额拨赐分开，且每年定额拨赐寺观度牒又可细分为多种情形，需要认真考量（380页）。又如对唐代剑先生关于敕赐"处士"是道士"师号"的见解，作者通过广泛的搜集，搜得40例敕赐"处士"称号者，经过考证，认为其中大多并非是道士，而是隐士。"处士"也并非道士称号的一种（434页）。再如在宋代僧道寺观田产和赋役问题上，本书对黄敏枝先生《宋代敕赐寺田表》《宫观赐田表》中统计数字和赐田原因提出商榷意见，并补充了许多漏收的寺观赐田（706页）。其如针对白文固先生关于僧人受戒制度等问题（393页）、刘长东先生有关僧道官的选任（469页）、游彪先生关于寺观主首称谓和僧道职责（475页）等也提出了商榷和补充意见。此类辨析精彩深刻，使得对相关问题的认识更加深入全面，体现了史学研究的科学性、严谨性。

其三，考证翔实，新见迭出。本书的写作，在宏观架构下又有细致周密的微观论证，因而在研究中涉及到了许多以往学者不曾注意的问题，新见迭出。如对于佛、道二教对国家、社会的贡献，本书从祈雨晴、保丰收，为皇家祝寿、为皇家祈冥福、为国家禳灾、为孝道服务等方面进行论证（297—366页）。又如对于宋朝皇宫内举行的内道场

（佛、道二教的祈祝活动），汪教授不仅分析了举行内道场的六方面原因，而且详细考证了皇宫内承办内道场的十几处主要宫殿（281页）。再如对南宋御前宫观的高士，前人未有专论。作者通过对设立高士斋宫观的考证，以及对高士的行迹及与皇帝的关系等问题进行探究，指出高士与社会上层联系密切，不重资历而注重在教义方面的修养和造诣（460页）。其它如对宋朝年号寺观、圣节寺观、官营寺观以及寺院宫观中的御书阁等问题的论述，都显示了作者独到的眼光和创新。又如，对宋代政教关系的整体发展状况和历史原因，作者也进行了深刻的分析评价，认为：历经唐五代政教关系的磨合和冲突，宋代的政教关系更加成熟和稳定。统治者积累了管理宗教、引导宗教为自己效力的经验，制定了一整套管理宗教的政策。宋王朝对佛、道二教，没有简单地遵循某些儒学家、理学家的意见，采取视为异端、绝对排斥的生硬态度，而是基本采取了承认现实，限制、引导、利用及避免直接对抗的方针，意识形态领域儒学为主僧道为辅的格局基本形成。佛、道二教也逐渐认清了自己的社会位置，越来越主动地服务于当时社会（744页）。相关分析透彻精到，发人深省。

本书的写作，亦有个别未尽如人意之。首先，正如本书作者在前言中所说，由于时间所限和能力所及，本书只对在宋朝统治时空范围内的佛教、道教与政权关系进行了讨论，而没有涉及一赐乐业教、摩尼教、伊斯兰教等宗教，这使得本书的系统性、完整性有一定损伤。摩尼教尤其是与农民起义暴动相联系的秘密化宗教，在两宋社会的传播发展也是令统治者颇为头疼的问题，方腊、钟相、杨么起义等多次利用这种宗教形式发动群众，其社会影响不容小视。对于这些宗教与政权关系研究的缺失颇令人遗憾。其次，本书长于对史料的爬梳分析，考证相关问题精到扎实，但是对佛、道等宗教教义的解读和宗教学相关成果的吸收尚有欠缺，有待再版之时补充完备。

尽管如此，《宋代政教关系研究》一书的优点和长处还是相当明显的，本书以宏大的结构，翔实的资料，严密的论证，为我们展现了一幅中国10—13世纪国家政权与宗教互动交流进程的精美画卷。本书的出版，有利于我们更加清楚地认识宋代国家政权与佛、道等宗教的关系，明晰唐宋变革的社会大背景下，国家宗教管理制度日益严密完整，佛道等宗教日益世俗化、社会化的历史特点。相信随着本书的面世，必将有力地推动学界对中国古代政教关系发展这一重要学术问题的研究与认识。

（文章原刊于《宗教学研究》2013 年第 3 期）